法治中国建设述要

张晋藩 题

钟　枢——著

重庆市党内法规研究中心成果

建设述要

法治中国

On the construction
of rule of law in China

当代世界出版社
THE CONTEMPORARY WORLD PRESS

图书在版编目（ＣＩＰ）数据

法治中国建设述要/钟枢著. —北京：当代世界出版社，2021.1
ISBN 978-7-5090-1348-9

Ⅰ.①法… Ⅱ.①钟… Ⅲ.①社会主义法治－建设－研究－中国
Ⅳ.①D920.0

中国版本图书馆 CIP 数据核字(2020)第 222098 号

| 书　　　名：法治中国建设述要 |
| 出版发行：当代世界出版社 |
| 地　　　址：北京市东城区地安门东大街 70-9 号 |
| 网　　　址：http://www.worldpress.org.cn |
| 编务电话：（010）83907528 |
| 发行电话：（010）83908410 |
| 经　　　销：新华书店 |
| 印　　　刷：北京中科印刷有限公司 |
| 开　　　本：720 毫米×960 毫米　　　1/16 |
| 印　　　张：22 |
| 字　　　数：340 千字 |
| 版　　　次：2021 年 1 月第 1 版 |
| 印　　　次：2021 年 1 月第 1 次 |
| 书　　　号：978-7-5090-1348-9 |
| 定　　　价：79.00 元 |

序

李步云

　　党的十八大提出了一系列有关"治国理政"的新观点新理念。为了全面落实依法治国、推进法治国家的建设，十八届三中全会对全面依法治国又明确提出了五个方面的具体要求。十八届四中全会则擘画了建设法治中国的璀璨宏图。十八届四中全会是第一个以"依法治国"为主题的中央全会，这次富有深远历史意义的全会开启了法治中国建设的新篇章。十八届四中全会通过的《中共中央关于全面推进依法治国若干重大问题的决定》（以下简称《决定》）的基本要求可以概括为以下八个方面：人大民主科学立法，执政党依法依宪执政，政府依法行政，社会依法治理，法院独立公正司法，法律监督体系完善，法律服务机制健全，法治文化繁荣昌盛。在这八项"关于全面推进依法治国"的基本要求中，《决定》提出了若干创新性理念和制度性建构内涵，为法治中国建设指明了前进的道路和努力的方向。

　　今年是新中国成立71周年。在人类历史上，或许71年只是短暂一瞬间，但71年的光辉历程中，中国共产党人带领亿万民众完成了中华民族有史以来最为广泛、最为深刻、最为生动的社会变革，迎来了中华民族伟大复兴的光明前景。当今，中国特色社会主义进入了新时代。包括法学研究者在内的广大法律和法学工作者正以习近平新时代中国特色社会主义思想为指导，以更加坚定的理想信念、强烈的责任担当，沿着中国特色社会主义法治道路，争做社会主义法治国家的建设者，争做中国特色社会主义法治理论的发展者，争做全面推进依法治国的研究者，争做法治中国建设的宣传者。他们以人民为中心，资政建言，奉献出更多更好的满足法治中国建设重大现实需求的法治研究成果，发展出契合中国实际，具有中国特色、中国气派、中国风格，充分体现社会发展规律的法治理论，为法治中国建设鼓与呼，为实现中华民族伟大复兴的中国梦做出法律和法学工作者应有的贡献。

任职于西南政法大学的钟枢教授正是这样一位致力于全面推进依法治国的研究者和法治中国建设的宣传者。历经两年多完成的《法治中国建设述要》一书，集中反映和表达了作者深切关注法治中国建设的法律人情怀，是一部法治中国建设基础研究之力作。该书以马克思主义特别是以习近平新时代中国特色社会主义思想为指导，将法治中国建设置于几千年中国法制史一脉相承的宏大历史叙述中，从法治建设现实问题与法制历史回顾、法治中国建设的精神前提、全面依法治国的重要因素、法治中国建设的基本脉络、依法治国的历史成就等诸多方面，在思想武装、理论创新、实践探索等多个层面对法治中国建设作了既全面又系统的梳理展示。这对于提升全面推进依法治国理念和助推全面依法治国实践具有一定的应用价值和积极作用；同时，对于深化和拓展法治中国建设这一宏大课题的研究也有所裨益。在该书的"代前言"中，作者把人治、德治、法制、法治、依法治国与法治中国等一系列既有语义区别又有内在联系的概念或术语，从思想、理论和学术层面作了细致梳理，在我看来，这是难能可贵且值得充分肯定的。

法治中国建设既前景光明，又任重道远。法治中国建设宏大工程中的基础研究的迫切性和艰巨性不言而喻。在法学研究领域，有一些看似已有定论且早已达成学界共识的法学基本概念（如"法制""法治"）等，看来还有待进一步鉴别和厘清，还需要继续研究和深入讨论，还应该接受时代的检验。有学者提出，"在一些情况下，'法制'和'法治'是可以混

用的，没有必要认为'法治'优于'法制'。""'法治'并不比'法制'
更'先进'，在中国传统的话语体系中，在中国的政治史、法律史上，并
不存在'法治'优于'法制'的因素，千万不要用中国象形文字所带来
的'刀的寒光'和'水的亲和'来直观理解'法制'与'法治'，更不要
用西方概念错误翻译、对应之后再反过来曲解中国的概念。""'法治'一
词在古汉语中更加侧重于'以法律来治理'，更接近'以法治国'的工具
层面，而'法制'更体现法律的本体价值。在当代语境下，无论用'法
制'还是'法治'，其核心价值都必须是社会主义民主和全面依法治国，
这一点是始终不变的追求。""'要法治不要人治'与'法制'概念并不矛
盾，'法制'同样不容纳凌驾于法律之上的个人意志与权力。在此基础上，
'法制'的概念体系更加旗帜鲜明地强调制度建设是法治建设极其重要的
因素。"[1]以上观点在我看来是颇值得商榷的。

　　"依法治国"从无到有，从引发争议到载入宪法，从人治到法治，从
"法制"到"法治"，其过程不可谓不漫长，不可谓不艰难。1997年10
月，党的十五大报告明确提出"建立社会主义法治国家"的目标。1999
年3月，第九届全国人民代表大会通过了《宪法》的修正案，在宪法层面
对法治与法治国家予以确认："中华人民共和国实行依法治国，建设社会
主义法治国家。"这是中国法治进程中重要的里程碑。

　　我国法学界在1979年至1982年间曾在"法治"与"人治"的问题上
展开过一场持久而深入的学术争鸣。当时出现过三种针锋相对的观点：有
人主张"要法治，不要人治"；另有人主张"法治与人治应当结合"；还
有人主张"法治概念不科学，必须抛弃"。我们姑且称之为"法治论"、
"结合论"和"取消论"。"结合论"认为，"徒法不足以自行"，法是人制
定的，也要人去执行；我们既要重视法的作用，也要充分调动人的积极
性。这就好比法是"武器"，人是"战士"，只有人掌握了武器，才能产

---

　　〔1〕　邱水平：《重析"法制"与"法治"　构建中国的"制度法学"》，载《北京大学学
报（哲学社会科学版）》2019年第3期。

生出战斗力。我认为，这种理解不完全符合法治与人治的原意，法治与人治有特定的内涵和语境，不应当在"法治"与"法的作用"、"人治"与"人的作用"之间简单地画等号。法治与人治既是两种治国理念，也包含着对应的治国原则和方法。作为治国理念，"法治论"认为，一个国家的长治久安和发展繁荣，主要依靠建立一套完整的法律制度。"法治论"并不否认领导人的作用和权威，但同时认为，国家的长治久安离不开建立一套完整的法律制度并保障其得以有效实施。"人治论"的主张则与此完全相反。"人治论"认为，国家的长治久安和发展繁荣的关键不在于是否有完善的法律制度，而是需要贤明的领导者。作为一种治国原则，"法治论"要求法律具有权威，任何组织和个人不能凌驾于法律之上，都要严格依法办事。"人治论"则与之相反，认为权大于法，主张或默认组织和个人的权威高于法律的权威。

认为"法治"与"法制"是同一回事，"法治"这一概念可以不用，其实是一种误读。实际上，"法治"与"法制"这两个概念，既有联系，也有区别。"法制"是法律制度的简称，是相对于经济、政治、文化等制度而言的，"法治"则是相对于"人治"而言的。"法制"的内容指法律及其相关的各项制度如立法制度、司法制度等，而"法治"则是同"人治"相对立的一种治国理论和若干原则。任何国家在任何时期都有自己的法律制度，但不一定是实行"法治"，希特勒统治时期的德国也有法律制度，但它并不是实行"法治"。通观世界历史，没有哪一个国家没有法律制度，但并非所有的国家形态都实现了"法治"。"法治"同任何概念术语一样，有着自己特定的内涵、外延和意义，以及相应的社会作用场域和适用环境。

在当代中国法治语境下，党和国家出台一系列措施，通过精准扶贫、区域战略、改善民生，切实保障人权得到充分尊重并得以实现，这是完善和发展中国特色社会主义制度的经济基础和理论前提，也是我国全面深化改革和进一步扩大开放的基础保障。法治是治国理政的基本方式，也是践行社会主义核心价值观的必备要素。在社会主义核心价值体系当中，法治具有独特的地位和不可替代的作用。从宏观层面来说，把社会主义核心价值观融入法治中国建设的全过程、全领域、全方位，既是建立和完善社会主义核心价值体系的时代要求，也是加强中国特色社会主义法治体系建设的内在之需。因此，必须把法治中国建设与中国特色社会主义建设有机地结合起来。

我国法治实现的进程与我国全面建成小康社会，实现"两个一百年"奋斗目标，到本世纪建成富强、民主、文明、和谐、美丽的社会主义现代化强国的伟大进程相适应，而实现现代化强国的一个重要标志就是法治中国。在中国共产党成立一百年时全面建成小康社会，在新中国成立一百年时建成富强、民主、文明、和谐、美丽的社会主义现代化国家——"两个一百年"奋斗目标清晰地标示了实现中国梦的战略步骤、历史阶段和实践方向。实现中华民族伟大复兴的中国梦，不可能一蹴而就，如期实现第一个百年奋斗目标，为实现第二个百年奋斗目标乃至中华民族伟大复兴的中国梦奠定坚实的基础。中国共产党领导的法治中国建设为中华民族实现伟大复兴的中国梦提供了法治保障。

实现包括法治梦在内的中国梦，是勤劳、智慧、勇敢的 14 亿中国人民共同的愿望，也是不可阻挡的历史潮流。包括广大法律工作者、法学工作者在内的政法界全体成员同全国人民一道，在中国共产党坚强、正确的领导下，勠力同心，团结奋斗，是法治中国建设的题中应有之义。广大法律工作者、法学工作者应当始终保持高昂的政治热情，充满对法治的信仰，沿着中国特色社会主义法治道路砥砺前行，积极投身全面依法治国的宏伟实践，担当作为、创新理论、服务实践，大力推进法治和法学理论研究，使法治和法学理论研究充分发挥对推进全面依法治国的智库功能和资政建言作用，为法治中国建设做出应有的贡献。于法学基础理论研究来说，愿《法治中国建设述要》这样的著述产出更多一些、更好一些、更精一些。

2020 年 5 月 20 日于北京

人治、德治、法制、法治、依法治国与法治中国（代前言）

　　人治、德治、法制、法治、依法治国与法治中国是一系列既相互联系又有所区别的概念。要全面推进法治中国建设，首先要在认识上和理论上将这一系列的概念厘清。

一、人治、德治、法制与法治

　　什么是人治？什么是德治？什么是法制？什么是法治？人治、德治、法制、法治之间有何联系和区别？

　　（一）关于人治（rule of man）

　　从人类发展的历史上看，国家和社会治理方式大致有三种：一是人治（人的治理）；二是法治（依法治理）；三是德治（以德治理）。

　　人治又称"贤人之治"，与法治对称，是关于依靠执政者个人的贤明治理国家和社会的治国方式和理论主张，是依靠统治者个人的权威治理国家和社会的一种政治统治形式和状态，是主要依靠统治者个人权威来管理国家政权、实行政治统治的政治与法律制度体系及其实施的总和与总称。人治论者主张依靠个人的权威来治理国家。在人治国家和社会，个人或少数人掌握社会公共权力，以政治、经济、法律、文化、伦理、军事等物质的与精神的手段，对社会绝大多数人进行统治。人治可能导致政府权力不受限制，意味着一个国家和社会的大小事务大都由统治者个人的意志决定，统治者的个人意志可以凌驾于法律之上。与宪政赖以建立的权力基础不同，人治是国家和社会的统治者的政治权力一元化的状态，是一种单向的、自上而下的、等级森严的"线状"控权模式。这种模式最大的弊端就在于缺乏对于国家权力的有效控制，因而易滋生"独裁""专制"和腐败。人治的这种一元化的特征及"线状"的控权模式是宪制建立的障碍。

在人治论者看来，人的智力和远见事实上是有差别的，人的道德水平和责任感也是不同的。在日常生活中，人们往往要一些贤人智者来指路，并且非常信赖、高度尊敬这些贤人智者。贤人智者的判断往往确实比普通人的判断更为正确。人治这种"贤人之治"，在一定程度上不仅可以提高国家和社会管理的效率，而且还能够消除国家和社会治理的障碍。社会治理尽管需要法律，但是任何完备的法律总是会存在许多无法顾及的地方，因此仅仅有法律（即使是良法）并不能保证国家和社会治理能有一个好的结果，还必须要有贤人和能人来正确地执行和运用法律。因此，在人治论者看来，最好的治理方式就是贤人政治。值得注意的是，人治论者往往并不完全否定法律、规则和制度存在的必要性和重要性，只是强调所有的法律、规则和制度最终必须通过人来执行才能产生应有的效果和作用，因为"徒法不足以自行"。例如，被列为中国"人治论"代表人物的孔子就非常强调"礼治"，认为"安上治民，莫善于礼""礼乐不兴，则刑罚不中"，这实际上就是在强调人人都必须遵循法律、规则和制度。

在古代中国，关于人治的主张可以在诸多典籍中寻找到踪迹。在儒家的政治思想中，多有提倡人治的观点和思想。如孔子[1]曰："政者，正也。

---

[1] 孔子（公元前551年—公元前479年），子姓，孔氏，名丘，字仲尼，鲁国陬邑（今山东曲阜）人，祖籍宋国栗邑（今河南夏邑），中国古代思想家、教育家，儒家学派创始人。孔子开创私人讲学之风，倡导仁义礼智信。有弟子三千人，其中贤人七十二人。曾带领部分弟子周游列国十四年，晚年修订六经（《诗》《书》《礼》《乐》《易》《春秋》）。去世后，其弟子及再传弟子把孔子及其弟子的言行和思想记录下来，整理编成《论语》。该书被奉为儒家经典。孔子在世时就被尊奉为"天纵之圣"，更被后世统治者尊为孔圣人、至圣、至圣先师、大成至圣文宣王、万世师表。其思想对中国和世界都有深远的影响，其人被列为"世界十大文化名人"之首。

子帅以正，孰敢不正?"（《论语·颜渊篇》）"文武之政，布在方策。其人存，则其政举；其人亡，则其政息。"（《礼记·中庸》）孟子[1]亦曰："君仁莫不仁，君义莫不义，君正莫不正。一正君而国定矣。"（《孟子·离娄上》）人治是儒家学说极力倡导的一种治国理论，长期被封建统治者奉为正统思想。作为人治论者，儒家主张依靠道德高尚的圣贤，通过道德感化来治理国家。儒家认为，为政在仁，法固然不可缺，但执政者"其身正，不令而行；其身不正，虽令不从"。儒家主张君主要以身作则，施德行仁，并尚贤使能，任用得力官吏推行礼治；主张把人治与礼治、德治结合起来。

在西方，早在两千多年前，古希腊哲学家柏拉图[2]就提出了哲人治国论，主张建立哲学王统治，这也属于人治的一种政治思想。柏拉图可能是最极端的人治论者。他假定可以培养或发现一个无所不知、通晓一切的哲学王来治理国家，他所强调的实际上是知识和智慧的统治。柏拉图提出的"哲人统治"政治主张的逻辑起点是他所提倡的"理念论"。在柏拉图看来，"理念"也即事物的本质、原则、规律，是不以人的意志为转移的，是独立于人的精神之外的客观精神存在。所谓哲人治国，与柏拉图的"理念论"有着紧密的内在联系。在柏拉图看来，哲人即充满智慧、能够把握住事物的本质和规律的人，只有这样的人才能真正掌握"理念"，管理好城邦。在这里，柏拉图实质上是在强调权力来源的合理性、合法性和规范性，也即强调：只有经过知识论证检验的权力才是合理、合法、合规的权力，否则就是非正当的权力。例如，由血缘关系、门第观念决定的世袭制等权力来源就是非正当的权力来源。

（二）关于德治（rule of virtue）

德治是中国古代由儒家倡导的治国理论，是一种以道德去感化人教育

---

[1] 孟子（约公元前372年—公元前289年），名轲（kē），字子舆，邹国（今山东邹城东南）人。战国时期哲学家、思想家、政治家、教育家，儒家学派的代表人物之一，与孔子并称"孔孟"。

[2] 柏拉图（Plato，Πλάτων，公元前427年—公元前347年），是古希腊伟大的哲学家，也是整个西方文化中最伟大的哲学家和思想家之一。

人、以礼乐为核心、突出教化作用的治理国家和社会的政治统治形式和状态。儒家认为，无论人性善恶，都可以用道德去感化教育。这种教化方式是一种心理上的改造，使人心良善，知道耻辱而无奸邪之心。

德治重视人的特殊化，重视人的道德发展，重视对人的善良品质的培养，主张由具有伦理天性的"贤人"来管理国家和社会。从这一角度看，德治和人治联系紧密。如果说人治偏重"贤人"本身，是一种"贤人政治"，那么德治则强调道德教化的重要作用，是一种"以德治国"的统治方式。儒家的德治对于维持古代中国的国家和社会的稳定起到了很大的作用。在治国问题上，儒家主张以德为主，以刑罚为辅。在孔子看来，如果用法律禁令来治理百姓，用刑罚制裁那些不守规矩的人，老百姓是会规规矩矩的，但是他们不会觉得犯法是一件羞耻的事，因而就不会自觉地遵守和维护法律。如果用道德来引导民众，用礼义来熏陶民众，那么老百姓不仅会有羞耻感，而且还会自觉地遵守法律。这也就是说，没有道德教化和伦理教育，违法犯罪之事就会层出不穷；没有法治，奸恶之徒就得不到惩罚。只有将两者结合起来，社会才能得到很好的治理。在国家和社会治理问题上，中国古代很早就产生了德治的思想，形成了德治的传统，这一思想和传统对于社会的变化和发展具有深远的历史性的影响。

关于德治的记载，最早见于周代的《诗经》《尚书》中。《诗经》的不少诗篇通过赞颂先祖的仪型、圣王的灵光，来表达民众衷心推戴的情感，蕴含着前代圣贤以德治国的思想。从"天视自我民视，天听自我民听"（《尚书·泰誓中》）的认识出发，《尚书》中提出了"敬天保民""以德配天"的命题。据称，唐尧之时，"克明俊德，以亲九族。九族既睦，平章百姓。百姓昭明，协和万邦。"（《尧典》）虞舜之时，大禹说："德惟善政，政在养民"（《大禹谟》）。皋陶也说过："允迪厥德，谟明弼谐"（《皋陶谟》）。据此，德治思想的源头可追溯到尧舜时代。夏桀、殷纣王"惟不敬厥德，乃早坠厥命"（《召诰》）。在周公、召公看来，周朝之所以取代商朝，是因为周文王怀保小民感动了上天，上天才降大命保佑周王朝。要保住天命，就必须敬德，以祈天永命。具体说来就是要勤政爱民，要"知稼穑之艰难""知小人之依"（《无逸》），采取各种惠民措施，以得到民众的真心归附。这是德治的第一层含义。

德治的第二层含义是"明德慎罚"。提倡德治并不是不要法律，不要刑罚，而是强调要积极实施教化，先教后罚，以刑辅德，不专以刑杀立威。周公代表成王告诫康叔说："惟乃丕显考文王，克明德慎罚，不敢侮鳏寡，庸庸，祇祇，威威，显民。"如何做到慎罚呢？"要囚，服念五六日至于旬时，丕蔽要囚。"意思是对囚犯的处置要经过多日的慎重考虑才作出判决，只有"不孝不友"的大恶之人才"刑兹无赦"（《康诰》）。"明德慎罚"将道德教化与刑罚措施糅合，奠定了中国古代治国的基本理念。全面继承周代德治思想的孔子，反对"不教而杀"，将这种行为称为"虐"，列在四种恶政之首（《论语·尧曰》）。孔子还提出，提高统治者的自身素质是德治的基本条件，"为政以德，譬如北辰，居其所而众星共之"（《为政》），"能以礼让为国乎，何有？不能以礼让为国，如礼何？"（《里仁》）他说："听讼，吾犹人也。必也使无讼乎？"（《颜渊》）使民无讼，即社会秩序井然，人际和谐相处，是孔子希望通过德治而达到的理想状态。

与法治概念相对应的概念是人治而不是德治。在古代中国社会，提倡德治虽然有浓厚的人治色彩，但并非完全不讲法治，而是强调不可一切断之以法，主张加强教化，做到礼法并用，宽猛相济。因此，在法治现代化过程中，中国古代的德治思想对我国当今正在进行的法治中国建设具有非常重要的借鉴作用。充分借鉴中国古代重视教化的传统，用社会主义核心价值观引领人们的生活，使人们自觉地遵守社会规范，"有耻且格"，可以减少和预防违法行为，走出一条有中国特色的法治现代化之路。

（三）关于法制（rule by law）

"法制（rule by law）"，又称为依法而治、以法治国，也有法律制度的意思。"法制"是一个国家法律和制度的总称，是统治者按照自己的意志，通过国家权力建立（制定和实施）的用以维护本阶级利益和对被统治阶级进行管理和控制的法律和制度的总和。"法制"的基本内涵是统治者以法律化、制度化的方式管理国家事务，并且严格依照法律的原则和规范办事，因而"法制"亦有"依法治国、依法办事、依法而治"等说法，甚至简称为"依法"。在"法制"之下，法律是政府管理国家和社会的工具。虽然从表面上看"法治"和"法制"都要求政府守法和依法办事，都要求执政者以法律作为其执政的依据，但是在"法制"模式下，执政者往往只挑选符合自己统治需要的条文作为合用的法律条文，对国家和社会实施管理、管控和管制。当没有法律条文合用时，执政者往往就会肆意定立法律，而其所挑选或所定立的法律则常常存在可能有错、标准不一、与其他法律冲突、自相矛盾等多方面的问题。在"法制"模式下，由于公权力没有受到法律和制度实质性的限制，其仍然可以肆意妄为，因而"法制"与"法治"从思想、理论到实践，从内容、内涵到形式都有着很大的不同和根本的区别。"法制"在本质和实质上仍然属于"人治"。

与"法治"相比，"法制"内涵之一的"依法而治"，侧重于法律的适用和实施，属于法律工具主义的范畴。如果说"法治"的目的是为人们提供一个寻求公正的平台和框架，那么仅就法律的目的而言，"依法而治"在本质上和实质上仍然不能摆脱"人治"的内涵和范畴。法治的实施必须建立在法律的制定上。"依法而治"一般是指执政者通过法律治理国家，但是纵观古今中外的法律史，一些"依法而治"中的"法律"，往往不一定是由普通公民的代表组成的立法部门制定的，因而其未见得是能够反映人民的意志和利益的良法。古今中外的历史表明：如果只有"法制"而没有"法治"，那么就很有可能出现政府通过法律形式，"依法"堂而皇之地侵犯人民的权利和自由的恶果。法律在这种情况下将成为恶法，遂蜕变为统治者肆意侵犯人权的工具，所谓人民当家作主成为国家和社会的主人等等就无从谈起。

在我国古代，先秦儒家主张礼治。中国古代法律基本上虽受本地和外来宗教一定的影响，但主要遵循儒家学说，强调人伦之礼、纲纪伦常的规范作用。经过汉儒改造，礼法合治，礼融合了诸子中的可取成分，遂形成

"礼教"，成为指导立法、司法的基本原则和理论依据，其要旨即"三纲"（"君为臣纲""父为子纲""夫为妻纲"）以及由此衍生的"亲亲""尊尊"的政治原则和伦理规范。中国古代法制具有以下几个特点：

第一，"法自君出"，即法律以君主意志为转移，君主始终掌握国家最高立法权，一切法典、法规皆以君主名义颁行。皇帝的诏敕往往直接成为法律。皇帝可以修改、废止任何法律。皇帝又拥有最高司法权，一切重案、要案、疑案，以及一切死刑案件（隋唐以后）皆须皇帝裁决、批准。皇帝可以法外用刑，也可法外施恩，赦免任何罪犯。

第二，以礼教为指导，即法律以礼教为指导原则和理论基础。在这种原则下，礼的许多内容被直接定为法律，"七出三不去"[1]"八议"[2]以及丧服制度等相继入律，并为后世法典所沿用。礼教力倡"无讼""息讼"，导致人们的权利意识非常淡薄。

第三，以刑法为主刑，即法律以刑法为主刑始终是中国古代法律的主题和特点。一方面，中国古代没有部门法的划分，历代法典、法律遂通称为刑律，社会生活各个领域各类违法犯罪行为，统统规定于此，统称为犯罪和处以刑罚。中国古代法律也没有实体法与程序法的区分，民事诉讼程序与刑事诉讼程序混同在一起，作证与招供被同等看待。另一方面，专制君主无视人民的主体权利，平民百姓不仅不具有诉讼意识，而且以"对簿公堂"为耻、为累，加之一般民事纠纷也无关政权安危的大局，商品经济又长期不发达，如此等等原因，致使中国古代民事立法严重缺乏，与刑法

---

〔1〕"七出"出自汉代《大戴礼记》，是对于古代男性休妻的标准理由。"三不去"则正好相反，是不可休妻的理由。"七出"指的是：无子、淫佚、不事姑舅、口舌、盗窃、妒忌、恶疾。"三不去"包括：有所娶无所归，与更三年丧，前贫贱后富贵。

〔2〕"八议"是中国封建刑律规定的对八种人犯罪必须交由皇帝裁决或依法减轻处罚的特权制度。"八议"最早源于西周的八辟，在曹魏的《新律》中首次入律。所谓"八议"是指法律规定的以下八种特殊人物犯罪，不能适用普通诉讼审判程序，司法官员也无权直接审理管辖，必须奏请皇帝裁决，由皇帝根据其身份及具体情况减免刑罚的制度。这八种人是：议亲（即皇亲国戚），议故（即皇帝的故旧），议贤（即德行修养高的人），议能（即才能卓越的人），议功（即功勋卓著的人），议贵（即三品以上的官员和有一品爵位的人），议勤（即勤谨辛劳的人），议宾（即前朝国君的后裔被尊为国宾的）。

的畸重形成强烈反差。

第四，皇帝"口含天宪"，即国家的司法从属于皇帝，皇帝握有国家最高司法权。纵观中国古代大多数的集权专制王朝，在中央，虽然设有司法机构，但辅佐皇帝的重臣（如冢宰、丞相、宰相、内阁大臣等）完全可以过问司法，行使司法权，中央某些行政机构长官也可干预或参与司法，而司法长官一般却无权过问行政事务；在地方，一地的行政长官一般也兼理同级司法审判，狱讼是否公平，自汉代以来便是考核地方官政绩的主要项目之一。

在现代国家治理形态中，"法制"主要作为政治或法学领域的一个基本概念或术语，有以下几种含义：

第一，狭义的法制。这种观点认为：法制即法律制度的简称，是指掌握政权的社会集团按照自己的意志，通过国家政权建立起来的法律和制度的总和。

第二，广义的法制。这种观点认为：法制是指所有社会关系的参加者严格地、平等地制定规范和规则，并加以执行和遵守的一切原则和制度的总和。

第三，动态的法制，是具有多层次内涵和外延的法制。这种观点认为：法制是一个从内容到形式都极为丰富的多层次的概念，它不仅包括法律制度，而且包括法律实施和法律监督等一系列活动过程，因而既是静态的，又是动态的。

任何国家都有法，但并非都有法制。在不同的国家，法制的内容和形式也是不同的。在君主制国家，君主之言即为法，法律完全体现的是以君主为代表的统治集团的利益和意志；在资本主义国家，虽然排除了奴隶制、封建制国家法制的专制性质，但受统治阶级本性的局限，当有的法律规定不符合其阶级利益时，就会出现执行不力甚至根本不予执行的情况；只有真正实现人民民主的社会主义国家，才能充分体现广大人民的利益和意志，真正实现法制并逐步走向社会主义法治。

（四）关于法治（rule of law[1]）

"法治"是一个既与"人治"相对，又与"法制"不同的概念。"法治"是指在宪法和法律之下，以人民利益为核心目的、以制约权力为根本目标、以人民意志为立法基础、以人民授权为执政前提、以严格依法为治理方式、以国家意志为主要体现的国家治理方式、社会管理机制、社会活动形式和社会秩序状态。"法治"蕴含着在宪法和法律的保障之下对于公民个体价值的尊重和对于公民个人尊严的维护。"法治"意味着一切组织和个人都必须在法律之下而不是在法律之上，国家、社会、政府乃至包括执政者（政治领袖）在内的所有人都只能在法律规定的范围内活动，都不可以凌驾于法律之上而恣意妄为、为所欲为，这是法治的基本原则和核心内涵，这个原则和内涵构成了法治国家和法治社会的政治制度及其体制机制的一个极其重要的基础。在一个法治国家中，法律是社会最高的行为规则，具有凌驾于一切的地位。所谓"凌驾一切"，指的是任何组织和个人包括法律制定者和执行者都必须严格遵守法律，没有任何组织和个人可以凌驾于法律之上，而法律只有由特定的立法机关通过一定的立法程序产生，才能确保其符合民意。在法治国家和社会中，立法机关根据人民的愿望和意志制定法律，任何国家机关（特别是国家的行政机关）的任何行使公权力的行为，无不受制于法律，必须被法律所许可才能做出，决不能够违反法律的规定肆意妄为。

在法治的语境中，法律被视为一种价值取向而不仅仅是一种治理的工具。法治的历史与西方文明的历史同样悠久。作为一个极端重要的概念，法治的内涵在不同的国家和社会因文化、制度、语境甚至宗教的差异而有所不同。法治的第一个也是最常见的含义，是指与恣意的人治相对，根据现存的既定规则（法律）进行的治理。法治的第二个含义，是指"法律之下的治理"（rule under law），即无任何人或国家机构可以凌驾于法律之上

---

[1] "Rule of law"一词可以追溯到 16、17 世纪的大不列颠，英国 17 世纪神学家、思想家和政治家塞缪尔·卢瑟福（Samuel Rutherford，1600—1661）比较早地在反对国王君权神授说的论述中使用。法治一词，由英国法学家戴雪（Albert V. Dicey）在 19 世纪进一步普及。

或者超越法律许可的范围。法治的第三个含义，是指对国家和社会的治理应符合更高的法律（rule according to a higher law），即任何成文法律如果不符合某些非成文的然而却普遍存在的公平、正义和道德等"自然法"的基本原则，则政府不得强制执行。

"法治"的本质不仅在于要求全体公民遵守宪法和法律，更在于全体公民能够切实地依法行使权利；不仅在于行使公权力的全体国家机关工作人员必须首先尊法、守法和护法，更在于法律必须对政府的权力严加约束和严格控制。"法治"意味着从普通公民到立法者、行政官员和法官，每个人都必须受到法律的约束，任何人都没有任何超越法律的特权。从这个意义上说，"法治"与统治者凌驾于法律之上的"人治"相对立。以"法治"为基础的、实现了"法律的统治"的国家被称为"法治国"。在一个"法治国"中，国家的力量受制于法律，公权力因受到法律的约束而不得肆意妄为，国家机关工作人员更是不愿不能不敢超越法律规定的权限，为所欲为地行使公权力。在"法治国"里，公民的权利会得到全面的尊重和保护，公民共享以法律为保障的自由，公民的权利和自由受到法律广泛的一视同仁的保护。

与"人治"和"法制"不同，"法治"既是指以民主为前提、目标和基础，以严格依法办事为原则，以制约权力为关键的国家治理方式、社会管理机制、社会活动形式和社会秩序状态，也是指以良好的法律秩序为表现，包含着内在的自然法的价值追求和外在的执法强力保障的、具有人权和宪法法律至上精神的一种治国方式。"法治"强调法律乃是国家和社会的最高规则，没有任何组织和个人可以凌驾于法律之上；强调必须严格实行依法治国；强调必须保持和维护宪法和法律至高无上的地位和权威。在法治国家和社会，任何人都必须遵守法律，包括法律的制定者和法律的执行者本身也没有例外。任何国家机关（特别是国家的行政机关和司法机关）的行为必须是法律或法规许可的，而这些反映了人民的意志、代表着人民的利益的法律或法规本身则一定是经过法定程序产生的。

严格实行法治，就是要把权力关进制度的笼子里，意味着包括行政机关在内的所有国家机关在履行法定职责时，乃至公民在法律适用时，都必须严格按照反映和体现人民的意志与利益、保障和维护人民的权利与自由的良法来进行，并且应受法律严格的拘束和有效的控制。因此"法治"与"法制"最大的区别，并不在于法律是否拘束人民（因为在法治和法制这两种治理形式和状态下，法律都对人民具有普遍的拘束力），而在于立法、行政、司法等国家机关在行使各自的权力之时，是否也和人民一样，受到法律的严格拘束和有效控制。真正的"法治"不仅要求人民必须守法，而且更加侧重于法律必须对政府等国家机关的权力加以严格拘束和有效控制，即要求所有的国家机关工作人员在行使公权力的时候，必须首先带头严格守法，坚决维护法律至高无上的权威和尊严，否则这种公民的法律适用和国家机关工作人员公权力的行使，就只是"法制"而非"法治"。

关于法治的定义和诠释可以分为两个大类：一是形式定义；二是实质定义。在法治的形式定义中，"形式法治"是指一系列在制定、执行、适用和实施良法时必须明确的准则，符合这些准则即是"法治"，不符合这些准则则不是"法治"，这是机械地对"法治"作出的判断。"形式法治"定义局限于"是什么"这一非价值评价层面的考量，没有法律在实质上一定要达成的价值内涵。"形式法治"的准则包括：独立并不偏不倚的司法；法院通过法律保障个人权利；政府权力由法律赋予并受其约束；无罪假定；公平公开审讯权；免于陷己于罪的权利；提供司法复核；等等。在法治的实质定义中，"实质法治"扩充了"形式法治"的内涵，增加了"保障人的基本权利"这一重要内容。换言之，"实质法治"必须是以维护人权和公平正义为核心价值的"法治"。在实行"实质法治"的国家和社会，为了实现"实质法治"的理念，通常会建立违宪审查机制，以确保通过立法程序出台的法律是不会侵害人民的基本权利和自由的良法。

作为一个法律概念，有关"法治"之说的发展历程，可以追溯至包括古希腊、古罗马、古中国在内的许多古代文明的国家和社会。

1. 古希腊、古罗马的"法治"观

在古希腊，人们最初认为，完人统治是最好的政府形式。柏拉图赞同理想化的哲学王作为开明君主，居于法律之上实行统治。然而，柏拉图也希望完人会善于尊重自己制定的法律。柏拉图认为，在法律服从其他权威且缺乏自身权威的地方，政府很快就会崩溃；但是，如果法律成为政府的主人，政府成为法律的仆人，那么政府就会履行自己的承诺，人类才会享受到上帝给予国家的全部祝福。不仅柏拉图，亚里士多德[1]也反对包括最高统治者在内的任何人凌驾于法律之上和拥有法外特权。换句话说，亚里士多德也赞同"法治"，认为通过法律进行统治，要比任何单独的公民进行统治更加合适。在古罗马，政治家西塞罗[2]也认为，为了获得自由，所有的人都是法律的仆人。在罗马共和国时期，最高统治者个人不受法律限制，但那些有冤屈的人可以获得国库救济，而有争议的地方行政官则可能会在任期结束时被审判。

2. 古代中国的"法治"观

在古代中国，尽管考察经、史、子、集，尚未发现"法治"一词，但古代法家[3]反对礼治，主张"不别亲疏，不殊贵贱，一断于法"，这种貌似"法治"的主张有其历史的局限性。战国时期的法家主张以法律作为国

---

〔1〕 亚里士多德（Aristotle，公元前 384 年—公元前 322 年），古代先哲，古希腊人，世界古代史上伟大的哲学家、科学家和教育家之一，堪称希腊哲学的集大成者。马克思曾称亚里士多德是古希腊哲学家中最博学的人物，恩格斯称他是"古代的黑格尔"。作为一位百科全书式的科学家，亚里士多德几乎对每个学科都做出了贡献。他的写作涉及伦理学、形而上学、心理学、经济学、神学、政治学、修辞学、自然科学、教育学、诗歌、风俗，以及雅典法律。他的著作构建了西方哲学的第一个广泛系统，包含道德、美学、逻辑和科学、政治和玄学。

〔2〕 马库斯·图留斯·西塞罗（Marcus Tullius Cicero，公元前 106 年—公元前 43 年），古罗马著名政治家、演说家、雄辩家、法学家和哲学家。出身于古罗马阿平兰（Arpinum）的奴隶主骑士家庭，以善于雄辩而成为罗马政治舞台的显要人物。从事过律师工作，后进入政界。

〔3〕 法家是中国历史上提倡以法为核心思想的重要学派。法家以富国强兵为己任，其思想着眼于法律的实际效用。法家思想包括伦理思想、社会发展思想、政治思想以及法治思想等诸多方面。法家成熟很晚，但成型很早，最早可追溯到夏商时期的理官，成熟在战国时期。春秋、战国亦称之为刑名之学，经过管仲、士匄、子产、李悝、吴起、商鞅、慎到、申不害、乐毅、剧辛等人予以大力发展，遂成为一个学派。战国末期，韩非对他们的学说加以总结、综合，集法家之大成。法家提出了至今仍然影响深远的以法治国的主张和观念，他们对法制的高度重视，把法律视为一种有利于社会统治的强制性工具，这些体现法制建设的思想，一直被沿用至今，成为中央集权者稳定社会动荡的主要统治手段。当代中国法律的诞生就是受到法家思想的影响，法家思想对于一个国家的政治、文化、道德方面的约束很强，对现代法制的影响也很深远。

家治理和社会统治的工具，但他们的"依法而治"，却是依靠法律来压制民众的权利和自由。在法家看来，帝王言出法随，一人可以超越法律之上，统治者可以根据自身统治的需要来解释和修改法律，这样的"依法而治"本质上仍然属于"人治"。黄老学派〔1〕反对法律实证主义，赞同自然法，主张统治者也应该遵守自然法。在墨家〔2〕思想中亦有"法治"思想的雏形，但仅仅是有一些萌芽而已。法家的理论被自秦以后的历代统治者所采用，遂形成中国两千多年的"外儒内法"的政治格局。在中国历史上，首个大一统的朝代是秦朝。秦朝的《秦律》为该朝代较为完善的法律体系，而后有汉相萧何制定的《九章律》、曹魏的《魏律》、蜀汉的《蜀科》、晋武帝泰始三年（公元 267 年）颁行的《晋律》。隋文帝在位时期制定颁行《开皇律》，唐朝又有《武德律》《贞观律》《永徽律》《永徽律疏》，之后还有后周的《大周刑统》、宋朝的《宋刑统》、元朝的《元典章》、明朝的《大明律》与《大明会典》、清朝的《大清律例》，等等。

3. 近代英国的"法治"观

在西方社会，作为一个词语，"法治"的源头可以追溯到 16 世纪的英格兰，因 19 世纪英国法学家戴雪〔3〕的提出而广为人知。英文里的"法治"

---

〔1〕 黄老学派，为黄帝之学和老子之学的合称，是华夏道学之渊薮。黄老学派思想尚阳重刚，尊传说中的黄帝和老子为创始人，尊崇黄帝和老子的思想，以道家思想为主并且采纳了阴阳、儒、法、墨等学派的观点。黄老学派思想发展主要分为三大主题：修行（修身养性、长生久视、丹道等）、经世（政治思想、休养生息、无为而治等）、致用（技术发明等），以形而上本体的道作为依据，结合形而下的养生、方技、术数、兵法、谋略等，具有极强的目的性和操作性。

〔2〕 墨家是中国东周时期的哲学派别，诸子百家之一，约产生于战国时期。创始人为墨翟（墨子）。墨家是一个纪律严明的学术团体，其首领称"巨子"，其成员到各国为官必须推行墨家主张，所得俸禄亦须向团体奉献。墨家学派有前后期之分：前期思想主要涉及社会政治、伦理及认识论问题，关注现世战乱；后期墨家在逻辑学方面有重要贡献，开始向科学研究领域靠拢。墨家的主要思想主张是：人与人之间平等地相爱（兼爱），反对侵略战争（非攻），推崇节约、反对铺张浪费（节用），重视继承前人的文化财富（明鬼），掌握自然规律（天志）等。

〔3〕 戴雪，英国法学家，就学于牛津大学，1882—1909 年在牛津大学兼任英国法教授。戴雪认为行政诉讼应由普通法院管辖，这是英国宪法的一项基本原则，并对英国宪法学中另外两项原则即议会主权和法治作了系统阐述。戴雪之所以至今仍然生活在世人的记忆之中，主要因为他的四部著作：《英宪精义》（1885）、《论冲突法》（1896）、《19 世纪英国的法律和舆论关系的演讲》（1905）、《英国反对爱尔兰自治法的理由》（1920）。

（rule of law）在公元 1500 年前后被首次使用。

塞缪尔·卢瑟福[1]在 1644 年出版的《法律与君王——论君主与人民之正当权力》（Lex，Rex）这部其最重要的著作中，第一次阐述了"法治"的主要理论基础，颠覆了"国王是法律"的传统规则。卢瑟福完全依据圣经，从人的自卫合法性出发，彻底否定了绝对王权观和血缘继承制，阐述了一个根本的政治学的问题，即人民在政治生活中的地位和作用的问题。卢瑟福认为：国王不能代表法律，反而要顺服上帝的律法，并对人民这一权力的源头负责。在卢瑟福看来，人民选举了统治者，如果统治者滥用权力，人民就有权利也有义务将其推翻。这一思想在英国内战期间成为英国国会对抗英国国王很有力的思想武器，并对 1688 年英国光荣革命前的整个苏格兰和英格兰社会产生了深刻的直接的影响。正是卢瑟福、霍布斯[2]等人"法律为王"、"主权在民"、政府的"有限权力"以及君主永远在上帝的律法和人民的契约双重约束之下的思想，使得新教改革中萌生的基督教宪政思想得以迅速深入人心，成为西欧和北美近现代法律制度生成和现代市场经济兴起的一个最根本的"文化基因"。

约翰·洛克[3]在《政府论》（1690）下篇中也讨论了"法治"的议

---

　　[1]　塞缪尔·卢瑟福（Samuel Rutherford，1600—1661），英国 17 世纪神学家、思想家和政治家。曾受命于苏格兰长老教会而出任圣安德鲁大学的神学教授，亦是威斯敏斯特会议的苏格兰委员，是和加尔文、诺克斯等齐名的基督新教思想家。

　　[2]　托马斯·霍布斯（Thomas Hobbes，1588—1679），英国政治家、哲学家。生于英国威尔特省一牧师家庭。早年就学于牛津大学，后做过贵族家庭教师，游历欧洲大陆。他创立了机械唯物主义的完整体系，指出宇宙是所有机械地运动着的广延物体的总和。他提出"自然状态"和国家起源说，指出国家是人们为了遵守"自然法"而订立契约所形成的，是一个人造的机器人，反对君权神授，主张君主专制。他把罗马教皇比作魔王，把僧侣比作群鬼，但主张利用"国教"来管束人民，维护"秩序"。

　　[3]　约翰·洛克（John Locke，1632—1704），英国哲学家。在知识论上，洛克与乔治·贝克莱（George Berkeley）、大卫·休谟（David Hume）三人被列为英国经验主义（British Empiricism）的代表人物，但他也在社会契约理论上做出重要贡献。他发展出了一套与托马斯·霍布斯的自然状态不同的理论，主张政府只有在取得被统治者的同意，并且保障人民拥有生命、自由和财产的自然权利时，其统治才有正当性。洛克相信只有在取得被统治者的同意时，社会契约才会成立，如果缺乏了这种同意，那么人民便有推翻政府的权利。洛克的思想对于后代政治哲学的发

题。洛克生活在英国资产阶级革命时代，是英国现代政治制度的奠基者之一，是近代英国影响最大的启蒙思想家，是对西方政治理论在近现代的发展影响十分深远的人物。他的自由与法治思想，代表了独立的思想及批判的精神、个人主义精神、民主精神等西方近代的思想和精神，表现在16、17世纪的宗教改革和政治革命中，特别是体现在18世纪的英国启蒙运动中。洛克认为，人无法与自由分离，法律是自由的保障。自由与生命共存，它是人的一种道德责任，任何人都不能使自己受制于绝对权力和被奴役。洛克强调，法律是自由的保障和前提条件。他认为：没有法律就没有自由，个人享有的自由是在法律允许范围内，在法律未加规定的事情上按照自己的意志去做的自由。洛克提出了"依法治国""依法行政"的思想。对于成立国家和建立政府的目的问题，洛克指出："人们联合成为国家和置身于政府之下的重大的和主要的目的，是保护他们的财产；在这方面，自然状态有着许多缺陷。"[1]他说，所有这一切都不是为了别的，只是为了人民的安全、稳定和公共利益。要达到这样的目的，必须对政府进行合理的权力配置，实行依法治国。洛克还提出了"法律对一切人一视同仁，法律面前人人平等"的思想。在他看来，既然人们自由地享受自然权利，平等地订立契约，那么在体现人们意志的法律面前应该是人人平等，没有例外。一方面，对于执法者来讲，对不同的人，不论贫富，不论权贵和平民都应该一视同仁，并不因为有特殊情况而有出入。这些执法者决不应该以自己的意志为准则而应严格执行法律的规定，否则就会出现不正常的情况，那就是专制。另一方面，对守法者来讲，任何人都不能逃脱法律的制裁。洛克强调，每一个人和其他最卑微的人，都平等地受制于那些他自己作为立法机关的一部分所制定的法律。法律一经制定，任何人都不能

展产生巨大影响，并且被广泛视为启蒙时代最具影响力的思想家和自由主义者。他的著作大大影响了伏尔泰和卢梭，以及许多苏格兰启蒙运动的思想家，也影响了美国开国元勋，最终促使他的理论被反映在美国的《独立宣言》上。

〔1〕［英］洛克：《政府论》（下篇），叶启芳、瞿菊农译，商务印书馆1964年版，第77页。

凭他自己的权威逃避法律的制裁，也不能以其地位的优越为借口，放任自己或任何下属胡作非为，进而要求免受法律的制裁。洛克还特别指出，虽然立法权力是国家的最高权力，但是立法者也不能凌驾于自己制定的法律之上，也必须遵守这些法律。这也是"法律面前人人平等"思想的题中应有之义，因为制定和实施法律的最终目的，就是为了从根本上保护公民合理的、正当的、符合自然法的切身利益，为公民的人身和财产的安全以及人格尊严的维护，在强力规范（法律）的层面上提供制度性的保障，除此之外没有任何别的制定和实施法律的目的。在洛克的法治思想中，"分权理论"是一个极为重要的部分。洛克特别强调依法行政，强调要用法律来约束和限制行政权力。他认为，根据政府权力的性质和目的，必须进行行政权力的限制。洛克是最早提出分权理论的思想家。他的"分权理论"认为，分权是最有效的保护人们的财产和自由的方法。他将政府的权力分为立法权和行政权。立法权即最高权力，它不是专断的权力，不能超出社会公众的权利，由代表人民的国会来行使。行政权包括执行权和对外权，由君主来执行，但君主必须服从国会。

4. 近代法国的"法治"观

近代法国的"法治"观，以孟德斯鸠[1]和卢梭[2]的"法治"思想为代表。

孟德斯鸠在《论法的精神》（1748）一书中也讨论了"法治"的原则。作为一个自然神论者，孟德斯鸠对资产阶级的国家和法的学说做出了卓越贡献，这是他在法律思想上最为重要的贡献。他在洛克分权思想的基础上明确提出了"三权分立"学说。孟德斯鸠特别强调法的功能，认为法

---

〔1〕 查理·路易·孟德斯鸠（Charles de Secondat, Baron de Montesquieu, 1689—1755），法国18世纪启蒙思想家、法学家，近代西方政治与法理学思想体系的主要奠基人，古典自然法学派代表人物之一。孟德斯鸠是一位百科全书式的学者，在学术上取得了巨大成就，曾被选为波尔多科学院院士、法国科学院院士、英国皇家学会会员、柏林皇家科学院院士。

〔2〕 让-雅克·卢梭（Jean-Jacques Rousseau, 1712—1778），法国18世纪启蒙思想家、哲学家、教育家、文学家，民主政论家和浪漫主义文学流派的开创者，启蒙运动代表人物之一。主要著作有《论人类不平等的起源和基础》《社会契约论》《爱弥儿》《忏悔录》《新爱洛伊丝》《植物学通信》等。

律是理性的体现。他把法分为"自然法"和"人为法"两类，认为"自然法"是人类社会建立以前就存在的规律，那时候人类处于平等状态；又把"人为法"分为政治法和民法等。孟德斯鸠提倡资产阶级的自由和平等，但强调自由的实现要受法律的制约，政治自由并不是愿意做什么就做什么。他说："在一个国家里，也就是说，在一个有法律的社会里，自由仅仅是：一个人能够做他应该做的事情，而不被强迫去做他不应该做的事情。""自由是做法律所许可的一切事情的权利；如果一个公民能够做法律所禁止的事情，他就不再有自由了，因为其他的人也同样会有这个权利。"[1]

孟德斯鸠是继洛克最早提出分权理论后近代西方分权制衡思想的系统阐发者。防止权力被滥用，保障公民的政治权利和自由是其分权制衡思想核心的价值追求；三权分立、相互制衡、以权力约束权力是其实现分权制衡的三条根本路径。孟德斯鸠的分权制衡思想对现代各国民主政治建设中的权力运行制约机制具有相当大的启示性价值。而他的这一思想的根本局限在于：它强调以权力制约权力，这当然无疑是正确的，但是却忽视了人民在权力制约中的重大作用。实际上，要实现对权力的有效制约，就必须高度重视和着力发挥公民权利对于公共权力的制约作用，以公民权利来制约公共权力。

1762 年，法国思想家卢梭写下了著名的《社会契约论》，此书被誉为"人类解放的第一个呼声，世界大革命的第一个煽动者"，书中多有诸如"法律是治理国家的终极标准""维护政治共同体公共意志是首选""个人决策危害无穷"一类的精辟论断。卢梭在倡导"依据契约治理国家"的同时，也指明了一条治国理政之道。而卢梭对法治思想的推崇，集中体现在他对"法治优于一人之治"理论的解构和探寻之上。卢梭认为，人类天生具有自我完善的能力，这是人类区别于其他动物的特征。面对逐渐恶化的生存环境，短期内人们无法找到其他更加美好的生存空间，唯一的办法就

---

〔1〕［法］孟德斯鸠：《论法的精神》（上册），张雁深译，商务印书馆 1961 年版，第 154 页。

是壮大个体的力量进而寻求集体的力量，必须集合起来共同协作以克服生存的阻力。但是，由此产生一个新问题：如何保证每个公民原有的权利不受到侵犯，哪怕是受到最低程度的侵犯。为了解决这个问题，就要寻找一种形式，使它能以全部共同的力量来保护每个公民的人身安全和私人财富，并且让每一个与集体相结合的个人仅仅是在服从其本人，仍然像以往一样自由，这种方式就是订立社会契约，并且通过构建政治共同体，聚集公共意志来着力维护社会契约的权威性和有效性。

卢梭认为，人类最初处于原始的"自然状态"，在这个历史时期，不存在私有制和不平等。私有制使人与人之间产生不平等，国家是因订立契约而产生，人民是制定契约的主体。卢梭由此提出"人民主权"的思想。他主张国家主权不能分割，也不能转让；认为一切人权的表现和运用都必须表现人民的意志；强调法律是"公意"，在法律面前人人平等，君主的权力不能高于法律。在卢梭看来，在国家和社会的治理上，法治具有以下四个优势：

第一，法治能够融合道德却又高于道德。卢梭认为，社会和个人都需要理性，这样才能保持正义感。法律中融入了道德的因素，使得法律更加接近生活的常态，人们"愿意维护自己长期习惯了的处事方式"，这样的法律就能得到更多人的支持和遵守。而法律并不单纯吸收人们的日常习性作为规定，它还需要顾及习性以外的更为宏观的事情，比如政治共同体之下的军事保护、协调不同种族群体的利益冲突等等。道德要求内心自省，而法律必须进行强制性的实施；由于法治能够融合道德而又高于道德，法律因此就减少了实施的阻力而获得更高的威严。

第二，法治能够保障平等，倡导自由。卢梭认为，每个人都是生而自由、平等的，他只是为了自己的利益，才会转让自己的自由。在公共意志的指引下，人们将自己平等、自由的权利暂时让渡给法律，因而个体本身并不失去任何权利。法治意味着通过集体意志的协商，借助集体智慧的力量，对于人的平等和自由等问题在内容上、程度上、范围上作出严格的规定，而并不以牺牲个体的权利为代价。法治意义下的法律由全体社会成员聚集到一起共同制定，这就确保了法律维护的是多数人而不是少数人的利益，从而使法律成为利益制衡的规则，以最大限度地维护多数人的平等和自由。

第三，法治具有极强的稳定性和可预期性。卢梭说，人类需要一种确定的东西，它不应该经常变化而不可预知。根据奴役权来确定生杀权，又根据生杀权来确定奴役权，必然陷入恶性循环。法律借助实实在在的文字（或者其他人类可识别的标记）将治理社会所需要的秩序相对固定下来，什么行为应该受到鼓励，哪些行为应该被禁止，都由法律条文说了算，不因个人或者少数人的随意性的想法而改变。根据现实情况的需要可以对法律作出修改，但这种修改应立足于多数人的意志，修改过程也必须严格遵循程序，以确保最终的结果具有高度的有效性、稳定性和可预期性，从而保证社会"能够在人类预制的良性轨道里运行"。

第四，法治能够消除个人私欲的危险性。卢梭在《社会契约论》里竭力向人们传递一种理念：人是独特的，具有很强的自我完善能力，但这种能力只有在集体意义下才能得到最好的运用。人是具有感情因素的，常常突然间改变自己的情绪；而随着社会的发展，人类变得自私，每一个人都把别人仅仅看作可以利用的东西，每一个人都在剥削别人。欲望的无限扩张，要求必须得有一定的外在的力量对其加以制约，否则就很容易侵害他人的合法权益。公意对人类的个体权利进行合理的削减，也对人的无限的欲望进行必要的压制。那么，以集体的智慧治理国家会不会产生集体的暴政呢？卢梭认为，暴力总是无法避免，但多数人自我完善能力的汇聚和签订契约时大家彼此达成的公意，必将使社会处于利益折中的状态，集体暴政发生的可能性因此就会大大降低，因为社会里的多数人同时失去理性的概率极低，人们因此也就获得了安全。如果把整个国家的权力寄托于一个人或某一个由极少数人组成的政治团体，那不仅是极其危险的，而且也是不符合正义的。

在卢梭看来，在国家和社会的治理上，与法治所具有的优势相反，"一人之治"（人治）存在明显的问题和弊端。首先，在人类社会里根本就找不到绝对优胜之人。社会契约意义下的每一个人都是平等而自由的，都有属于自己的合法权益，只要不违背法律规定，任何人可依据自己的兴趣和需要采取一切行动，做出任何事情。不可否认，人类在进化的过程中，由于每个人的经历不尽相同，进而个体的能力也有高低之分，而人的自私和膨胀的欲望，会使得一个能力低下之人也想要拥有最大的利益和权力，所以，个人为了争得国家权力，就可能使社会陷入混乱和失序之中。国家和社会的复杂性决定了必须寻找到具备超高智慧的人来治理国家和社会，而事实上在国家和社会中根本就找不到这样的人。其次，一个人的智慧比不上集体的智慧。虽然一个人在获得权力之后还可以"从自己的管理对象那里获得他们关于社会治理的良好构思"，但"自己以外的其他人时刻准备以你为敌，因为你剥夺了他们的自由"。即便是主张"贤人政治"的柏拉图也认为"哲学家首先必须要有高深的智慧"。社会之所以要以契约的形式来管理，就是为了借助于公共意志将多数人的智慧集中起来，从而避免在社会治理上出现挂一漏万的问题。在卢梭看来，人一旦不受约束，内心的欲望就会膨胀，"站在权力的最高点，掌握权力的人反而变得迟钝了"。最后，"一人之治"潜伏着无限的暴力和反抗。在卢梭所构想的契约式社会里，每一个个体通过签订契约，把自己的人身、财富、自由和平等交给政治共同体，共同体将对它们进行管理，以全部的力量护卫和保障它们；同时，因为大家都是自愿的，所以是在服从自己本人，这样就不用遭受暴力，避免流血冲突。显然，"一人之治"无法实现这个目标。由于个体为了争得社会的最高权力必将使用武力，致使国家动荡不安；掌权者私欲膨胀，喜怒无常，凭着自己的感情在行动，为了保有自己的利益，掌权者必将奴役他人并搜刮他人的财富，其他人一旦不服从，将遭受暴力对待，自由也将被无限制地剥夺。虽然"一人之治"并不排斥法律，但它所依据的法律没有体现公共意志，而是把暴力作为解决利益冲突的唯一手段，致使多数人的合法利益就此丧失。因此，"一人之治"是"不和平不安定的统治"。

卢梭从公意的角度来界定法律，认为法律是全体公民意志的体现，是控制一切的全体公民的最高意志。法律反映全体公民的意志，并由全体公民的意志来决定，公民意志是立法权真正的来源和根据。卢梭认为，人们在自然状态下是自由的，后来有了资产就不自由了，再后来又通过社会契约，打破了在自由上的枷锁。卢梭认为，"每个结合者及其自身的一切权利都转让给整个集体"，一切权利属于人民，政府和官吏是人民委任的，人民有权委任他们，也有权撤换他们，直至消灭奴役压迫人民的统治者。

这就是卢梭的"人民主权"思想。这一思想强调：主权在民，主权在本质上是由公意构成的，而公意就是人民的意志，是全体公民意志的体现。当人们服从主权时，仅仅是服从自己的意志。卢梭认为，公意从内在形式而言是主权，从外在形式而言是法律。卢梭的"社会契约"之下的"法治"，以体现公共意志和汇聚集体智慧的法律为依托，忠诚地维护着人类的精神追求——自由、平等、公平、正义，"把权利和义务固定下来"，"让社会里的人能够预知明天的事情"，这恰恰是人类在自然状态下就已经渴望得到的权利。卢梭认为：让人们生活在依据自己的意志而制定的法律之下，自然远远胜过将自己的一切权利交给他人来掌控，因为"谁也无法预知掌权者明天的心情会如何"。正因为如此，为了改善群体的政治生活，确保安定有序的生活秩序，在治理国家和社会的过程中理当选择并坚持"法治"，重视并且合理引导民意，积极构建利益制衡点，尊重多数人的思维模式，鼓励监督，反对专制，弘扬正义，实现良法善治。

5. 近代美国的"法治"观

1776年，"谁也不能超越法律"这一原则和理念，很快就在初创的美国得到确认并得以奉行。美国著名的启蒙思想家托马斯·潘恩（Thomas Paine）[1]在《常识》（*Common Sense*）一书中写道："在美利坚，法律为王。鉴于在专制政府中国王就是法律，所以在自由国家，法律应该为王；并且应该没有其他选择。"1780年，约翰·亚当斯（John Adams）[2]试图

---

[1] 托马斯·潘恩（1737—1809），英裔美国思想家、作家、政治活动家、理论家、革命家、激进民主主义者。生于英国诺福克郡，曾继承父业做过裁缝，后来做过教师、税务官员，37岁前在英国度过，之后移居英属北美殖民地，之后参加了美国独立运动。在此期间，他撰写了铿锵有力并广为流传的小册子《常识》（1776），极大地鼓舞了北美民众的独立情绪，并在战争期间完成了系列小册子《美利坚的危机》（*The American Crisis*）（1776—1783），成为美国开国元勋之一。后来受到法国大革命影响，潘恩撰写了《人的权利》（*Rights of Man*）一书，成为启蒙运动的指导作品之一。潘恩最早提出"自由民主论"，被称为"美国体制之父"。1809年6月8日，潘恩在纽约去世，享年72岁。

[2] 约翰·亚当斯（1735—1826），美国第一任副总统（1789—1797），其后接替乔治·华盛顿（George Washington）成为美国第二任总统（1797—1801）。亚当斯是第一位由总检察长带领宣誓的美国总统；是《独立宣言》起草委员会的五个成员之一，被誉为"美国独立的巨人"；是《独立宣言》签署者之一，被美国人视为最重要的开国元勋之一，同华盛顿、托马斯·杰斐逊（Thomas Jefferson）和本杰明·富兰克林（Benjamin Franklin）齐名。

建立"一个法治而非人治政府"，从而将这一原则贯彻到马萨诸塞州宪法中。随着以托马斯·潘恩为代表的美国法治的创建者的民主与法治思想的广泛传播，"法律为王"的法治理念日益深入人心，很快便在美国得以确立并不断地被发扬光大和付诸实践。

近代美国法治模式不同于欧洲大陆的立法中心主义，也不同于英国的普通法传统主义，美国法治模式是以美国宪法为基础、以违宪审查制为核心的司法中心主义模式。司法权特别是联邦最高法院在美国法治运转中处于核心地位。宪法是美国法治的基石。美国法治模式下，当今美国诸多的政治、社会问题大都通过回溯 200 多年前其国父们订立的宪法，借助法院案件审理过程中的宪法解释得以解决。因此，美国的法治首先是立宪政治，宪法具有最高权威，整个国家判断是非曲直、合法违法的最终标准就是宪法。1787 年由美国制宪会议制定和通过、1789 年 3 月 4 日生效的美国联邦宪法，是世界上最早的成文宪法，由序言和 7 条正文组成。序言以谋求"正义""国内安宁""共同防务""公共福利"和"自由"，来说明制宪的目的。正文中，第 1 条规定联邦国会两院议员的产生，国会的职权以及对国会和州的权力的限制；第 2 条规定总统、副总统的产生，总统的职权范围，以及对总统、副总统和其他文职官员的弹劾；第 3 条规定联邦法院的组织、职权和有关叛国罪的审理；第 4 条规定州与州之间的关系，建立新的州以及联邦对州的义务；第 5 条规定宪法的修正程序和要求；第 6 条规定涉及以前政府债务和条约的效力，以及联邦宪法、法律与州宪法、法律之间的关系；第 7 条规定宪法的批准程序。宪法确立了三权分立与制衡、人民主权、限权政府、联邦和州的分权等原则。迄今为止，已通过了 27 条宪法修正案。美国宪法以平等商议和普遍同意的方式通过制定基础性宪章建构起一个新国家，是宪法赋予国家权力，而非反之。因此，美国宪法成为美国政治权力的终极来源，授权设置各国家机关并规范其职权与运作方式，以之建立起一套金字塔式的法律秩序和政治架构。在美国，宪法成为国家之母，其至高无上的地位由此树立。因此，美国法治首先是立宪政治。

司法审查是美国法治运转的核心机制。美国宪法的崇高声誉并不是来自于独特的三权分立体制，因为世界上近一半的人口生活在议会民主体制下；也不是来自于其权利法案，英国、法国的权利宣言为时更早，而是因为其宪法是能够真正产生效力、影响现实生活的具有无比强大的生命力的活的根本大法。美国宪法成为活的根本大法的一个主要原因，在于美国的违宪审查制度（或谓之为"司法审查机制"）。美国是世界上第一个建立违宪审查制度的国家。在美国，这项制度主要指普通法院有权通过宪法解释对立法和行政行为进行合宪性审查，以维护宪法权威和法治秩序。其中，联邦最高法院是违宪审查机制的最终权威，其违宪审查的判断具有终局性。借助违宪审查机制，立法和行政活动受到了司法权制衡，法院有权审查立法和行政活动中的权力行使是否符合宪法的规定和精神。违宪审查机制一方面使具有最高权威的宪法长了牙齿，在现实政治运转过程中可以宪法为标准审查政治行为的合法性，使宪法的权威得以彰显；另一方面又确立了司法权在美国法治中的核心地位。"法治"本身蕴含着法律权威至上特别是宪法至上之义，但针对具体的问题而言，宪法条文究竟是什么意思还需要作出解释，即还需要作出既能符合原意，又能满足实际需要的对于宪法条文内涵的精准解释。因此，谁拥有宪法解释权，谁就是法治运转的核心和主导者。在美国，这一权力属于法院，特别是联邦最高法院对"宪法说了什么"具有最终的话语权。从这个意义上说，法院的权威就是"法治"权威。

违宪审查制度建立之后，美国树立起了司法中心主义的法治模式，法院在整个国家政治运转、特别是合法性—合宪性这一终极判断方面拥有了最高权威。在这种法治模式下，法治的实质是维护宪法中所规定的公民的基本权利。美国法治形式要素是违宪审查机制，实质上是通过回溯宪法条款，特别是考察立法与政策是否违反宪法修正案中列举的基本权利，借助个案式司法救济，通过民权诉讼来维护法治。立法机关和行政机关违反宪法规定侵犯公民的基本权利，被看作是违反宪法，亦即违反了法治原则，法院遂出面进行违宪审查。首先树立宪法至上权威，再借助司法审查机制使宪法权威随时能够回溯彰显，最终依靠司法人员的法律解释技巧和政治智慧将巨大政治争议转化为法律问题，以此实现宪法—法律对于权力的控制，这一过程是美国法治的典型过程，也是美国被看作是法治国家的原因。

美国以宪法为基础、以违宪审查为核心机制、以宪法基本权利保障为实质内容的司法中心主义的法治模式，特别是宪法的至上性和可适用性、基于公民基本权利的违宪审查以及树立司法机关的较高权威等等法治模式的经验和优势，值得其他正在进行法治建设的国家学习和借鉴。

6. 法治中国的进程与发展方向

纵观世界各国的历史，多数国家曾经都经历过"人治"的历史阶段，但最终或使国家动荡不安，或使国家彻底走向灭亡。在人类文明的历史发展中，一部曲折而漫长的法制发展史一再向世人昭示："法治"因包含公意故而能成功地实现治国治世；"人治"因无法约束人的私欲和个体掌权者的"短见"而难以使一个国家和社会走上良法善治之道。

新中国成立以来，法治进程的学理基础最初被表述为"要法治不要人治""从人治走向法治"。按照这一逻辑框架，"法治"的要义被表述为"法大于权"，其实质是"法律至上"，国家权力必须严格服从法律规定。因此"法治"不是"以法治国"，而是"依法治国"；不是"用法律统治"，而是"法律的统治"。"法治"的对立面是主张"权大于法"的"人治"，"人治"的实质在于国家权力受制于法律以外的个人意志。实行"人治"必然导致权力的行使没有法律约束，即使制定了法律也最终成为个人恣意妄为的手段和大肆腐败的工具。因此，中国共产党在中国特色社会主义新时代，更加坚定不移摒弃"人治"，走向"法治"，把全面推进依法治国确定为治国的基本方略，领导广大人民走上了法治中国建设的康庄大道。

"法治"是当代中国的发展方向。全面依法治国是党中央提出的"四个全面"中的重要内容，是法治中国建设的重要目标。在法治中国建设的历史进程中，党的十八届四中全会是一次具有里程碑意义的重要全会。全会通过的《决定》是加快建设社会主义法治国家的纲领性文献。这项决定明确提出了法治国家的建设目标和步骤。

（五）法制与法治的联系和区别

"法制"与"法治"具有紧密的联系。"法制"是"法治"的主要基础和前提条件，要实行"法治"，必须具有完备的"法制"；"法治"是"法制"的立足点和归宿，在一个法治国家和社会或者一个正在走向法治的国家和社会，"法制"的发展前途必然是最终实现"法治"。同时，"法制"与"法治"又是有所区别的。1978 年中国开始改革开放之后，学术界曾开展过是要"法制"还是要"法治"的争论。由于"法制"与"法治"普通话读音相同，为了把两者加以区别，有的学者就把"法制"称为"刀制"（因为"制"字为立刀旁），将"法治"称为"水治"（因为"治"字偏旁为三点水）。我国著名的法学家李步云教授指出："关于法制与法治的区别，我将它概括为三条：首先，法制是法律制度的简称，法律制度是相对于一个国家的经济、政治、文化、军事等制度来说的，而法治从来都是相对于人治来说的，没有人治就无所谓法治，相反亦然。其次，法律制度包括民法、刑法等一套法律规则以及这些规则怎么制定、怎样执行和遵守等制度；法治与人治则是两种对立的治国理念和原则，即国家的长治久安不应寄希望于一两个圣主贤君，而关键在是否有一个良好的法律和制度，这些良好的法律还应得到切实的遵守。再次，任何一个国家的任何一个时期，都有自己的法律制度，但不一定是实行法治。"[1]

简言之，"法制"与"法治"的根本区别主要体现在以下几个方面：其一，"法制"是法律制度的简称，属于制度的范畴，是一种实际存在的具有强制性的规范体系；而"法治"是法律统治的简称，是与"人治"相对立的治国原则、方法和方式。"法治"意味着要在民主的基础上，以维护和保障人权为目的和目标，严格依法办事并根据维护和保障人权的实际需要，充分完善和着力改造现存的法律制度。其二，"法制"的产生和发展与世界上几乎所有的国家相联系，在绝大多数国家都存在法制；而

---

［1］ 李步云：《二十年改一字　从刀"制"到水"治"》，载《南方都市报》2008 年 4 月 1 日。

"法治"却只有在民主制国家才会产生、建立和发展。其三，"法制"的基本要求是：各项工作都必须法律化、制度化，并做到有法可依、有法必依、执法必严、违法必究；而"法治"的基本要求是：严格依法办事，法律在调整各种社会关系的过程中具有至上性、权威性和强制性，绝不容忍和允许任何人（特别是当权者）任何为所欲为的任性。其四，实行"法制"的主要标志是：一个国家从立法、执法、司法、守法到法律监督等各个方面，都有比较完备的法律和制度；而实行"法治"的主要标志是：一个国家的任何机关、团体和个人，包括国家最高领导人在内，都没有任何凌驾于法律之上的特权，都必须严格遵守法律和严格依法办事。

二、依法治国与法治中国

要理解"依法治国"与"法治中国"这两个概念，首先需要明确"民主集中制"是中国共产党的根本组织原则，是开展好党内政治生活的重要制度保障，也是国家机关必须遵循的基本原则。

（一）民主集中制（democratic centralism）

"民主集中制"是列宁首倡的苏维埃政权进行决策的组织原则。二战之后，民主集中制在社会主义阵营的国家中广泛施行。"民主集中制"有四项基本原则和两个重要精神。四项基本原则是：个人服从组织；少数服从多数；下级服从上级；全党服从中央。两个重要精神是：执行期间绝对服从；任何主张及行动均以多数意见为基础并得由多数意见加以最后的判决。毛泽东将"民主集中制"概括为"民主基础上的集中和集中指导下的民主相结合"。刘少奇认为，"民主集中制"反映党的领导者与被领导者的关系，反映党的上级组织与下级组织的关系，反映党员个人与党的整体的关系，反映党的中央、党的各级组织与党员群众的关系。

"民主集中制"是中国共产党的根本组织原则。《中国共产党章程》对"民主集中制"有如下详细的描述：党员个人服从党的组织，少数服从多数，下级组织服从上级组织，全党各个组织和全体党员服从党的全国代表大会和中央委员会；党的各级领导机关，除它们派出的代表机关和在非党组织中的党组外，都由选举产生；党的最高领导机关，是党的全国代表大会和它所产生的中央委员会；党的上级组织经常听取下级组织和党员群众的意见，及时解决他们提出的问题；党的各级委员会实行集体领导和个人分工负责相结合的制度；党禁止任何形式的个人崇拜。

1982 年颁布的《中华人民共和国宪法》，规定了国家机构的基本组织原则是"民主集中制"：中华人民共和国的国家机构实行民主集中制的原则。全国人民代表大会和地方各级人民代表人会都由民主选举产生，对人民负责，受人民监督。国家行政机关、审判机关、检察机关都由人民代表大会产生，对它负责，受它监督。中央和地方的国家机构职权的划分，遵循在中央的统一领导下，充分发挥地方的主动性、积极性的原则。

（二）依法治国的内涵

党的十五大报告将"依法治国"概括为："依法治国，就是广大人民群众在党的领导下，依照宪法和法律规定，通过各种途径和形式管理国家事务，管理经济文化事业，管理社会事务，保证国家各项工作都依法进行，逐步实现社会主义民主的制度化、法律化，使这种制度和法律不因领导人的改变而改变，不因领导人看法和注意力的改变而改变。""依法治国"最重要的就是把坚持党的领导、发扬人民民主和严格依法办事统一起来，从制度和法律上保证党的基本路线和基本方针的贯彻实施，保证党始终发挥总揽全局、协调各方的领导核心作用。

1999 年，《中华人民共和国宪法修正案》载入"建设社会主义法治国家"的宏伟目标，是我国法治建设历史上的一个里程碑。如果说中国共产党是代表中国最广大人民利益的执政党，那么按照党章和宪法的有关规定，由党领导的人大所制定的宪法和法律应该也必须高于政权，不仅党的组织应该在宪法和法律的范围内活动，而且所有的国家机关行使权力也必须在宪法和法律规定的范围内进行。这就是"依法治国"的核心内涵。

2012 年，党的十八大明确提出了全面建成小康社会，实现"两个一百年”的奋斗目标。[1]要实现中华民族伟大复兴的"中国梦"，就必须全面推进"依法治国"。习近平总书记明确指出："全面推进依法治国是关系我们党执政兴国、关系人民幸福安康、关系党和国家长治久安的重大战略问题，是完善和发展中国特色社会主义制度、推进国家治理体系和治理能力现代化的重要方面。我们要实现党的十八大和十八届三中全会作出的一系列战略部署，全面建成小康社会、实现中华民族伟大复兴的中国梦，全面深化改革、完善和发展中国特色社会主义制度，就必须在全面推进依法治国上作出总体部署、采取切实措施、迈出坚实步伐。"[2]习近平强调："全面推进依法治国，是我们党从坚持和发展中国特色社会主义出发、为更好治国理政提出的重大战略任务，也是事关我们党执政兴国的一个全局性问题。落实好这项重大战略任务，对推动经济持续健康发展、维护社会和谐稳定、实现社会公平正义，对全面建成小康社会、实现中华民族伟大复兴，都具有十分重大的意义。"[3]

（三）法治中国的要义

"法治中国"最早是由我国学术界作为一个学术概念提出来的。2013年1月，习近平总书记在全国政法工作会议上明确提出了"全力推进平安中国、法治中国建设"的口号和要求。自此以后，"法治中国"就不仅是一个法学概念，而且成为一个政治概念。作为政治概念，"法治中国"具有综合性、历史性与动态性的特征，它向国际社会表明：加快构建人类命

---

〔1〕 中共十五大报告首次提出"两个一百年"奋斗目标：到建党一百年时，使国民经济更加发展，各项制度更加完善；到世纪中叶建国一百年时，基本实现现代化，建成富强民主文明的社会主义国家。此后，党的十六大、十七大均对两个一百年奋斗目标作了强调和安排。2012年，中共十八大描绘了全面建成小康社会、加快推进社会主义现代化的宏伟蓝图，向中国人民发出了向实现"两个一百年"奋斗目标进军的时代号召。"两个一百年"自此成为一个固定关键词，成为全国各族人民共同的奋斗目标。党的十九大报告清晰擘画全面建成社会主义现代化强国的时间表、路线图。在2020年全面建成小康社会、实现第一个百年奋斗目标的基础上，再奋斗15年，在2035年基本实现社会主义现代化。从2035年到本世纪中叶，在基本实现现代化的基础上，再奋斗15年，把我国建成富强民主文明和谐美丽的社会主义现代化强国。

〔2〕 习近平：《关于〈中共中央关于全面推进依法治国若干重大问题的决定〉的说明》（2014年10月28日）。

〔3〕 习近平：《在中共十八届四中全会第二次全体会议上的讲话》（2014年10月23日）。

运共同体的当代中国具有依法治国的信心和决心，同时，愿同世界各个追求公平正义的国家一道，为增进世界人民福祉做出积极的贡献，共同创造人类社会美好的明天。用"法治中国"这个高度凝练的概念表达"法治"的要义，既是对当下中国法制建设实践的生动写照，也是人类法治文明史上的创举。我们坚信，全面推进依法治国的伟大实践必将增强中国的凝聚力和国际影响力。

"法治中国"作为一个现代治理概念，有利于维护法治在国家治理中的权威，是我国社会的核心价值之一。"法治"具有统一性，不能对法治概念作片面的解读，对外延加以随意的改变，不可将"法治"的规范体系与制度体系肢解为某些行政官员的"政绩 GDP"。为了维护"法治中国"的权威性，"法治"作为治国理政的基本方式，是国家的系统工程，要做到整体协调，有序推进。各行其是、随意变通，将有损于中国作为一个国家的法治的权威性、法律的统一性和治理的整体性。因此，提出"法治中国"这一政治概念，对维护国家法制的统一不仅具有深远的思想意义，而且具有重要的现实意义。

从不同的层面和角度，我们可以对"法治中国"的内涵作五种阐释和解读：一是从国家法治、地方法治、行业法治三大重点板块的层面和角度；二是从科学立法、严格执法、公正司法和全民守法的法治四环节的层面和角度；三是从健全民主、完善法制、制约权力、尊重人权、保障公正的法治五要素的层面和角度；四是从党的十八大报告提出的我国政治、经济、文化、社会、生态文明建设和发展"五位一体"总体布局的层面和角度；五是从法治国家、法治政府、法治社会三者统一的层面和角度。以下我们仅从第五种层面和角度来阐释和解读"法治中国"的要义。

"法治国家"的要义是：与非法治国家相对称，要求国家权力必须法治化。"法治国家"主要有五个方面的标志：一是保障人权，即尊重人的自由和平等权利，并为人的生存和发展提供保障；二是良法之治，即"已经成立的法律获得普遍的服从，而大家所服从的法律又应该是制定得良好的法律"；三是人民主权，即依宪确立分权与制约的国家权力关系，依法执政；四是民权保证，即切实保护公民的各项权益，维护国家稳定和社会和谐；五是司法公正，即在司法活动的过程和结果中坚持和体现公平与正义的原则。依法执政是法治中国的关键环节。要推进执政党依法执政，就必须建立和完善保障执政党在宪法和法律范围内活动的体制、机制和制度；依法明确党与人民代表机关、政府、司法机关的关系；确保党的决策、执政行为公开透明；确保依法独立公正行使审判权和检察权、健全司法权力运行机制、完善人权司法保障制度；依法追究党内腐败和滥用权力行为，把权力关进制度的笼子里。

"法治政府"的要义是：政府依法行政，将决策、执行及监督过程都纳入法制化轨道。"法治政府"具有五个方面的基本特征：一是有限政府，即政府权力是受到法律严格限制的，其边界是确定、明晰的；二是责任政府，即政府权力与责任是统一的，政府违反法律必须承担相应的法律责任；三是诚信政府，即政府必须履行其对公众承诺的责任，赢得人民的信赖和拥护；四是服务政府，即政府要"以人为本"，明确并履行好其服务的职责；五是阳光政府，即政府必须全面、准确、及时公开政府信息，让权力在阳光下运行并接受社会监督。依法行政是法治中国的重点环节。要促进政府依法行政，就必须控制政府权力的范围和边界，健全行政权力行使的组织、程序、法制监督和问责机制；加强人大对政府的监督，以及人民法院对行政行为合法性的司法审查；推进政府廉政、勤政建设。要深化行政执法体制改革，确保公民知情权、表达权、参与权和监督权的真正实现，逐步扩大票决民主并发展协商民主。

"法治社会"的要义是：相对于国家和政府，政党和其他社会共同体（甚至包括市场经济组织）行使社会公权力的法治化。"法治社会"有五个方面的基本要求：一是公民要有法律信仰，即社会公众对法律均要有一种心悦诚服的认同感和依归感；二是公民要有守法自觉，即社会成员要自觉履行法定的权利和义务；三是要实现社会自治，即公民要运用法治思维和法治方式自我管理自治体的公共事务；四是要进行社会监督，即公民、社团、舆论要对国家机关行使公权力进行自下而上的法律监督，以维护公民权利和法律秩序，捍卫民主与法治的权威；五是要保持社会安定，即社会呈现运转有序、解纷机制健全、人民安居乐业的状态。"法治社会"是

"法治中国"的基础工程。要实现"法治社会",就必须维护宪法和法律的权威。要依法推进国家公权力向社会转移,做到公权力对私权利不越俎代庖、不干预、不包揽取代;要制定社团法,依法规范和保护社会组织、团体,确保公民的政治权利和自由,培植和发展更多的社会组织、团体,形成大社会、小政府的机制;要建立健全激励和促进社会管理创新的体制、机制,依法推进社会管理创新。

什么是"法治中国"?简言之,"法治中国"就是严格依照宪法和法律治理中国。作为一个法学概念和政治概念,进一步地说,"法治中国"的要义是:法治是中国整个国家运行的基础,是从事各项活动的基本准则,是集依法治国、依法执政、依法行政和法治国家、法治政府、法治社会于一体的新要求和总概括。"法治中国"意味着在中国,国家、政府和社会的各项事务与活动都必须在法治的框架下进行,任何组织和个人都没有超越宪法和法律的特权。详言之,具备什么标准,才能达成"法治中国"?我国著名法学家李步云先生提出了以下"法治中国的十条标准"[1]:

第一,人大民主科学立法。民主是社会主义的本质要求。民主和科学立法是制定良法的手段和保证。"要恪守以民为本、立法为民理念",要制定出良法,又必须科学立法。

第二,执政党依宪依法执政。依宪执政的科学内涵,可概括为坚持"人民民主、依法治国、保障人权、宪法至上"。

第三,政府依法行政。关键是要做到,法无授权不可为,行使权力要严格按程序办事,也不能该作为而不作为。

第四,社会依法自治。建设法治社会,是党的十八大以来提出的一个新概念、新目标。它和法治政府相对应,基本要求是:实行"政社分开",充分实现各种社会组织工作的自主性、主动性、积极性和创造性,要健全各类社会组织自身的各种规章制度,并保障其应有的权威。重点发展涉法的社会组织,如法律援助组织、人民调解组织等。

第五,法院独立公正司法。《决定》提出,"必须坚持党领导立法、保

---

[1] 李步云:《法治中国的十条标准》,载《光明日报》2016 年 8 月 1 日。

证执法、支持司法、带头守法"。"支持司法"即党要更加坚定和明确地保证法院、检察院独立行使审判权和检察权。

第六，完善法治监督体系。权力不受制约必然腐败，绝对的权力导致绝对的腐败，这是一条已被人类文明史反复证明了的铁的规律。这一法治监督体系，我们现在已经部分建成，包括：以国家权力监督国家权力，主要是国家的检察、监察和审计机关、执政党的纪检机关，同时还有人大对一府两院的监督，以及党政领导体系内领导成员的相互监督等；社会权利对国家权力的监督，主要是各种社会组织和广大公众通过媒体、信访等渠道对国家机关和执政党及其工作人员的监督等。

第七，健全法治保障体系。其主要内容包括律师、公证、法律援助、人民调解等制度。

第八，弘扬法治文化。包括宪法日和宪法宣誓制度的确立、法治理论的创新以及法治教育的普及等。

第九，运用法治保障人权。《决定》将此作为法治建设的一项根本原则予以特别强调，明确提出，"必须坚持法治建设为了人民、依靠人民、造福人民、保护人民，以保障人民根本权益为出发点和落脚点"。

第十，坚持党的领导、人民当家作主和依法治国的有机统一。《决定》明确指出，要全面推进依法治国，实现"建设中国特色社会主义法治体系，建设社会主义法治国家"这一总目标，其首要原则就是："坚持中国共产党的领导。党的领导是中国特色社会主义最本质的特征，是社会主义法治最根本的保证。"民主和法治互为手段和目的，实现其有机结合就是要做到民主法治化和法治民主化。

（四）法治中国的意蕴

"法治中国"是习近平总书记代表中共中央在中国特色社会主义新时代提出的法治建设目标。它是法治国家、法治政府、法治社会与中国具体国情相结合的产物。经过长期建设和实践，我国形成了以宪法为统帅的中国特色社会主义法律体系，但全面建成小康社会对依法治国提出了更高的要求。"法治中国"是坚持党的领导、人民当家作主和依法治国有机统一的结合体；是坚持依法治国、依法执政、依法行政共同推进，法治国家、法治政府、法治社会一体建设的"中国"。法治国家、法治政府、法治社会实现之日，便是"法治中国"建成之时。

2013年11月12日党的十八届三中全会通过的《中共中央关于全面深化改革若干重大问题的决定》（以下简称《决定》），第九项重要议题是"推进法治中国建设"，其中对"法治中国建设"提出了原则性要求和具体制度性要求。原则性要求即"建设法治中国，必须坚持依法治国、依法执政、依法行政共同推进，坚持法治国家、法治政府、法治社会一体建设。深化司法体制改革，加快建设公正高效权威的社会主义司法制度，维护人民权益，让人民群众在每一个司法案件中都感受到公平正义"。具体制度性要求包括"维护宪法法律权威""深化行政执法体制改革""确保依法独立公正行使审判权检察权""健全司法权力运行机制""完善人权司法保障制度"等五项。"法治中国"建设是一项具有历史意义和实践价值的国家和社会建设的系统工程，是实现"法治国家"的具体政策目标。《决定》以中央文件的形式提出"法治中国建设"的目标及制度要求，对于依法治国基本方略的顺利推进，具有非常重要的理论价值和现实意义。

党的十五大将"依法治国，建设社会主义法治国家"明确写入执政党的工作报告。1999年全国人大第三次修改宪法，将"依法治国，建设社会主义法治国家"写入宪法。自此，全面推进依法治国基本方略成为制定和执行政策与法律的主题。"法治中国"是依法治国基本方略的具体要求和法治精神的具体体现。

作为建设"法治国家"的具体平台，"法治中国"是"法治国家"、"法治政府"和"法治社会"在"中华人民共和国"的有机结合和统一。"法治中国"的价值要求，直接指向中华人民共和国境内的所有国家机关、社会组织和公民个人，指向所有公共机构和私人组织，指向所有行政区域，包括民族区域自治地方、港澳台以及驻外使领馆、中国籍国际航行船舶运输工具，甚至对在华工作的外国人和外商也具有明确的指导意义。"法治中国"是依法治国基本方略在"中国"这个具体主权国家概念上的具体落实，故"空间"上的适用性是"法治中国"的重要因素。"法治中国"强调依法治国基本方略的适用空间，使全面依法治国的空间范围更加明确。作为一个主权国家，中国是一个整体。"法治中国"就是要在整体上实现"国家法治"。简言之，中国主权所及范围都是"法治"所指向的区域。

相对于"法治国家"来说，"法治中国"更加具有现实意义。"法治中国"超越了"法治国家"的抽象意义，将"法治"要求与"中国"这个具体的具有主权特征的地理意义上的国家概念结合起来，这就使得"法治国家"有了明确的具体适用与生效的区域和范围，将"法治国家"变成了一项针对中华人民共和国主权管辖范围内所有领域的具体目标，因此相对于"法治国家"米说，"法治中国"有着更加明确的指向性、针对性和目的性。

"法治中国"建设意蕴深刻。《决定》明确提出"推进法治中国建设"，为全面推进依法治国提出了明确的目标。建设"法治中国"是实现中华民族伟大复兴"中国梦"美好愿景的重要步骤。作为一个具有五千年历史的文明古国，我国提出建设"法治中国"，在整体上朝着"法治"目标前进，这是走向国家治理体系和治理能力现代化的进程中实现民族复兴伟业的重大举措。在中华民族伟大复兴的征程中，一个实现全面超越、发展成就令世界瞩目的社会主义的中国，必定会进一步增强在对外交往、国际事务中的话语权，更充分地发挥中国在增进世界人民福祉、创造人类美好未来、维护世界和平等方面的大国作用，进而为构建人类命运共同体提出中国方案、奉献中国智慧、展现中国力量。

目录

CHAPTER 1

第一章
法治建设的问题与法制和法治的历史回顾

　　新中国法治建设的曲折历程，伴随着马克思主义法律思想中国化的历史进程。可以说，有什么样的马克思主义法律思想中国化的进程，就有什么样的新中国法治建设的历程。中国共产党以马克思主义为指导思想，必然把马克思主义法律思想作为新中国法治建设的指导思想，新中国法治建设正是在马克思主义法律思想指导下进行的。在一定意义上甚至可以说，马克思主义法律思想的中国化的成败，决定新中国法治建设的兴衰。因此，应当从马克思主义法律思想中国化的历史进程中，去探寻新中国法治建设的曲折历程背后的思想背景和理论渊源。马克思主义法律思想中国化历程，是自 1921 年中国共产党建党以来，在我国革命、建设、改革的各个历史时期，以毛泽东、邓小平、习近平等为代表的中国共产党人把马克思主义法律思想与中国的法制及法治建设的具体实际相结合，从而创造出一系列与时俱进的法律思想和法治理论的历史过程；是中国共产党人在中国法制及法治建设的领域，把马克思主义法律思想结合中国的具体实践，不断地进一步转换为能够指导法制及法治建设实践的思想理论乃至精神的创造过程和体制机制乃至制度的创新过程。这种被称之为"中国化"的历史性"转换"，就是对马克思主义法律思想的继承、发展、创造和创新。习近平法治思想是马克思主义法律思想中国化的最新成果，是继毛泽东、邓小平等中国共产党领袖之后，对马克思主义法律思想中国化的继承、发展和创新。自中共十八大以来，这个"继承、发展和创新"就一直在进行中，并将不断地进一步持续下去。

一、马克思主义法律思想中国化问题

　　马克思主义法律思想之所以必须中国化，可以从横向和纵向两个方面来看。一方面，从横向上看，马克思主义法律思想的实践基础是以马克思、恩格斯为代表的马克思主义经典作家生活的时代的社会实践及其以前的社会历史和实践。马克思主义法律思想主要来自于西方国家和苏联马克思主义经典作家的建构和创造，是这些国家社会现实的反映，而不是中国社会现实的反映。另一方面，从纵向上看，随着时间的推移，许多新的社会实践、新的法律问题在包括中国在内的世界各国不断产生和出现。单纯的马克思主义法律思想由于不是对中国的法治现实的反映和法律实践的总结，因而不能当然地适用于中国的法治现实和直接指导中国的法律实践。因此，要确立马克思主义法律思想在中国法治实践中的指导地位，马克思主义法律思想要对我国"依法治国、建设社会主义法治国家"进行正确而有效的指导，充分而有力地促进法治中国建设，进而又好又快地实现"中国梦"，就必须使之"中国化"。

在进入社会主义市场经济发展的社会转型的新时期后，我国社会矛盾凸显，人民内部矛盾在一定地区、一定领域还比较突出。当今资本主义发达国家在继续大力发展经济的同时，采取了大量的效果明显的缓和阶级矛盾的政策、策略和措施，这些政策、策略和措施是值得正在施行"依法治国、建设社会主义法治国家"的中国学习和借鉴的。因此，马克思主义法律思想要对法治中国建设发挥重大的影响和有效的指导作用，就不仅要反映当代中国的社会现实和指导法治中国的建设与实践，而且要学习和借鉴发达国家先进的法治思想、理论和经验，并且在此基础上，在法治中国建设的伟大实践中，与时俱进地实现马克思主义法律思想的中国化。

马克思主义作为一个综合性的理论体系，涉及经济、政治、社会、文化等多个方面的思想，法律思想只是其中的一个部分，即使就这个部分而言，也是在解释和预测社会历史发展中附带论述的。如果说马克思主义具有综合性的特征，那么马克思主义法律思想则具有表现形式零散、系统性不够的特点，缺乏对于法治中国的建设和实践具有很强的针对性的详细的专门的论述。因此，要运用马克思主义法律思想指导中国法治建设的具体实践，并对法治实践的指导作用切实有效，需要我们完成一个从综合性的思想体系向能够直接或间接地指导法治实践的专门的法律思想的创造性转换，这就是从马克思主义法律思想的"经典"向中国化马克思主义法律思想的创造性转换。也就是说，要确立和保持马克思主义法律思想在中国法律实践中的指导地位，就必须对马克思主义法律思想的零散描述进行专项研究、系统论述，使其自成一体，实现其具有系统性、针对性和创造性的思想转换。简言之，就是必须使马克思主义法律思想中国化。

虽然我国在马克思主义法律思想中国化过程中取得了一定的成绩，但也存在着不少问题。例如，在法学基本原理的阐述上大都仅仅局限于马克思主义经典作家的有关论述；现阶段我国的法学理论还存在一定程度上的"脱离中国实际""对中国的法治建设实践缺乏指导作用"等问题，对法治建设实践缺乏针对性和有效性。为了解决马克思主义法律思想中国化过程中存在的问题，必须从以下两个方面着力。

首先，马克思主义法律思想中国化要研究和解决当前中国法治实践中产生的各种现实问题。理论来源于实践并服务于实践。马克思主义法律思想在资本主义国家产生，其实践来源是当时的资本主义社会生产和生活。距马克思、恩格斯创建马克思主义法律思想和理论一百多年后，这一思想和理论要在社会主义中国适用，就必须认真研究中国社会主义革命、建设和改革实践中所产生的各种现实问题。马克思主义法律思想中国化目前急需要解决的问题，就是马克思主义法律思想如何从单纯的理论走向现实生活，如何从意识形态化的一般论述走向对社会主义法治建设产生的现实问题的切实研究。例如，针对"法是统治阶级意志的体现"这一法律思想，首先必须正确界定"阶级"这个概念，搞清楚马克思主义法律思想中的"阶级"在我国建设社会主义市场经济的过程中是否存在等等问题。事实上，自改革开放以来，我国早已淡化了"阶级"的概念，取而代之的是"阶层""群体"的概念。马克思主义法律思想中的"阶级"的概念怎样才能与我国当前的社会群体类型相对应？如果说阶级决定法律的意志属性，那么阶层对于法律的意志属性是否具有影响？目前，我国各种阶层和群体的利益诉求不同，如何通过法律协调不同阶层和群体的利益诉求？什么样的人大代表比例和什么样的立法程序有利于调和各群体的利益？……所有这些问题的研究不仅对于马克思主义法律思想中国化的研究本身具有相当的思想价值和学术价值，而且对于我国如何有效化解社会矛盾、维护社会的和谐稳定和国家的长治久安也具有重要的现实意义。

其次，马克思主义法律思想中国化是否正确和成功，要用法治实践来检验。实践是检验真理的唯一标准。马克思主义法律思想中国化是否正确和成功，必须将其运用于解决中国法治实践中产生的具体问题，在法治中国建设的实践中加以检验。例如，对于"不同社会阶层的利益在法律中的体现"这一问题，在目前情况下应当考虑：城市居民和农村居民、东部居民和西部居民、雇主和雇工、企业家和消费者等各种社会群体的利益是否实现"法律面前人人平等"？我国现行法律制度哪些规定保障了"法律面前人人平等"的实现？又有哪些规定在实践中阻碍了不同利益群体实现"法律面前人人平等"？阻碍不同社会阶层实现"法律面前人人平等"的原因是什么？如何在法律中消除这些阻碍因素？随着我国社会主义建设的继续推进，马克思主义法律思想的整体及其各个组成部分都只有通过对以上这些问题的深入研究和反复验证，才能真正实现马克思主义法律思想中国化。正因为经得起中国法治建设和实践的检验，中国化的马克思主义法律思想才更加科学，更加符合社会"公平""正义"的理念。

在中国法治实践中树立马克思主义法律思想的指导地位，必须实现马克思主义法律思想中国化。只有这样，才能不断修正、丰富、发展马克思主义法律思想，才能通过理论对实践的指导，不断推进我国"依法治国，建设社会主义法治国家"的历史进程。在中国特色社会主义新时代，中国化的马克思主义法律思想必将对法治中国建设发挥更为强大、更加有效的指导作用。

二、法治建设的几个问题

自近代思想家严复将法国政治学家孟德斯鸠的《法意》翻译成中文以来，法治就成了中国人追求的目标。中华人民共和国成立七十多年来，中国的法治文明建设虽然取得了举世瞩目的成就，但是也遇到了严重的困难和很大的阻力，需要我们通过改革，使法治向纵深发展，有针对性地采取切实有效的手段和措施，克服困难，消除阻力，摆脱法治困境。从历史和现实两个方面来看，只有围绕法治中国建设的目标深化改革，我国才能在大力发展经济的同时，实现社会的公平、正义，才能提升法治的品格，完善法治的格局，实现经济社会发展、法治建设以及公民个人权利三者的有机统一和相互促进。改革开放四十多年来，中国从动乱走向了稳定，从贫穷走向了富强，重新燃起法治的理想，力图通过法治的建设和实践来实现并保持国家的繁荣和社会的稳定。然而，在法治中国建设的征途中，我国的法治建设还存在诸多有待解决的问题。《中共中央关于全面推进依法治国若干重大问题的决定》（以下简称《决定》）指出："必须清醒看到，同党和国家事业发展要求相比，同人民群众期待相比，同推进国家治理体系和治理能力现代化目标相比，法治建设还存在许多不适应、不符合的问题，主要表现为：有的法律法规未能全面反映客观规律和人民意愿，针对性、可操作性不强，立法工作中部门化倾向、争权诿责现象较为突出；有法不依、执法不严、违法不究现象比较严重，执法体制权责脱节、多头执法、选择性执法现象仍然存在，执法司法不规范、不严格、不透明、不文明现象较为突出，群众对执法司法不公和腐败问题反映强烈；部分社会成员尊法信法守法用法、依法维权意识不强，一些国家工作人员特别是领导干部依法办事观念不强、能力不足，知法犯法、以言代法、以权压法、徇私枉法现象依然存在。这些问题，违背社会主义法治原则，损害人民群众利益，妨碍党和国家事业发展，必须下大气力加以解决。"我们坚信，在党对全面依法治国高度重视和正确领导下，这些问题一定能够逐步得到解决。

（一）权与法的问题

无论是在古代、近代还是在现代，权力与法律的关系问题都是一个国家和社会十分重要的必须妥善解决的重大问题。作为法治的核心问题，权力和法律的关系问题，权与法的矛盾和冲突并不是简单的谁大谁小的问题，而是权力如何制定法律、如何修改法律、如何遵守法律的问题，更是法律如何监督、制约、控制权力的问题。如果说不存在绝对地凌驾于权力之上并可以完全脱离权力的法律，一定的法律还是要通过一定的权力才能产生和得以实施，那么当然也不应该存在任何凌驾于法律之上的权力。在中国，权力分为国家权力、政府权力、单位权力和某个职位的权力等多个层面；法律也有宪法、部门法、行政法规等多种层次。要全面依法治国，就必须正确处理好各种权力与各种法律之间的关系，在权力的运行中，坚决做到"有法可依、有法必依、执法必严、违法必究"，坚决把权力关进制度的笼子里。

在人民主权原则下，国家的一切权力属于人民。人民通过宪法和法律，赋予或者授予政府权力。就政府权力的来源而言，政府的权力归根结底是由人民通过宪法和法律赋予的，政府严格依照宪法和法律办事，就是在执行人民的意志和维护人民的利益。在法治社会，必须回答政府权力的法律来源问题。政府权力的法律来源，决定政府权力的法律边界。个人可以做法律不禁止的事情，既包括宪法和法律明确确认为权利和自由的行为，也包括宪法和法律没有明确规定为个人权利和自由的行为。如果说界定个人权利和自由范围的基本原则是法无禁止即自由（即个人不得做法律禁止的事情，除此之外，个人是可以有所作为的），那么政府的权力并不是与生俱来的，而是因由宪法和法律的赋予（即授权）而产生的。只有宪法和法律赋予某项权力，政府才有这项权力；若宪法和法律没有赋予某项权力，政府就不具有这项权力。因此，界定政府权力范围的基本原则是：法有授权即可为；法无授权不可为；法无授权即禁止。换言之，政府只能做法律授权的事情，不得做法律未授权的事情。政府在作出行政行为之前，必须首先搞清楚法律是否授权，有授权就可做，无授权则不可为。要解决权与法的问题和矛盾，必须严格限制政府的权力。宪法和法律对于政府权力的取得和确认采用的是授权原则，而授权原则在一定意义上又可以理解为限权原则，即政府的权力只限于宪法和法律授权范围之内，越权无效。政府在没有获得宪法和法律授权的情况下作出的任何一个行政行为，在法律上都是无效的。

（二）"三权"统合的问题

由于"党的领导、人民当家作主和依法治国"三者实际上代表了三种权力，故可简称为"三权"。"三权"统合即党的领导、人民当家作主和依法治国三者统一的简称。这三种权力之间不是排斥的关系，而是相互包容、相互协调、相互促进的互动关系。我国政治改革的主要目标就是要实现这三种权力的良性互动和有机统合。在我国，全面实现依法治国必须正确处理好权力与法律的关系问题，在依法治国的最高层面上表现为党的权力与法律的关系问题、人民的权利与法律的关系问题、法律如何在实现自身权威的同时保证党的权力和人民的权利得以实现的问题。依法治国的中国目标，不是西方式的法治目标，而是中共领导下的依法治国目标。因此，如何规范党的权力，即党如何依法执政、人大如何依法制定法律、政府如何依法行政、法律的权威如何与党的权威和人民的权利不相冲突，是"三权"能否实现良性互动和有机统合的核心问题。由于国内外政治实践中没有可资参考的先例和经验，如何妥善解决好这些问题，需要我们去大胆探索。"三权"统合的问题体现在多个方面。

比如，在党的领导、人民当家作主、依法治国的一体化结合机制尚有待进一步形成的情况下，就存在决策缺乏法律监督的问题。虽然党的领导是在法治框架下的领导，但是一些地方或者部门的党政领导为了地方、群体甚至个体的利益，违反法治要求，使权力凌驾于法律之上或者使权力逃避法律的监管，以至于领导的看法、领导的想法和领导的说法而非法律，往往成为一些地方和部门指导经济社会发展的规则，民主执政、科学执政让位于权力者特别是一把手的执政。这种缺乏法律监督的行政首长负责制和"小事开大会、大事开小会、特别重大的事不开会决定"的非民主决策现象，使民主决策、公众参与和监督国家事务流于形式，损害了法治的基础和法律的尊严。

（三）礼与法的问题

礼与法的关系问题是一个中国传统的政治难题。礼在传统中国，包含三重含义：作为规范的礼、作为习惯的礼、作为道德的礼。在当前，对法治中国建设构成挑战的主要是作为习惯的礼和作为道德的礼。作为习惯的礼，表现为风俗，如中国人的请客送礼习惯、婚丧嫁娶习惯等，但这些传统的习惯与全面依法治国的目标和要求会产生一定的矛盾。例如，请客送礼习惯容易被利用成为行贿的手段，以至于现在很多人都不敢送礼和收礼，婚丧嫁娶也不敢大操大办，以免与奢靡浪费之风挂上钩。这些传统风俗自古就有，根深蒂固。近代以来，虽然请客送礼、婚丧嫁娶等表现为风俗的传统习惯形式多变，但仍然持续至今。如何把传统风俗习惯纳入现代法治体系和通过法律来规范进而移风易俗，是处理好礼与法关系的一大难题。作为道德的礼，如敬老爱幼等最为常见，但当敬老发展为年轻人不让座就要挨打的时候，如何从法律上解决传统道德引发的社会纠纷，也是处理好礼与法关系的一大难题。前几年的"小悦悦事件"[1]中，人们在谴责冷漠的路人面对处于生命攸关的危难之际的小悦悦拒不施以援手的不道德行为时，更在思考类似事件中的法律缺位问题。当扶摔倒老人屡遭讹诈的时候，人们有足够的理由考问其中的法律缺位问题。因此，如何应对传统的风俗、道德及其引发的现实问题，是法律要处理的重大难题，也是礼与法的问题和矛盾的具体体现。

社会道德出现滑坡可能动摇法治建设的基础。在人类发展历史进程中，

---

〔1〕　2011 年 10 月 13 日，2 岁的小悦悦（本名王悦）在广东省佛山市南海黄岐广佛五金城相继被两车碾压，7 分钟内，18 名路人路过但都视而不见，漠然而去，只有最后出现的一名拾荒阿姨陈贤妹上前施以援手。2011 年 10 月 21 日，小悦悦经医院全力抢救无效，在零时 32 分离世。这个事件当时引发了网友广泛的热议。

法治以假定"人性恶"为前提条件，但是整体指向和最终目的是为了促使人性向善。在法治社会里，"人性恶"会得到最大限度的遏制，"人性善"会因为社会的肯定性评价和激励性机制的实施而得到弘扬。但是在现实社会中，无论是在政界、商界还是在民间，都存在有的人为了谋取不法利益和超额利润而铤而走险、不计后果、不择手段，通过造假、欺骗、忽悠和炒作一夜成名，一夜暴富等丑恶现象。获取和得到不法利益成为这些人行为的唯一动力源。毒大米、毒蔬菜、毒肉、毒奶、地沟油等流入市场，毒空气、污染水、环境遭到破坏是今天的中国社会时常不得不面对的问题。我国的立法体系不断完善，法律总量蔚为壮观，中国的立法成就为世界所瞩目，但究竟为什么在法律的实施和实效上却不尽如人意？而且法律在人们心目中的地位难以用"神圣"两字言说。其中一个重要的缘由，就是时常出现道德操守乃至法律底线因市场竞争和利益诱惑被粗暴地击碎。当代社会对传统道德理念的解构，以及西方腐朽没落文化的冲击，一度使社会上人们的道德观念呈现多元化和碎片化的倾向，使法治中国建设的基石有所侵蚀。在以政府为主导的社会结构中，对于信任危机和道德沦陷的风险来说，政府负有导向、防控和行为规制义务，同时还要起好表率带头作用。否则，如果任由某些地方政府诚信缺失，甚至与民争利，将会损害人民政府的形象，破坏党和人民的血肉联系。某些地方政府信用透支，会从源头上污染法治的"水源"，不仅政府自身形象受损，而且更难以纠正一定历史时期中社会上人们相互猜忌、防范和攻击的不良风气。

（四）传统法律文化与现代法治理念的问题

自公元前221年秦始皇建立大一统的秦朝以来，朝代更迭无数。两千多年来，中国古代社会的历代王朝大都实行高度集中的一元化中央集权制，而高度集中的封建专制制度就需要一个稳定的、强有力的统一的文化，作为其统治之基础。中国传统社会以自给自足的小农经济为主，"日出而作，日落而息"为其生产方式。小农经济的特点是分散、保守、稳定。小农经济条件下养成的人们保守、懒惰的习惯，使人们习惯于接受权威思想的统治而缺乏独立思考的能力，更没有自由的思想和独立之精神。所以，在这种社会形态中，人们之间在生产上发生的相互关系十分薄弱、稀疏，社会上最强大的组织就是统治阶级，最严整的关系就是统治阶级内部的组织关系以及统治阶级与被统治阶级制度化的政治关系。而自秦始皇以来的传统中国历代皇帝则几乎无一例外地在一个巨大的疆域内实行统治阶级内部严密的组织化，这种统治集团内部严密的组织化程度非常高，不断地进行着朝代的更替，但是一个朝代的覆灭和另一朝代的诞生，并没有改变这种高度统一的集权专制社会的经济基础和政治基础。传统中国历经两千多年的封建社会，在集权专制统治和集权主义传统文化的影响下，中华法系传统法律文化根深蒂固。尽管传统文化中既有精华也有糟粕，但传统农耕文化的掣肘对于当代中国法治实践和社会主义现代化建设来说，是一项需要我们进行彻底改造的文化基因。建设社会主义法治国家，就必须摒弃传统法律文化中的人治观念，建构当代法治理念。这对于法治中国建设具有重要的现实意义和理论价值，对于推进全面依法治国的伟大实践具有积极的助推作用。

中国传统法文化深受集权主义传统文化的影响。董仲舒[1]提出"罢黜百家，独尊儒术"之后，以儒学为正统的封建统治阶级主流法律文化随之形成。魏晋南北朝时期，儒家的道德伦理观念被不断地纳入律典之中，出礼入刑与礼律融合在实践中找到了结合方式。隋唐时期，儒家正统法律文化登堂入室，无论是隋朝的《开皇律》，还是唐朝的《唐律》，都充分融入儒家所强调的"三纲五常"等伦理规范。到了宋代，礼律融合演变为唯礼是从。宋代著名理学家朱熹[2]认为："凡有狱讼，必先论其尊卑、上下、长幼、亲疏之分。而

---

[1] 董仲舒（公元前179年—公元前104年），广川（河北省景县西南部，景县、故城、枣强三县交界处）人，西汉著名的经学家、思想家和政治家。汉景帝时任博士，讲授《公羊春秋》。汉武帝元光元年（公元前134年），汉武帝下诏征求治国方略。董仲舒在著名的《举贤良对策》中把儒家思想与当时的社会需要相结合，并吸收了其他学派的理论，创建了一个以儒学为核心的新的思想体系，深得汉武帝的赞赏。董仲舒系统地提出了"天人感应""大一统"学说，其"罢黜百家，独尊儒术"的主张被汉武帝所采纳，使儒学成为中国社会正统思想，影响后来的中国历史长达两千多年。董仲舒一生历经三朝，度过了西汉王朝的极盛时期，公元前104年病故，享年约75岁。

[2] 朱熹（1130—1200），字元晦，又字仲晦，号晦庵，晚称晦翁，谥文，世称朱文公。祖籍徽州府婺源县（今江西省婺源县），出生于南剑州尤溪（今属福建省尤溪县）。宋朝著名的理学家、思想家、哲学家、教育家、诗人，闽学派的代表人物，儒学集大成者，世尊称为朱子。朱熹是唯一非孔子亲传弟子而享祀孔庙的，位列大成殿十二哲者中，受儒教祭祀。朱熹是"二程"（程颢、程颐）的三传弟子李侗的学生，与二程合称"程朱学派"。朱熹的理学思想对元、明、清三朝影响很大，成为三朝的官方哲学，是中国教育史上继孔子后的又一人。朱熹著述甚多，有《四书章句集注》《太极图说解》《通书解说》《周易读本》《楚辞集注》，后人辑有《朱子大全》《朱子集语象》等。其中，《四书章句集注》成为钦定的教科书和科举考试的标准。

后听其曲直之辞。"至此，礼被教条化，成为"万世不易之礼"。可以说，自儒教学说定于一尊后，中国古代社会的法律文化遂被基本纳入集权主义的"一统"之中，连绵两千多年来都不曾崩坏。传统中国法文化一脉相承的历史，与它所存在的固有缺陷一起，成为世界法文化独一无二的样本。中华法文化与古希腊罗马的城邦政治文明和法治文化之间存在着文化分野和制度异质性。

比如，我国古代法律推崇"贵贱有等、良贱异法"，"礼不下庶人，刑不上大夫"，维护宗族内部的尊卑长幼关系和国家结构中的等级关系，是集权专制的古代中国法制的基本特征。在这种法制框架下，神圣的法律沦为"治民"的工具，特权思想泛滥，规则意识淡薄，公平正义理念欠缺。与之完全不同，在公元前4世纪的西方，柏拉图设计了理想国的方案。实现正义是柏拉图的理想国所遵循的一条基本原则，是柏拉图法律思想的出发点和归宿。柏拉图最早提出法治理论，认为法治的关键是树立法律至高无上的权威。如果统治者可以不受法律制约，甚至可以以言代法，那么不管在这个国度里有多少法律，也谈不上现代意义上的法治。在公元前4世纪，"法律是正义的种子"等观念和信念已经在西方萌芽，并逐渐深入人心，为全社会所广泛接受。自然法学派[1]认为，人人都是平等的，每个人都享受一份属于自己的自然权利，即人们都有保护自己的生命、自由和财产的权利，这是一种不受任何约束的、神圣不可侵犯的绝对权利。为了更好地保护人们的自然权利，为了国家繁荣、社会稳定和公共福利，人们相互订立社会契约，把全部或一部分权利转让给社会，国家的权力来源于社会契约。自然法学派强调，"在法律面前人人平等"，不论人的社会地位和财产状况如何，任何人都必须遵守法律，任何人都

---

〔1〕 自然法是指宇宙秩序本身中作为一切制定法之基础的关于正义的基本和终极的原则的集合。自然法学派是指以昭示着宇宙和谐秩序的自然法为正义的标准，坚持正义的绝对性，相信真正体现正义的是在人类制定的协议、国家制定的法律之外的、存在于人的内心中的自然法，而非由人们的协议产生的规则本身的法学学派，代表人物为如格劳秀斯、洛克、孟德斯鸠、卢梭、潘恩、杰斐逊等。自然法学派又可分为古典自然法学派和新自然法学派，它们的产生和发展都是适应当时社会发展需要的，并产生了各自的代表人物。在西方，每次社会大变革时期，自然法学总是作为一面旗帜，主导着西方社会法律发展的大方向。例如，私有财产不可侵犯、法无明文不为罪、人身自由不可侵犯、人民主权、权力分立等思想，都发端于自然法学的理念。在当今世界范围内，自然法学派也是居主流地位的法学学派。

没有凌驾于法律之上的特权。

再比如，在中国古代社会中，皇帝权力至高无上，帝王"口含天宪"，出言即法，权居一方的大臣及行政长官也往往握有对子民的生杀予夺的大权。孟德斯鸠在《论法的精神》一书中写道："专制的国家没有任何基本法律，也没有法律的保卫机构。因此，在这些国家里，宗教通常是很有力量的；它形成了一种保卫机构，并且是永久性的。要是没有宗教的话，专制国中被尊重的便是习惯，而不是法律。"[1]正如孟德斯鸠所言："在专制的国家里，法律仅仅是君主的意志而已。即使君主是英明的，官吏们也没法遵从一个他们所不知道的意志。那么官吏当然遵从自己的意志了。加之，由于法律只是君主的意志，君主只能按照他所懂的东西表示他的意志，结果，便需要有无数的人替君主表示意志，并且同君主一样的表示意志。"[2]孟德斯鸠还一针见血地批评古代中国的专制政体："人们曾经想使法律和专制主义并行，但是任何东西和专制主义联系起来，便失掉了自己的力量。中国的专制主义，在祸患无穷的压力之下，虽然曾经愿意给自己戴上锁链，但都徒劳无益；他用自己的锁链武装了自己，而变得更为凶暴。"[3]在传统中国古代社会，法律依附于权力，只不过是权力的玩偶而已。人们漠视法律，只有高高在上的权力受到人们的顶礼膜拜。也正因如此，受这种中国古代传统法文化的影响，在当今中国，一部分老百姓往往不是寄希望于通过法律来维护自己的合法权益，而是欲通过寻求法律之外的途径来解决自己的问题，摆脱自己的困境，为自己"讨一个说法"。

尽管儒学思想、儒家传统、儒教制度深远地影响着中国的政治和社会，享有最高地位，但对于治国理政发挥作用而言，它不是唯一的思想、传统和制度。从春秋战国时期就有"法、术、势"结合，反对礼制的法家思想，也有类似于商鞅变法的变法运动，管仲、李悝、韩非等人都是重要的法制理论家和实践家，还有从最早的成文法《法经》到最后一部《大清律》等历朝历代的法律制度。这些人物以及他们的主张及其转化的制度和实践，构成了中

---

〔1〕 ［法］孟德斯鸠：《论法的精神》（上册），张雁深译，商务印书馆1961年版，第17~18页。

〔2〕 ［法］孟德斯鸠：《论法的精神》（上册），张雁深译，商务印书馆1961年版，第66页。

〔3〕 ［法］孟德斯鸠：《论法的精神》（上册），张雁深译，商务印书馆1961年版，第129页。

国古代集权专制国家的君主治国理政的一个极其重要的方面，对中国古代官吏甚至皇帝都有一定的约束作用。但从总体上和根本上讲，中国古代集权专制的法律制度是维护皇权统治的主要工具，或者更进一步地说是官府衙门为维护王朝的专制统治而进行社会管理的必要工具。从这个意义上说，中国古代的国家和社会也有法制（即法律制度），甚至可以说整个中国古代的国家和社会的法制已达到了相当完备的程度。有人说中华法系博大精深，其实中华法系虽然博大，但却未必精深。传统中国重"法制""吏治"却从未有过"法治"。当代"法治"以法律制度为基础，但"法治"的意义更在于突出法律制度的价值和原则及其适用，包括"自由""平等""公正"等现代性的制度价值和"权力制约、保障权利、法律平等、正当程序"等现代法治的价值和原则。与之不同，旧中国历史上的"法制"是服务于统治阶级的工具。这种"法制"以权力为本位，奉行权大于法、权力支配一切的价值观念和思维原则，就不可能有现代法治的价值和原则的追求。当然，现代西方法治尽管有一定的历史进步性，但本质上仍然是为维护资产阶级利益服务的。只有社会主义法治是以人民为中心，是维护最广大人民群众根本利益的。诚然，由社会主义初级阶段的经济基础和上层建筑所决定，在涉及公权力与私权利边界、国家权力与公民权利界线、社会组织权力与社会成员权利关系等方面，今天的中国在法治价值和原则的践行上还存在不少需要进一步完善的地方。实现全面依法治国，法治中国建设是建设社会主义现代化强国的题中应有之义，需要我们为之不懈奋斗。在法治中国建设的进程中实现从法制到法治划时代的话语和理念转变，进而实现全面依法治国的目标，正是"中国梦"不可或缺的重要组成部分。

（五）情、理、法的问题

法治中国建设需要以强化法治意识为基点，处理好情、理、法之间的关系，解决好三者之间的矛盾。情、理、法交融一直是中国人对法律的一般共识，"天理"、"人情"和"国法"之间的三位一体关系是中国传统法律文化的一大特征，也深深地影响着我国全面依法治国的推进，影响着包括法治国家、法治政府和法治社会在内的法治中国"三位一体"的建设。情、理、法是我国古代法律文化的核心概念，传统中国历来把天理、人情、国法三者以一种整体主义视角来理解，从而形成了中国特有的"礼法"格局。在全面推进依法治国的背景下，应该怎么理解我国传统的情、理、法的含义以及三者之间的关系？在现代法治环境下，情、理、法之间存在怎样的融合和冲突，如何平衡情、理、法三者之间的关系和化解情、理、法三者之间的冲突？如何实现情、理、法的现代融合和创造性的转化？这是实现党的十八届四中全会提出的建设中国特色社会主义法治体系和社会主义法治国家的总目标，必须面对的一系列问题。

在实际的语义中，"情"大约有四层意思：第一层意思是指人之常情，即人性、人的本能等含义；第二层意思是指民情，在此角度可以把社会舆论、社会基本常识和共识以及社会公认的习惯法甚或风俗习惯，作为民情的载体加以考量；第三层意思是指情节或情况之意，在这个意义上说，"情有可原"中的这个"情"即是指案件的具体情节，如前因后果、时空和情境因素或偶然因素等等；第四层意思是指人的情面或者人情，更多地涉及与案件相关的人际关系和社会关系。

"理"的概念，在历史的约定和实际的应用中至少有三层意思：第一层意思是指天理，即通常说的天道，或者人与社会共同应该遵循的一定的规律。在这个意义上，天理往往与社会公众的信仰有关，本身带有自然法的意义。事实上，人类的法律必须建立在特定社会民众的正义观和文化、信仰之上。例如，在死刑是否具有正当性、是否应予废除的问题上，欧洲信奉天主教的国家废除了死刑，而基督教国家和非西方国家则将死刑的存在作为实现正义的一个法律基础。立法必须尊重民众对天理和正义的认知，而不能仅仅以法学家和西方的价值观作为标准。第二层意思是指公理，可以理解为是社会共同的行为规范，通常以习惯、传统、共同规则等形式表现出来。第三层意思是指公共道德或公共利益，即通常所说的公序良俗。在"理"的后两层意思上，"理"与上述"情"的部分内容是相通的，故往往又合称为"情理"。

"法"最简单的意思是指国法，即国家制定的、具有强制力的行为规范。在中国人的观念中，说到"法"首先想到的就是刑法。以刑法为代表的"法"，与国家权力紧密结合，为统治者统一行使国家权力提供了确定性的保障和强制性的力量。

法治理念要求的是"法大于情"，强调必须以法律取代情理作为权力行使的最高准则，才能确保权力的行使以法律为准绳。但是，脱离了情理对法律的约束，过分强调"法大于情"，则又可能导致僵化理解法律规定，机械适用法律条文，不能实现法律的政治效果、社会效果与法律效果相统一，从而有损于社会主义法治的尊严和法治建设的完善。因此，情与法的矛盾构成了法治中国建设中必须面对的一个基本矛盾。一般而论，情与法具有三个层次的关系：其一，寓情于法，力求取得执法的最佳效果，这个"情"指的是执法为民的真情；其二，法不容情，捍卫法律的神圣与尊严，这个"情"指的是凌驾于法律之上的法外情；其三，正义之情，司法工作人员要锤炼和保持执法如山的司法品性，这个"情"指的是司法工作人员要具有廉洁奉公的职业操守和善良正直的做人品格。在法治国家，"情大"还是"法大"是没有疑问的，当然是法大于情。

"法"与"情"的问题和矛盾在于：一方面，法的制定应符合人之情理；另一方面，人之情理又不可凌驾于法之上。法与情的问题和矛盾主要体现在国之法的强制性、权威性与人之情的合理性、正当性之间的矛盾和冲突上。我们不可笼统和绝对地说"法不容情"，而应该努力寻求法合于情。在法治国家，法的制定和实施的目的在于保障公民权利和维护社会秩序，其本质在于"以人为本"。如果一个社会依靠人情来规制秩序，那将会永无宁日，无秩序可言。历史与现实一再证明，要保障公民权利和维护社会秩序，必须依靠法律。所以，准确而严格地说，不是法大于情，而是法律所代表的公平正义大于因个人利益所引起的主观情义。

在一定意义上，法律之情理乃法律的灵魂。也就是说，法律应该建立在情理的基础上，"法"与"情"之间的最为理想的状态就是两者达到完美的结合。如果说"法"代表人民之福祉、国家之福祉，那么"情"则是"法"得以合法地正确实施的重要载体和手段。"法"是有"情"的。比如，对某些罪犯按照法律的规定在特定的情况下，可以从轻、减轻或免于处罚，可以运用"自由裁量权"和"无罪推定"等有关法律的规定和原则予以妥善处理，就体现了法律保护公民的合法权益不受侵害的要求，体现了"法"融于"情"，即在执法和法律适用的过程中，允许在一定程度上融入"人之常情"和"情有可原"等因素，使之既能做到"执法必严、违法必究"，又能做到"符合人性、充满人情"。

解决情、理、法之间所存在的矛盾和冲突，需要从以下几个方面作出努力：一是要通过立法的方式，使立法尽可能符合和反映社会的一般道德观念和道德认知，即党的十八届四中全会提出的法律法规应该能够"全面反映客观规律和人民意愿"；二是坚持依法司法，通过司法来矫正社会道德观念中同法律不相吻合的内容，使司法不受社会舆论的影响和绑架，防止社会舆论影响司法公正；三是用法律塑造社会道德观念体系，发挥法律在改造社会道德观念中的制度化作用。党的十八届四中全会提出："加强公民道德建设，弘扬中华优秀传统文化，增强法治的道德底蕴，强化规则意识，倡导契约精神，弘扬公序良俗。发挥法治在解决道德领域突出问题中的作用，引导人们自觉履行法定义务、社会责任、家庭责任。"其中，"发挥法治在解决道德领域突出问题中的作用"，是一个非常重要的处理"法律"与"道德"以及"法律"与"情理"关系的新思维、新命题。

关于情、理、法的关系问题有四种基本的观点。第一种观点认为，完美的秩序应该是情、理、法的结合，是符合天理、人情、国法的一种完美境界。第二种观点认为，在解决纠纷处理案件的时候，情、理、法三者都必须作为一定的社会重要规范加以考虑。第三种观点认为，在情、理、法三者发生冲突时，法律的地位相对较低。也就是说，在中国人的思维和习惯中，天理和人情甚至重于国法，国法如果真的有悖于人情和天理的时候，就应该具有一定的灵活性甚至可以作出一定的让步，这也被视为是避免国家和社会发生正面冲突的一种妥协之道。第四种观点认为，在不同的领域，情、理、法的作用是不同的。比如，在刑事领域，国家法律是刚性的、决然的"天网恢恢、疏而不漏"；但是在民事领域，特别是公民在日常生活中发生民事纠纷时，国家法律却具有柔性的、灵活性的一面，认可纠纷的双方一定程度的自治，允许公民按照一定的习惯、根据一定情理甚至道德规范来调整双方的关系，化解双方的纠纷，解决双方的矛盾。

（六）法治的自上而下与自下而上的问题

历史地看，中国法治建设的历程中的"自上而下"模式在新中国社会主义革命和建设的过程中，特别是在改革开放的过程中具有客观性、必要性和合理性；同时也不可否认，政府主导的"自上而下"模式客观上促成了人权、法治等话语在中国社会的广泛确立。法治建设的分阶段、渐进式地进行，也满足了改革之初人们对法治的基本期待和衷心向往。经过四十多年的改革开放，中国目前进行的是"自上而下"的法治改革，即由中共中央提出目标和措施，由全国人大来制定法律，由司法系统来执行。这些上层制定的法律和提出的政策，少数公职人员或普通公民可能会因缺少对法律的敬畏而试图采取种种方式规避法律的规定，甚至违反法律的规定而谋取非法利益，这也是一种客观存在的现象。

以信访制度为例，尽管中央明确发文不能越级"上访"，但是由于我国纠纷解决机制和诉讼终结机制不够完善，导致种种冲突和矛盾未能在基层化解，民众越级"上访"的事件时有发生。建设法治中国除了必须制定维护公平、正义和保护公民的正当权利的"良法"外，还需要人们具备法治意识，树立法治信心，拥有法治信念，坚定法治信仰。如果人们对法治没有信心，缺乏法治意识，没有法治信念，全无法治信仰，出了问题不是去法院通过诉讼用法律的手段来解决问题，而是企图通过"上访"找党和政府来解决问题，那么要实现依法治国就仿佛是盖了一半的房子，上一半盖好了，下一半还没有盖，致使依法治国的"大厦"无法建成，最终必将导致全面依法治国的目标难以实现。此外，要增强我国公民的法治意识，努力使我国公民树立法治的信心、信念和信仰，就必须大力发展经济，努力满足人民群众对美好生活的向往和需要。因为只有经济发展了，人民生活水平提高了，生活有了保障，才能够真正营造出法治环境，才能使人们真正树立法治信念和对法治充满信心。目前党和国家高度重视人们的教育问题、医疗问题、住房问题等基本的民生问题，已采取一系列切实有效的措施加以改善和改进，但由于我国幅员辽阔，人口众多，人均资源相对匮乏，各种民生问题的解决不可能一蹴而就。部分弱势群体遇到问题时选择的不是通过法律的手段来满足诉求，而是"上访"找党和政府来解决，这种现象在短期内难以消除。因此，加快以化解纠纷为目的的诉讼机制的优化，增强人民群众对司法机关的信任感和满意度，是实现社会主义法治、实现社会和谐的重要方式和手段。

在法治的框架内，法律和决策体系建设既是一个"自上而下"的过程，同时也应是一个"自下而上"的过程，这两个过程应该相互影响、相互补充，从而形成一定的良性互动关系。但是，在现实的法治建设的实践中，上位法与下位法之间的冲突和脱节，同一位阶的法律之间缺乏协调性，这是我们在法治建设中遇到的一个现实难题。这在一定程度上阻碍了法治运行的一体化和法律适用的权威性。高层立法和决策理应建立在充分调研的基础上，但在有的领域和部门，国家法律和有关政策的实施效果并不理想。例如，《劳动合同法》《职业病防治法》的实施就被广泛诟病。一些部门制定的部门规章或地方性法规，因为与各地方实际情况不相适应，在施行过程中往往遇到诸多难题，法律的实施效果大打折扣。为了使一些不合地方实际的部门规定表面上得以实行，一些部门拿出一些所谓的变通措施来应对地方人大和政府的检查和考核。检查和考核之后，各种不规范的做法依然如故，这是对我国法治统一的损害和法治权威的减损。与此相对应的是，一些基层政府的决策往往缺乏大局意识和法治观念，如上游政策不考虑下游的生态和环境利益，落后的地方接受先进的地方淘汰的设备和工艺发展经济，等等。一般而言，法律和决策一旦形成，执法者就必须不折不扣地严格执行。但是在事实上，面对法律的规定，"打擦边球者"受益，严格执法者利益"相对受损"，这种现实助长了一些地方的少数个人或小团体变通法律规定的行为或想法。例如，一些地方政府机构为了维护社会治安，促进本地运输行业的发展，综合各方面的因素出台了严厉打击黑车营运的方案，但这些地方的基层城管部门出于部门利益考虑，对于严格执行这类方案的积极性不高，却往往以黑车可以增加就业率、打击非法营运车辆可能激化社会矛盾引发群体事件等理由消极对待。这种逃避职责的消极执法，不利于形成法治一体化发展的良好环境，不利于树立法律的权威和发挥法律应有的效力，容易导致法律成为一纸具文。

世界法治发展的经验表明：一个法治国家的形成，既要依靠"自上而下"的理性设计和目标定位，也要依靠公民个人或组织的自觉和自律，从而逐步养成法治习惯，达到自然而然、水到渠成的效果。法治国家的形成，更多地仰赖于一个又一个鲜活的个案的实质性推进，是各个利益主体通过博弈公共选择的过程和结果。当代中国法治建设的"自上而下"模式，在传递精英论法治话语的同时，在一定程度上，缺乏对公民权利意识觉醒的认同，缺乏对公民在法治建设中主体性价值的肯定。因此，在法治中国建设的过程中，政府与民间的良性互动以及双方法治理念的重塑就显得十分重要。为此，不仅需要发挥政府的主观能动性，创造条件让人民敢于便于批评政府，而且更需要建立体察民情、关注民生、代表民意的体制和机制，以及建立一个自由平等竞争的市场经济制度，创造一个以市民社会为基础的多元文化环境，从而使公民在法治中国建设中得到历练，并以此弥补法治建设"自上而下"模式的不足。从根本上说，法治建设的动力来自人民，人民才是真正的全面依法治国的主体。

法治建设"自上而下"与"自下而上"之间的问题和矛盾，关键不在于政府是否主导法治建设，而在于政府不能以线性的单向的思维方式来主导法治建设；不在于是否强调政府的能动作用，而在于能否充分实现政府与公民二者之间的良性互动。因此，法治建设要超越"自上而下"与"自下而上"之争，寻求建立在开放的能够自我纠错的政府积极的能动作为，与充分尊重公民的权利和意志、吸纳社会创新紧密结合的第三条道路，这条道路我们可以称之为"统合模式"之路。在中国，法治赖以建立的基础不仅在于要在党的领导下"自上而下"地制定完备法律体系并加以施行，而且在于"自下而上"的全体公民及社会组织法治意识的共同觉醒和法治中国建设的一起努力。

"统合模式"是这样一种理论：它承认政府作为法治实践主体的主导角色，不否定政府主导的"自上而下"模式的历史合理性与合法性，并强调要不断修正目标模式的实践理性；它非常重视公民在法治建设中扮演更加积极的角色，支持催生公民的主体意识，力求将以上各种因素有机统一地纳入法治建设的整体思路之中。"统合模式"在强调回应社会需求、导入公众参与、关照地方经验以及统筹兼顾各种改革安排等方面，不同于政府主导的"自上而下"模式。"统合模式"提倡政府和公民法治理念的双向启蒙与良性互动，主张因势利导地在合适的时候积极推进社会转型和政治发展。"统合模式"综合了局部的整体变革方案和整体的改良方案，在最大程度上承认"摸着石头过河"的政治经验与智慧，承认法治动力来源的多元性。

"统合模式"强调法治与民主要相互推动，交互并进。纵观世界各国民主法治发展的有益经验，"统合模式"主要有两种：第一种是渐进的英美模式，这种模式的特点是先构建法治，再逐步发展民主；第二种是突进的法国模式，其特点是先以革命手段推动民主，再建设法治。这两种模式实际上都可以称之为"局部先行"模式，其基本逻辑都是要有先后之分，民主也好，法治也罢，都要先后分阶段来推进。就当下的中国而言，这两种模式的不同，实际上就是一个如何解决"民主优先还是法治优先"的问题。中国的国情与发展理念，决定了其法治建设必须同时面对并解决个人自由、政治民主和社会正义等重大问题。"统合模式"强调民主政治、法治国家和法治建设之间的紧密联系，主张跳出"先后""上下"的狭隘思维，强调推动民主和法治进程的同时并列和交互进行，强调将自由、民主、法治、人权等政治文明理念统一根置于中国特色社会主义建设的实践中。"统合模式"就是要把分散的公民力量、社会力量组织起来，将法治建设的"中央政府的单元动力"机制，改变为"中央政府+地方政府+公民+社会的多元动力"机制。与"自上而下"模式一样，"统合模式"也面临着如何约束政府、激励政府的问题。它所强调的对于社会创造的承认、公民维权的重视、公众参与的支持、代议机制的强化等等，都需要执政者的充分认同和大力推动才能得以实现。

三、中国及其中华法系的历史回顾

中国是一个具有五千年文明史的古国，中华法系源远流长。早在公元前21世纪的夏朝，中国就已经产生了奴隶制的习惯法。春秋战国时期（公元前770年—公元前221年），中国开始制定成文法，出现了自成体系的成文法典。唐朝（公元618—907年）时期，中国形成了较为完备的封建法典，并为以后历代封建王朝所传承和发展。中华法系是世界独树一帜的法系，古老的中国为人类法制文明做出了重要贡献。中国法制历史传承四千余年，其总体的发展脉络和朝代之间在法制及法文化上的渊源与继承关系大致还是清晰的。几千年来的古代中国，朝代不断更替，政权屡经变更。从宏观上观察，中国各个历史时期的法制在内容、形式和特色等多个方面都各有不同。最早记载中国夏、商、周时期"法制"内容的是中国最早的史书——《尚书》。《尚书》又称《书》或《书经》，是中国第一部古典文集和最早的历史文献。它以记言为主，其所记录的历史自尧舜到夏商周，跨越两千余年。在先秦时期，"法律"一词便已出现。最先使用"法制"一词的是春秋时期的史籍《左传》和《国语》。按照历史发展的阶段及风格特色等粗略的标准来划分，中国法制的历史大致可以分为早期法制、战国以后的古代法制和近现代法制三个大的部分。以下我们仅对中国及其中华法系的历史发展进程，作一个鸟瞰式的简略的回顾与梳理。

（一）夏朝——《禹刑》

夏朝（约公元前2070年—公元前1600年）是中国史书中记载的第一个世袭制朝代。一般认为，夏朝共传14代，有17后（夏统治者在位称"后"，去世后称"帝"），延续约 471 年，为商朝所灭。后人常以"华夏"自称，使之成为中国的代名词。根据史书记载，禹传位于子启，改变了原始部落的禅让制，开创了中国近四千年世袭制的先河。因此，中国历史上的"家天下"，从夏朝的建立开始。夏族的 11 支姒姓部落与夏后氏中央王室在血缘上有宗法关系，政治上有分封关系，经济上有贡赋关系，大致构成夏王朝的核心领土范围。夏西起河南省西部、山西省南部，东至河南省、山东省和河北省三省交界处，南达湖北省北部，北及河北省南部。这个区域的地理中心是今河南偃师、登封、新密、禹州一带。

夏朝，历史上惯称为"夏"。这一称谓的来源有多种说法，其中较为可信的观点是"夏"为夏族图腾的象形字。司马迁记载"夏"是姒姓夏后氏、有扈氏、有男氏、斟鄩氏、彤城氏、褒氏、费氏、杞氏、缯氏、辛氏、冥氏、斟灌氏 12 个氏族组成的部落的名号，以"夏后"为首，因此建立夏朝后就以部落名为国号。夏朝是在原始社会制度的废墟上建立起来的。唐朝张守节认为"夏"是大禹受封在阳翟为"夏伯"后而得名。"夏"是从"有夏之居""大夏"地名演变为部落名，遂成为国名，这便是不少历史学家认为的中国世袭王朝的起始。据《简明不列颠百科全书》，"夏"意为"中国之人"。

我国的法律文化历史悠久，以公元前 21 世纪夏朝的建立为起点。我国的法律制度始于夏朝，萌芽于战国，建立于秦，巩固于西汉，成熟于隋唐，加强于北宋，延续于元，强化于明清，发展于民国。每一次法律文化和法律制度的历史演变，在某种意义上都是中国法制在一定程度上的进步和发展。最早出现法律制度的夏朝是中国第一个奴隶制王朝，其法律总称为《禹刑》。《禹刑》中出现了有关刑罚的法律条文，标志着在夏朝法律制度已经产生。《禹刑》为中国夏代刑法的总称，因夏朝的开国君主为禹而得命名。相传禹继尧舜之位建立了中国历史上第一个奴隶制王朝，并创制了肉刑。《左传·昭公六年》曰："夏有乱政，而作禹刑。"郑玄曰："夏刑大辟二百，膑辟三百，宫辟五百，劓、墨各千"（《周礼·秋官·司刑》注）。《唐律疏议》引《尚书大传》曰："夏刑三千条"。《禹刑》的具体内容已散佚。一般认为，《禹刑》的性质相当于现代的刑法典；《禹刑》的具体内容已经无法考订，但文献中有着零星的记载。

（二）　商朝——《汤刑》

商朝（约公元前 1600 年—约公元前 1046 年）以神权为法律主要的指导原则，是中国历史上神权法盛行的王朝。商王以神的名义实施法律，法律活动主要是占卜。商朝的法制指导思想在夏朝奉"天"罚罪法制观的基础上有了进一步发展，更加强调"神"尤其是祖先神的作用。商朝以"君权神授，替天行命"为指导原则。商王认为，他的权力是上天授予的，他代表上天统治臣民，他的命令就是上天的命令。与夏朝"奉天罚罪"的立法思想一脉相承，商朝的立法和执法的依据是"天讨有罪，恭行天罚"。《尚书·汤誓》有言："夏氏有罪，予畏上帝，不敢不正。"在这种天命观的影响下，商人十分迷信鬼神。商王自称是"上帝"的儿子，即"下帝"，也称"天子"。因此，执行占卜的神职人员——巫、史等，在商朝社会生活中占有重要地位。在王权神授观之下，商朝的法律也大都是以"天"与"神"的名义制定的。从"有夏多罪，天命殛之""尔尚辅予一人，致天之罚，予其大赉汝！尔无不信，朕不食语。尔不从誓言，予则孥戮汝，罔有攸赦"等等历史文献的记载可见，商对于夏的讨伐就是以"天"的名义进行的。

商朝的主要法律是《汤刑》。《汤刑》是以汤命名的商朝奴隶制刑法的总称。《汤刑》并非汤自己所命名，而是后人为纪念先祖以其名命之。《左传·昭公六年》记载："商有乱政，而作汤刑。"《汤刑》制定以后被多次修订。比较明确的修订有两次：一次是商王盘庚迁都时的修订；另一次是商王祖甲二十四年进行的全面修订，这时正是商朝社会秩序动乱时期。商朝的刑罚种类繁多且极为残酷，除五刑外，还有断手、活埋、沉水、火焚、炮烙等种类。商王宣称自己是自然神在人间的代表，"率民以事神"，尊重商王就是敬"天"。商王通过血缘关系、身份继承，将祖先神的崇拜演变为维护其统治的主要方式，谁如果违背王命，不仅将获罪于"天"，而且为祖先所不容。商朝的政治、司法统治比夏朝有了很大的发展，除商王的权威进一步得到加强外，商朝将中央与地方的统治关系以"内服""外服"的方式加以确定。商王直接统治的区域为"内服"；与商部落联盟、听从商王命令的其他地区为"外服"，在这些地区生活的部落有很大的独立性，其首领被商王封为诸侯、伯。相应地在司法机构的设置上也是如此，即"内服"地区由商王直接控制，"外服"地区则由诸侯实施司法统治。商朝的司法官员则由高级贵族以世袭的方式担任。

（三）周朝——礼刑结合的治国模式

周朝（公元前 1046 年—公元前 256 年）是中国历史上继商朝之后的第三个王朝。周王朝一共传国君 32 代 37 王，享国共计 791 年。周朝分为西周（公元前 1046—公元前 771 年）和东周（公元前 770 年—公元前 256 年）两个历史时期。西周由周武王姬发创建，定都镐京，另建东都成周城洛邑（一说迁都于此）。其后周懿王曾迁都犬丘（今陕西咸阳）。公元前 771 年镐京陷落，西周灭亡。公元前 770 年（周平王元年），平王东迁，定都成周（今河南洛阳），此后周朝的这段历史时期被称为东周。史书又将西周和东周合称为两周。其中东周与春秋战国时期大体重合。在灭商之前，周部落源自华夏民族，因为遭到戎、狄等西北地区游牧部落的侵扰，周部落的首领古公亶父率领周人迁移到岐山下的平原定居下来。周人生活于渭河流域，其始祖姬弃就是被称为农神的"后稷"。《说文》云："黄帝居姬水（一说是陕西关中中部武功县一带的漆水河，一说位于陕西关中北部黄陵县附近的沮河，另一说是河南中部郑州新郑市始祖山一带的潩水），以姬为氏，周人嗣其姓"。周朝的语言为上古汉语，文字上仍采用古汉字，在民间记事仍以龟骨和牛骨刻字记事为主，王室则以新兴的锦帛等记事为主。周朝实行分封制（封邦建国），周王为"天下共主"。

西周统治者通过总结商纣王暴政亡国的教训，认识到"为政以德"的重要性，并用"德治"的理念改造夏、商传统的"君权神授"的思想，建立起了"以德配天"的指导思想。"以德配天"的思想主要有两方面的内容：其一，修养君主道德，适应天道要求。"以德配天"的"天"，指天命、天道，引申为自然规律。在西周统治者看来，上天选择人间君主的标准，是"为政以德"。人间君主要想获得上天的支持，首要条件是修养道德，以道德约束统治者的私欲。唯有"敬德""明德"的君主才符合天命与天道的要求，才能获得上天的保佑，求得王朝统治的长久。其二，"以德配天"包括三大要素：一曰敬天，指祭祀与尊崇上天，服从天命；二曰敬宗，指祭祀与尊崇祖宗；三曰保民，指在维护王朝统治的前提下，为百姓提供和保持最起码的生活环境与生存条件。

"以德配天"思想是西周从神治到德治思想的重大转折，是西周统治者逐渐摆脱神权思想的控制，实施"以德治国"统治模式的重大转折，是中国政治理念与政治法律思想的重大进步。这一思想对后世产生了重大影响。"明德慎罚"是西周法律思想的核心。西周初期统治者以殷纣滥施酷刑为鉴，确立了德治理念，并作为治国基本方针，进而提出了"明德慎罚"的法律思想。"明德慎罚"是西周统治者的治国理念与法律指导思想。"明德"是指要倡导本阶级伦理道德并以"忠""孝"等道德观念教化灌输百姓，企图使每个社会成员的头脑中形成预防犯罪的精神堤坝，从而有效地遏制犯罪。"慎罚"指在适用法律与实施刑罚时，要保持克制与审慎，除不得不杀的重大罪犯外，一般都可以宽缓处理。西周"明德慎罚"的思想，奠定了中华法系治国的基本理念。西周统治者提倡的"明德慎罚"，实际上创造了道德教化与刑罚镇压相互结合的治国理念与统治模式。它区别于东西方同一历史时期的国家的宗教与法律结合的治国方式，具有原生性的中国法律文化的特色。这一思想影响了中华法系两千余年，成为中国古代法制史上最具影响力的一种思想和观念。

礼刑结合是西周的治国模式。在西周初期，周公曾在整理夏商之礼的基础上，为周代制定了一套完整的礼。礼是中国的原生文化形态，具有别国不可比拟的强大生命力。这里的礼，指的是维护西周的宗法血缘关系与等级制度的精神指导原则与言行规范的总称。西周的刑包括周初《九刑》和西周中期的《吕刑》。西周在制礼的同时，也在不断地制刑，如《左传·昭公六年》所载："周有乱政，而作九刑"，这就表明周初制定有《九刑》。西周中期，穆王曾命吕侯制《吕刑》。《尚书·吕刑》记述了当时法律改革的大致情况。伴随西周商品经济的发展、周人生活水平的提高和社会富裕程度的增强，西周开始对于某些疑罪实行赎刑，即以赎金刑代替肉刑，并从轻处理疑罪案件。

西周礼刑结合的这种治国模式有三个基本特点：其一，礼、刑二种手段具有共同性。从宏观上看，西周时期的礼与刑两种治国手段，都是维护社会秩序、调整社会关系的重要社会规则，它们相辅相成，互为表里，共同构筑了西周社会完整的法律体系。凡礼之所禁，必为刑所不容，所谓"礼之所去，刑之所取""出礼则入刑"。其二，礼居主导地位。在西周礼、刑二者的关系上，礼居于主导地位，刑要服从礼的指导。因为礼是积极的主动性规范，是禁恶于未然的预防，其功能在于全面地预防社会犯罪。其三，刑居辅助地位。在西周礼刑关系上，刑居于辅助地位，在礼的指导下对已然发生的犯罪进行制裁，处于消极与被动的状态。西周礼刑结合的治国模式，将礼、刑两种手段结合起来共同治理国家的方式，开创了世界上一种独有的治国模式，影响了中华法系两千余年，为后来的历史带来了深远影响。西汉的"德主刑辅"，唐初的"德本刑用"，明朝的"明礼以导民，定律以绳顽"等治国模式，都渊源于西周的礼刑结合的治国模式。在治国模式上，西周作出的历史贡献是开创性的和至关重要的。周朝灭亡后，遂进入春秋战国时期。

（四）春秋战国时期——奉行法家学说

春秋战国时期（公元前770年—公元前221年），是百家争鸣、人才辈出、学术风气活跃的历史时期，是中国历史上的一段大分裂的时期。东周在战国后期（公元前256年）被秦国所灭，所以春秋战国时期在时间上并不全然包含在东周王朝里面。西周时期，周天子保持着天下共主的威权。平王东迁以后，从东周开始，周室开始衰微，只保有天下共主的名义，而无实际的控制能力。中原各国也因社会经济条件不同，大国之间争夺霸主的局面遂出现，各国的兼并与争霸促成了各个地区的统一。因此，东周时期的社会大动荡，为全国性的统一准备了条件。春秋战国分为春秋时期和战国时期，其分水岭是在公元前453年，韩、赵、魏三家灭掉智氏，瓜分晋国为标志。

春秋时期简称春秋（公元前770年—公元前476年），是属于东周的一个时期。春秋时代周王的势力减弱，诸侯群雄纷争，齐桓公、晋文公、宋襄公、秦穆公、楚庄王相继称霸，史称春秋五霸（另一说认为，春秋五霸是齐桓公、晋文公、楚庄王、吴王阖闾、越王勾践）。春秋因鲁国编年史《春秋》而得名。相传《春秋》为孔子所修订，但是时至今日，学术界对此说法仍有诸多质疑，并无一致的观点。这部书记载了从鲁隐公元年（公元前722年）到鲁哀公十四年（公元前481年）的历史，共242年。后来的史学家为了方便起见，一般把从周平王元年（公元前770年）东周立国算起，到周敬王四十三年（公元前477年）或四十四年（公元前476年）为止的历史时期，称为"春秋时期"。春秋时期之后是战国时期。

战国时期（公元前475年—公元前221年）简称战国，是中国历史上东周后期至秦国统一中原之前的一段历史时期。在这个历史时期，因各国相互之间混战不休，故被后世称之为"战国"。"战国"一名取自于西汉刘向所编注的《战国策》。春秋时期，各国在政治上进行各种改革，变法连接不断，而成功进行变法的国家则很快强大起来。通过这种政治变革，周的历史时期得以再次划分，在公元前403年之前发生的重大历史事件中，有公元前473年的越王勾践灭吴与公元前403年的三家分晋。《史记》的记载及观点因包括上述重要的历史事件而得到后世广泛的认同。战国时期结束于秦统一中国的公元前221年。

春秋时期齐国的政治家管仲[1]（管子）曾说："法律政令者，吏民规矩绳墨也"。由此可见，当时的统治者已经知道法律对丁维护社会稳定和促进经济繁荣的重要性了。与儒家的"礼治""德治"思想相对立的法治思想，是在春秋战国时期逐渐形成一定规模的。《韩非子·心度》中说："治民无常，唯治为法。"商鞅[2]在《商君书·君臣》中说："明主之治天下也，缘法而治。""能领其国者，不可以须臾忘于法。"管子更是第一次明确地提出了"以法治国"的概念："威不两措，政不二门，以法治国，则举措而已。"从这里我们可以看出，法家学派对"以法治国"是充满信心的。法家学派认为，法可以使政令统一，权威集中，在严格且严厉的法的举措之间遂可治国理政。

在战国时期，封建制度正式确立起来。各诸侯国陆续颁布了以保护封建

---

〔1〕管仲（约公元前723年—公元前645年），姬姓，管氏，名夷吾，字仲，谥敬，颍上（今安徽颍上县）人。中国古代著名的经济学家、哲学家、政治家、军事家，春秋时期法家代表人物，周穆王的后代。齐僖公三十三年（公元前698年），开始辅佐公子纠。齐桓公元年（公元前685年），得到鲍叔牙推荐，担任国相，并被尊称为"仲父"。任职期间，对内大兴改革、富国强兵。对外尊王攘夷，九合诸侯，一匡天下，辅佐齐桓公成为春秋五霸之首。齐桓公四十一年（公元前645年），病逝。后世尊称为"管子"，誉为"法家先驱""圣人之师""华夏文明保护者""华夏第一相"。《管子》一书题为管仲所作，实系后人托名。

〔2〕商鞅（约公元前395年—公元前338年），姬姓，公孙氏，名鞅，卫国人。战国时期政治家、改革家、思想家、军事家，法家代表人物，卫国国君后代。商鞅辅佐秦孝公，积极实行变法，使秦国成为富裕强大的国家，史称"商鞅变法"。政治上，他改革了秦国户籍、军功爵位、土地制度、行政区划、税收、度量衡以及民风民俗，并制定了严酷的法律；经济上，他主张重农抑商、奖励耕战；军事上，他统率秦军收复了河西之地，赐予商於十五邑，号为"商君"，史称为商鞅。公元前338年，秦孝公逝世后，商鞅被公子虔指为谋反，战败死于彤地，尸身车裂，全家被杀。

私有制为核心内容的法律。其中，魏国的李悝〔1〕在总结各国刑法典的基础上制定了《法经》六篇，即《盗》《贼》《囚》《捕》《杂》《具》。《法经》是以刑为主，诸法并用的第一部封建法典。中国古代的"法治"（即现代意义上的"法制"），是战国时期法家的政治主张。法家的"法治"与儒家的"人治"相对，先由李悝、吴起、商鞅、申不害、慎到等所提倡，后经韩非〔2〕总结，形成法、术、势相结合的一整套完整的治国理论。韩非子说，"凡术也者，主之所以执也。法也者，官之所以师也。"（《韩非子·说疑》）"任人者，使有势也"（《韩非子·八说》）。韩非子思想的中心内容是实行"以法治国"（《韩非子·有度》），制定明确的法律，奖励耕战，禁奸塞私，"厚赏而信，刑重而必"（《韩非子·定法》），并用法律统一思想，"以法为教""以吏为师"，"境内之民，其言谈者必轨于法"（《韩非子·五蠹》）。以韩非子为代表的法家提出"法不阿贵""刑过不避大臣，赏善不遗匹夫"；要求不分贵贱，一律齐之于法，反对古代贵族等级制度。法家的这些类似"法治"主张，为建立统一的中央集权国家提供了思想基础和理论依据。

在战国时期，秦国统治者更加强力奉行法家学说，践行"以法治国"。在公元前475年至公元前221年间，著名的法家代表人物商鞅在秦国进行了史无前例的法制改革。他提出废井田，重农桑，奖军功，主张实行统一度量衡和建立郡县制，提出了一整套变法求新的国家和社会发展策略。这次变法是中国战国时期各国改革中最彻底的改革，秦国经济则因为此变法而得到极大的发展，军队的战斗力也不断增强，为其后来的统一六国建立了坚实政治、

---

〔1〕 李悝（公元前455年—公元前395年），战国时期法家，魏都安邑（今山西夏县）人。曾任魏文侯相，主持变法。经济上推行"尽地力"和"善平籴"的政策，鼓励农民精耕细作，增加产量，国家在丰年以平价购买余粮，荒年以平价售出，以平粮价；主张同时播种多种粮食作物，以防灾荒。政治上实行法治，废除维护贵族特权的世卿世禄制度，奖励有功国家的人，使魏国成为战国初期强国之一。他汇集当时各国法律编成《法经》，是我国古代第一部比较完整的法典，现已失传。

〔2〕 韩非（约公元前280年—公元前233年），又称韩非子，战国末期韩国新郑（今属河南）人。中国古代思想家、哲学家和散文家，法家学派代表人物。韩非将商鞅的"法"、申不害的"术"和慎到的"势"集于一身，并且将老子的辩证法、朴素唯物主义与法融为一体，为后世留下了大量名言名著。其学说一直是中国封建统治阶级运用的基础。韩非是法家思想之集大成者，著有《孤愤》《五蠹》《内外储》《说林》《说难》等文章，后人收集整理编纂成《韩非子》。

经济和军事的基础。公元前 356 年（秦孝公六年）商鞅为秦相，实行变法，以李悝的《法经》为蓝本，改法为律，制定了较为完备的刑律及其他方面的法律。在犯罪与刑罚方面，秦律以先秦法家的性恶论为其思想基础，以重刑主义为其指导思想，规定了殊多种类的犯罪和相当严酷的刑罚。

春秋战国时期结束后，随着生产力的发展，奴隶制度解体，从秦始皇建立秦朝开始，统治中国两千多年的大一统的集权专制统治登上了历史舞台。

（五）秦朝——《秦律》

秦朝（公元前 221 年—公元前 207 年）是由战国时期的秦国发展起来的中国历史上第一个大一统的集权专制王朝。秦人的祖先人费是黄帝之孙颛顼的后裔，舜赐其嬴姓。秦穆公时，任贤使能，虚心纳谏，灭国十二，开地千里，国力日盛。公元前 361 年，秦孝公继位，重用商鞅两次变法，使秦国的经济得到发展，军队战斗力不断加强，发展成为战国后期最为富强的诸侯国。秦王嬴政先后灭韩、赵、魏、楚、燕、齐，完成了统一大业。公元前 221 年，嬴政称帝，史称"秦始皇"。秦朝在中央设三公九卿，管理国家大事；在地方废除分封制，代以郡县制；在全国实行书同文、车同轨、统一度量衡。秦国对外北击匈奴，南征百越，筑长城以拒外敌，凿灵渠以通水系。秦朝中央集权制度的建立，奠定了中国两千余年政治制度基本格局，奠定中国大一统王朝的统治基础，故有"百代都行秦政法"之说。秦朝结束了自春秋战国五百年来诸侯分裂割据的局面，成为中国历史上第一个中央集权制国家，对中国历史产生了深远的影响。公元前 210 年，秦始皇在巡游途中病死于沙丘（今河北省广宗县西北），其子胡亥即位，为秦二世。秦王朝虽在历史上拥有巨大影响，但由于滥用民力等原因，仅维持统治十余年就灭亡。公元前 209 年，陈胜、吴广斩木为兵，揭竿而起，天下响应。之后刘邦、项羽起兵江淮共同抗秦。公元前 207 年，秦王朝亡，被刘邦建立的汉王朝所取代。

公元前 221 年，秦始皇统一中国后将《秦律》进行修订，作为全国统一的法律颁行各地。秦二世即位后，又修订了秦朝的律令。秦律是秦朝法律的总称。《秦律》的律文涉及政治、经济、军事、文化、思想、生活等各个方面，使各行各业各个领域"皆有法式"。据 1975 年 12 月在湖北云梦睡虎地出土的《云梦秦简》所载，《秦律》不仅有《法经》六篇的内容，而且还有《田律》《效律》《置吏律》《仓律》《工律》《金布律》等内容。《秦律》有调整集权专制社会经济的作用，并且在根本上是镇压农民反抗、巩固地主阶级专政的工具。《秦律》的颁布和实施，维护了其集权专制的政治制度；维护了大一统的专制主义中央集权国家的经济制度；有利于地主阶级对农民阶级的政治压迫和镇压农民阶级的反抗；保护了官府和私人对奴隶的占有制度；维护了保障官僚地主阶级特权的诉讼制度和监狱管理制度。《秦律》中的刑罚有以下几种：一是死刑，主要有弃市和磔；二是肉刑，有斩足、宫、劓、黥等肢体刑；三是徒刑，即将犯人拘禁起来，并使服苦役；四是迁刑，即将犯人流放边地；五是笞刑，即鞭笞之刑；六是赀罚，令犯罪之人向官府交纳财物或提供劳役以达到对其惩罚的目的。汉朝初期的统治者虽曾删除秦代的苛法，但秦律对后世仍产生了较为深远的影响，为以后的汉律所继承。

（六）汉朝——《九章律》

汉朝（公元前 202 年—公元 220 年）是继秦朝之后我国历史上极具有代表性的大一统集权专制王朝。在中华法系中，汉朝是一个具有承先启后的重要地位和独特作用的朝代。汉朝分为西汉（公元前 202 年—公元 9 年）与东汉（公元 25—220 年）两个历史时期，中间有王莽篡汉建立新朝（公元 9—23 年）与更始帝时期（公元 23—25 年）。西汉与东汉合称两汉。西汉第一位皇帝是汉高祖刘邦，建都长安；东汉第一位皇帝是汉光武帝刘秀，定都洛阳。

秦末天下大乱，刘邦在推翻秦朝后被封为汉王。公元前 202 年，楚汉之争[1]汉获胜后，刘邦称帝建立汉朝，定都长安，史称西汉；汉文帝、汉景帝推行休养生息国策开创"文景之治"；汉武帝即位后开辟丝路、攘夷拓土成就"汉武盛世"；至汉宣帝时期国力达到极盛，设立"西域都护府"，史称"昭宣中兴"。公元 8 年，王莽废西汉末帝，定都长安，史称新朝，西汉灭亡。绿林军于地皇四年二月（公元 23 年）拥立汉宗室刘玄为帝，恢复汉朝国号，定都南阳，史称玄汉。公元 25 年，刘秀统一天下后，仍沿用汉作为国号，定都洛阳，史称东汉。刘秀统一天下后息兵养民，史称"光武中兴"；汉明帝、汉章帝沿袭轻徭薄赋，开创"明章之治"；汉和帝继位后大破北匈奴、收复西

---

〔1〕 楚汉之争，又名楚汉战争、楚汉争霸、楚汉相争、楚汉之战等，即汉元年（公元前206年）八月至汉五年（公元前202年）十二月，西楚霸王项羽、汉王刘邦两大集团为争夺政权而进行的一场大规模战争。最终，楚汉之争以项羽败亡，刘邦建立西汉王朝而告终。

域，开创"永元之隆"，东汉国力达到极盛。公元184年爆发黄巾起义，虽剿灭民乱却导致地方拥兵自重，公元191年董卓迁都长安后东汉名存实亡。公元220年曹丕篡汉，东汉灭亡，中国进入三国时期。

汉朝是中国历史上第一个在黄河流域和长江流域真正实现统一的帝国。北到草原、南到长沙、西到荒漠和青海湖、东到辽东半岛都是稳固的汉土，汉朝人民在这片土地上创造了灿烂辉煌的文明。两汉极盛时东并朝鲜、南包越南、西逾葱岭、北达戈壁，国土面积约达609万平方公里。汉朝与公元前1世纪兴起于意大利半岛的罗马帝国东、西遥相并立。后世多将汉朝和约略同时期在欧洲的罗马帝国并列为当时世界上最为先进和文明的强大帝国。

汉朝进一步奠定了汉民族的民族文化，西汉所尊崇的儒家文化特别是西周文化和《春秋》[1]，成为当时和之后的中原王朝以及东亚地区的社会主流文化。在后世，汉人成为中国人的自称，隶书亦被定名为汉字。汉朝被认为是中国历史上最强盛的朝代之一，其归属感甚强，华夏族自汉朝以后逐渐被称为汉族，人们经常把汉朝和之后的唐朝并称"汉唐"，并以之为中国朝代的代表。两汉在科技领域亦颇有成就，如蔡伦改进了造纸术，成为中国四大发明之一；张衡发明了地动仪、浑天仪等。汉朝是中国发展史上的第一个黄金时期，汉族在这一时期得名，汉族由于文明程度较高，在中国各兄弟民族中一直处于主导地位，这是历史发展和自然形成的结果。汉以后历代的朝代名称虽有变换，但汉族作为中国主体民族的地位始终未变。

在汉高祖刘邦的支持下，丞相萧何在《秦律》的基础上，应立国之需，制成《九章律》。《九章律》包含"盗律、贼律、囚律、捕律、杂律、具律、户律、兴律、厩律"九篇，前六篇大体同于秦律，源于李悝《法经》；后三篇是新增的有关户口、赋役、兴造、畜产、仓库等方面的规定，又称《事律》，原文已失传。

《九章律》仍以约法省禁，蠲削烦苛为原则，对一些定罪、刑罚有所减

---

〔1〕《春秋》即《春秋经》，又称《麟经》或《麟史》等，是中国古代儒家典籍"六经"之一，是我国第一部编年体史书，也是周朝时期鲁国的国史，现存版本据传由孔子修订而成。《春秋》用于记事的语言极为简练，然而几乎每个句子都暗含褒贬之意，被后人称为"春秋笔法""微言大义"。后来出现了很多对《春秋》所记载的历史进行补充、解释、阐发的书，被称为"传"。代表作品是称为"春秋三传"的《左传》《公羊传》《谷梁传》。据2019年2月中国媒体报道，从海昏侯墓出土简牍5200余枚，专家释读后发现是包括《春秋》在内的儒家经典及其训传。

缓，删除了秦律中某些不合时宜的条文，至于秦律的法律原则、指导思想及其科罪定刑的标准，萧何并未加以改变。被汉时视为秦之苛法的挟书、参夷、妖言诽谤、收孥相坐等律令，是在汉朝建立以后的高祖到文景时期逐渐废除或修改的。两汉以《九章律》为主要法律，此外还有一些辅助性法律，也以"律"命名。这类"律"包括叔孙通《傍章》18篇，张汤《越宫律》27篇，赵禹《朝律》6篇，共60篇。《九章律》的颁布法律意义重大，历史影响深远，汉以后的历代法律大多以《汉律》为蓝本，它被誉为律令之宗，"百代不易之道"。

汉朝的法律分为律、令、科、比四种。其中，"律"是汉朝最基本的也是相对稳定的法律形式，是有系统的成文法律，具有传统性，一些重要法规也都以"律"相称；"令"是皇帝发布的正式诏令，即皇帝视需要随时颁布的法律，与"律"具有相同的效力；"科"也称"科条"或"事条"，是关于犯罪与刑罚的专项法规；"比"又称"决事比"及"法比"，是无成文法可引用时用来比类决事的法律，是用来比照断案的典型判例。在汉朝，"决事比"不仅具有法律效力，数量也越来越多，仅仅汉武帝时的死罪"决事比"即有一万多件。汉律到汉武帝时期便已完备，但由于法条过多，判决不公的情况时有发生，难免有自相矛盾之处，使得官吏有了知法犯法、执法违法的机会。昭帝以后的几位皇帝，虽然有心对"决事比"予以改善，但实际上始终没有真正得以进行。

汉武帝借前车之鉴，吸取秦朝的历史教训，实行"罢黜百家，独尊儒术"，以统一人们思想来稳定政权，其实质乃外儒内法，这种专制集权的法律思想一直为之后的历代封建王朝的统治者所奉行。西汉中期以后，儒学开始兴盛，学者论法，多主张以德为主，以刑为辅。到了东汉时期，光武明帝，虽然提倡儒术，仍然崇尚法制。章帝时，采纳陈宠的建议，除去严酷的法律五十几条。和帝之后，外戚与宦臣轮流把持朝政，他们一向违法乱纪，视法典为无物。法家的儒化使东汉政治趋于迁缓，丧失了西汉盛时奋发图强的政治精神。儒家虽然兴盛，却对国事帮助不大，这种状况维持至东汉结束为止。汉献帝时，曹操当国，用法尚严，命应劭删定律令，作《汉仪》280篇，虽然一度走向法制，但东汉不久被曹丕篡位而灭亡。继两汉之后，隋唐时期是法律制度大变革时期。

（七）隋朝——《开皇律》

隋朝（公元581—619年）是中国历史上承南北朝、下启唐朝的一个重要的大一统朝代。公元581年2月，北周静帝禅让于杨坚，北周覆亡。公元589年，隋军南下灭亡南朝最后一个朝代陈朝，统一中国，结束了中国自西晋末年以来长达近三百年的分裂局面。隋文帝杨坚定国号为"隋"，定都大兴城（今陕西西安），以大兴宫为正宫。隋文帝之父杨忠，曾被北周封为"随国公"。杨坚世袭爵位，即位后立国号为"随"，但其认为"随"有走的意思，恐不祥，遂改为"隋"。隋朝是"五胡乱华"[1]之后由汉族重新建立起来的大一统集权专制朝代。由于皇室姓杨，故又称"杨隋"，尊称"大隋"。隋文帝励精图治，开创了开皇之治繁荣局面。公元604年隋炀帝杨广即位后，营建并迁都洛阳（今河南洛阳），以紫微城为隋朝正宫，又修建贯通南北的大运河，因内外举措过度消耗国力，遂引发隋末民变和贵族叛乱。隋朝源自公元581年隋文帝杨坚受禅而建立，至公元618年宇文化及等人发动兵变，杀死隋炀帝，进而公元619年王世充废其拥立的隋恭帝杨侗为止，隋朝彻底灭亡，国祚39年。后李渊亦逼隋恭帝杨侑禅让，建立唐朝。

隋朝在政治、经济、军事、文化和外交等领域进行了大刀阔斧的改革。在政治上，为了巩固中央集权，隋朝根据南北朝的经验而改革政治，初创在唐朝才得以完善的三省六部制；正式推行科举制，选拔优秀人才，消减世族垄断仕官的现象；同时建立政事堂议事制、监察制、考绩制。这些改

----

〔1〕　五胡乱华，指在西晋时期塞外众多游牧民族趁西晋八王之乱，国力衰弱之际，陆续建立数个非汉族政权，形成与南方汉人政权对峙的时期。"五胡"主要指匈奴、鲜卑、羯、羌、氐五个胡人大部落，但事实上五胡是西晋末各乱华胡人的代表，数目远非五个。百余年间，北方各族及汉人在华北地区建立的国家达数十个，强弱不等、大小各异，其中存在时间较长和具有重大影响力的有五胡十六国。后北方被前秦统一，中国呈现出前南北朝特征。西晋"八王之乱"，胡人趁乱反晋。西晋灭亡后，出于避乱，晋朝皇室和北方黄河流域广大居民进入安定的长江流域，史称衣冠南渡。南渡导致了经济重心南移。五胡乱华的时间一般从西晋灭亡（公元316年）开始算起，一直到鲜卑北魏统一北方（公元439年）。有的学者也称之为"永嘉之乱""中原陆沉""中原沦陷"等。这一时期，历史学家普遍认为是汉民族的一场灾难。公元581年隋文帝杨坚建立隋朝，公元589年灭陈朝，方使中国结束了300年的动乱和分治。东晋建立时，中原已沦丧于胡人之手。中原汉族在祖逖、桓温等名将的带领下绝地反击，终因寡不敌众而失败。迁居南方的爱国将士每每以北伐中原、收复失土为己任。东晋与五胡的战争，十六国之间的厮杀，使得这一时期战乱连连。河淮地区为南北交战的主战场。

革的举措强化了中央政府的集权机制。在经济上，隋朝一方面实行均田制并改定赋役，减轻农民生产压力；另一方面采取大索貌阅和输籍定样等清查户口措施，以增加财政收入。此外，隋朝还兴建了隋唐大运河以及驰道改善水陆交通线。在军事上，隋朝继续推行和完善府兵制。在文化和外交上，隋朝出现万国来朝的局面，当时周边国家如高昌、倭国、高句丽、新罗、百济和东突厥等国，皆深受隋朝文化与典章制度的影响，以日本遣隋使最为著名。

在中国古代的法典中，隋朝的《开皇律》占有重要的地位。《开皇律》是隋代第一部成文法典，在篇章体例和基本内容等诸多方面总结和发展了以往各朝代的立法经验，为中华法系的典型代表——《唐律》提供了直接蓝本，成为后世立法的模板。《开皇律》代表了隋朝立法的最高成就，是中国法制史上具有代表性的一部成文法典。

隋文帝于开皇元年（公元581年）针对北周刑法繁杂苛酷的情况（史称"内外恐怖，人不自安"），即命高颎、郑译、杨素、常明、韩濬、李谔、柳雄亮、裴政等人，于北魏、北周旧律的基础上改定新律。开皇三年（公元583年），又因"律尚严密，故人多陷罪，每年断狱，犹至万数"等原因，特敕命苏威、牛弘等人本着删繁就简的原则，修改《新律》，主旨在于"权衡轻重，务求平允，废除酷刑，疏而不失"，完成了历史上著名的《开皇律》。《开皇律》共计12篇、500条，其篇目是：名例律、卫禁律、职制律、户婚律、厩库律、擅兴律、贼盗律、斗讼律、诈伪律、杂律、捕亡律、断狱律。其中，名例律是有关罪名和量刑等方面的规定；卫禁律是有关保护皇帝和国家安全等方面的规定；职制律是有关官员的设置、选任等方面的规定；户婚律是有关户籍、赋税、家庭和婚姻等方面的规定；厩库律是有关养护公、私牲畜等方面的规定；擅兴律是有关擅权与兴兵，保护皇帝对军队的绝对控制权等方面的规定；贼盗律是包括"十恶"在内的有关犯罪以及杀人罪等方面的规定；斗讼律是有关斗殴和诉讼等方面的规定；诈伪律是对于欺诈和伪造等行为进行处罚的律条；杂律是不适合其他篇目内容的规定；捕亡律是有关追捕逃犯、逃兵等方面的规定；断狱律是有关审讯、判决、执行和监狱等方面的规定。

《开皇律》废除了前代的鞭刑及枭首、辕裂等酷刑和孥戮相坐之法，刑罚定型为笞、杖、徒、流、死五刑；完善了"八议"和"官当"制度，使古代特权法趋于系统化和固定化；还将北齐时的"重罪十条"列入法典，正式确立了"十恶"重罪，规定在《名例》篇中，对后世法律影响很大。

（八）唐朝——《唐律》

唐朝（公元618—907年）是继隋朝之后中国极为重要和著名的大一统集权专制王朝，共历23帝，享国289年。隋末天下群雄并起，公元617年李渊于晋阳起兵，于公元618年攻入长安，接受隋恭帝杨侑禅位，建立唐朝，是为唐高祖。唐朝定都长安（今陕西省西安市）。公元690年至705年武周[1]时期，定都洛阳。唐太宗继位后开创贞观之治，为盛唐奠定了基础。唐高宗承贞观遗风开创"永徽之治"。公元690年，武则天改国号为周。公元705年"神龙政变"[2]后，唐朝的国号得以恢复。唐玄宗即位后缔造全盛的开元盛世，天宝末全国人口达八千万左右。安史之乱后藩镇割据、宦官专权导致唐朝国力渐衰。唐朝在中后期经唐宪宗元和中兴、唐武宗会昌中兴、唐宣宗大中之治国势复振。公元878年爆发的黄巢起义，破坏了唐朝统治根基。公元907年朱温篡唐，唐朝遂覆亡。

在唐朝时期，万国来朝达到鼎盛，向其朝贡之国多达三百余国。唐朝的疆域空前辽阔，极盛时东起日本海、南据安南、西抵咸海、北逾贝加尔湖，是中国自秦以来第一个未修据胡长城的大一统王朝。唐朝攻灭东突厥、薛延陀后，唐太宗被四夷各族尊为天可汗。又借羁縻制度征调突厥、回鹘、铁勒、契丹、靺鞨、室韦等民族攻伐敌国，并让日本、南诏、新罗、渤海国等藩属国学习唐朝的文化与制度。唐朝接纳和欢迎世界各国来朝交流和学习，经济、社会、文化、艺术呈现出多元化、开放性等特点，诗、书、画、乐等方面涌

---

〔1〕 武周（公元690—705年）是武则天建立的朝代，为区别于历史上先秦时期的周朝而称为武周。武则天是中国历史上唯一正统的女皇帝，正式掌权23年，公元705年12月于上阳宫去世，享年82岁。武则天执政期间，国家较贞观时期有更大的发展，史称贞观遗风。在武周时期，经济上均田制继续推行，促进了农业生产，户口数由公元652年的380万户，增长到公元705年武则天退位时的615万户；科举制度进一步发展，武则天开创了殿试和武举；政治上武则天在前期曾任用酷吏打击反对派，后期则知人善任，号称"君子满朝"；军事上收复安西四镇、置北庭都护府。历史学家郭沫若曾给予武周很高的评价，称其"政启开元，治宏贞观"。

〔2〕 神龙政变，又称神龙革命、五王政变，是神龙元年（公元705年），太子李显、宰相张柬之、崔玄暐等大臣在神都洛阳紫微城发动兵变，逼迫女皇帝武则天退位，复辟唐朝的事件。

现出大量名家，如诗仙李白、诗圣杜甫、诗魔白居易，书法家颜真卿，画圣吴道子，音乐家李龟年等。唐朝是当时世界上最强盛的国家之一，声誉远播，与亚欧多国均有往来。唐以后海外多称中国人为"唐人"。

《唐律》是唐朝法律的统称，其地位类似于现代的《宪法》。唐朝法律分为律、令、格、式四种。律是刑法典；令是指国家对各项制度所做出的具体规定（如《户令》）；格是对律令式做出补充修改与对禁令的汇编；式则是各项行政法规（如《水部式》）。《唐律》是根据隋朝《开皇律》经过《武德律》《贞观律》《永徽律》三朝修正而来。自唐高祖时代开始制定，在唐太宗时才宣告完成。至唐高宗永徽年间又对唐律进行全面解释，写成《律疏》，与《唐律》合称为《唐律疏议》，后世又称呼为《唐律疏典》。唐律分12篇，共502条，刑为五刑。唐朝律法将谋反、谋叛等反对朝廷的行为定为不得赦免或赎免的"十恶"大罪，对朝廷的延续起到了很大的保障作用。唐律有一系列维护专制社会的经济基础的相关土地私有权的条例；还有对于贵族、富人、官僚予以一定的不平等法律保护，在其与庶民触犯同样的法律的情况下，可减刑或免刑的规定。

不同时代的皇帝，为了体现自己的法制思想，大都会对前朝或者上一代的法律作出一定的修改，唐朝的皇帝就是如此。《唐律》最早的版本是唐高祖时期颁布的《武德律》，是以隋朝的《开皇律》为蓝本所制定的法典，共12篇500条，内容与《开皇律》基本相同，于武德七年（公元624年）施行。唐太宗李世民即位后，提出"依法治国"的思想，要求长孙无忌、房玄龄、裴弘献等人根据《武德律》编撰的法典，修订《唐律》，并提出了《唐律》的指导方针，"法乃天下之法，非朕一人之法"，要求修订者必须切实考虑人民的根本利益。另外，李世民特别强调"死者不可再生，用法务在宽简"，能从轻处置的案件就从轻处置，不可过于严厉。同时，李世民还进一步强调法律要尽量简单，让老百姓看得懂，便于理解和执行。经过前后十余年的时间，《贞观律》于贞观十一年（公元637年）完成，并颁行天下，仍是12篇500条。与《武德律》相比，第一，《贞观律》废除了斩趾酷刑，增设加役流；第二，《贞观律》大大减少了旧律中重刑条款的数量；第三，《贞观律》缩小了族刑、连坐的范围；第四，《贞观律》确立了五刑、十恶、八议、请、减、赎、当、免及化外人有犯、类推、死刑复奏等基本原则和制度。据后人对比分析，《贞观律》与《秦律》相比，减少了160条死刑条款；与《开皇律》相比，减少90余条死刑条款。同时，《贞观律》也列出了一些极为人性化的法律条款，比如，"对孕妇处以死刑时，要在产后百日后再执行""背部离五脏较近，废除鞭背之刑"等条款。而类似这种法律条款或其"就轻"的思想，在现代社会已被广为应用。

相对于隋朝而言，唐朝对法律的重视程度更为突出。《唐律》的"十恶"，对于威胁和损害皇权及专制国家的思想、言论乃至行为予以严厉处罚的规定，充分反映了《唐律》维护君主集权专制主义的本质与特征。唐高宗永徽年间，编订《唐律疏议》30卷，永徽四年颁布全国。《唐律》和《唐律疏议》是中国历史上最为完整的封建法典，对唐朝之后的中国古代法律的发展影响很大。

（九）宋朝——《宋刑统》

宋朝（公元960—1279年）是中国历史上上承五代十国下启元朝的朝代，分为北宋和南宋两个阶段，共历18帝，享国319年。公元960年，后周诸将发动陈桥兵变，拥立宋州归德军节度使赵匡胤为帝，建立宋朝。赵匡胤因其发迹在宋州，故国号曰"宋"，因皇室姓赵，故也称作"赵宋"，又因"五德终始说"[1]，宋朝为火德，故又别称"火宋""炎宋"，尊称为"大宋"。宋朝定都开封，称为东京，逐步统一中国后，由于疆域相对南宋而言到达黄河以北，所以被后世称为北宋。宋朝开国皇帝赵匡胤为避免晚唐藩镇割据和宦官专权乱象，采取了重文抑武的方针，加强中央集权，并剥夺武将兵权。宋朝全面强化集权专制，皇权极大。宋太祖赵匡胤黄袍加身的经历令他十分担忧历史重演，于是他"杯酒释兵权"[2]，推行重文轻武的制度，这也为宋朝

---

〔1〕"五德"是一个中国先秦时期的伦理学关于德性的概念，阴阳家、儒家、兵家解释不同。阴阳家指土、木、金、火、水五行之德。"终始"指"五德"的周而复始的循环运转。战国晚期阴阳家主要代表邹衍提出五德终始说，以五行相生相克，周而复始的循环变化观念说明历代王朝的更替和制度的变化。这种说法为秦始皇所推崇，并为西汉董仲舒所继承。

〔2〕杯酒释兵权，是指发生在北宋乾德年间，宋太祖赵匡胤为了加强中央集权，避免下属将领也被迫"黄袍加身"，起兵篡夺新生政权，通过酒宴方式，威胁利诱，要求高级将领交出兵权的历史事件。杯酒释兵权是宋太祖为加强中央集权，巩固统治所采取的一系列政治军事改革措施的开始，被视为宽和典范。其后，宋太祖还在军事制度方面进行了多项改革，大大强化了北宋中央集权。

在军事上赢弱百年被人欺负埋下了伏笔。宋太宗继位后统一全国，宋真宗与辽国缔结"澶渊之盟"[1]后，北宋逐渐步入治世。

1127年（靖康二年），金兵南下攻取北宋首都东京，掳走徽、钦二帝，史称"靖康之难"。除徽、钦二帝被金掳走外，还有大量的赵氏皇族、后宫妃嫔与贵卿、朝臣等共三千余人被金所掳，北上金国，东京城中公私财产积蓄被洗劫一空。"靖康之难"导致北宋灭亡，宋高宗在南京应天府（今河南商丘）登基继承皇位，改元建炎，重建宋王朝，史称南宋，宋高宗赵构成为南宋第一位皇帝。绍兴八年（1138年），以临安府（今浙江杭州）为行都，称为行在。绍兴和议后，南宋与金国以秦岭—淮河为界。1234年联蒙灭金。1235年爆发宋元战争。1276年元朝攻占临安，崖山海战后，南宋遂灭亡。

宋朝是中国历史上商品经济、文化教育、科学创新高度繁荣的时代。咸平三年（1000年），中国 GDP 总量为 265.5 亿美元，占世界经济总量的 22.7%，人均 GDP 为 450 美元，超过当时西欧的 400 美元。后世虽认为宋朝"积贫积弱"，但实际上宋朝民间的富庶与社会经济的繁荣甚至超过盛唐。宋朝出现了宋明理学，儒学得到复兴，科技发展迅速，政治相对比较开明，且没有严重的宦官专权和军阀割据，兵变、民乱次数与规模在中国历史上也相对较少。北宋因推广"占城稻"[2]等原因，人口迅速增长，从太平兴国五年（公元980年）的 3710 万增至宣和六年（1124年）的 12 600 万。陈寅恪先生曾有言："华夏民族之文化，历数千载之演进，造极于赵宋之世。"西方与日本史学界也有学者认为，宋朝是中国历史上文艺复兴与经济革命的时期。宋

〔1〕 澶渊之盟，是指北宋和辽国在经过25年的战争后在澶州（今河南濮阳）城下缔结的盟约。1005年1月，北宋与辽国订立和约：辽宋约为兄弟之国，宋每年送给辽岁币银10万两、绢20万匹，宋辽以白沟河为边界。因澶州在宋朝亦称澶渊郡，故史称"澶渊之盟"。此后宋辽两国百年间不再有大规模的战事，礼尚往来，通使殷勤，双方互使共达380次之多，辽国边地发生饥荒，宋朝也会派人在边境赈济，宋真宗崩逝消息传来，辽圣宗"集蕃汉大臣举哀，后妃以下皆为沾涕"。

〔2〕 占城稻亦称"早占""早米""早占城"。宋代水稻良种。真宗大中祥符（1008—1021年）年间从福建推广于江淮、两浙等路。相传其种来自占城国（今属越南）而得名。性早莳、早熟、耐旱、粒细，宜于高仰之田，对防止东南各地的旱害有一定效果。南宋时种植范围进一步扩大，江南东、西路和两浙路尤为盛行。占城稻与晚稻配合成为双季稻，使谷物产量大为增加。

朝立国三百余年，二度倾覆，皆缘外患，在漫长的中国历史中是唯一的一个不是亡于国家内乱的王朝。

《宋刑统》是宋代的基本法典。《宋刑统》的体例，仿照唐末的《大中刑律统类》、后唐的《同光刑律统类》和后周的《显德刑律统类》而制定。宋太祖建隆四年（公元963年），时任工部尚书判大理寺窦仪主持立法，是年7月制定完成了《宋建隆重详定刑统》，简称《宋刑统》，由宋太祖诏令颁行全国。唐宣宗大中七年（公元853年）颁布《大中刑律统类》，将《唐律疏议》的条文按性质拆分为121门，然后将"条件相类"的令、格、式及敕附于律文之后。这种将律、令、格、式、敕混为一体，分门编排的体例，改变了自秦、汉以来的法典编纂的传统，开辟了新的立法形式，后人简称该形式为《刑统》。《大中刑律统类》的立法模式为后世效法，五代至宋，"刑统"取代"律"，成为主要的法典，如《同光刑律统类》《大周刑统》。宋朝沿用该立法模式，颁布了《宋刑统》，并由大理寺刻板印刷发行全国，是中国历史上第一部刻板印行的法典。《宋刑统》和唐律一样也是12篇，除了个别要避讳的字外，内容和唐律基本一致，可见唐律对于《宋刑统》的巨大影响。除了大量本朝的诏敕外，也收录了唐朝的一些法令和诏敕，作为参考。五刑制度也沿用了唐律的规定，其他有关定罪量刑的规定如议、请、减、赎等也和唐律相同。不过相对唐律而言，宋朝的刑罚也有一些变化，如凌迟刑的开始合法化就是在宋仁宗时期。

（十）元朝——《大法令》

元朝（1271—1368年）是中国历史上首次由少数民族建立的大一统王朝，统治者为蒙古孛儿只斤氏。元朝定都大都（今北京），传5世11帝。元朝从1206年成吉思汗建立蒙古政权始，历时162年；从忽必烈定国号元开始，历时98年。元朝退出中原后的北元政权则一直持续到1402年。

1206年，成吉思汗统一蒙古各部，建立大蒙古国。他率蒙古大军先后攻灭西辽、西夏、花剌子模、金朝等政权。蒙哥汗去世后，引发了阿里不哥与忽必烈的汗位之争，促使大蒙古国分裂。1260年忽必烈即汗位，建元"中统"。1271年，忽必烈取《易经》"大哉乾元"之意改国号为"大元"，次年定都大都。1279年，彻底灭亡南宋流亡政权，结束了自唐末以来长期的混乱局面。之后元朝持续对外扩张，进攻日本、缅甸、越南、爪哇等，但均遭失败。元朝中期皇位继承紊乱、政变频繁，政治始终未上正轨，而且汉化迟滞，发展停止不前。元朝后期政治腐败，权臣干政，民族矛盾与阶级矛盾日益加剧，导致元末农民起义。1368 年，朱元璋建立明朝，随后北伐驱逐元廷，攻占大都。此后元廷退居漠北，史称北元。1402 年，元臣鬼力赤篡夺政权建立鞑靼[1]，北元灭亡。

在元朝时期，中国作为一个统一的多民族国家得到了进一步的巩固和发展，疆域面积超越了其他各个历史朝代。元朝废除尚书省和门下省，保留中书省与枢密院、御史台，分掌政、军、监察三权，地方实行行省制度，开中国行省制度之先河。元朝时期商品经济和海外贸易较为繁荣，与各国外交往来较为频繁，各地派遣的使节、传教士、商旅等络绎不绝。在文化方面，元朝时期出现了元曲等更接近世俗化的文化形式。

元朝是蒙古族建立的专制集权王朝。就法律制度而言，蒙古族原来没有文字，因此也没有成文法。自从铁木真（1162—1227 年）征服了乃蛮部，才开始用畏吾儿字拼成蒙古语，并将其训令写成法规，名曰：《大法令》，蒙古语叫"大扎撒"。铁木真对《大法令》非常重视，要求后世的皇帝、王公、那颜、勇士严格遵守。铁木真说："如果不依'大扎撒'办事，国家的统治必将动摇，甚至腐败。"从这个时候开始，把"所断之案，书之青册"，于是有了审判记录和判决等法律文书。但是，这时的"大扎撒"还不是系统的法典，在实践中主要还是沿用蒙古族部落的习惯法。蒙古族进入中原以后，曾利用金国的《泰和律》断案决讼。元朝建立后，即下诏禁用金律，并着手制定法律，先后颁布了《至元新格》《风宪宏纲》《大元通制》《至正条格》等法令。元代法规的基本内容依循唐律，形式上则是沿用宋朝法律，但不叫法律而叫条格，因此元代法规多是条格汇编，律令判例混为一体，并且往往在某一案例前面加一"诸"字，即成独立条文，因而内容庞杂，易使官吏从中舞弊，出入人罪。明太祖朱元璋曾对台省官员评论元代法律说："元时条格繁冗，所以其害不胜"（《续文献通考》卷一三六《刑考二》）。

---

[1] 鞑靼是明朝对成吉思汗嫡系北元政权及其治下蒙古高原东部草原部落的统称，与蒙古高原西部的瓦剌对立，分为察哈尔、土默特、科尔沁（含永谢布部）、鄂尔多斯、阿速（奥塞梯人）等部。其人自称蒙古，明朝称其为鞑靼。

（十一）明朝——《大明律》

明朝（1368—1644 年）是中国历史上最后一个由汉人建立的大一统王朝，历经 12 世、16 位皇帝，国祚 276 年。明朝初期建都南京，明成祖时期定都北京。元朝末年政治腐败，天灾不断，民不聊生，农民起义屡禁不止，朱元璋加入红巾军，跟随占据濠州的郭子兴并在其中乘势崛起。1364 年，朱元璋称吴王，建立西吴政权。1368 年，在扫灭陈友谅、张士诚和方国珍等群雄势力后，朱元璋于当年农历正月初四日登基称帝，立国号为大明，并定都应天府（今南京市），其辖区称为京师，由因皇室姓朱，因此又称"朱明"。1421 年朱棣迁都至顺天府，以南京为陪都。明初历经洪武之治、永乐盛世、仁宣之治等治世，政治清明、国力强盛。中期经土木之变由盛转衰，后经弘治中兴、万历中兴国势复振。晚明因政治腐败、东林党争和天灾外患导致国力衰退，爆发农民起义。1644 年李自成攻入北京，崇祯帝自缢，明朝灭亡。明朝宗室在南方建立了多个政权，史称南明。清兵入关后，陆续击败弘光、隆武、绍武等诸政权。1662 年永历帝被杀，南明覆灭。1683 年，清军攻占台湾，奉明正朔的明郑覆灭。

明朝疆域囊括汉地，东北抵日本海、外兴安岭，后缩至辽河流域；北达阴山，后撤至明长城；西至新疆哈密，后退守嘉峪关；西南到达缅甸和暹罗北境，后折回约今云南境；并在青藏地区设有羁縻卫所，还曾收复安南。明朝时期君主专制空前加强，多民族国家也进一步统一和巩固。明初废丞相，设立厂卫等特务机构，在加强专制主义中央集权的同时，也为中后期宦官专政埋下伏笔。明朝时期农民反封建斗争也进入了一个新阶段。明代手工业和商品经济繁荣，大量商业资本转化为产业资本，出现商业集镇和资本主义萌芽。文化艺术也呈现世俗化趋势。据《明实录》记载：明朝时期的人口峰值大约为 7185 万。也有学者认为，明朝的人口在最多时可能过亿。学界还有晚明人口近两亿的说法。

《大明律》是明朝的主要法典，是中国法制史上具有划时代意义的法典。《大明律》由明朝开国皇帝朱元璋总结以往历代法律施行的经验和教训，组织专人制定。明太祖把"明礼以导民，定律以绳顽""治乱世用重典"等作为立法指导思想来制定《大明律》。为适应明朝当时形势发展和政治统治的实际需要，《大明律》变通了体例，调整了刑名，肯定了明初人身地位的变化，注重了经济立法，在体例上表现了各部门法的相对独立性，并扩大了民法的范围，同时注重了"礼"与"法"的联系与结合，在"礼"与"法"的结合方面呈现出新的特点。《大明律》草创于金戈铁马的战争时期，完成于重典治国的洪武年代。这部大法典不仅继承了明代以前中国古代法律文献在立法上的优点，是中国古代法律编纂的历史总结，而且下启清代乃至近代中国立法活动的发展，为中国近现代的法制建设提供了一定的宝贵的经验和借鉴。

《大明律》共分30卷，篇目有名例1卷，包括五刑（笞、杖、徒、流、死），十恶（谋反、谋大逆、谋叛、恶逆、不道、大不敬、不孝、不睦、不义、内乱），八议（议亲、议故、议功、议贤、议能、议勤、议贵、议宾），以及吏律2卷、户律7卷、礼律2卷、兵律5卷、刑律11卷、工律2卷，共460条。这种以六部分作六律总目的编排方式，是承《元典章》而来的，与《唐律》的面目已不尽相同，在内容上也较《唐律》有了较多的变化，如增加了"奸党"一条，这是前代所没有的。在量刑上大抵是罪轻者更为减轻，罪重者更为加重。前者主要指地主阶级内部的诉讼，后者主要指对谋反、大逆等民变的严厉措施。不准"奸党""交结近侍官员""上言大臣德政"等，反映了明朝初年朱元璋防止臣下揽权、交结党援的集权思想。

明代比较重视法制的建设与实践，其中历经3次大规模修订的《大明律》就是其中最重要的成果。《大明律》在中国古代法典编纂史上具有革故鼎新的意义。它不仅继承了明代以前的中国古代法律制定的优良传统，也是中国明代以前各个朝代法典文献编纂的历史总结，而且还开启了清朝乃至近代中国立法活动之历程。《大明律》在明代实施的过程中，虽然也不断受到"朕言即法"的干扰，但这些干扰始终未能影响它的正统法典的地位。而《大明律》对惩治贪财枉法者的严厉程度，超过了历史上任何一个朝代。在刑法上，《大明律》渊源于《唐律》，以笞、杖、徒、流、死为五刑，即所谓正刑，其他如律例内的杂犯、斩、绞、迁徙、充军、枷号、刺字、论赎、凌迟、枭首、戮尸等，有的承自前代，有的为明代所独创。所谓廷杖就是朱元璋开始实行的，其他《大明律》未规定的酷法滥刑也层出不穷。至于锦衣卫的"诏狱"杀人最惨，为害最甚。其后又有东厂、西厂、内厂相继设立，酷刑峻法，愈演愈烈，直到明朝灭亡。

（十二）清朝——《大清律例》

清朝（1636—1912 年）是中国历史上由满族建立的一个大一统集权专制王朝，亦是中国历史上最后一个封建王朝，共传 12 帝，统治者为起源于明代建州女真的爱新觉罗氏。从努尔哈赤建立后金起，清朝总计 296 年。从皇太极改国号为清起，清朝持续 276 年。从清兵入关，建立全国性政权算起，清朝有 268 年的统治。1616 年，建州女真首领努尔哈赤建国称汗，国号大金，史称后金。1636 年，皇太极称帝，改国号为"大清"，亦称为"大清国"。关于"大清"的含义有诸种猜测：其一，从文义上释"清"为"扫清廓清"之义。其二，清，青也。青为北方信奉萨满教诸族所崇尚，满洲也是笃信萨满的，故取"大清"为号。以"五德"为依据的观点认为，明为火德，清为水德，以水克火，故名。东北少数民族研究院的鲍明认为，"大清"国号实源自满语中的蒙古语借词"代青"（daicing）。"大清国"的意思是"上国"（即"至高无上之国"）或"善战之国"。

1644 年，驻守山海关的明将吴三桂降清，多尔衮率领清兵入关，至 1659 年平定大顺、大西、南明等政权后，清朝又平定了"三藩之乱"[1]，统一了台湾，完成了全国统一。清朝在康雍乾三朝走向鼎盛，在此期间，中国传统社会取得了前所未有的发展成就。清初人口增殖，土地增垦，物产盈丰，边境无事，小农经济的社会生活繁荣稳定，综合国力远胜于汉唐。鸦片战争后，中国遭列强入侵，曾相继进行了洋务运动和戊戌变法等经济和政治上的近代化探索和改革，但不幸全都遭到失败。1912 年 2 月 12 日，北洋大臣袁世凯诱使清帝溥仪逊位，颁布了清帝退位诏书，清朝从此结束。

在清朝时期，中国作为一个统一的多民族国家得到巩固和发展。清朝统治者统一蒙古诸部，将新疆和西藏纳入版图，积极维护国家领土主权的完整。乾隆年间，中国作为统一的多民族世界大国的格局最终确定。极盛时期的清朝，西抵葱岭和巴尔喀什湖，西北包括唐努乌梁海，北至漠北和西伯利亚，

---

[1]　三藩之乱，是指清朝初期三个藩镇王发起的反清事件。三藩是指平西王吴三桂、平南王尚可喜、靖南王耿精忠。康熙二十年（1681 年）冬，清军进入云南省城昆明，历时 8 年的三藩之乱被平定。对于清廷来说，平定三藩之乱是确立稳定的皇朝统治的标志。

东到太平洋（包括库页岛），南达南沙群岛，全国包括 50 多个民族，国家空前统一。清朝将中国古代的集权专制主义也推向了高峰。清朝前期农业和商业发达，江南出现了密集的商业城市，并在全国出现了大商帮。在此基础上，清朝的人口突破 4 亿大关，占当时世界总人口 10 亿的近一半。

《大清律例》是我国最后一个大一统的君主专制王朝——清王朝的国家法典。顺治四年（1647 年），《大清律例》初步编修完成。《大清律例》基本上承袭《明律》的内容，后经康熙、雍正两朝屡次增删，并于雍正五年公布。清朝入关后，即从顺治元年开始，"详译明律，参以国制"，着手法典的制定，经顺治、康熙和雍正三朝的努力，法典逐渐趋于成熟。乾隆皇帝即位后，继续命臣工对前朝律文及成例进行重新编定，乾隆五年（1740 年）完成，并定名为《钦定大清律例》。《大清律例》颁布以后，完成了清代最为系统、最具代表性的成文法典。之后一直到清末法制改革之前，清代律例的律文不再有所变化，而对于清代法律制度的调整，则主要通过增改例文的形式来进行。秦汉以来，中国就已经形成了"不可一日无律"的法制治理型社会。清代法律的制定从清统治者入关之初便开始着手，一直持续到乾隆年间方形成稳定体系，历时一百多年，其间经历了沿用关外旧法、暂用《明律》、颁行《大清律集解附例》、制定《大清律例集解》、颁布《大清律例》等历史时期。制定《大清律例》的过程颇为复杂，时间十分漫长，从顺治年间的《大清律集解附例》，历康熙朝，经雍正朝的《大清律例集解》，数易其稿，最终《大清律例》才告成熟和完成。需要指出的是，清朝最经常起作用的是例，而不是律。《大清律例》汲取了历代王朝的立法经验，结合自身统治经验，具有鲜明的时代特色。

与明朝类似，清朝的法律以律为主，律外有诰、例、令、条例、会典等。清朝制定的《大清律例》是最后一部封建法典，其特点是在沿用前代法律后，增加了许多新的刑罚及民族压迫条例，调整经济关系的内容也大有增加，使法律更符合经济发展需要。《大清律例》沿用至 1910 年《大清现行刑律》颁布为止。之后，中国历史进入"中华民国"时期，中国传统法律逐渐地向现代法律制度转型，中国开始移植欧洲大陆的立法经验，在法典编纂的体例上改变了原来的"诸法合体"形式，开始了部门法分立的探索与实践。

（十三）民国——《六法全书》

"中华民国"（1912—1949 年）是辛亥革命以后建立的亚洲第一个"民主共和国"，简称"民国"。1911 年辛亥革命爆发后，革命党在南京建立临时政府，各省代表推举孙中山为临时大总统。1912 年元月，民国正式建立。民国建立后，以袁世凯为首的北洋势力主政中国，北洋政府分崩离析后政局动荡不安，孙中山南下广州，召开国民党一大，建立黄埔军校，随之而建立国民政府。在促成国共合作后不久，孙中山不幸病逝。1926 年，蒋介石继承孙中山的遗志，领导国民革命军北伐，意欲统一中国。1928 年"东北易帜"[1]，国民政府从形式上统一了中国，蒋介石成为继孙中山之后的国民党领袖。这种统一实现之后，民国进入了所谓"黄金十年"的建设时期，此间社会稳定，经济、政治、文化、科技、教育等多个方面稳步发展和渐趋定型。1937 年抗战全面爆发，中国成为世界反法西斯同盟国，国际地位大大提高，一举成为抗战中的"美英中苏"四个大国之一。抗日战争结束后，蒋介石领导的国民党及其军队在与毛泽东领导的中国共产党及其军队的战争较量中失败，国民政府遂退出在中国大陆的统治，败退台湾，中华民国在大陆的历史时期宣告结束。1949 年 10 月，中华人民共和国成立。

中华民国在形式上和表面上主张坚持共和制政体，声称主权属于全体国民。民国初期，国民政府颁布临时约法，后以孙中山先生的"三民主义"思想和《建国方略》为指导，开始实施"军政期、训政期、宪政期"的国家发展"方略"。抗战开始以后，国民党召开国民大会，确定了总统制。民国时期的外交在国际化与现代民族国家的建立、遵循国际规则与维护国家利益、法理上的独立与事实上的自主等多个方面，都有所努力和表现。

《中华民国宪法》是民国的根本大法。这部宪法以孙中山的"三民主义"思想与"五权"宪法理论为思想指导和理论基础，明确规定司法机关独立于其他行政、立法、考试及监察等机关，明确规定五权分立的中央政府体制及地方自治制度，明示了中央与地方权限划分采取均权制度，明确了国家的基

---

　　[1]　东北易帜，是指皇姑屯事件后，统治中国东北的奉系军阀首领张学良于 1928 年 12 月 29 日通电全国，宣布遵守三民主义，服从以蒋介石为首的南京国民政府，并在东北各省同时降下北洋政府的五色旗，换成南京国民政府的青天白日满地红旗的政治转向事件。东北易帜标志着北伐的结束、南京国民政府完成"形式统一"以及北洋政府的正式结束。

本国策。该宪法规定：中华民国法律的规定修订，除特殊法例外，均须由立法院审议通过，由总统公布。

中华民国法律采用大陆法系制度，属于成文法系统，依《中央法规标准法》第 2 条之规定，中华民国法律的名称分为四种：法、律、条例、通则。在原则上，"法"为一般的规定，"律"适用于战时（如战时军律），"条例"则为特别规定，而"通则"在于规范组织。法律需经过立法院立法程序，经由总统公布后施行。而这些法律的解释权依据中华民国宪法规定，则属于司法院所有，立法院并不负责解释法律的适用。除此之外，中华民国最高法院所选编的判例在各级法院裁判时，虽不具有法律上的拘束力，但仍具有事实上的拘束力，且判例亦常常成为司法院大法官做出违宪审查的标的，是除了立法院所通过的法律与司法院所作出的解释之外，另一项重要的判决依据。至于条约的部分，凡立法院通过，经总统签署的国际公约，与国内法具有同等效力。中华民国法律分为宪法、法律和命令三个层级，以《中华民国宪法》为基础，所有规范皆不可违背在其上位阶的规定。另外，地方政府可在其自治范围或依中央法律、法规之授权，制定自治法规，分为自治条例与自治规则二种。前者需地方议会通过，后者仅需地方政府发布即可。

"六法全书"是民国时期六个门类法律法规汇编的总称，是民国时期国民党统治人民的法统性文件的统称。学界对"六法全书"有两种不同观点：民国初期立法采用"民商分立"原则，"六法"计有"宪法、民法、刑法、商法、民事诉讼法、刑事诉讼法"；1929 年之后，立法采用"民商合一"原则，"六法"计有"宪法、民法、刑法、民事诉讼法、刑事诉讼法、行政法"。后者为学界主流观点。近代世界法律有"海洋法系"与"大陆法系"两大法系。海洋法系以英、美为代表；大陆法系以法、德为代表。两大法系在全世界的影响大致各占一半。日本的法律和当时中国的"六法"均属大陆法系。由于大陆法系国家的基本法律制度，都可以简称"六法"，因此"六法全书"的名称，实际上涵盖了世界上半数以上国家的法律文件的统称，甚至苏联法律文件的统称也可以包括在内。

"六法全书"有狭义和广义之分。狭义的六法全书，原指国民政府制定的"宪法""刑法""民法""刑事诉讼法""民事诉讼法""行政法"的"六法"。广义的"六法全书"则包括了以上六大法典为主的国民政府的所有法律。国民政府"六法全书"的立法框架，属典型的"大陆法系"的成文法典，不过其主要的特点之一，是实行民商分立的体例。

1840 年鸦片战争后，中国逐渐沦为半殖民地半封建的社会。为了改变国家和民族的苦难命运，以康有为、梁启超、孙中山为代表的一大批仁人志士试图将近代西方国家的法治模式移植到中国，以实现变法图强的梦想，但由于历史、社会、文化、思想等多方面的原因，他们的努力最终归于失败。

四、新中国法治建设的曲折历程

1921 年以后，中国共产党带领人民在革命、建设、改革和发展的历史进程中，走上了一条异常艰辛、曲折发展的建设社会主义法治国家之路。

1949 年中华人民共和国的建立，开启了中国法治建设的新纪元。从 1949 年新中国成立到 20 世纪 50 年代中期，是中国社会主义法治的初创时期。在这个历史时期，我国制定了具有临时宪法性质和作用的《中国人民政治协商会议共同纲领》和其他一系列法律、法令，对巩固新生的共和国政权，维护社会秩序和恢复国民经济，起到了重要作用。1954 年第一届全国人民代表大会第一次会议通过的《中华人民共和国宪法》，以及随后制定的相应的法律，确定了国家的政治制度、经济制度和公民的权利与自由，规定了国家机关的组织和职权，确立了国家法制的基本原则，初步奠定了中国法治建设的基础。

20 世纪 50 年代后期以后，特别是在"文化大革命"十年（1966—1976 年）动乱中，中国社会主义法制遭到严重破坏。1949 年新中国成立以后，中国民主与法制建设一度曾有过长足的进步和发展，但由于"左"的指导思想的影响，致使新中国在成立 7 年以后，本已出现的民主与法制建设进步和发展的良好势头开始急转直下，不仅没有持续下去，而且反向而行，不断地向着极"左"的方向变化，最终酿成了十年"文化大革命"的根本性错误和历史性悲剧。"文革"的教训极为惨痛和深刻。1980 年 8 月 21 日和 23 日，邓小平在回答意大利记者奥琳埃娜·法拉奇提出的"如何避免'文化大革命'那样的错误"这一问题时，一针见血地指出："这要从制度方面解决问题。……我们这个国家有几千年封建社会的历史，缺乏社会主义的民主和社会主义的法制。现在我们要认真建立社会主义的民主制度和社会主义法制。只有这样，才能解决问题。"〔1〕从 1957 年至 1978 年三十多年里，中国法治建设遭到很大的破坏。从 20 世纪 50 年代后期到 1978 年底中共十一届三中全会召开，是中国民主与法治建设逐渐出现严重曲折和倒退的历史时期。

古今中外的历史特别是如"文化大革命"这样严重的教训深刻地警示我们：民主与法治是人类政治文明的重要成果。没有民主与法治的中国绝不是真正意义上的社会主义中国，要建设社会主义中国必须建设社会主义民主与法治。因此，在当今中国特色社会主义新时代，实施依法治国基本方略、建设社会主义法治国家，既是经济发展、社会进步的客观要求，也是巩固中国共产党的执政地位、确保国家长治久安的根本保障。在中国这样一个 14 亿人口的大国，要实现政治清明、社会公平、民心稳定、长治久安，最根本的还是要靠民主与法治，因此，必须进行法治中国建设。如果说"人民对美好生活的向往，就是我们的奋斗目标"〔2〕，那么要实现这个"奋斗目标"主要还是要靠民主与法治。只有民主与法治才靠得住；只有民主与法治才能不仅救中国，而且能发展中国，真正使中国强大起来，在与世界各国一起共建人类命运共同体和共创人类美好未来的进程中，做出积极的贡献，发挥良好的作用；只有在民主与法治之下，中国共产党才能领导人民实现中国梦。

20 世纪 70 年代末，中国共产党总结历史的经验和教训，特别是汲取"文化大革命"的惨痛教训，作出了把党和国家工作重心转移到社会主义现代化建设上来的重大决策，实行改革开放政策，并明确了邓小平提出的一定"要靠法制"的治理国家的基本原则。党的十一届三中全会把加强社会主义法制、实现从人治向法治转变的历史性任务鲜明地提到了全党全国人民面前，特别强调："为了保障人民民主，必须加强社会主义法制，使民主制度化、法律化，使这种制度和法律具有稳定性、连续性和权威性，使之不因领导人的改变而改变，不因领导人的看法和注意力的改变而改变，做到有法可依，有法必依，执法必严，违法必究"；着重要求："检察机关和司法机关要保持应有的独立性；要忠实于法律和制度，忠实于人民利益，忠实于事实真相；要保证人民在自己的法律面前人人平等，不允许任何人有超越法律之上的特权"。

〔1〕《邓小平文选》第 2 卷，人民出版社 1994 年版，第 384 页。
〔2〕参见 2012 年 11 月 15 日习近平在十八届中央政治局常委同中外记者见面时的讲话。

必须建设社会主义法治成为中共在改革开放的历史时期治国理政的基本理念。在发展社会主义民主、健全社会主义法制的基本方针指引下，现行宪法以及《刑法》《刑事诉讼法》《民事诉讼法》《民法通则》《行政诉讼法》等一批基本的法律相继出台和施行。党的十一届三中全会作出"全党把工作着重点转移到社会主义现代化建设上来"的重大决策，并提出"必须加强社会主义法制"，"做到有法可依，有法必依，执法必严，违法必究"。这标志着加强社会主义法制在当时已经成为中共治国理政的一项基本方针。中共遵循社会主义法制原则，不断完善民主与法制，以政策和法制的双重手段协同推进国家治理。党的十一届二中全会召开仅半年后，第五届全国人民代表大会第二次会议就通过了地方各级人民代表大会和地方各级人民政府组织法、全国人民代表大会和地方各级人民代表大会选举法、人民法院组织法、人民检察院组织法、刑法、刑事诉讼法和中外合资经营企业法等多部法律。1982年第五届全国人民代表大会通过的宪法正式写入了社会主义法制的基本原则，明确规定：国家维护社会主义法制的统一和尊严；一切国家机关和武装力量、各政党和各社会团体、各企业事业组织都必须遵守宪法和法律。20世纪70年代末，中共已经认识到法制在治国理政中的重要地位，并在党和国家乃至社会的各项工作中更加强调要运用法治手段来治国理政。20世纪80年代，是中国的法治建设进入了全新发展阶段的历史时期。

20世纪90年代，中国开始全面推进社会主义市场经济建设，由此进一步奠定了法治建设的经济基础，也对法治建设提出了更高的要求。随着社会主义市场经济体制的逐步确立，面对深化改革、扩大开放的客观需要，社会主义法治建设按下了快进键，进入了发展的快车道。公司法、担保法、国家赔偿法、行政处罚法等一大批适应改革开放特别是社会主义市场经济建设新要求的法律法规相继出台和施行。这一时期，中共对"依法治国"的认识，无论是在思想、理论或是在实践上，都达到了一个前所未有的新高度，这集中反映在1997年党的十五大报告中。虽然在此之前，已经有多个党和政府的重要文件提出了"依法治国"的概念，但党的十五大报告以更为权威的形式全面系统地阐述了党的"依法治国"的理念，指出："依法治国，就是广大人民群众在党的领导下，依照宪法和法律规定，通过各种途径和形式管理国家事务，管理经济文化事业，管理社会事务，保证国家各项工作都依法进行，逐步实现社会主义民主的制度化、法律化。"党的十五大将"依法治国"提到非常重要的地位,强调"依法治国"是党领导人民治理国家的基本方略,是发展社会主义市场经济的客观需要,是社会文明进步的重要标志,是国家长治久安的重要保障;将"建设社会主义法治国家"确定为社会主义现代化的重要目标,并提出了建设中国特色社会主义法律体系的重大任务。随着"中华人民共和国实行依法治国,建设社会主义法治国家"于1999年被载入宪法,2002年又被写入党章,"依法治国"作为中共领导人民治理国家的基本方略的地位从根本上得到了确认,建设社会主义法治国家的奋斗目标也日益明确。20世纪90年代,是中国法治建设揭开了新篇章的历史时期。

进入21世纪,中国的法治建设继续向前推进。2002年召开的中国共产党第十六次全国代表大会,将"社会主义民主更加完善,社会主义法制更加完备,依法治国基本方略得到全面落实",作为全面建设小康社会的重要目标。2004年,"国家尊重和保障人权"被载入宪法。2007年召开的中国共产党第十七次全国代表大会,明确提出"全面落实依法治国基本方略,加快建设社会主义法治国家",并对加强社会主义法治建设作出了全面部署。21世纪的第一个10年,是中国法治建设在全面发展的方向上取得重大成就的历史时期。

党的十八大以来,法治中国建设取得了历史性的伟大成就。党的十八大报告作出了"全面推进依法治国"的战略部署,首次提出"法治是治国理政的基本方式、方略"。从过去的"方针"到"方式、方略"的不同提法,从"加强法制"到"依法治国"再到"全面依法治国",显示出中共对全面依法治国与改革开放伟大实践、与社会主义现代化建设、与中国特色社会主义伟大事业之间的密切关系之认识不断深化,对社会主义法治建设规律的把握日益深入。以习近平同志为核心的党中央,围绕全面建成小康社会的战略目标,确立"全面深化改革、全面依法治国、全面从严治党"三大战略举措,提出并形成了"四个全面"[1]的战略布局,全面依法治国在中国特色社会主义整体发展战略中处于基础性的地位。无论是纵观中华人民共和国的历史,或是

---

〔1〕"四个全面",即全面建成小康社会、全面深化改革、全面依法治国、全面从严治党。"四个全面"战略布局的提出,更完整地展现出新一届中央领导集体治国理政总体框架,使当前和今后一个时期,党和国家各项工作关键环节、重点领域、主攻方向更加清晰,内在逻辑更加严密,这对推动改革开放和社会主义现代化建设迈上新台阶具有重大的作用和影响。

从中国改革开放 40 年的历程来看，提出"全面依法治国"的战略举措都具有非凡的重大意义，是法治中国建设之路上的一个新的里程碑。党的十八届三中、四中全会分别对推进法治中国建设、全面推进依法治国作出部署，针对其中的重点、难点问题的改革也逐步推进。2017 年党的十九大则进一步描绘了建设中国特色社会主义法治体系、建设社会主义法治国家的宏伟蓝图。2012 年党的十八大以来的历史时期，中国的法治建设"解决了许多长期想解决而没有解决的难题，办成了许多过去想办而没有办成的大事"，是法治中国建设取得全方位、开创性成就的历史时期。

五、马克思主义法律思想中国化的历史进程

马克思主义法律思想中国化是马克思主义中国化的重要组成部分。中国法治建设的历史伴随着马克思主义法律思想中国化的进程。马克思主义法律思想中国化是一个不断推进的历史进程。中共建党至今 90 多年来，在中国革命、建设、改革的过程中，坚持不懈地进行了艰难的探索和艰苦的实践，在马克思主义法律思想中国化的历史进程中取得了丰硕的思想理论成果，历经马克思主义法律思想中国化五次伟大创新，为探索中国特色社会主义法治道路奠定了理论基础。

（一）马克思主义法律思想中国化的第一次创新，形成了毛泽东法律思想

以毛泽东为核心的党的第一代中央领导集体把马克思主义法律思想创造性地运用于中国革命和建设的实践，使之同中国实际特别是具体的司法实践相结合，产生了法律思想第一次历史性飞跃，形成了毛泽东法律思想，为探索中国特色社会主义法治道路提供了理论准备和经验教训。毛泽东法律思想是以毛泽东为代表的中国共产党人，根据马列主义的基本原理，结合长期的中国革命和建设的具体实践，对有关法律、法制、法治等问题的观点总结、思想创造和理论概括。毛泽东法律思想虽然不像他在政治学、军事学中那样内容丰富、博大精深，但作为毛泽东思想的一个有机组成部分，与其他各部分密切联系，也是一个不可忽视的重要部分。毛泽东法律思想的发展历经四个历史阶段，而与其当时特定的社会背景相联系，每一个历史阶段又呈现出各自不同的特点。

1. 形成时期

毛泽东在这个历史时期的法律思想，以其在土地革命时期领导工农政权的法制实践而提出的一系列观点为主要内容。这一时期毛泽东法律思想的特点是，强调革命是主要的目的，认为法律是实现革命任务的一种手段。

2. 丰富和发展时期

毛泽东在这个历史时期的法律思想，以其关于抗日战争时期政策与法律问题的论述为主要内容。这一时期毛泽东法律思想的基本特点是，强调党的政策对法律起着指导作用，认为这种指导作用不仅表现在法律的制定过程中，也表现在法律的实施上；认为法律是实现党的政策的一种方式，而且是一种主要的方式。毛泽东认为"政策和策略是党的生命"，反复强调政策和策略在革命斗争中的极端重要性，因此，在革命斗争实际的操作过程中，法便是而且在实际上也成了实施党的政策和策略的工具。

3. 成熟时期

毛泽东在这个历史时期的法律思想，以其关于人民民主专政理论的总结为主要内容。1949年6月30日，《论人民民主专政》的发表是毛泽东思想走向成熟的标志，也是毛泽东法律思想走向成熟的标志。国家与法律之间本身就具有不可分割的联系。国家政权需要用法律的形式来确定，法律的实施又需要国家强制力来保障。《论人民民主专政》虽然主要论述的是在民主革命完成以后，建立新中国的国家制度问题，但是在不少方面也直接涉及了法律问题，由于它毕竟不是专门的阐述法律问题的著作，这就需要我们就其包含的法律问题作深入的完整的探究和理解。

4. 进一步完善时期

毛泽东在这个历史时期的法律思想，以其关于社会主义条件下两类矛盾问题的总结为主要内容。毛泽东在1957年发表了《关于正确处理人民内部矛盾的问题》一文，系统地提出了"两类矛盾说"，在社会主义建设时期具有重大意义，而其重大意义的每一方面，都对社会主义法制建设起着指导作用。毛泽东的"两类矛盾说"总的来说是属于政治的学说，它虽然对中国的社会主义法制建设具有指导作用，但是不能代替法律，更不能作为司法实践审理具体案件的依据。

毛泽东涉及法律的论述，主要包含在以下这些著作中：《湖南农民运动考察报告》《战争和战略问题》《新民主主义论》《新民主主义的宪政》《论政策》《论联合政府》《中共中央毛泽东主席关于时局的声明》《论人民民主专政》《反对官僚主义命令主义和违法乱纪》《关于中华人民共和国宪法草案》《在省市自治区党委书记会议上的讲话》《关于正确处理人民内部矛盾的问题》以及《致雷经天（1937 年 10 月 10 日）》等。这些著作中关于法律的论述，大体上有以下十二个方面[1]：

（1）旧中国地主、买办—官僚资产阶级政府及其法律，包括国民党政府及其法律，是压迫人民的，阻碍历史进步的。在人民民主革命胜利后，必须废除伪宪法、伪法统。

（2）在旧中国没有资产阶级民主（当然也就没有依法办事意义上的法制），党领导下的人民民主革命的道路只能是在农村建立革命根据地，进行武装斗争，以农村包围城市，最后夺取全国政权；在反动统治地区，必须把合法斗争与非法斗争结合起来。

（3）在第一次国内革命战争时期中，中国共产党领导下的广大农民坚决推翻几千年封建地主的特权，使"一切权力归农会"；农会领导农民在政治上、经济上打击地主，动摇了全部封建宗法思想和制度，并设立"农民诸禁"等。以后，在革命根据地和解放区，共产党领导下的人民民主政权制定了革命的法规以推动革命事业的发展。

（4）新中国是对人民内部的民主和对反动派的专政相互结合的人民民主专政国家，但人民犯了法，也要受处罚，也要坐班房，也有死刑。民主和专政，民主与集中，自由与纪委说服教育和行政命令都是一个统一体的两个矛盾着的侧面。

（5）在社会主义制度下，人民的根本利益是一致的，但人民内部还存在着各种矛盾，必须严格区分和正确处理敌我矛盾和人民内部矛盾。

（6）新中国法律代表工人阶级领导的全国广大人民的意志和利益，它是为实现从新民主主义向社会主义的转变，实现社会主义革命和建设事业服务的。宪法是国家的总章程，没有法律不行，刑法、民法一定要搞。

---

〔1〕　沈宗灵：《毛泽东同志著作中关于法律的论述》，载中国法学会编：《毛泽东思想法学理论论文选》，法律出版社 1985 年版，第 29～30 页。

（7）1954年宪法的优越性在于经验的总结以及原则性和灵活性的结合；人民民主和社会主义是它的两个基本原则，宪法和一切重要法律的制定均应采用领导和群众相结合的方法。

（8）全国人民应"守法""遵守法制"，"按照法律办事"，特别是国家机关工作人员，更要带头实行。

（9）凡典型的官僚主义、命令主义和违法乱纪的事例，应在报纸上广为揭发，其违法情形严重者必须给以法律的制裁；各级党委应有决心将为群众所痛恨的违法乱纪分子加以惩处或清除出党政组织。应对破坏社会秩序者给以必要的法律制裁。必须对盗窃犯、诈骗犯、杀人放火犯、流氓集团等实行专政。

（10）对任何犯人都应废止肉刑，应重证据而不轻信口供。"有反必肃，有错必纠。"对罪犯实行劳动改造的原则，即通过惩罚管制和思想改造相结合、劳动生产和政治教育相结合的方针，使罪犯在劳动中改造成为新人；对判处死刑的犯罪分子，如果不是必须立即执行的，缓期二年执行，实行劳动改造，以观后效。

（11）在阶级消灭后，还需要有法庭，但其性质已经改变。

（12）参加倡议作为现代国际法基本准则的和平共处五项原则。

毛泽东在半个多世纪领导中国新民主主义革命和社会主义建设的过程中，不仅对新中国的法制建设做出了很大的贡献，而且对中国当代的法学研究乃至今天的法治中国建设也具有相当大的影响。毛泽东在实际的革命和建设的斗争与实践中，创造了具有中国特色的法制经验和法律思想，并在理论上进行了一系列具有开创性的概括和阐述。其成就和贡献主要表现在：实现了人民法制的立法思想；确定了科学性、革命性相一致的立法原则；建立了中国特色的社会主义宪法学理论；确立了运用法律保护人民的思想；提出了一系列刑事方针和刑法制度。其法律思想的主要内容可以高度概括为以下几个方面：要重视人权保障，加强人权法制建设；"共产党员有犯法者从重治罪"；废除伪宪法与伪法统；对人民民主专政问题的初步阐明等等。

毛泽东在我国法学领域和中国法制建设中的影响体现在多个方面。毛泽东的法律思想与中国传统的法律思想和文化一脉相承。我们在探究毛泽东法律思想的理论创造、实践价值以及现实意义时，应对毛泽东把马克思主义法律思想创造性地应用于中国革命和建设的具体实践，为探索中国特色社会主义法治道路提供了理论准备和经验教训等重要贡献，予以充分肯定和高度重视。毛泽东法律思想应该成为我们在新时代建设中国特色社会主义法治体系的一个重要的思想和理论渊源。

作为中国共产党的第一代领导人中的法律专家，董必武也为马克思主义法律思想中国化的第一次创新从思想、理论乃至实践上都做出了突出的贡献。董必武是中国共产党创始人之一，是党和国家德高望重的卓越领导人，伟大的马克思主义者，杰出的无产阶级革命家，中国社会主义法制的奠基者。董必武长期从事中国法制建设的领导工作，深入研读马克思关于国家和法的学说，结合我国实际，提出了许多有关法制建设的独创性的思想和观点。

董必武认为，法制是治国之良策。中国如果没有法制，就不能成为一个现代化的国家，因此中国共产党人带领人民夺取政权后，必须迅速创立保障人民民主的法制，以巩固、保障和促进经济建设的持续发展。1956 年 9 月 19 日，董必武在中国共产党第八次全国代表大会上，以《进一步加强人民民主法制，保障社会主义建设事业》为题目，作了大会发言，着重从"必须有法可依"和"必须有法必依"两个方面，向全党郑重提出"一切国家机关，都必须依法办事"的要求，从而形成了董必武"依法办事，是我们进一步加强人民民主法制的中心环节"的重要法律思想。董必武对人民民主政权和法制建设所阐述的主张、思想和理论，尤其是"依法办事"的法治思想，是运用马克思主义的国家观、法律观，总结无产阶级执政党建设社会主义的经验，自新中国建立后得出的"依法治国"的新结论。早在 1948 年华北人民政府成立时，董必武就强调，正规的政府要"按照新法律规章制度办事"。在党的八大上，董必武进一步向中央着重提出了"公安、检察、法院和一切国家机关，都必须依法办事"的要求。在他看来，中国共产党要领导人民建设富强的社会主义国家需要法治，而法治就是"依法办事"。

董必武的"依法办事"思想既是其法律思想的核心，也是其治国方略的精髓。董必武不仅高度重视立法工作和立法体系的建设和完善，而且提出了"有法必依"、"严格执法"和"依法行政"的理念。他认为"凡属已有明文规定的，必须确切地执行，按照规定办事；尤其是一切司法机关，更应该严格地遵守，不许有任何违反"。他明确指出，"对于那些故意违反法律的人……必须一律追究法律责任"，而"对于那些不知道法律的人，不仅要教育他懂得法律，还要教育他遵守法律"。董必武特别强调，党员和国家机关工作人员要带头遵守法律。针对部分党员干部居功自傲、无视法律的表现，董必武严厉地指出，"对于那些故意违反法律的人，不管现在他地位多高，过去功劳多大，必须一律追究法律责任"。董必武强调法律面前一律平等，强调办案人员必须严格按照法定程序办案，决不能依人或依情枉法断案。[1]

依法办事是依法治国、建设法治国家的基础，党的十五大提出的"依法治国，建立社会主义法治国家"的基本国策，正是对董必武"依法办事"思想的继承和发展。董必武的"依法办事"思想为后来的中共领导人邓小平、江泽民、胡锦涛、习近平所继承和发展。董必武"依法办事"的思想是邓小平"有法可依、有法必依、执法必严、违法必究"思想的重要来源。董必武主张、提倡的"依法办事"法治原则、人民司法理念和建立法制政权的思想，对于今天我们正在进行的法治中国建设而言，依然具有弥足珍贵的理论意义和实践价值。

作为马克思主义法律思想中国化的第一次创新的新中国中共第一代领导集体的法律实践，大致可以划分为四个阶段[2]：

1. 新中国政法工作的起步阶段：1949—1954 年

1949 年 2 月，中共中央发布《关于废除国民党的"六法全书"与确定解放区的司法原则的指示》；9 月 29 日，通过了起临时宪法作用的《中国人民政治协商会议共同纲领》。

1950 年 3 月 3 日，新中国成立后的第一部法律《中华人民共和国婚姻法》颁布。

2. 新中国政法工作的奠基阶段：1954—1957 年

1954 年 9 月 20 日，第一部《中华人民共和国宪法》正式诞生，毛泽东亲自主持起草和修改了这部宪法，比较系统地阐述了一系列法律思想，如宪法是根本大法、"搞宪法是搞科学"等。

---

〔1〕 董必武：《进一步加强人民民主法制，保障社会主义建设事业》（1956 年 9 月 19 日）。
〔2〕 付子堂：《马克思主义法律思想中国化的基本历史轨迹》，载《法制日报》2008 年 7 月 10 日。

1955 年，开始逐步建立律师制度。

1956 年 9 月 19 日，在中国共产党第八次代表大会上，董必武第一次提出"依法办事是加强法制的中心环节"，第一次提出"有法可依，有法必依"的法制原则。

3. 新中国政法工作出现严重偏差阶段：1957—1966 年

1957 年，随着"反右"扩大化，由于种种主客观原因，国家法制建设遭遇了前所未有的挫折。党和国家领导人的法律理念开始出现某种偏差和失误。法制工作遭到严重破坏。国家立法停滞，已有立法得不到贯彻实施；司法制度屡遭破坏，律师制度被视为"为坏人辩护的"一种制度而夭折；1959 年 4 月，司法部被撤销。法学教育处于停滞阶段，法学研究受到"左"的路线的干扰。

4. 新中国政法工作遭到严重破坏阶段：1966—1976 年

1966 年 5 月 16 日，"无产阶级文化大革命"爆发，这场持续十年的政治运动是一场全局性的、长时间的"左倾"严重错误。在文化大革命中我们的党没有被摧毁，并且能够维持统一，社会主义的根基依然存在，社会主义经济建设仍在继续进行，国家仍然保持统一，并在国际上发挥着重要影响。[1] 在这场政治运动中，由于错误地提出"砸烂公检法"等激进口号，社会主义法治进程受到严重阻碍。

从理论上来看，新中国建立以后，以毛泽东为主要代表的中国共产党人的法律思想，可以总结概括为以下十个方面：关于旧司法工作人员的改造问题；要重视司法工作；加强人民代表会议的工作；开创性提出建立死缓制度；"搞宪法是搞科学"；不能废除死刑；处理国际法律关系的和平共处五项原则；专政要继续，民主要扩大；依法办事是进一步加强法制的中心环节；正确区分两类不同性质的矛盾，做好审判工作。

从实践上来看，中国从人治转向法治，走上社会主义法治建设之路，并不是一件轻而易举的事情，而是一项极其艰难的历史选择。尽管有过严重的曲折，但以毛泽东为核心的党的第一代中央领导集体在新民主主义革命时期

---

〔1〕 参见中共中央党史研究室：《中国共产党的九十年》，中共党史出版社、党建读物出版社 2016 年版，第 632~633 页。

和社会主义建设初期，把马克思主义的基本原理同中国革命和建设的实际相结合，在法律的思想、理论和实践等多个层面，进行了艰辛的探索，做出了马克思主义法律思想中国化的第一次创新。

（二）马克思主义法律思想中国化的第二次创新，形成了邓小平法制思想

在20世纪八九十年代，邓小平在领导党和国家进行改革开放的伟大实践中，构建了"邓小平理论"这一在中共历史上继毛泽东思想之后马克思主义中国化第二次思想和理论创造。以邓小平为核心的党的第二代中央领导集体深刻总结我国社会主义法治建设的经验和教训，在领导改革开放的历史进程中，把马克思主义法律思想与中国特色社会主义民主与法治实践紧密结合，提出了必须使"社会主义民主制度化法律化"这一重大法治原则和命题，做出了中国特色社会主义法治建设的革命性变革，开启了马克思主义法律思想与中国实际相结合的第二次历史性飞跃，形成了邓小平法制思想这一改革开放新时期中国特色社会主义法治思想，为中共领导人民走上中国特色社会主义法治道路提供了思想依据和理论基础。

1978年12月13日，邓小平在中央工作会议闭幕会上，以《解放思想，实事求是，团结一致向前看》为题发表重要讲话，提出了以下三个对中国未来特别是对中国的法治建设产生深远影响的法治思想：一是"宪法和党章规定的公民权利、党员权利、党委委员的权利，必须坚决保障，任何人不得侵犯"；二是"为了保障人民民主，必须加强法制。必须使民主制度化、法律化，使这种制度和法律不因领导人的改变而改变，不因领导人的看法和注意力的改变而改变"；三是提出社会主义法制建设的"十六字方针"[1]。

1979年7月1日，刑法和刑事诉讼法颁布。9月9日，中共中央发出《中共中央关于坚决保证刑法、刑事诉讼法切实实施的指示》，第一次在党内使用了"社会主义法治"的概念。1979年9月，五届全国人大常委会第十一次会议决定重建司法部。1979年底，律师工作恢复。1982年12月4日，新中国第四部宪法正式通过实施，强调必须树立宪法的最高权威。

20世纪80年代和90年代初，邓小平创造性、系统性地阐述了一系列法

---

[1] "十六字方针"即"有法可依、有法必依、执法必严、违法必究"。中共十八大报告提出的"科学立法、严格执法、公正司法、全民守法"，被称为依法治国的"新十六字方针"。

制思想，这些思想可以总结概括为以下九个方面：法制建设要从初级阶段的基本国情出发；社会主义法制建设的"十六字方针"；用法律措施维护安定团结的政治局面，制止动乱；党和国家领导制度的改革；坚决打击经济犯罪活动；"死刑不能废除"；"一手抓建设和改革，一手抓法制"；把"一国两制"的构想法律化；市场经济是法制经济。

简而言之，作为邓小平理论重要组成部分的邓小平法制思想可概括为：社会主义法制建设"有法可依、有法必依、执法必严、违法必究"的十六字方针；市场经济是法制经济；"一国两制"构想的宪法化、法律化；法制建设不能不顾中国仍处于社会主义初级阶段的基本国情，等等。以邓小平为核心的党的第二代中央领导集体在改革开放的历史进程中，做出了马克思主义法律思想中国化的第二次创新。

（三）马克思主义法律思想中国化的第三次创新，形成了"依法治国，建设社会主义法治国家"的法治思想

针对中国特色社会主义实践迫切需要解决的一系列重大问题，以江泽民为核心的党的第三代中央领导集体运用马克思主义基本原理，提出了"三个代表"重要思想。党的十五大正式提出"依法治国，建设社会主义法治国家"的基本方略，后又将其载入宪法。1989 年 6 月党的十三届四中全会之后，党的第三代中央领导集体正式提出"依法治国"的重要思想，确定了"依法治国，建设社会主义法治国家"的治国方略。1997 年 9 月，党的十五大正式提出"依法治国，是党领导人民治理国家的基本方略"。1999 年 3 月 15 日，九届全国人大二次会议通过《中华人民共和国宪法修正案》，把"中华人民共和国实行依法治国，建设社会主义法治国家"载入《宪法》第 5 条第 1 款。这意味着中国治国方略的根本转变，是中国法治建设一个新的里程碑。

从"法制"到"法治"，中共领导人民实现了马克思主义法治思想中国化的第三次飞跃。党的第三代中央领导集体的法治思想可以概括为以下多个方面：提出并科学阐述了"三个代表"重要思想，为法理学的理论创新、法律的制度创新提供了科学范式；提出没有民主和法制就没有社会主义，就没有社会主义的现代化，把法制与社会主义更加紧密地联系起来，并在此基础上把法治国家作为全面建设小康社会的基本目标；进一步阐明了党与法治的关系，强调党领导人民制定法律，又自觉地在宪法和法律的范围内活动，不

能以党代政，也绝不能以党代法，必须依法执政；关于讲法治与讲政治的问题，强调"只有讲政治，才能……把国家的法律法规，贯彻到经济建设和各项工作中去，防止和排除各种错误思想、错误倾向的干扰，保持正确的发展方向"；提出并阐述了"依法治国"与"以德治国"的关系；完成了从"法制"到"法治"的过渡，明确提出并规定了"依法治国，建设社会主义法治国家"的基本方略和奋斗目标，全面揭示了依法治国的本质，阐述了社会主义法治的基本内容。

从"法制国家"到"法治国家"，尽管只有一字之别，却是一次伟大的观念变革，反映了中国共产党在治国方略上的质的飞跃，显示出中国要坚定不移地沿着法治之路前进。"依法治国，建设社会主义法治国家"这一当代中国法治建设历史性的重大战略任务的提出，把中国特色社会主义法治理论探索提高到一个新的高度，为坚持中国特色社会主义法治道路提供了重要的理论指导，标志着马克思主义法律思想中国化又一次实现了历史性的飞跃。

简而言之，党的第三代中央领导集体的法治思想可以概括为以下几个方面：提出并科学阐述了"三个代表"重要思想；明确提出"以德治国"，并将"依法治国"与"以德治国"并列，一起作为重要的治国方略；由"法制"到"法治"的变化和发展，不仅显示了依法治国的本质，而且彰显中国共产党必须依法执政、政府必须依法行政等等法治的新理念和新思维。以江泽民为核心的党的第三代中央领导集体在我国进入社会主义市场经济建设的历史新时期，做出了马克思主义法律思想中国化的第三次创新。

（四）马克思主义法律思想中国化的第四次创新，形成了"以人为本"的法律观

党的十六大以来，以胡锦涛为总书记的党中央领导集体深刻分析了当代中国改革开放关键时期出现的新情况新问题，不仅从我国社会主义现代化建设事业全局出发，提出并系统阐述了"科学发展观"这一重大战略思想，而且坚持以马克思主义法律思想为指导，提出了"以人为本"的法律观，有力地推动了新世纪新阶段马克思主义法律思想中国化的创新。

2002年11月，党的十六届一中全会选举胡锦涛为中共中央总书记。新一届中央领导集体上任伊始，即充分表明了继续坚持走法治之路的坚定决心。2002年12月4日，胡锦涛在纪念《中华人民共和国宪法》公布施行20周年

大会上明确强调："发展社会主义民主政治，最根本的是要把坚持党的领导、人民当家作主和依法治国有机统一起来。"2003年10月14日，党的十六届三中全会通过的《中共中央关于完善社会主义市场经济体制若干问题的决定》，首次提出了科学发展观。科学发展观体现在法律和法治思想上，并形成了对以往法治思想更进一步丰富和发展的新的"以人为本"的法律观。

2007年6月25日，胡锦涛总书记在中央党校省部级干部进修班毕业典礼上发表的重要讲话中指出，要"全面落实依法治国基本方略，弘扬法治精神，维护社会公平正义"。这是党和国家最高领导人第一次在高层次的会议上提出"弘扬法治精神"。2007年12月25日，胡锦涛总书记在同全国政法工作会议代表和全国大法官、大检察官座谈时，进一步提出："要坚持党的领导、人民当家作主、依法治国有机统一，牢固树立社会主义法治理念，坚持在全社会深入开展法制宣传教育，弘扬法治精神，重视社会主义法律文化建设。"[1]

"以人为本"的法律观主要的理论来源，是马克思主义关于人的本质和人与法的关系的理论，同时也借鉴了中国古代的民本主义和西方人文主义法律思想。科学发展观及其法治思想的提出与践行，以中国特色社会主义法治实践为中心，着眼于对依法治国进程中的重大实践问题的理论思考，着眼于依法执政的新的实践和新的发展，着眼于建设社会主义和谐社会的时代要求，发展了中国特色社会主义法治理论，推动了马克思主义法律思想中国化又一次历史性的飞跃，展示了中国特色社会主义法治道路的新境界。

简而言之，以胡锦涛为总书记的党中央领导集体的法治思想可以概括为以下两个大的方面：立法、执法、司法要以人为本、以民为本；要尊重和保障人权，促进人的全面发展。"以人为本"的法律观是科学发展观在法律思想上的具体体现。这一法律观以及在其指导下形成的和谐法治观、依法执政观、法治理念观、民生法治观，是新世纪、新阶段马克思主义法律思想中国化的重大思想和理论成果。以胡锦涛为总书记的党中央领导集体在我国进入新世纪、新阶段之际，做出了马克思主义法律思想中国化的第四次创新。

---

〔1〕　付子堂：《马克思主义法律思想中国化的基本历史轨迹》，载《法制日报》2008年7月10日。

（五）马克思主义法律思想中国化的第五次创新，形成了习近平"全面依法治国"的新理念新思想新战略

党的十八大以来，以习近平同志为核心的党中央领导集体强调要加强党对全面依法治国的领导，对全面依法治国作出了一系列重大决策，提出了一系列全面依法治国新理念新思想新战略，这些新理念新思想新战略可以高度归纳总结为以下十个"坚持"：坚持党对全面依法治国的领导；坚持人民主体地位；坚持中国特色社会主义法治道路；坚持建设中国特色社会主义法治体系；坚持依法治国、依法执政、依法行政共同推进，法治国家、法治政府、法治社会一体建设；坚持依宪治国、依宪执政；坚持全面推进科学立法、严格执法、公正司法、全民守法；坚持处理好全面依法治国的辩证关系；坚持建设德才兼备的高素质法治工作队伍；坚持抓住领导干部这个"关键少数"，明确全面依法治国的指导思想、发展道路、工作布局、重点任务。这些新理念新思想新战略是全面依法治国的根本遵循，必须长期坚持、不断丰富发展。我国已经进入"中国特色社会主义新时代"，新时代开启全面建设社会主义现代化国家的新征程，必须立足全局和长远来统筹谋划。全面依法治国是国家治理的一场深刻革命，必须坚持厉行法治，推进科学立法、严格执法、公正司法、全民守法。

2018年8月24日，习近平总书记主持召开中央全面依法治国委员会第一次会议并发表重要讲话，强调：全面依法治国具有基础性、保障性作用，在统筹推进伟大斗争、伟大工程、伟大事业、伟大梦想，全面建设社会主义现代化国家的新征程上，要加强党对全面依法治国的集中统一领导，坚持以全面依法治国新理念新思想新战略为指导，坚定不移走中国特色社会主义法治道路，更好发挥法治固根本、稳预期、利长远的保障作用。习近平在讲话中指出，当前我国正处于实现"两个一百年"奋斗目标的历史交汇期，坚持和发展中国特色社会主义更加需要依靠法治，更加需要加强党对全面依法治国的领导。党中央决定成立中央全面依法治国委员会，是贯彻落实党的十九大精神、加强党对全面依法治国集中统一领导的需要，是研究解决依法治国重大事项重大问题、协调推进中国特色社会主义法治体系和社会主义法治国家建设的需要，是推动实现"两个一百年"奋斗目标、为中华民族伟大复兴中国梦提供法治保障的需要。要健全党领导全面依法治国的制度和工作机制，

继续推进党的领导制度化、法治化，把党的领导贯彻到全面依法治国全过程和各方面，为全面建成小康社会、全面深化改革、全面从严治党提供长期稳定的法治保障。

党的十八大以来，习近平从历史唯物主义的基本原理出发，站在坚持和发展中国特色社会主义、确保党和国家长治久安的战略高度，对全面依法治国的战略考量、根本遵循、推进方略、动力机制等一系列重大理论与实践问题，进行了深刻的思考，作出了大胆的探索，发表了一系列重要讲话；对中国特色社会主义法治建设中一系列重大理论和实践问题，提出了全面推进依法治国、加快建设法治中国的一系列新思想、新论断、新命题和新观点，深刻揭示了中国特色社会主义法治发展的基本规律，指明了全面推进依法治国的前进方向和奋斗目标，丰富和发展了中国特色社会主义法治理论，形成了内涵比较丰富、体系较为完整的法治观。习近平法治思想是马克思主义法律思想中国化的最新理论成果，是 21 世纪中国化马克思主义法治思想的系统表达，是新时期新阶段对中国特色社会主义法治理论的创新和发展，为全面推进依法治国、加快法治中国建设提供了科学而权威的思想武器和理论指南。以习近平同志为核心的党中央领导集体在我国已经进入"中国特色社会主义新时代"的历史时期，做出了马克思主义法律思想中国化的第五次创新。

CHAPTER 2

第二章
法治中国建设的精神前提

一定思想及实践的精神前提，一般是指贯穿于这个思想及实践并能够在一定程度上影响或决定这个思想及实践的性质、方向和内涵等一系列的根本原则、基本理念和内在要求。法治中国建设的精神前提，就是指贯穿于法治中国建设（从思想、理论到实践）的全过程，能够在一定程度上影响甚至决定其性质、方向和内涵等一系列的根本原则、基本理念和内在要求。例如，党的领导的坚强保证、人民在全面推进依法治国中的主体地位、维护公平正义的价值追求、实现人权的根本保障、宪法至上的法治信念、全体公民的法治信仰等等，就属于法治中国建设的精神前提。

一、党的领导的坚强保证

全面推进依法治国必须走对路。党的十八届四中全会有一条贯穿全篇的红线，就是坚持和拓展中国特色社会主义道路。走在法治建设的大路上，我们要以博大的胸怀和开放的态度去面对这样或那样的问题。无论是对于中国的法律传统，还是西方的法律文化，我们都要努力去其糟粕，取其精华，走出一条具有中国特色的社会主义法治国家建设之路。世界上没有脱离政治的法治，一定的法治是由一定的政治决定的，一定的法治形态是由一定的政治思想作为理论支撑的，一定的法治模式必然蕴含着一定的政治逻辑，一定的法治道路则以一定的政治立场为指引。习近平指出："党和法的关系是政治和法治关系的集中反映。法治当中有政治，没有脱离政治的法治。西方法学家也认为公法只是一种复杂的政治话语形态，公法领域内的争论只是政治争论的延伸。每一种法治形态背后都有一套政治理论，每一种法治模式当中都有一种政治逻辑，每一条法治道路底下都有一种政治立场。我们要坚持的中国特色社会主义法治道路，本质上是中国特色社会主义道路在法治领域的具体体现；我们要发展的中国特色社会主义法治理论，本质上是中国特色社会主义理论体系在法治问题上的理论成果；我们要建设的中国特色社会主义法治体系，本质上是中国特色社会主义制度的法律表现形式。"[1]因此，法治中国建设之路必须长期坚持一定的政治立场、观点和方法，法治中国建设必须走中国特色社会主义道路，而要走此路就必须首先坚持中国共产党的领导，坚持人民主体地位，坚持法律面前人人平等，坚持依法治国和以德治国相结合，坚持从中国实际出发。

（一）坚持党的领导是中国特色社会主义法治道路的核心要义

中国特色社会主义法治道路是我国社会主义法治建设成就和经验的集中体现。其核心要义有三个方面：坚持党的领导；坚持中国特色社会主义制度；贯彻中国特色社会主义法治理论。这三个方面不仅决定中国法治体系的制度属性，而且影响法治中国建设的方向路径。党的十八届四中全会决定有一条贯穿全篇的红线，就是坚持和发展中国特色社会主义法治道路，这是一个全面推进依法治国的"管总的东西"。

坚持党的领导是中国特色社会主义法治道路的核心要义之一。2016年7月1日，习近平总书记在庆祝中国共产党成立95周年大会上的讲话中强调，全面推进依法治国的核心在于党的领导。他说："改革和法治如鸟之两翼、车之两轮。我们要坚持走中国特色社会主义法治道路，加快构建中国特色社会主义法治体系，建设社会主义法治国家。全面依法治国，核心是坚持党的领导、人民当家作主、依法治国有机统一，关键在于坚持党领导立法、保证执法、支持司法、带头守法。要在全社会牢固树立宪法法律权威，弘扬宪法精神，任何组织和个人都必须在宪法法律范围内活动，都不得有超越宪法法律的特权。"在中国特色社会主义法治道路问题上，习近平特别强调、讲得最多的是坚持中国共产党的领导。

在2019年2月16日出版的第4期《求是》杂志上，习近平发表重要文章《加强党对全面依法治国的领导》，全面系统地阐述了党对全面依法治国的

---

〔1〕　习近平：《在省部级主要领导干部学习贯彻十八届四中全会精神全面推进依法治国专题研讨班开班式上的讲话》（2015年2月2日）。

领导问题。

文章强调，全面依法治国具有基础性、保障性作用，在统筹推进伟大斗争、伟大工程、伟大事业、伟大梦想，全面建设社会主义现代化国家的新征程上，要加强党对全面依法治国的集中统一领导，坚持以全面依法治国新理念新思想新战略为指导，坚定不移走中国特色社会主义法治道路，更好发挥法治固根本、稳预期、利长远的保障作用。

文章指出，当前，我国正处于实现"两个一百年"奋斗目标的历史交汇期，坚持和发展中国特色社会主义更加需要依靠法治，更加需要加强党对全面依法治国的领导。党中央决定成立中央全面依法治国委员会，是贯彻落实党的十九大精神、加强党对全面依法治国集中统一领导的需要，是研究解决依法治国重大事项重大问题、协调推进中国特色社会主义法治体系和社会主义法治国家建设的需要，是推动实现"两个一百年"奋斗目标、为实现中华民族伟大复兴中国梦提供法治保障的需要。要健全党领导全面依法治国的制度和工作机制，继续推进党的领导制度化、法治化，把党的领导贯彻到全面依法治国全过程和各方面，为全面建成小康社会、全面深化改革、全面从严治党提供长期稳定的法治保障。

文章强调，党的十八大以来，党中央对全面依法治国作出一系列重大决策，提出一系列全面依法治国新理念新思想新战略，明确了全面依法治国的指导思想、发展道路、工作布局、重点任务。一是坚持加强党对依法治国的领导；二是坚持人民主体地位；三是坚持中国特色社会主义法治道路；四是坚持建设中国特色社会主义法治体系；五是坚持依法治国、依法执政、依法行政共同推进，法治国家、法治政府、法治社会一体建设；六是坚持依宪治国、依宪执政；七是坚持全面推进科学立法、严格执法、公正司法、全民守法；八是坚持处理好全面依法治国的辩证关系；九是坚持建设德才兼备的高素质法治工作队伍；十是坚持抓住领导干部这个"关键少数"。这些新理念新思想新战略，是马克思主义法治思想中国化的最新成果，是全面依法治国的根本遵循，必须长期坚持，不断丰富发展。[1]

---

〔1〕 习近平：《加强党对全面依法治国的领导》（2019年2月16日），载《求是》2019年第4期。

（二）必须正确处理好党和法的关系

党和法的关系是全面依法治国的核心问题。"党和法的关系是一个根本问题，处理得好，则法治兴、党兴、国家兴；处理得不好，则法治衰、党衰、国家衰。"[1]党的领导是中国特色社会主义法治之魂，是我国法治与西方资本主义国家法治最根本的区别。习近平指出："党和法治的关系是法治建设的核心问题。全面推进依法治国这件大事能不能办好，最关键的是方向是不是正确、政治保证是不是坚强有力，具体讲就是要坚持党的领导，坚持中国特色社会主义制度，贯彻中国特色社会主义法治理论。"习近平从三个方面对党的领导与法治的关系作出了阐述："党的领导是中国特色社会主义最本质的特征，是社会主义法治最根本的保证。中国特色社会主义制度是中国特色社会主义法治体系的根本制度基础，是全面推进依法治国的根本制度保障。中国特色社会主义法治理论是中国特色社会主义法治体系的理论指导和学理支撑，是全面推进依法治国的行动指南。这三个方面实质上是中国特色社会主义法治道路的核心要义，规定和确保了中国特色社会主义法治体系的制度属性和前进方向。"[2]

在中国特色社会主义法治道路中，党的领导与社会主义法治本质是一致的。一方面，建设社会主义法治必须发挥党总揽全局、协调各方的核心作用；另一方面，只有依靠法治来巩固执政地位、改善执政方式、提升执政能力，才能切实加强党的领导。对于中国共产党整体而言，坚持依宪治国、依宪执政，本身就意味着宪法确立的党的领导地位和执政地位不可动摇。在法治中国建设中，要正确处理好党与法的关系，需要明确以下意识：

第一，坚持党的领导是社会主义法治的根本要求。这是党与法关系上的政治前提。中共十八届四中全会明确指出："党的领导是中国特色社会主义最本质的特征，是社会主义法治最根本的保证。把党的领导贯彻到依法治国全过程和各方面，是我国社会主义法治建设的一条基本经验。"这一论断抓住了党与法关系的要害。习近平强调，党的领导是中国特色社会主义法治之魂，

---

〔1〕 习近平：《在省部级主要领导干部学习贯彻十八届四中全会精神全面推进依法治国专题研讨班开班式上的讲话》（2015 年 2 月 2 日）。

〔2〕 习近平：《关于〈中共中央关于全面推进依法治国若干重大问题的决定〉的说明》（2014 年 10 月 28 日）。

是我们的法治同西方资本主义国家的法治最大的区别。离开了中国共产党的领导，中国特色社会主义法治体系、社会主义法治国家就建不起来。我们全面推进依法治国，绝不是要虚化、弱化甚至动摇、否定党的领导，而是为了进一步巩固党的执政地位、改善党的执政方式、提高党的执政能力，保证党和国家长治久安。[1]

第二，党的领导和社会主义法治在本质上是一致的。这是正确认识党与法关系的关键。习近平指出："坚持党的领导，是社会主义法治的根本要求，是全面推进依法治国题中应有之义。要把党的领导贯彻到依法治国全过程和各方面，坚持党的领导、人民当家作主、依法治国有机统一。只有在党的领导下依法治国、厉行法治，人民当家作主才能充分实现，国家和社会生活法治化才能有序推进。"[2]

第三，必须搞清楚"党大还是法大""权大还是法大"的问题。这是在党与法关系上的一个重要的认识问题。习近平指出，"党大还是法大"的问题是一个伪命题，是一个政治陷阱。现实中存在的，容易与"党大还是法大"搞混的，倒是有一个"权大还是法大"的问题，这是一个真命题，恰恰是我们在全面推进依法治国中要着力解决的问题。在他看来，既然党和法在本质上是一致的，就不存在谁大谁小的问题。他指出，我们说不存在"党大还是法大"的问题，是把党作为一个执政整体而言的，是指党的执政地位和领导地位而言的，具体到每个党政组织、每个领导干部，就必须服从和遵守宪法法律，就不能以党自居，不能把党的领导作为个人以言代法、以权压法、徇私枉法的挡箭牌。[3]

第四，党与法的关系是政治和法治关系的集中反映。这是从理论的深层次上进一步说明党与法的关系。习近平指出，法治当中有政治，没有脱离政治的法治。每一种法治形态背后都有一套政治理论，每一种法治模式当中都

〔1〕 习近平：《在省部级主要领导干部学习贯彻十八届四中全会精神全面推进依法治国专题研讨班开班式上的讲话》（2015 年 2 月 2 日）。

〔2〕 习近平：《加快建设社会主义法治国家》（2014 年 10 月 23 日），载《求是》2015 年第1 期。

〔3〕 习近平：《在省部级主要领导干部学习贯彻十八届四中全会精神全面推进依法治国专题研讨班开班式上的讲话》（2015 年 2 月 2 日）。

有一种政治逻辑，每一条法治道路底下都有一种政治立场。这一点，西方法学家也承认。习近平把中国的政治和法治的关系概括为"三个本质上"，即："我们要坚持的中国特色社会主义法治道路，本质上是中国特色社会主义道路在法治领域的具体体现；我们要发展的中国特色社会主义法治理论，本质上是中国特色社会主义理论体系在法治问题上的理论成果；我们要建设的中国特色社会主义法治体系，本质上是中国特色社会主义制度的法律表现形式。"〔1〕这些论述告诉我们，在党与法的关系上，一定要看到问题的本质，牢记党的领导是中国特色社会主义法治之魂，是我国的法治与西方资本主义国家的法治最大的区别；在坚持走中国特色社会主义法治道路这个根本问题上，必须要有坚定的信念。

第五，既要坚持又要改善党对依法治国的领导。一方面，要坚持党总揽全局、协调各方的领导核心作用，统筹依法治国各领域工作，确保党的主张贯彻到依法治国全过程和各方面；另一方面，又要改善党对依法治国的领导，不断提高党领导依法治国的能力和水平。

第六，坚持党对依法治国的领导，不是一句空的口号，必须具体体现在党"领导立法、保证执法、支持司法、带头守法"上。党既要坚持依法治国、依法执政，自觉在宪法法律范围内活动，又要发挥好各级党组织和广大党员干部在依法治国中的政治核心作用和先锋模范作用。〔2〕

第七，坚持党对全面依法治国的领导要做到"三个统一""四个善于"。"三个统一"是：把依法治国基本方略同依法执政基本方式统一起来；把党总揽全局、协调各方同人大、政府、政协、审判机关、检察机关依法依章程履行职能、开展工作统一起来；把党领导人民制定和实施宪法法律同党坚持在宪法法律范围内活动统一起来。"四个善于"是：善于使党的主张通过法定程序成为国家意志；善于使党组织推荐的人选通过法定程序成为国家政权机关的领导人员；善于通过国家政权机关实施党对国家和社会的领导；善于运用民主集中制原则维护中央权威、维护全党全国团结统一。

---

〔1〕　习近平：《在省部级主要领导干部学习贯彻十八届四中全会精神全面推进依法治国专题研讨班开班式上的讲话》（2015 年 2 月 2 日）。

〔2〕　习近平：《加快建设社会主义法治国家》（2014 年 10 月 23 日），载《求是》2015 年第 1 期。

第八，要正确处理党的政策和国家法律的关系。一般而言，党的政策和国家法律都是人民根本意志的反映，两者在本质上是一致的。党的政策是国家法律的先导和指引，是立法的依据和执法、司法的重要指导。党的政策上升为国家法律后，实施法律就是贯彻党的意志，依法办事就是执行党的政策。

（三）必须坚持党的领导、人民当家作主、依法治国的有机统一

全面推进依法治国作为一项宏大的系统工程，党的领导是关键。党要用法治思维和法治方式推进依宪执政和依法执政，切实做到"领导立法、保证执法、维护司法、带头守法"。全面推进依法治国，绝不是要削弱，而是要加强党的领导。习近平指出："我们党是执政党，坚持依法执政，对全面推进依法治国具有重大作用。要坚持党的领导、人民当家作主、依法治国有机统一，把党的领导贯彻到依法治国全过程。"[1] 我国是人民民主专政的社会主义国家，人民是国家的主人。实现人民当家作主既是法治中国建设的目标，又是法治中国建设的目的。依法治国是实现人民当家作主的基本途径，是保证实现人民当家作主的有效方式，是党领导人民治国理政的基本方略。党的领导、人民当家作主与依法治国三者不是并列关系，人民当家作主是目标和目的，人民利益高于一切，党的领导与依法治国都是实现人民当家作主的手段。

习近平在现行宪法公布施行 30 周年大会上的讲话中指出："依法治国，首先是依宪治国；依法执政，关键是依宪执政。新形势下，我们党要履行好执政兴国的重大职责，必须依据党章从严治党、依据宪法治国理政。党领导人民制定宪法和法律，党领导人民执行宪法和法律，党自身必须在宪法和法律范围内活动，真正做到党领导立法、保证执法、带头守法。"这就把法治与党，与国家的现代化建设，与深化改革事业紧密地联系起来，从而将法治提到了一个前所未有的战略地位和政治高度，表明中共不仅从思想上和政治上要实现从革命党向执政党的根本转变，而且要从治国方略和执政方式上，全面推进从过去革命党主要依靠运动和行政手段管理国家和社会，向现在执政党更多依靠宪法和法律以及法治方式、法治思维来治国理政的重大转变。这

---

〔1〕《习近平在中共中央政治局第四次集体学习时强调　依法治国依法执政依法行政共同推进　法治国家法治政府法治社会一体建设》，载中央政府门户网站，http：//www.gov.cn/ldhd/2013-02/24/content_ 2338937. htm.

种更加自觉地向坚持民主执政、科学执政和依法执政、依宪执政的转变；这种更加主动地向推进国家治理体系和治理能力现代化的转变；这种依法治国的基本方略和法治的基本方式，进一步巩固了党的执政地位，夯实了党的执政基础，增强了党的执政能力，提升了党的执政权威。

（四）党的领导是法治中国建设的政治灵魂

党的十八届四中全会是党的历史上第一次以"法治"为主题的中央全会，全会通过的关于法治的"决定"意义重大。从实践层面看，"决定"明确了全面推进依法治国的指导思想、基本原则、总目标和重大任务，提出要"建设中国特色社会主义法治体系"；从理论层面看，"决定"回答了"党的领导与依法治国"这一重大理论问题，提出"坚持党的领导和社会主义法治是一致"这一重要论断，把党的领导作为法治中国建设的政治灵魂。

党的十二大首次提出了"党领导人民制定宪法和法律""党自身必须在宪法和法律范围内活动"的基本要求。党的十四大以来，围绕党的执政能力建设问题，逐步明确了"改进党的执政方式"和坚持依法执政的发展方向。习近平在论述党的领导与依法治国的关系时，首先强调"我国宪法以根本法的形式反映了党带领人民进行革命、建设、改革取得的成果，确立了在历史和人民选择中形成的中国共产党的领导地位"。这就是说，党的领导不仅是历史的选择、人民的选择，同时也是宪法的规定，是根本大法的要求，因而"坚持党的领导是社会主义法治的根本要求"。在此基础上，习近平指出，"党的领导和社会主义法治是一致的，社会主义法治必须坚持党的领导，党的领导必须依靠社会主义法治"[1]，必须把依法执政作为党执政的基本方式，把依法治国作为治国理政的基本方式。这就从理论和实践两个层面，对"党的领导与依法治国是一致的"这一社会主义法治的核心问题，从两个方面作出了回答。

首先，要把党的领导贯彻到全面推进依法治国全过程。习近平指出，"党的领导是社会主义法治的根本保证"，"全面推进依法治国这件大事能不能办好，最关键的是方向是不是正确、政治保证是不是坚强有力，具体讲就是要

---

〔1〕　习近平：《关于〈中共中央关于全面推进依法治国若干重大问题的决定〉的说明》（2014年10月28日）。

坚持党的领导，坚持中国特色社会主义制度，贯彻中国特色社会主义法治理论"〔1〕。坚持党的领导和全面推进依法治国，实际上是贯穿党的十八届四中全会决定的两条主线，在这两条主线之中又包含多个层面。在指导思想层面，强调全面推进依法治国，必须坚持党的领导、人民当家作主、依法治国有机统一，坚定不移走中国特色社会主义法治道路。在基本原则层面，强调坚持中国共产党领导、坚持人民主体地位、坚持法律面前人人平等、坚持依法治国和以德治国相结合、坚持从中国实际出发。在总体目标层面，强调建设中国特色社会主义法治体系就是在中国共产党领导下，坚持中国特色社会主义制度，贯彻中国特色社会主义法治理论，形成完备的法律规范体系、高效的法治实施体系、严密的法治监督体系、有力的法治保障体系，形成完善的党内法规体系，坚持依法治国、依法执政、依法行政共同推进，坚持法治国家、法治政府、法治社会一体建设，实现科学立法、严格执法、公正司法、全民守法，促进国家治理体系和治理能力现代化。在任务实现层面，党的十八届四中全会决定强调，要"加强和改进党对法治工作的领导，把党的领导贯彻到全面推进依法治国全过程"，坚持党领导立法、保证执法、支持司法、带头守法，实现"三个统一"和"四个善于"，并在部署六项重大任务时将加强党对法治工作的领导加以具体化。〔2〕

其次，必须提高党员干部的法治思维和依法办事能力。中国共产党是领导社会主义现代化事业的核心。党员干部，特别是领导干部是全面推进依法治国的中坚力量。习近平指出："只有以提高党的执政能力为重点，尽快把我们各级干部、各方面管理者的思想政治素质、科学文化素质、工作本领都提高起来，尽快把党和国家机关、企事业单位、人民团体、社会组织等的工作能力都提高起来，国家治理体系才能更加有效运转。"〔3〕这就是说，提高党员干部的法治思维和依法办事能力，是"提高党的执政能力"及国家和社会治理能力的前提，因为"制度的成熟和定型"是相对的，制度的发展是无止境

---

〔1〕 习近平：《关于〈中共中央关于全面推进依法治国若干重大问题的决定〉的说明》（2014 年 10 月 28 日）。

〔2〕 《中共中央关于全面推进依法治国若干重大问题的决定》（2014 年 10 月 23 日）。

〔3〕 习近平：《在省部级主要领导干部学习贯彻十八届三中全会精神全面深化改革专题研讨班开班式上的讲话》（2014 年 2 月 17 日）。

的，只有不断提高党员干部的法治思维和依法办事能力，在法治的框架内、轨道上推进改革，才能不断提升党对于国家和社会的治理能力；与此同时，只有不断在全社会弘扬法治精神、优化法治环境，以党员干部模范的依法办事行动为人民群众作出表率，才能带动全民守法，真正使依法治国具有不可动摇的社会基础。

（五）必须坚持党领导立法、保证执法、支持司法、带头守法

在坚持党的领导问题上，特别要注意处理好两个重要关系：一是要正确处理党的政策和国家法律的关系；二是要处理好坚持党的领导与司法机关依法独立行使职权的关系。各级党组织和领导干部要适应民主执政、科学执政、依法执政的要求，支持司法机关依照宪法法律独立负责、协调一致开展工作。

对于党如何领导全面依法治国这个问题，习近平不仅提出"坚持党的领导是社会主义法治的根本要求，是中国特色社会主义法治之魂"的论断，而且强调必须做到"领导立法、保证执法、支持司法、带头守法"这十六个字。他指出："必须坚持实现党领导立法、保证执法、支持司法、带头守法，健全党领导全面依法治国的制度和工作机制，通过法定程序使党的主张成为国家意志、形成法律，通过法律保障党的政策有效实施，确保全面依法治国正确方向。"[1]党的十八大以来，习近平围绕党"领导立法、保证执法、支持司法、带头守法"这四个方面，发表了一系列重要讲话。

关于"领导立法"，习近平强调立法要体现党的主张和人民意愿。他说，"党的政策是国家法律的先导和指引，是立法的依据和执法司法的重要指导。"[2]"要紧紧抓住全面依法治国的关键环节，完善立法体制，提高立法质量。"[3]"法是党的主张和人民意愿的统一体现，党领导人民制定宪法法律，党领导人民实施宪法法律，党自身必须在宪法法律范围内活动，这就是党的领

---

〔1〕　习近平：《加强党对全面依法治国的领导》（2019 年 2 月 16 日），载《求是》2019 年第 4 期。

〔2〕　习近平：《在中央政法工作会议上的讲话》（2014 年 1 月 7 日）。

〔3〕　习近平：《加强党对全面依法治国的领导》（2019 年 2 月 16 日），载《求是》2019 年第 4 期。

导力量的体现。"〔1〕

关于"保证执法",习近平强调党对国家机关的执法要给予支持和保护。他说,"执法者必须忠于法律。"〔2〕"对执法机关严格执法,只要符合法律和程序的,各级党委和政府都要给予支持和保护,不要认为执法机关给自己找了麻烦,也不要担心会给自己的形象和政绩带来什么不利影响。"〔3〕"要推进严格执法,理顺执法体制,完善行政执法程序,全面落实行政执法责任制。"〔4〕"党的十八大以来,我们制定和修订了一百四十多部中央党内法规,出台了一批标志性、关键性、基础性的法规制度,有规可依的问题基本得到解决,下一步的重点是执规必严,使党内法规真正落地。"〔5〕

关于"支持司法",习近平强调党的领导要通过支持司法促进社会公平正义来得以实现。他说,"党的领导是社会主义法治的根本保证,坚持党的领导是我国社会主义司法制度的根本特征和政治优势。"〔6〕"深化司法体制改革,是要更好坚持党的领导、更好发挥我国司法制度的特色、更好促进社会公平正义。"〔7〕"要全面落实司法责任制,让司法人员集中精力尽好责、办好案,提高司法质量、效率、公信力。"〔8〕"要支持司法机关依法独立行使职权,健全司法权力分工负责、相互配合、相互制约的制度安排。"〔9〕

关于"带头守法",习近平强调党员特别是领导干部要尊崇法治、敬畏法律、带头守法。他说,"党领导人民制定宪法和法律,党领导人民执行宪法和

〔1〕 习近平:《在省部级主要领导干部学习贯彻十八届四中全会精神全面推进依法治国专题研讨班开班式上的讲话》(2015 年 2 月 2 日)。

〔2〕 习近平:《在十八届中央政治局第四次集体学习时的讲话》(2013 年 2 月 23 日)。

〔3〕 习近平:《严格执法,公正司法》(2014 年 1 月 7 日),载《十八大以来重要文献选编》(上),中央文献出版社 2014 年版,第 723 页。

〔4〕 习近平:《加强党对全面依法治国的领导》(2019 年 2 月 16 日),载《求是》2019 年第 4 期。

〔5〕 习近平:《加强党对全面依法治国的领导》(2019 年 2 月 16 日),载《求是》2019 年第 4 期。

〔6〕 习近平:《在十八届中央政治局第二十一次集体学习时的讲话》(2015 年 3 月 24 日)。

〔7〕 习近平:《在中央政法工作会议上的讲话》(2014 年 1 月 7 日)。

〔8〕 习近平:《在中央政法工作会议上的讲话》(2019 年 1 月 15 日至 16 日)。

〔9〕 习近平:《加强党对全面依法治国的领导》(2019 年 2 月 16 日),载《求是》2019 年第 4 期。

法律，党自身必须在宪法和法律范围内活动，真正做到党领导立法、保证执法、带头守法。"[1]"要发挥依法治国和依规治党的互补性作用，确保党既依据宪法法律治国理政，又依据党内法规管党治党、从严治党。"[2]"领导干部必须带头尊崇法治、敬畏法律，了解法律、掌握法律，遵纪守法、捍卫法治，厉行法治、依法办事，不断提高运用法治思维和法治方式深化改革、推动发展、化解矛盾、维护稳定的能力，做尊法学法守法用法的模范，以实际行动带动全社会尊法学法守法用法。"[3]"各级党组织和全体党员要带头尊法学法守法用法，任何组织和个人都不得有超越宪法法律的特权，绝不允许以言代法、以权压法、逐利违法、徇私枉法。"[4]

二、人民在全面推进依法治国中的主体地位

人民群众是法治中国建设的主体，人民群众满意是衡量法治中国建设的最终标准。习近平高度重视人民在全面推进依法治国中的主体地位，提出了人民主体论。正确处理人民主体地位和全面依法治国的关系，是实现全面依法治国总目标的根本保障。坚持人民主体地位是实现法治中国总目标的基石。坚持党的领导、依法治国和人民当家作主的有机统一，不仅是中国特色社会主义政治制度的根本特征，也是我国宪法规定的"国家一切权利属于人民"这一原则的总体体现。党的十八届四中全会《决定》提出要"坚持人民主体地位"，强调全面推进依法治国的各个环节都要突出人民的主体地位。中国特色社会主义法治建设的核心目标和目的，就是要坚持以人为本，切实保护公民的基本权利。

（一）必须确保人民在全面推进依法治国中的主体地位

全面推进依法治国必须强化法律在化解矛盾中的权威地位，使人民群众

---

〔1〕 习近平：《在首都各界纪念现行宪法公布施行 30 周年大会上的讲话》（2012 年 12 月 4 日）。

〔2〕 习近平：《加强党对全面依法治国的领导》（2019 年 2 月 16 日），载《求是》2019 年第 4 期。

〔3〕 习近平：《加强党对全面依法治国的领导》（2019 年 2 月 16 日），载《求是》2019 年第 4 期。

〔4〕 习近平：《在中国共产党第十九次全国代表大会上的报告》（2017 年 10 月 18 日）。

由衷地感到权利受到公平对待、利益得到有效维护。在我国，还存在着一些贫富差距有所扩大、依法办事观念不牢、合法权益救济不畅、忽视群众利益等问题和现象。产生这些问题和现象的一个主要原因，就是一些执法者没有群众观点和法治思维，缺乏依法办事的坚定性和自觉性，不懂得运用法律手段来解决问题和化解矛盾。要消除以上的问题和现象，仅靠党和政府的力量是不够的，还必须倡导法治、厉行法治，发挥广大人民群众的智慧。因为法治中国建设的动力来自人民群众，法治目标的实现重在人民群众的积极参与，因此必须通过法治充分保障人民群众主体地位。习近平法治思想蕴含着坚持人民主体地位，充分调动人民积极性的群众观等内涵。习近平要求各级领导干部，充分调动人民群众投身依法治国实践的积极性和主动性，引导人民群众都来做社会主义法治的忠实崇尚者、自觉遵守者和坚定捍卫者。

党的十八届四中全会把"坚持人民主体地位"，明确规定为全面推进依法治国必须始终坚持的一项基本原则，集中反映了我国法治的民主性和人民性，体现了人民在依法治国中的地位和作用。人民是国家和社会的主人，当然是治国理政和依法治国的主体和力量源泉。从根本上说，法治的功能和目的就是要保障人民的幸福和安康。人民对美好生活的向往是中共治国理政的奋斗目标，也是依法治国要实现的目标。为了确保人民在全面推进依法治国中的主体地位，要着重注意以下几个方面的问题：

首先，要把依靠和鼓励人民群众积极参与到法治建设中来，作为法治建设的基本方式。群众对自身的利益最为关切，对矛盾纠纷产生的原因、存在的症结最为清楚，因此解决问题也最有办法和智慧。所有的国家机关都要充分依靠人民群众，自觉接受人民群众监督。立法机关、行政机关、司法机关要坚持走群众路线，把公权力的行使与人民群众的积极参与结合起来；要加大司法公开力度，最大限度地增加执法透明度，保障当事人和人民群众的知情权、监督权，回应人民群众对司法公正、公开的关注和期待。

其次，坚持人民主体地位，必须坚持法治建设为了人民、依靠人民、造福人民、保护人民，以保障人民根本权益为法治建设的出发点和落脚点。坚持人民主体地位，必须保证人民在党的领导下，依照法律规定，通过各种途径和形式管理国家事务，管理经济和文化事业，管理社会事务。要把体现人民利益、反映人民愿望、维护人民权益、增进人民福祉落实到依法治国的全过程，使法律的制定及其实施充分体现人民的愿望和意志。

最后，要把人民满意作为检验法治建设成效的根本标准。立法机关、行政机关、司法机关必须坚持以人民满意为目标和出发点，不断提高人民群众的认同感和信任度，在立法、行政、司法等多个领域作出切实有效的改革，让人民群众满意，从而更多地得到人民群众的认同和信任。在立法方面，要推进民主立法，完善民主立法机制，创新公众参与立法的方式，广泛听取各方面的意见和建议，使立法充分体现民意。在执法方面，要推进依法行政，加快法治政府建设，下大气力解决老百姓深恶痛绝的"有法不依、执法不严、违法不究甚至以权压法、权钱交易、徇私枉法"等突出问题。在司法方面，要推进司法改革，实现公正司法，"要依法公正对待人民群众的诉求，努力让人民群众在每一个司法案件中都能感受到公平正义"〔1〕。在守法方面，要推进全民守法，深化法治宣传教育，使人民认识到法律既是保障自身权利的有力武器，也是必须遵守的行为规范。与此同时，更为重要的是必须严格要求领导干部这个"关键少数"，做"尊法、学法、守法、用法"的模范。

（二）为什么人民是依法治国的主体

人民民主是中国共产党治国理政的重要前提和基础。无论是在政治逻辑或是在宪法和党章的规定上，人民都是国家的主人和社会的主体，是党全心全意为之服务的主体，是治国理政、全面依法治国的主体，是党和国家一切权力的根本来源和一切事业的根本出发点和落脚点。我国宪法确认人民是国家的主人，规定"中华人民共和国的一切权力属于人民"。中国共产党党章规定："党除了工人阶级和最广大人民群众的利益，没有自己特殊的利益。党在任何时候都把群众利益放在第一位，同群众同甘共苦，保持最密切的联系，坚持权为民所用、情为民所系、利为民所谋，不允许任何党员脱离群众，凌驾于群众之上。"中国共产党既然是代表最广大人民的根本利益执掌国家政权，治国理政，那么在全面推进依法治国的过程中，就必须依靠人民，确保人民在全面依法治国的过程中当家作主。

人民性是我国法治的基本属性。在我国，如果说国家的主体是人民，国

_____

〔1〕　习近平：《在首都各界纪念现行宪法公布施行30周年大会上的讲话》（2012年12月4日）。

家政权的主体是人民，那么依法治国的主体也应该是人民。人民在我国的国家主人的政治定性和宪法定位，决定了人民必然是依法治国的主体而不是客体，必然是党治国理政的力量源泉；决定了一切国家权力和国家机构的人民性。因此，法治中国建设必须以保障人民幸福安康为己任，切实保障和充分实现人权。人民对美好生活的向往，既是党治国理政的奋斗目标，也是依法治国要达到的目的。

党的十八届四中全会把"坚持人民主体地位"明确规定为全面推进依法治国必须坚持的一项基本原则，集中反映了我国法治的人民性，充分体现了人民在依法治国中的地位和作用。党的十八届五中全会从"五大发展理念"[1]出发，再次确认了"坚持人民主体地位"的基本原则，强调"人民是推动发展的根本力量，实现好、维护好、发展好最广大人民根本利益是发展的根本目的。必须坚持以人民为中心的发展思想，把增进人民福祉、促进人的全面发展作为发展的出发点和落脚点，发展人民民主，维护社会公平正义，保障人民平等参与、平等发展的权利，充分调动人民的积极性、主动性、创造性"。坚持人民的主体地位，必须坚持人民至上原则，保证人民在国家政治生活、经济生活和社会生活中的主体地位，并在此基础上使全体人民过上幸福美满的生活。这是中国共产党的宗旨和社会主义国家性质的集中体现，也是社会主义制度和全面依法治国的必然要求。对此，习近平指出："我国社会主义制度保证了人民当家作主的主体地位，也保证了人民在全面推进依法治国中的主体地位。这是我们的制度优势，也是中国特色社会主义法治区别于资本主义法治的根本所在。"[2]

在我国，中国共产党是各项事业的领导核心，人民是国家和社会的主体，中国共产党如何把"核心"与"主体"统一起来，领导人民更好地管理国家、治理社会、管理经济和文化事业，是法治中国建设的重要问题。从宪制和法治思维来看，人民的主体地位和主体权利不仅是抽象的政治概念，更是人民具体的法定权利和利益所在。因此，全面依法治国必须坚持并保障人民

---

〔1〕 2015 年 10 月 29 日，习近平在党的十八届五中全会第二次全体会议上的讲话中提出了"创新、协调、绿色、开放、共享"的发展理念。

〔2〕 习近平：《加快建设社会主义法治国家》（2014 年 10 月 23 日），载《求是》2015 年第 1 期。

主体地位得以充分实现。

（三）如何保证人民真正成为依法治国的主体

坚持人民主体地位，保证人民成为全面依法治国名副其实的主体，必须尊重宪法的权威和坚持人民代表大会制度，使宪法真正成为具有最高权威和最高法律效力的根本法，使人民代表大会制度真正成为我国的根本政治制度。这就是说，"我们必须坚持国家一切权力属于人民，坚持人民主体地位，支持和保证人民通过人民代表大会行使国家权力。要扩大人民民主，健全民主制度，丰富民主形式，拓宽民主渠道，从各层次各领域扩大公民有序政治参与，发展更加广泛、更加充分、更加健全的人民民主"〔1〕。从理论上看，在我国宪制体制的顶层设计下，一方面，人民通过行使选举权和被选举权，直接和间接选举产生各级人民代表大会，由各级人大代表代表选民在立法机关表达意志、提出诉求、做出决策和决定、进行监督等，充分享有国家主权权力和治理国家的主体权利；另一方面，人民通过代表民意的立法机关制定法律法规，把人民的利益、意志、愿望和主张，充分及时具体地转化为法律条文，成为表现为国家意志的共同意志，成为表现为法律条文的法律权利和法定利益，进而把抽象的人民概念具体化为公民个体，把抽象的人民利益具体化为公民的法定权利和法定利益，再由行政机关、审判机关和检察机关等国家机关保证其得到具体落实和有效实施。

坚持人民主体地位，就"要切实保证国家的一切权力属于人民，扩大人民民主，保证人民当家作主，从各个层次、各个领域扩大公民有序政治参与"〔2〕。必须把坚持人民主体地位贯彻落实到立法、执法、司法、守法等多个方面和领域。

在立法方面，立法要体现民意，坚持民主立法，推进人大主导立法，充分发挥人民群众和人大代表在立法中的主体作用，克服立法工作中的部门化倾向和立法的地方保护主义。立法权的行使是人民主体地位的最高体现。党的十八届四中全会《决定》要求改进立法体制，推进科学立法、民主立法，

---

〔1〕　习近平：《在庆祝全国人民代表大会成立60周年大会上的讲话》（2014年9月5日）。

〔2〕　马克思主义理论研究和建设工程重点教材法理学编写组编：《法理学》，人民出版社、高等教育出版社2010年版，第237页。

使立法更好地体现广大人民的利益和社会正义，从而推动人民主体地位在立法环节中的实现。"各有关方面都要从党和国家工作大局出发看待立法工作，不要囿于自己那些所谓利益，更不要因此对立法工作形成干扰。要想明白，国家和人民整体利益再小也是大，部门、行业等局部利益再大也是小。彭真同志说立法就是在矛盾的焦点上'砍一刀'，实际上就是要统筹协调利益关系。如果有关方面都在相关立法中掣肘，都抱着自己那些所谓利益不放，或者都想避重就轻、拈易怕难，不仅实践需要的法律不能及时制定和修改，就是弄出来了，也可能不那么科学适用，还可能造成相互推诿扯皮甚至'依法打架'。这个问题要引起我们高度重视。"[1]立法是落实人民主体地位、保障人民民主的首要法治门户。"立法时脑子里要有农民、工人，要有十亿人民，要面向他们，为了他们。"[2]立法如果忽略甚至背离了人民的利益诉求，淡忘甚至违背了人民的意志主张，就会从根本上削弱人民的主体地位，动摇全面依法治国正当性、合法性的民意基础。因此，必须高度重视和全面推进民主立法，必须恪守以民为本、立法为民的理念，贯彻社会主义核心价值观，抓住提高立法质量这个关键，深入推进科学立法、民主立法，使每一项立法都符合宪法精神、反映人民意志、得到人民拥护。

在执法方面，执法要保护人民的权益，推进依法行政，加快建设法治政府。在现实中，有法不依、执法不严、选择性执法、暴力执法的现象仍然存在。坚持人民主体地位，执法为民、严格执法是消除这些现象的关键。对此，习近平指出："政府是执法主体，对执法领域存在的有法不依、执法不严、违法不究甚至以权压法、权钱交易、徇私枉法等突出问题，老百姓深恶痛绝，必须下大力气解决。"[3]这就要求政府树立以人为本的理念，依法行政，推进机构、职能、责任法定化，深化行政执法体制改革，打造诚信、高效、廉洁、透明的政府，做到严格执法、公正执法。法律的价值在于执行，否则就可能成为一纸空文。法律的执行是人民主体地位和主权意志的具体实现，而"人民群众依法治国首要的就是约束公权力，一个极为重要的约束对象当然就是

---

〔1〕 习近平：《在十八届中央政治局第四次集体学习时的讲话》（2013年2月23日）。

〔2〕 彭真：《论新中国的政法工作》，中央文献出版社1992年版，第268页。

〔3〕 习近平：《关于〈中共中央关于全面推进依法治国若干重大问题的决定〉的说明》（2014年10月28日）。

体系最庞大、权力最广泛、官员最集中的各级政府。因此，依法行政就成为依法治国的重中之重"[1]。在我国，法律法规的 80% 以上是由国家行政机关执行实施的，而我国公务员中 80% 以上是国家行政机关的公务员。这"两个80%"的法治国情，决定了依法行政是全面依法治国的关键，也是依法保证人民主体地位的关键。"执法是行政机关履行政府职能、管理经济社会事务的主要方式，各级政府必须依法全面履行职能，坚持法定职责必须为、法无授权不可为，健全依法决策机制，完善执法程序，严格执法责任，做到严格规范公正文明执法。"[2]

在司法方面，要坚持司法为民，充分体现中国共产党对人民主体地位的重视。"依法公正对待人民群众的诉求，努力让人民群众在每一个司法案件中都能感受到公平正义，决不能让不公正的审判伤害人民群众感情、损害人民群众权益。"[3]司法公正是法治的底线。从理论上说，司法在本质上应是秉承人民意志的法的适用，是保障人民主体地位、保护人民利益、维护社会公平正义的重要法治防线。因此，党的十八届四中全会《决定》提出，"要努力让人民群众在每一个司法案件中感受到公平正义"。要规范司法行为、加强司法监督，在司法调解、司法听证、涉诉信访等司法活动中保障人民群众参与；要完善人民陪审员制度，构建开放、动态、透明、便民的阳光司法机制；要以司法公正推动社会公正，切实维护和保障人民群众的合法权益和救济途径。为此，必须深化司法体制改革，从根本上解决司法体制不完善、司法职权配置和权力运行机制不科学、人权司法保障制度不健全等深层次问题，努力实现公正司法。

在守法方面，要在全社会推进全民守法，深化法治宣传教育。要使人民认识到法律既是保障自身权利的有力武器，也是必须遵守的行为规范，使法律为人民所掌握、所遵守、所运用，使全体人民都成为社会主义法治的忠实崇尚者、自觉遵守者、坚定捍卫者，使尊法、信法、守法、用法、护法成为

---

〔1〕　最高人民法院中国特色社会主义法治理论研究中心编：《法治中国——学习习近平总书记关于法治的重要论述》，人民法院出版社 2014 年版，第 47 页。

〔2〕　习近平：《在中共十八届四中全会第二次全体会议上的讲话》（2014 年 10 月 23 日）。

〔3〕　习近平：《在首都各界纪念现行宪法公布施行 30 周年大会上的讲话》（2012 年 12 月 4日）。

全体人民的共同追求，在全社会形成宪法至上、守法光荣的良好氛围。[1]作为执政党的中国共产党明确要求各级领导干部这个"关键少数"，要做尊法学法守法用法护法的表率，做维护法治权威、恪守法治原则、严格依法办事的表率，做运用法治思维和法治方式推动发展、维护稳定、深化改革、保障人权的表率。

（四）人民群众满意与否是衡量法治中国建设成败的最终标准

既然人民群众是法治中国建设的主体，那么人民群众是否满意就应该是衡量法治中国建设成败的最终标准。习近平指出，人民对美好生活的向往就是我们的奋斗目标；要随时随刻倾听人民呼声、回应人民期待，保证人民平等参与、平等发展权利，维护社会公平正义；要以最广大人民利益为念，坚持司法为民。这些重要观点体现了以人为本的执政理念；这些重要观点的践行必将使法治中国建设拥有广泛而深厚的群众基础。

首先，要把依靠人民参与作为法治建设的基本方式。群众对自身利益最为重视，对矛盾、纠纷产生的原因以及问题的症结所在最为清楚，解决矛盾、纠纷和问题也最有办法和智慧。因此，要充分依靠人民群众，自觉接受人民群众监督，实行专门机关和群众参与相结合，坚持走群众路线；要加大司法公开力度，最大限度地增加执法透明度，保障当事人和人民群众的知情权、监督权，回应人民群众对司法公正公开的关注和期待。

其次，要把人民满意作为检验法治建设成效的根本标准。立法机关、行政机关、司法机关必须坚持以人民满意为目标，努力使这些国家机关在行使公权力的时候，能够得到人民群众的高度认同和充分信任，从而提高人民群众对于国家机关工作人员的认同感和信任度；要进一步提高这些国家机关服务人民意识和群众工作能力，使法律的制定、执行和适用过程不是冷冰冰的机器运转过程，而是保障人民利益、维护公平正义的热乎乎的依法治国过程。

（五）法治建设与人民主体地位的关系

建设法治中国必须正确处理法治建设与人民主体地位的关系。在首都各界纪念现行宪法公布施行30周年大会上，习近平强调指出："我们要坚持国家一切权力属于人民的宪法理念，最广泛地动员和组织人民依照宪法和法律

---

[1] 习近平：《在十八届中央政治局第四次集体学习时的讲话》（2013年2月23日）。

规定，通过各种途径和形式管理国家和社会事务、管理经济和文化事业，共同建设，共同享有，共同发展，成为国家、社会和自己命运的主人。"党的十八届四中全会《决定》提出"人民是依法治国的主体和力量源泉"这一重要论断，正是体现了习近平有关法治建设与人民主体地位关系的思想。这一思想有两个方面的内涵。

首先，保障人民根本权益是法治的出发点和落脚点。习近平要求司法机关依法公正对待人民群众的诉求，努力让人民群众在每一个司法案件中都能感受到公平正义，决不允许不公正的审判伤害人民群众感情、损害人民群众权益。习近平曾引用英国哲学家培根的名言"一次不公正的裁判，其恶果甚至超过十次犯罪"，来说明只有通过严格执法，公正司法，努力在每一个司法案件中实现公平正义，才能切实维护广大人民群众的根本权益。习近平高度重视司法公正的问题，对推进司法改革，保证公正司法，提高司法公信力提出了明确要求。他说："英国哲学家培根说：'一次不公正的裁判，其恶果甚至超过十次犯罪。因为犯罪虽是无视法律——好比污染了水流，而不公正的审判则毁坏法律——好比污染了水源。'这其中的道理是深刻的。政法机关是老百姓平常打交道比较多的部门，是群众看党风政风的一面镜子。如果不努力让人民群众在每一个司法案件中都感受到公平正义，人民群众就不会相信政法机关，从而也不会相信党和政府。"[1]党的十八届四中全会《决定》在"保证公正司法，提高司法公信力"一章着重写入了这些思想。针对人民群众深恶痛绝的某些以权压法、权钱交易、干警与黑恶势力串通一气等等丑恶现象，习近平强调，要把权力关进制度的笼子里，要避免国家权力对人民权利的消极作用，要坚持制度面前人人平等、制度面前没有特权的原则。因此，一是要严惩腐败，二是党员领导干部要带头守法用法。习近平强调指出，各级领导干部在推进依法治国方面肩负着重要责任，全面依法治国必须抓住领导干部这个"关键少数"。领导干部既要对法律怀有敬畏之心，又要不断提高运用法治思维和法治方式的能力。

其次，要注重培养和树立人民在法治中国建设中的主体意识。法治中国

---

〔1〕　习近平：《严格执法，公正司法》（2014年1月7日），载《十八大以来重要文献选编》（上），中央文献出版社2014年版，第718页。

建设需要人民的参与和监督，良好的法治建设必须以人民对公民观念的广泛认同、对法治精神的坚定信仰、对宪法法律的坚守意识为基础。但遗憾的是，由于古代中国集权专制文化传统的影响等原因，在现实中很多人习惯于被领导、被管理、被教育，沉浸于旧风俗、旧人情、旧观念，缺乏当家作主的主人意识和权利意识，在法治中国建设中缺乏主体意识。要不断增强人民群众的法治观念，树立起全社会对法律的信仰，需要我们从以下三个方面作出切实的努力.

一是努力使法律成为人们共同的追求和自觉的行动。"法律必须被信仰，否则形同虚设"。只有完备的法律体系，没有社会公众对法律忠诚的信仰，法律只能成为机械僵化的教条，真正的法治也无从实现。习近平曾引用卢梭"一切法律之中最重要的法律，既不是铭刻在大理石上，也不是刻在铜表上，而是铭刻在公民的内心里"[1]这一名言，来说明法律信仰的重要性，提出"充分调动人民群众投身依法治国实践的积极性和主动性，使全体人民都成为社会主义法治的忠实崇尚者、自觉遵守者、坚定捍卫者，使尊法、信法、守法、用法、护法成为全体人民的共同追求"[2]。

二是努力营造宪法法律至上的社会氛围。要深入开展法治宣传教育，通过人民群众喜闻乐见的形式宣传普及法律，尽可能地使人民群众看清法律现象，明白法律问题，提高人民群众的司法认同感；要发挥好市民公约、乡规民约等基层规范的重要作用，积极传播法律知识，培养法律意识，培育法律习惯；要处理好人情社会的法律问题，"引导群众遇事找法，解决问题靠法，逐步改变社会上那种遇事不是找法而是找人的现象"[3]，进而在全社会弘扬社会主义法治精神，推进社会主义法治文化。

三是努力培养人们（特别是党员干部）的宪法意识和公民意识。公民意识是把国家主人的责任感、使命感和权利义务观融为一体的自我认识。人们

---

〔1〕 习近平：《严格执法，公正司法》（2014 年 1 月 7 日），载《十八大以来重要文献选编》（上），中央文献出版社 2014 年版，第 721 页。

〔2〕 习近平：《加快建设社会主义法治国家》（2014 年 10 月 23 日），载《求是》2015 年第1 期。

〔3〕 习近平：《严格执法，公正司法》（2014 年 1 月 7 日），载《十八大以来重要文献选编》（上），中央文献出版社 2014 年版，第 722 页。

对宪法精神和内容的尊重、认同和情感是养成公民意识的关键。习近平指出："我们要在全社会加强宪法宣传教育，提高全体人民特别是各级领导干部和国家机关工作人员的宪法意识和法制观念，弘扬社会主义法治精神，努力培育社会主义法治文化，让宪法家喻户晓，在全社会形成学法尊法守法用法的良好氛围。"[1]他对党员干部提出进一步要求："我们要把宪法教育作为党员干部教育的重要内容，使各级领导干部和国家机关工作人员掌握宪法的基本知识，树立忠于宪法、遵守宪法、维护宪法的自觉意识。"[2]党的十八届四中全会将每年的12月4日设立为国家宪法日，并建立了宪法宣誓制度，实际上就是为了进一步加大对宪法的宣传教育力度，强化全体公民学习宪法、遵守宪法的意识习惯，引导国家公职人员将宪法精神内化于心，从而举国形成宪法至上的社会氛围。

（六）人民福祉是法治中国建设的根本目标

法治中国建设的根本目标在于人民福祉。人民福祉就是人民获得根本利益和实现幸福生活。社会主义法治的根本价值就是最大限度地满足人民日益增长的物质和文化需要，尽可能地使人民过上幸福美好的生活。人民福祉是制定一切法律的立足点和出发点，也是一切行政行为和司法活动的重点和主轴。追求人的全面发展是中国共产党实现人民利益的最高目标，因此，中国特色社会主义建设将人民福祉作为一切工作的出发点和落脚点。改革开放之初，邓小平理论牢牢把握社会主义的本质规定，强调依靠人民去解决国家和社会发展的根本问题，保证人民享有共同致富的权利，最终实现人民共同富裕的奋斗目标。"三个代表"重要思想从执政党建设出发，强调党要代表最广大人民群众的根本利益，要让广大人民群众共享改革发展的成果。科学发展观强调要以"以人为本"为核心，要求实现好、维护好、发展好最广大人民的根本利益，促进人的全面发展，做到发展为了人民、发展依靠人民。

党的十八大以来，习近平多次强调，人民对美好生活的向往就是我们的奋斗目标。他在对党的十八届三中全会决定作说明时指出，全面深化改革必

---

〔1〕 习近平：《在首都各界纪念现行宪法公布施行30周年大会上的讲话》（2012年12月4日）。

〔2〕 习近平：《在首都各界纪念现行宪法公布施行30周年大会上的讲话》（2012年12月4日）。

须以促进社会公平正义、增进人民福祉为出发点和落脚点。全面深化改革必须着眼创造更加公平正义的社会环境，不断克服各种有违公平正义的现象，使改革发展成果更多更公平惠及全体人民。如果不能给老百姓带来实实在在的利益，如果不能创造更加公平的社会环境，甚至导致更多不公平，改革就失去意义，不可能持续。[1]因此，人民福祉是中国特色社会主义建设最一般、最基本的本质规定，是法治中国建设的根本目的。

人民福祉、人民利益在法律上要通过权利的形式才能表达出来。因此，宪法法律通过保障权利的方式确认人民的利益，实现人民的福祉。2004 年《宪法修正案》将"国家尊重和保障人权"写入宪法，为法治中国建设明确了根本的价值归宿。习近平强调，全面依法治国必须坚持人民主体地位，必须坚持法治为了人民、依靠人民、造福人民、保护人民。要保证人民在党的领导下，依照法律规定，通过各种途径和形式管理国家事务，管理经济和文化事业，管理社会事务。要把体现人民利益、反映人民愿望、维护人民权益、增进人民福祉落实到依法治国全过程，使法律及其实施充分体现人民意志。[2]

三、维护公平正义的价值目标

司法公正是指在司法权运作过程中，要保障程序公正和实体公正的统一，理顺整体公正与个体公正的关系，彰显人际交往的正当关系。维护公平正义是法治极其重要的价值目标。公正是法治的生命线和题中应有之义；司法公正是法治公正的最后一道防线。只有筑牢这道防线，才能确保社会公平正义得到维护。习近平指出："全面推进依法治国，必须坚持公正司法。公正司法是维护社会公平正义的最后一道防线。所谓公正司法，就是受到侵害的权利一定会得到保护和救济，违法犯罪活动一定要受到制裁和惩罚。如果人民群众通过司法程序不能保证自己的合法权利，那司法就没有公信力，人民群众也不会相信司法。法律本来应该具有定分止争的功能，司法审判本来应该具

〔1〕 习近平：《切实把思想统一到党的十八届三中全会精神上来》，载《人民日报》2014 年 1 月 1 日。

〔2〕 习近平：《加快建设社会主义法治国家》（2014 年 10 月 23 日），载《求是》2015 年第 1 期。

有终局性的作用，如果司法不公、人心不服，这些功能就难以实现。"〔1〕如果司法这道防线缺乏公正，社会公正就会受到普遍质疑，社会和谐稳定就难以保障。造成司法不公最主要的根源在于司法体制与机制不完善、不健全，而要解决这个问题，就必须进一步深化司法改革，从体制上破解由司法不公所造成的诸多问题。为此，以习近平同志为核心的党中央采取多项司法改革措施，着力推动司法的"去行政化""去地方化"。比如，建立领导干部干预司法活动、插手具体案件处理的记录、通报和责任追究制度；探索实行法院、检察院司法行政事务管理权和审判权、检察权相分离；推动省以下地方法院、检察院人财物统一管理；等等。这些政策措施的出台，有力地推动了司法机关更加独立、公正地裁判案件，促进了社会矛盾纠纷更多地通过司法途径获得解决，进一步发挥了司法"激浊扬清、弘扬正气"的作用。

（一）保障和实现社会公平正义是法治的核心价值取向和价值目标

人权得到尊重和保障、人民福祉的实现与社会公平正义密切相关。只有在保障和实现社会公平正义的前提下，人权才能得到尊重和保障，人民的福祉才能真正得以实现。如果说尊重和保障人权、实现人民福祉是中国特色社会主义法治的根本价值和基础性的价值范畴，那么保障和实现社会公平正义就是法治在此基础上的核心价值取向和主要价值目标。

保障和实现社会公平正义是中国共产党治国理政的一贯主张和根本追求。在我国社会主义实践中，保障和实现社会公平正义是法治中国建设的核心的价值取向和主要的价值目标。中国特色社会主义的价值取向，一是解放和发展生产力，实现"强国富民"理想；二是走"共同富裕"道路，实现社会的公平与公正。邓小平曾经明确强调："社会主义的目的就是要全国人民共同富裕，不是两极分化"，"社会主义与资本主义不同的特点就是共同富裕，不搞两极分化"。这是体现社会主义本质的关键所在。党的十八大作出"公平正义是中国特色社会主义的内在要求"的重要论断，充分显示中共在公平正义与中国特色社会主义关系的认识上更进了一步。历史的经验和教训告诉我们：没有公平正义就没有真正的社会主义；坚持真正的社会主义就必然追求社会公平正义。维护和实现社会公平正义是民之所向，势之所趋。党的十八大以

---

〔1〕　习近平：《在十八届中央政治局第四次集体学习时的讲话》（2013 年 2 月 23 日）。

来，公平正义的核心价值在全面依法治国中的地位日益凸显。习近平指出："公正是法治的生命线。公平正义是我们党追求的一个非常崇高的价值，全心全意为人民服务的宗旨决定了我们必须追求公平正义，保护人民权益、伸张正义。全面依法治国，必须紧紧围绕保障和促进社会公平正义来进行。"[1]

法律本身就应该是维护和实现社会公平正义的强有力的手段和工具。法律是维护和实现社会公平正义最为可行的手段和最为有效的方式。法者，天下之公器也。促进社会公平正义，离不开法治的有力保障。以法治维护和实现社会公平正义，在立法方面，要把公正、公平、公开原则贯穿立法全过程，加快完善体现权利公平、机会公平、规则公平的法律制度，保障公民的基本政治权利以及人身权、财产权等各项权利不受侵犯，保障公民经济、文化、社会等各方面权利得到落实；在执法和法律实施方面，要坚持法律面前人人平等，任何组织和个人都必须尊重宪法法律权威，都必须在宪法法律范围内活动，都不得有超越宪法法律的特权。通过法治维护和实现社会公平正义，更要体现在司法方面。"全面推进依法治国，必须坚持公正司法。公正司法是维护社会公平正义的最后一道防线。"[2]司法公正对社会公正具有重要引领作用，司法不公对社会公平正义的实现极具破坏作用，因此必须通过强有力的司法改革，坚决解决司法不公的问题。

（二）维护公平正义必须做到"三个公正"

从总体上说，为了维护和实现社会公平正义这一法治核心的价值取向和主要的价值目标，必须努力做到"三个公正"，即立法公正、执法公正、司法公正。

1. 立法公正

所谓立法公正，就是法律的制定或修改要符合人民的利益和愿望，能够真正维护和实现社会公平正义。立法制度是法治的基础，没有好的立法制度，就不能制定出好的法律及规章制度，进而执法和司法制度也难以发挥应有的作用，社会公平正义就得不到维护和实现，贫富差距问题就得不到解决，中

[1] 习近平：《领导干部要做尊法学法守法用法的模范，带动全党全国共同全面推进依法治国》，载《人民日报》2015年2月3日。
[2] 中共中央文献研究室编：《习近平关于全面依法治国论述摘编》，中央文献出版社2015年版，第67页。

国特色社会主义建设的总目标将难以实现。一方面，尽管制度公正并不必然导致社会公正，但是良好的制度总是能够更多地促进社会公正；另一方面，一个公正的社会必然存在公正的制度，必然具有建立良好制度的社会土壤和心理结构。改革和完善我国立法制度，就是为了能够更多地制定公正的法律，而公正的法律的制定和实施，就是为了促进社会公平正义。

在我国，要通过司法改革实现社会公平正义，特别需要我们在立法公正的问题上作出以下四个方面努力：首先，在立法上要更加重视社会保障，特别是对社会弱势群体的权利保护；其次，在立法上要更加重视对农村居民的权利保护，使立法体现城乡的权利平等和待遇平等，缩小城乡之间在经济、政治、社会、文化等各个方面的差距；再次，在法律具体条文的拟定上，条文内容无论是针对管理者还是被管理者，都要体现权利义务的平等原则，体现"在法律面前人人平等"的原则；最后，在审议法律草案时，要通过一定的机制，邀请具有代表性的公民对草案进行审查，尽量汲取人民的意见和建议。在立法的过程中，不仅要保证法律条款内容公正，同时也要维护立法程序的公正，尊重公众的愿望和诉求，使立法的每一个阶段都受到公众的监督。总之，要通过在立法层面实现公平正义，"加强重点领域立法，加快完善体现权利公平、机会公平、规则公平的法律制度，保障公民人身权、财产权、基本政治权利等各项权利不受侵犯，保障公民经济、文化、社会等各方面权利得到落实"[1]。

第十二届全国人民代表大会第三次会议表决通过了《关于修改〈中华人民共和国立法法〉的决定》，在税收法定、地方规章、地方立法权和民主参与权等方面更加注重公平正义。在税收法定方面，要求开征新税必须通过全国人大制定法律，避免了税收上调下降的"随意性"，使征税程序更为公平；在地方规章方面，要求限行限购行政手段不得任意执行，避免了公民相关权利的被肆意"剥夺"和义务的被随意"增加"，使规章制定更为公平；在地方立法权方面，要求为235个区市新增立法权，各地均可根据自身实际、结合市民需求制定法规，使立法内容更为公平；在民主参与权方面，提出普通民众可以参与立法起草过程，充分落实民主立法，使立法程序更为公正、民主。

---

〔1〕　参见《中共中央关于全面推进依法治国若干重大问题的决定》（2014年10月23日）。

立法是"法治"的第一阶段，只有在起跑线上就紧扣"公平正义"这条主线，才能使其得以延续和发扬。《立法法》修正案更加符合普通民众的利益和需求，将科学立法、民主立法落到实处，推动了我国立法公正再上新台阶。

党的十八届四中全会提出，"要恪守以民为本、立法为民理念，贯彻社会主义核心价值观，使每一项立法都符合宪法精神、反映人民意志、得到人民拥护"[1]。面对我国社会利益群体分化现象，必须把"法律面前人人平等"等思想贯彻落实到立法的全部过程中，做到公正立法，在全社会形成公平合理的人际关系，维护社会和谐稳定；要"深入推进科学立法、民主立法，完善立法项目征集和论证制度，健全立法机关主导、社会各方有序参与立法的途径和方式，拓宽公民有序参与立法的途径"[2]。

法律是治国之重器，良法是善治之前提。建设中国特色社会主义法治国家，必须抓住"提高立法质量"这个关键。习近平力倡良法之治，强调要完善立法机制。在十八届中共中央政治局第四次集体学习时，习近平强调："要完善立法规划，突出立法重点，坚持立改废并举，提高立法科学化、民主化水平，提高法律的针对性、及时性、系统性。"[3]

2011年3月，全国人大常委会宣布：中国特色社会主义法律体系已经形成。这就意味着自1978年法制恢复重建而延续至今的"立法时代"已经渐行渐远，我国已进入应及时修改相关法律并废除不适用社会发展的法律的"后立法时代"和"修法时代"，需要我们对明显不适应社会发展的法律进行修改。马克思说："社会不是以法律为基础，那是法学家的幻想。相反，法律应该以社会为基础，法律应该是社会共同的、由一定的物质生产方式所产生的利益需要的表现……"[4]及时修改完善法律，提高立法质量，是顺应时代变迁的需要，是回应社会现实的要求。为此，必须完善立法的体制机制，推动科学立法、民主立法，为法治中国建设提供前提性的条件和基础性的保障。

---

[1] 参见《中共中央关于全面推进依法治国若干重大问题的决定》（2014年10月23日）。
[2] 参见《中共中央关于全面推进依法治国若干重大问题的决定》（2014年10月23日）。
[3] 习近平：《在十八届中央政治局第四次集体学习时的讲话》（2013年2月23日）。
[4] 《马克思恩格斯全集》第18卷，人民出版社1963年版，第33页。

2. 执法公正

所谓执法公正，就是指国家行政机关及其公职人员严格按照法律的规定，依照法定程序，秉承公平正义的精神尽职尽责，坚持诚实守信、严明高效的原则，严格适用和执行法律法规的规定。执法公正是依法治国的基本要求，是立法机关保障和实现社会公平正义的立法精神的体现，也是所有的执法机关公职人员的工作准则。

执法公正主要体现在以下三方面：第一，执法者必须忠于法律，以法律法规说话，按规章制度办事，不得滥用职权，维护和实现人民的知情权、参与权、表达权和监督权，使权力运行公开化、规范化；第二，执法者要加强法治观念、树立法治思维、提升执法水平，提高国家行政机关的公信力，使民众信赖和认可其作为国家机关执法者的执法能力，促进社会和谐和社会公正；第三，建立健全决策机制和相应程序，坚持科学决策、依法决策、民主决策的统一，实行决策问责制和建立纠错机制，探索权责统一的行政执法体制，加强对行政执法的监督，使执法权力在阳光下运行。

习近平强调："要处理好维稳和维权关系，要把群众合理合法的利益诉求解决好，完善对维护群众切身利益具有重大作用的制度，强化法律在化解矛盾中的权威地位，使群众由衷感到权益受到了公平对待、利益得到了有效维护。"[1]在我国，怎样对待公民的维权活动，如何通过法律有效维护公民合理合法的权益，是有待进一步妥善解决的重大问题。公民只要在不违反法律规定的情况下进行维权活动，执法机关就应该支持而不应该阻止，就应该耐心听取公民的意见。要让执法机关明白：公民合情、合理、合规、合法、有序的维权活动不仅不会对国家政权和现行制度造成威胁，不会影响社会稳定，不会危害社会治安，反而说明公民对现有的政权和现行的制度具有基本的认可和起码的信心，意味着公民相信当前的政权和制度能够体现公平正义，相信通过现行的法律和政策能够维护自身的合法权益，这样的认可和信心在很大程度不仅能够促进社会的稳定，而且有利于执法机关正确和高效地执法。因此，努力促进执法公正，维护公民的合法权益，不仅是建设和谐社会的必要条件，更是法治中国建设的必然要求和基本前提。

---

〔1〕 习近平：《在中央政法工作会议上的讲话》（2014 年 1 月 7 日）。

3. 司法公正

所谓司法公正，就是指司法机关在司法工作中，在进行司法活动的时候，要坚持公平正义的原则，不仅司法结果要公正公开，而且要努力在司法中实现程序公正和实体公正。程序公正是指诉讼过程的公正，是当事人看得见和能感受到的公正。它要求诉讼活动公开、平等、中立、及时和严明，这种直观的公正，是现代社会追求诉讼公开平等的重要内容，是司法公正的前提和基础。因此，司法机关在审判活动中，要特别重视程序公正，树立程序公正的司法理念，把程序公正放在重要位置，当程序公正与实体公正发生冲突时，应以程序公正为重，唯有如此才能保证当事人的人格尊严得到尊重，才能合理保护当事人的合法权益，使当事人心服口服地接受裁判结果。实体公正是指在诉讼过程中要依法认定事实和正确适用法律，确保当事人的实体权利和义务公正地得以实现。对于依法认定事实而言，实体公正强调的是要追求法律真实，认定只能是被证明了的事实才能作为裁判的依据，并在此基础上，最大限度地发现和接近客观事实，因为它是司法机关的司法活动所追求的极为重要的目标，是统一程序公正和实体公正的关键所在。中国特色社会主义法制体系在立法技术层面一定程度上借鉴和参考了大陆法系的立法体例（成文法体系），因此就法律适用而言，对具体案件的法律适用更强调严格遵守"法无规定不为罪"和"罪刑相适应"等立法原则，严格依法公正裁判，以充分发挥法律作为调整社会关系、解决纠纷的最后一道屏障的作用。同时，司法机关对案件的处理，也要在法律规定范围内，准确理解法律、善于运用法律，通过积极的司法活动弥补立法因成文法的滞后性、抽象性所带来的某些不足，从而最大限度地发挥法律的作用，以彰显社会公平正义。

司法公正与立法公正和执法公正紧密联系，是立法公正和执法公正在司法领域的具体体现，是依法治国的必要条件，也是实现社会稳定和构建社会主义和谐社会的重要保证。党的十八届三中全会提出，"推进法治中国建设，要切实维护人民利益，让人民群众在每一个司法案件中都感受到公平正义"。习近平一针见血地指出："全面推进依法治国，必须坚持公正司法。公正司法是维护社会公平正义的最后一道防线。所谓公正司法，就是受到侵害的权利一定会得到保护和救济，违法犯罪活动一定要受到制裁和惩罚。如果人民群众通过司法程序不能保证自己的合法权利，那司法就没有公信力，人民群众也不会相信司法。法律本来应该具有定分止争的功能，司法审判本来应该具有终局性的作用，如果司法不公、人心不服，这些功能就难以实现。"〔1〕这就意味着：司法公正不仅是大力推进社会主义法治建设的根本要求，也是法治的一个重要的价值取向和价值目标。

要实现司法公正，需要司法机关在以下几方面做出切实的努力：首先，要坚持司法为民，扩大司法民主，使司法过程和结果公开化；接受民众的监督，尊重民众的意见，保障当事人和律师的合法权益。其次，要加强司法人才队伍建设，从基层抓起，加强司法人员的思想道德教育和专业知识学习，使之形成公正司法的思想观念，从而提升司法办案的水平；要建立健全奖惩和监督机制，提高司法人员工作的积极性和高效性。最后，要深化司法体制改革，保障审判机关、检察机关依法独立公正地行使审判权、检察权；要对插手干预司法过程的人员实行责任追究制度，使司法人员按照自己的意志严格依法独立地、公正地审理和裁决案件，从而保证司法活动过程和结果的公正性，真正树立司法权威，进而实现司法公正。

司法公正是建设法治中国的保障。从一定意义上说，公平正义是政法工作的生命线，司法机关是维护社会公平正义的最后一道防线。习近平高度重视司法工作，强调促进社会公平正义是政法工作的核心价值追求。他对司法机关必须在工作中实现公平正义，提出了明确的具体的要求。2013年2月23日，在中共中央政治局就全面推进依法治国进行第四次集体学习时，习近平强调："要努力让人民群众在每一个司法案件中都感受到公平正义，所有司法机关都要紧紧围绕这个目标来改进工作，重点解决影响司法公正和制约司法能力的深层次问题。"因此，司法机关要坚持司法为民，改进司法工作作风，通过热情服务，切实解决好老百姓打官司难问题，特别是要加大对困难群众维护合法权益的法律援助。司法工作者要密切联系群众，规范司法行为，加大司法公开力度，回应人民群众对司法公正公开的关注和期待。与此同时，党的组织要确保审判机关、检察机关依法独立公正地行使审判权、检察权。

为了正确、积极、有效地通过法律维护公民的合法权益，司法机关必须

---

〔1〕 习近平：《在十八届中央政治局第四次集体学习时的讲话》（2013年2月23日）。

时刻倾听民众呼声，大力推行司法改革，坚决抵制司法腐败，坚定不移地维护和实现司法公正。党的十八届四中全会通过的《决定》，围绕"保证公正司法、提高司法公信力"，提出了"完善确保依法独立行使审判权和检察权的制度、优化司法职权配置、推进严格司法、保证人民群众参与司法、加强人权司法保障和加强对司法活动的监督"等六大任务，并做出一系列重要部署。

司法权是一项重要的国家权力，在国家政治生活、法律生活和社会生活中具有十分重要的地位和作用。公正地司法，不仅是社会公平正义的底线，更是法治中国建设的要义。随着国家法治现代化进程的加快和全面依法治国方略的实施，彰显公正司法，确立司法在化解社会矛盾和解决各种纠纷过程中的最后一道屏障地位，树立司法权威和增强司法公信力，既是应对社会利益调整时期各种矛盾纷繁复杂、诉讼案件数量居高不下的客观现实的需求，更是构建社会主义和谐社会的迫切需要，在本质上符合我国治理体系和治理能力现代化的内在要求。

2014 年 1 月 7 日，习近平在中央政法工作会议上强调："促进社会公平正义是政法工作的核心价值追求。从一定意义上说，公平正义是政法工作的生命线，司法机关是维护社会公平正义的最后一道防线。"[1] 这个有关"政法工作的核心价值追求"的法治思维，首要的是指机会的公平，不仅是指起点的公平，更是指过程的公平。它强调：在法治社会中，任何人都不能凌驾于法律之上，不论身份地位以及高低贵贱，在法律面前人人都是平等的。优良的法治保证了权利、机会、规则的平等，随着公民法律素质的提高和法律意识的增强，特权思想和做法的"市场"日渐缩小。司法公正所要求的在法律上的硬性规定对司法领域的一些负面现象将起到遏制作用，也将在一定程度上保证司法活动中所有当事人在起点、过程乃至结果上实现公平公正。司法公正是法治思维的内在要求，司法公正保证了司法程序的不偏不倚，避免了一个机构既是程序的制定者又是程序的执行者。反之，如果司法机关丧失了司法公正，那么不受约束和控制的司法权力自然容易滋生腐败，司法机关的公信力也就必将越来越低。法治追求公平正义的真谛就在于：通过公正立法、

---

〔1〕 习近平：《论依法治国》，载《人民日报（海外版）》2014 年 10 月 17 日。

公正执法、公正司法来充分地保障人权，努力实现"法律面前人人平等"的原则，着力在平等的机会下维护人民群众的根本利益，从而实现"维护公平正义"这一法治核心的价值取向和价值目标。

党的十八届四中全会通过的《决定》提出了优化司法职权配置的系统方案，其中包括：建立领导干部干预司法活动、插手具体案件处理的记录、通报和责任追究制度；完善人民陪审员制度，扩大参审范围推进审判公开、检务公开、警务公开、狱务公开；推动实行审判权和执行权相分离的体制改革试点；最高人民法院设立巡回法庭；探索设立跨行政区划的人民法院和人民检察院；完善审级制度；明确司法机关内部各层级权限，健全内部监督制约机制，建立司法人员责任制推进以审判为中心的诉讼制度改革；等等。这些措施和方案已经取得了良好的效果。

党的十八届四中全会提出："司法公正对社会公正具有重要引领作用，司法不公对社会公正具有致命破坏作用。必须完善司法管理体制和司法权力运行机制，规范司法行为，加强对司法活动的监督，努力让人民群众在每一个司法案件中感受到公平正义。"习近平也特别强调，"公平正义是政法工作的生命线，司法机关是维护社会公平正义的最后一道防线"，要"为人民群众安居乐业提供有力的法律保障"[1]。因此，司法机关在维护社会公平正义中的作用至关重要，唯有守住这道防线，公平正义才能得到实现，人民的权益才能得到应有的维护。全会指出最高人民法院设立巡回法庭，强调巡回法庭的判决结果应切实有效，不可推翻。这一方面有助于避免跨区域的重大案件纠纷受地方因素的干扰；另一方面又能够为案件当事人提供申诉便利。此外，由于巡回法庭未设庭长等职务，行政工作可交由非法官人员办理，因此巡回法庭法官更能够专心做好本职工作，因而更能够保证审判过程和结果的公正性。总而言之，巡回法庭的设立，目的是为了维护司法公正和司法统一，维护和实现人民群众的利益和诉求，促进社会公平正义，提高对民众的凝聚力和向心力，实现社会的稳定与和谐。

实现社会公平正义是全面依法治国的基本目标和应有之义。习近平强调："我们要依法公正对待人民群众的诉求，努力让人民群众在每一个司法案件中

---

〔1〕　习近平：《在中央政法工作会议上的讲话》（2014 年 1 月 7 日）。

都能感受到公平正义，决不能让不公正的审判伤害人民群众感情、损害人民群众权益。"[1]公平正义是法治的生命线，也是全面依法治国能否取得实效的重要体现。只有坚持依法用权，坚守公平正义底线，坚决反对用权不公、以权谋私，损害人民利益，破坏法治秩序的行为，倡导正确的权力观，用权秉公无私，让阳光成为权力最好的"防腐剂"，才能使各级领导干部习惯于在"聚光灯"下行使权力，敢于在"放大镜"下开展工作，正确处理好情与法、利与法、权与法的关系，切实做到公平用权、公平处事，杜绝以权谋私、假公济私甚至徇私枉法。习近平"司法机关是维护社会公平正义的最后一道防线"等法治观，对于让各级领导干部弘扬"公平正义"的法治理念，增强各级领导干部坚持"宪法法律至上""法律面前人人平等"等法治理念的自觉性和坚定性，具有重要的思想价值和现实意义。

（三）习近平对于司法的理论指引和具体要求

在习近平针对司法工作的一系列重要的讲话和论述中，对于如何加强司法工作、完善司法制度等问题，既有宏观的理论指引，又有微观的具体要求。

首先，习近平指出了党和国家司法工作的目标。他强调"司法机关是维护社会公平正义的最后一道防线"，要求"让人民群众在每一个司法案件中都感受到公平正义"。结合我国司法实践经验，可以这样理解：所谓公正司法，简言之就是受到侵害的公民权利一定会得到保护和救济，违法犯罪活动一定要受到严格的制裁和惩罚。现实中偶有曝光的求告无门、冤假错案尽管只是极少数的现象，但正如培根所说："一次不公正的司法判决，比多次不公的举动为祸尤烈。因为这些不公的举动不过弄脏了水流，而不公的判决则把水源破坏了。"[2]因此个案的司法不公必须引起高度重视，因为这些案件中所损害的不仅是人民群众的合法权益，而且是法律的尊严和权威，是他们对社会公平正义的信心。正是从这个意义上，习近平强调"促进社会公平正义是政法工作的核心价值追求"。

其次，习近平明确了党和国家司法工作的宗旨。他要求司法工作要密切

---

[1] 习近平：《在首都各界纪念现行宪法公布施行30周年大会上的讲话》（2012年12月4日）。

[2] ［英］弗·培根：《培根论说文集》，水天同译，商务印书馆1983年版，第193页。

联系群众，坚持司法为民，改进司法作风；要重点解决影响司法公正和制约司法能力的深层次问题，切实解决好老百姓打官司难的问题。这个要求是中共全心全意为人民服务的立党宗旨在司法工作中的必然要求和具体体现。随着我国经济、政治、社会和文化的不断发展和法治的持续进步，人民群众更加重视维护自身的合法权益，更加期盼实现社会的公平正义。因此，司法工作就是要始终坚持为广大人民群众服务的宗旨，要把群众合理合法利益诉求解决好，使群众由衷感到权益受到了公平对待、利益得到了有效维护。2016 年 3 月 4 日，习近平在看望参加全国政协会议的民建、工商联界委员时强调："检验我们一切工作的成效，最终都要看人民是否真正得到了实惠，人民生活是否真正得到了改善，这是坚持立党为公、执政为民的本质要求，是党和人民事业不断发展的重要保证。"显然，人民群众是否真正得到实惠，也是检验我国司法工作成效的重要标准，更是司法工作不断发展的重要保证。因此，在司法工作中必须毫不动摇地始终坚持"司法为民"的工作宗旨。

再次，习近平提出了司法体制改革的要求。他要求支持审判机关、检察机关依照宪法和法律独立负责、协调一致地开展工作，强调要"保证依法独立公正行使审判权、检察权"，提出"要建立健全违反法定程序干预司法的登记备案通报制度和责任追究制度"。习近平指出："制度的生命力在执行，有了制度没有严格执行就会形成'破窗效应'。比如，世界上许多国家都对律师同法官、检察官接触交往作出严格规定，严禁律师和法官私下会见，不能共同出入酒店、娱乐场所甚至同乘一部电梯。但是，我们的一些律师和法官、检察官相互勾结，充当'司法掮客'，老百姓说是'大盖帽，两头翘，吃了被告吃原告'，造成了十分恶劣的影响。这方面已经有的制度要严格执行，不完善的制度要抓紧完善，筑起最严密的篱笆墙。在执法办案各个环节都要设置隔离墙、通上高压线，谁违反制度就要给谁最严厉的处罚，终身禁止从事法律职业，构成犯罪的要依法追究刑事责任。"[1] 马克思在《1848 年至 1850年的法兰西阶级斗争》一文中写道："法官是法律世界的国王，除了法律就没有

---

〔1〕 习近平：《严格执法，公正司法》（2014 年 1 月 7 日），载《十八大以来重要文献选编》（上），中央文献出版社 2014 年版，第 720 页。

别的上司。"美国著名的启蒙思想家托马斯·潘恩也有名言："在专制政府中，国王便是法律。同样地，在自由国家中，法律便应该成为国王。"因此，法治区别于人治的要害之处，就在于法律具有至高无上的地位，真正实现了"法官是法律世界的国王，除了法律就没有别的上司"的法治状态。法律制度的贯彻落实是通过严密的法律规则体系的有效运行来实现的。习近平强调的依靠制度来保障法律的实施，既是司法工作属性的内在要求，也是司法体制改革顺利推进的根本保证。

最后，习近平要求发挥律师的职能作用。律师制度是司法制度的重要组成，健全的律师制度是司法工作高效、权威、有序运行的重要标志和基本保障。同时，律师群体作为法律职业人士，是广义概念中的政法队伍有机的组成部分。习近平指出："律师队伍是依法治国的一支重要力量，要大力加强律师队伍思想政治建设，把拥护中国共产党领导、拥护社会主义法治作为律师从业的基本要求。"[1]正因为如此，党的十八届三中全会《中共中央关于全面深化改革若干重大问题的决定》从法律援助制度、律师执业权利保障、违法违规惩戒、职业道德建设等多个方面入手，明确提出要深化律师工作体制机制改革，充分发挥律师在依法维护公民和法人合法权益方面的重要作用。

四、实现人权的根本保障

尽管世界各国对人权的具体认识与实践不尽相同，但是对于人权的基本内涵还是具有一定的共识。

（一）人权的基本内涵

人权是"人依其自然属性和社会本质所享有和应当享有的权利"[2]。如果说人权是人类的共同追求，而充分享有人权是人类社会的共同奋斗目标，那么法治则是实现人权的根本保障。古罗马政治法律思想家西塞罗认为："法律的制定是为了保障公民的福祉、国家的繁昌和人们的安宁而幸福的生

---

〔1〕 习近平：《加快建设社会主义法治国家》（2014 年 10 月 23 日），载《求是》2015 年第1 期。

〔2〕 王家福、刘海年主编：《中国人权百科全书》，中国大百科全书出版社 1998 年版，第481 页。

活。"〔1〕一般而言，人权是指个人或群体作为人类而应享有的权利。人权的普适价值原则要求所有的人都应享有天赋权利。在尊重人权的国家和社会要求把人当人，奉行的是人的哲学。人权包括生命权、自由权、财产权、尊严权及追求幸福的权利。人权是最为核心的自然权利，没有人权，就没有自由、平等、民主、宪政和博爱。

1948 年 12 月 10 日联合国大会通过的《世界人权宣言》，确立了维护和保障人权的国际社会公认的普遍人权原则，规定了人类共同享有的基本权利。《世界人权宣言》的诞生，在世界人权史上具有划时代的意义。作为第一个人权问题的国际文件，《世界人权宣言》为国际人权领域的实践奠定了基础，对后来世界人民争取、维护、改善和发展自己的人权产生了深远影响。自《世界人权宣言》诞生以来，是否尊重和保障人权经常成为各国宪法、国际法及国际社会评判是与非的重要依据和基本标准。

《世界人权宣言》从第 1~10 条规定："人人生而自由，在尊严和权利上一律平等。他们赋有理性和良心，并应以兄弟关系的精神相对待。人人有资格享受本宣言所载的一切权利和自由，不分种族、肤色、性别、语言、宗教、政治或其他见解、国籍或社会出身、财产、出生或其他身份等任何区别。并且不得因一人所属的国家或领土的政治的、行政的或者国际的地位之不同而有所区别，无论该领土是独立领土、托管领土、非自治领土或者处于其他任何主权受限制的情况之下。人人有权享有生命、自由和人身安全。任何人不得使为奴隶或奴役；一切形式的奴隶制度和奴隶买卖，均应予以禁止。任何人不得加以酷刑，或施以残忍的、不人道的或侮辱性的待遇或刑罚。人人在任何地方有权被承认在法律前的人格。法律面前人人平等，并有权享受法律的平等保护，不受任何歧视。人人有权享受平等保护，以免受违反本宣言的任何歧视行为以及煽动这种歧视的任何行为之害。任何人当宪法或法律所赋予他的基本权利遭受侵害时，有权由合格的国家法庭对这种侵害行为作有效的补救。任何人不得加以任意逮捕、拘禁或放逐。人人完全平等地有权由一个独立而无偏倚的法庭进行公正的和公开的审讯，以确定他的权利和义务并

---

〔1〕　［古罗马］西塞罗：《论共和国·论法律》，王焕生译，中国政法大学出版社 1997 年版，第 219 页。

判定对他提出的任何刑事指控。"

《世界人权宣言》提出的这些权利和自由，可分为公民权利和政治权利以及经济、社会和文化权利两大类。其中，公民权利和政治权利包括：生命权、人身权、不受奴役和酷刑权、人格权、法律面前人人平等权、无罪推定权、财产所有权、婚姻家庭权、思想良心和宗教自由权、参政权和选举权等等；经济、社会和文化权利包括：工作权、同工同酬权、休息和定期带薪休假权、组织和参加工会权、受教育权、社会保障和享受适当生活水准权、参加文化生活权等等。《世界人权宣言》同时规定，"人人对社会负有义务，因为只有在社会中他的个性才可能得到自由和充分的发展。"个人在享受权利时，只受法律所确定的限制。

简而言之，人权主要包括生命权、自由权、财产权、尊严权、公正权以及由此而扩展的发展权和民族自决权。

生命权是最基本、最重要的人权。如果无法充分保障人的生命权，那么其他一切权利都是无从谈起的空中楼阁。无端剥夺人的生命，或者肆意对人施加恐吓、虐待和折磨，就是对人权的严重侵害，任由这种情况发生，个人权利就无从谈起，因此一般各国的刑法都对侵害他人生命权的罪行量刑最重。生命权是一个人之所以被当作人类伙伴所必须享有的最基本、最重要的权利。

自由权是指人身自由、通信自由、言论自由、结社自由、宗教信仰自由等个人的基本权利。自由是人权的灵魂。如果没有充分的自由权，生命权也将失去意义和依托。

财产权是生命权和自由权的延伸。如果一个人要生存下去并且要有能力选择他所喜欢的方式生存下去，那么就一定要有基本的物质条件和生活资料的支撑和支持。对自己的劳动所得进行排他性的占有，就是对生命权与自由权必不可少的保障。人能够工作，能够靠自己的劳动成果生活，并把生活剩余的钱存起来留给子女或者自己的晚年，这些都属于人的尊严的体现。财产权看似是一种物权，但其实质是人支配物，即支配自己正当所得的权利。

尊严权是指人的人格尊严不受侵犯的权利，是生命权和自由权的合理延伸。如果一个人的人格尊严得不到保障，那么他的生命就必将陷入一种丧失人格的非人的状态。作为一种基本的人权，人格尊严的价值早在中国古代就得到了以士大夫为代表的人们的普遍认同。例如，中国古代的陶渊明不为五斗米折腰等，就是这种"认同"的体现。尊严权要求人们在社会交往中相互尊重，互敬互爱，讲究文明礼貌。如果一个人的尊严权被剥夺，就意味着这个人将遭到肆无忌惮的羞辱、威胁、骚扰、中伤，他就会失去"作为人类"的资格，这无疑与尊重人权的原则水火不容。

平等权是指由人权的普适性、必然性所决定的要求每一个人都必须受到公平、正义、合理的对待的权利。现实生活中，由于经济、文化、职业、种族、国籍等的差异，习惯把人分成三六九等，这种错误观念与中华人民共和国公民在法律面前人人平等的要求格格不入，与国家保障人权的宪法要求不相适应。平等权就是为了将平等的人权扩展到每一个人身上。平等权不仅是人权的一部分，更重要的是它也是人权中其他部分存在的必要条件。

人权的基本内容是最低限度的人之权利和自由的保障。在现代文明社会中，人权又扩展为发展权和民族自决权。

发展权最早是 1970 年被联合国人权委员会委员卡巴·穆巴耶在一篇题为《作为一项人权的发展权》的演讲中提出来的。"发展权"这一概念一经提出，立即得到广大发展中国家的强烈支持。1979 年，第 34 届联合国大会在第 34/46 号决议中确认，发展权是一项人权，平等发展的机会是各个国家的天赋权利，也是个人的天赋权利。1986 年，联合国大会第 41/128 号决议通过了《发展权利宣言》，对发展权的主体、内涵、地位、保护方式和实现途径等基本内容作了全面的阐释。1993 年的《维也纳宣言和行动纲领》再次重申发展权是一项不可剥夺的人权，从而使发展权的概念更加全面、系统。发展权在坚持个人良好发展的同时，也强调了"集体人权"这一新生概念，也就是要求各国、各民族都能平等、自由、友好地交流合作，均等地享受发展机会。

民族自决权源于资产阶级革命时期的天赋人权说和人民主权说。1776 年的美国《独立宣言》和 1789 年的法国《人权和公民权宣言》，是反映这些思想的最具代表性的历史文献。第二次世界大战之后，民族自决权在《联合国宪章》《关于人民与民族的自决权的决议》《给予殖民地国家和人民独立宣言》《国际法原则宣言》《关于自然资源永久主权的宣言》《公民权利和政治权利国际公约》《经济、社会及文化权利国际公约》等一系列国际文件中多次得到确认和重申，并作为一项重要的集体人权获得了广泛的认可和接受。今天，民族自决权是一项更加强调本民族国家自主选择自己的发展道路和生活模式，而不受外部干涉的集体人权，被普遍作为发展中国家和不发达国家反对某些超级大国以各种手段和伎俩干涉别国内政的重要自卫武器。

（二）法治的目的就是为了充分尊重、保障和实现人权

在我国，人权不仅是一个政治话语和意识形态概念，更是一个宪法法律概念。我国宪法明确规定："国家尊重和保障人权。"这一规定以宪法化、法律化的形式体现了人民主体地位和根本利益，是人民幸福、人民利益、人民尊严在根本大法上的最为权威的确认和最为高级的保障。如同中国共产党提出的"立党为公、执政为民"一样，全面推进依法治国，就是为了保障人民的基本权利和自由，就是为了保护人民和造福人民。

马克思指出："人们奋斗所争取的一切，都与他们的利益有关。"[1]在现代法治社会，如果人权的宪法和法律化的程度越高，法治对人权的实现保障得越彻底，司法对人权的救济提供得越充分，那么社会就越容易实现稳定和谐、公平正义、诚信有序。因此，充分尊重、保障和实现人权，不仅是党领导人民治国理政的重要内容，而且是全面推进依法治国的根本目的。如果说法治的目的就是为了充分尊重、保障和实现人权，那么以法治的思维和法治的方式，把中国共产党全心全意为人民服务的政治承诺、实现人民幸福和福祉的治国理政目标、人民主体地位和主体权利的诉求用法治话语表达出来，就具有十分重要的实践价值和现实意义。

习近平在祝贺"2015·北京人权论坛"开幕的致信中强调指出："中国共产党和中国政府始终尊重和保障人权。长期以来，中国坚持把人权的普遍性原则同中国实际相结合，不断推动经济社会发展，增进人民福祉，促进社会公平正义，加强人权法治保障，努力促进经济、社会、文化权利和公民、政治权利全面协调发展，显著提高了人民生存权、发展权的保障水平，走出了一条适合中国国情的人权发展道路。"因此，充分尊重、保障和实现人权，与实现中国梦密切相关、紧密相连，是中国梦的一个核心内容。因为中国梦归根到底是人民的梦，在一定意义上也就是人权梦。"中国人民实现中华民族伟大复兴中国梦的过程，本质上就是实现社会公平正义和不断推动人权事业发

---

〔1〕《马克思恩格斯全集》第 1 卷，人民出版社 1956 年版，第 82 页。

展的进程"[1]。如果说实现中国梦最根本的就是要实现国家富强、人民幸福和中华民族伟大复兴，那么充分尊重、保障和实现人权则是实现中国梦的前提和条件。

尊重、保障和实现人权是法治的精神内核与价值追求。人权保障并非停留在形式意义上，而是旨在追求公民实质意义上的更加美好幸福的生活。习近平强调，要"尊重和保障人权，保证人民依法享有广泛的权利和自由"，"努力维护最广大人民根本利益，保障人民群众对美好生活的向往和追求"。法治像阳光一样普照着大地，普照着每一个社会成员，它是每个社会成员真正的守望者和保护神。守望者的要义是公平，保护神的要义是正义。法治缺乏公平和正义，社会就会缺乏公平和正义。习近平指出："我们要依法公正对待人民群众的诉求，努力让人民群众在每一个司法案件中都能感受到公平正义，决不能让不公正的审判伤害人民群众感情、损害人民群众权益。"[2]

推进法治建设，要契合社会主义国家的本质，符合公民的期待，以公民的人权保障和公民的幸福生活为根本的价值追求。这种价值追求必须始终以保障公民合法权益为根本任务，重点解决好损害公民权益的突出问题，努力把法律制定、实施的过程变成维护公民合法权益的过程，依法保障公民的人身权、财产权、基本政治权利等各项权利不受侵犯，保证公民的经济、文化、社会等各方面权利得到落实。这种价值追求必须以促进社会公平正义为目标导向，把实现公平正义作为法治中国建设的生命和灵魂。

"理国要道，在于公平正直。"法治不仅要求完备的法律体系、完善的执法机制、普遍的法律遵守，更要求公平正义得到维护和实现，其核心在于必须建立和实施对保障社会公平正义具有重要作用的制度，必须建立和实施以权利公平、机会公平、规则公平为主要内容的社会公平保障体系，必须创造公平正义的发展环境，以保障人民的平等参与、平等发展的权利和机会。这种价值追求必须以提升司法公信力为保障。司法机关是维护社会公平正义的最后一道防线，如果丧失这道防线，司法信用就会随之而丧失殆尽，其政治

---

〔1〕　习近平：《实现中国梦是实现公平正义和推动人权发展》，载《人民日报》2015年9月25日。

〔2〕　习近平：《在首都各界纪念现行宪法公布施行30周年大会上的讲话》（2012年12月4日）。

基础和法律制度也必将被倾覆。英国哲学家培根说过："一次不公正的裁判甚至超过多次犯罪的恶果。犯罪是无视法律，好比是污染了水流；而不公正的审判则是毁坏法律，好比是污染了水源。"正是在这个意义上，习近平强调，促进社会公平正义是政法工作的核心价值追求。因此，推进法治建设，司法机关要着力追求程序、实体、形象公正，肩扛公正天平，手持正义之剑，以实际行动维护社会公平正义；要完善司法公开制度，坚持以公开促规范、保公正，让老百姓以看得见的方式感受到司法公正；要严格落实人权司法保障制度，使人人平等地享用法律资源，使有理无钱的人也能够享受法律的公正；要着力规范司法行为，健全规范的职权行使机制，建立抵制干预司法活动的有效机制，坚决排除权力对司法的干预，依法保证法官独立办案，使独立、理性、公正的司法审判体现在每一个案件之中。

（三）人民幸福与否取决于法治能否使人权得到尊重、保障和实现

"民惟邦本，本固邦宁。"公民是国家的主体，是社会的基因。法治国家区别于人治或专制国家的主要标志，就是全体公民是否在政治、经济、文化、社会生活等各个领域依法享有广泛的权利和自由。我国正在全面推进依法治国，应当让权利公平、机会公平、规则公平成为全社会奉行的基本准则，让"公民在法律面前一律平等"的原则得到真正的落实，让人权受到切实的尊重和保障，让每一个人都活得更加幸福，更有尊严。

人民幸福与否取决于法治能否使人权得到尊重、保障和实现。对于人民中的每一个成员（公民）来说，幸福和尊严就体现在每一个公民的基本权利和自由都能够得到切实的尊重和有效的保障上。只有保证公民在法律面前一律平等，尊重和保障人权，保证人民依法享有广泛的权利和自由，宪法法律才能深入人心，成为普遍奉行的思想信仰和行为方式；宪法法律的实施才能真正成为全体人民的自觉行动。正因为保障和实现人权已经成为中华人民共和国的立国之本、中国共产党的执政之基、全国人民的主体之魂，因此全面依法治国的目的就是为了保障全体公民享有广泛的权利，保障公民的人身权、财产权、基本政治权利等各项权利不受侵犯，保证公民的政治、经济、社会、文化等各方面权利得到落实；就是为了通过法治努力维护最广大人民的根本利益，保证人民对美好生活的向往和追求得以实现。

正因为保障和实现人权与执政党的宗旨和国家职能直接相关，与全面建

成小康社会、全面深化改革和全面依法治国的战略部署密切相连，党的十八大把"人权得到切实尊重和保障"明确规定为全面建成小康社会的目标之一，党的十八届三中全会提出要"完善人权司法保障制度"。此外，党的十八届五中全会通过的《中共中央关于制定国民经济和社会发展第十三个五年规划的建议》在全面建成小康社会新的目标要求中，明确提出"人权得到切实保障，产权得到有效保护"；在构建发展新体制中，明确提出"推进产权保护法治化，依法保护各种所有制经济权益"；在运用法治思维和法治方式推动发展中，明确提出"依法设定权力、行使权力、制约权力、监督权力"，"完善对权利的司法保障、对权力的司法监督"。这些关于保障人权的重要理念、政策和改革举措，使人民民主的一般政治原则得以具体化和法治化，使执政党关于"权为民所用、利为民所谋、情为民所系"的政治理念得以法律化和权利化，使人民关于平安幸福、自由平等的抽象概念得以具体操作和贯彻落实，从而落实了人民的权利诉求，强化了依法治国的民意基础，增强了党领导法治中国建设的权威性，体现了全面推进依法治国的人民性。

（四）以法治方式维护人民群众的根本利益

实现和维护人民群众的根本利益是践行党的"立党为公、执政为民"宗旨的要求和体现。主要靠什么来实现"立党为公、执政为民"的宗旨，进而实现人民群众的根本利益？主要靠法治。习近平明确提出，要以法治方式维护人民群众的根本利益。如果说实现和维护人民群众的根本利益是法治的核心价值，那么法治中国建设就必然具有广泛深厚的群众基础。这就要求我们必须尊重和保障人权，坚持法律面前人人平等，努力实现社会公平正义，在立法、执法、守法等各个方面，实现好维护好人民群众的根本利益，使受到侵害的权利依法得到保护和救济，使违法犯罪行为依法受到应有的制裁和惩罚。

早在2006年，时任浙江省委书记的习近平就提出，法治建设要以人民根本利益为出发点和落脚点。按照这个思维，在习近平领导和主持下，浙江省在2006年起草出台并贯彻实施了《中共浙江省委关于建设"法治浙江"的决定》（以下简称"浙江《法治决定》"）。如果说2014年10月党的十八届四中全会作出的《关于全面推进依法治国若干重大问题的决定》（以下简称"中央《法治决定》"），对全面推进依法治国做出了高屋建瓴的谋划和布局，把"坚持人民主体地位"确定为全面推进法治建设的基本原则之一，那么早在浙江工作期间，习近平就从不同角度强调法治建设要"以人民根本利益为出发点和落脚点"，并对此作出了卓有成效的思想创新与实践探索。为了具体贯彻落实"以人民根本利益为出发点和落脚点"这个宗旨，浙江省出台了浙江《法治决定》等举措。习近平在《坚持科学维权观》（2005 年 9 月 26日）一文中，提出"坚持科学维权，关键是要做到以人为本、依法办事、统筹协调……"；在《法治：新形势的新要求》（2006 年 5 月 10 日）一文中，提出"社会主义民主政治和公民参与的发展对落实依法治国提出新要求"；在《和谐社会本质上是法治社会》（2006 年 5 月 15 日）一文中，提出"法治通过调节社会各种利益关系来维护和实现公平正义，法治为人们之间的诚信友爱创造良好的社会环境，法治为激发社会活力创造条件，法治为维护社会安定有序提供保障，法治为人与自然的和谐提供制度支持"。习近平的上述观点都是站在人民根本利益角度阐述法治建设的重大意义和核心价值。2012 年在党的十八大担任中共中央总书记后，习近平更加强调法治建设要依法保障全体公民享有广泛的权利，努力维护最广大人民的根本利益，保障人民群众对美好生活的向往和追求。

习近平领导和主持制定的浙江《法治决定》，围绕人民根本利益这条主线。例如，在"建设'法治浙江'的总体要求"部分提出，"以执法为民为本质要求，以公平正义为价值追求"，"在浙江全面建设小康社会和社会主义现代化建设进程中，通过扎实有效的工作，不断提高经济、政治、文化和社会各个领域的法治化水平，加快建设社会主义民主更加完善、社会主义法制更加完备、依法治国基本方略得到全面落实、人民政治经济和文化权益得到切实尊重和保障的法治社会，使我省法治建设工作整体上走在全国前列"。又如，在"建设'法治浙江'的基本原则"部分提出，"坚持以人为本，坚持一切权力属于人民，以最广大人民的根本利益为出发点和落脚点，尊重和保障人权，做到执法为民"和"坚持公平正义，在立法、执法、司法活动中维护社会公平正义，做到公开、公平、公正，维护群众权益，维护国家利益"。再如，浙江《法治决定》明确提出，在"十一五"时期"法治浙江"建设，要"着眼于维护和实现人民群众的根本利益，完善维权机制，深入持续开展依法维权活动，重点做好妇女、未成年人、老年人、残疾人、农民工等社会群体的维权工作"。

（五）只有实行法治才能保障人权

人权是指"作为人而应该享有的权利"。这些权利是人类所固有的，是不可剥夺的"天赋人权"。保障人权，强调以人为本，重视对人的生命、自由和权利的尊重，这是现代法治思想的核心价值理念。"风能进，雨能进，国王不能进"这句格言，形象地表达了公民人身自由及财产私有权神圣不可侵犯的理念。1776 年，美国总统杰弗逊将生命、自由和追求幸福的权利写入美国《独立宣言》，显示出人权的要求和理念必须转化为法律才能最终得以实现的规律和道理。

2015 年 2 月 14 日，针对美国对中国人权问题的批评，习近平提出了"人权没有最好，只有更好"的观点。虽然 2004 年"国家尊重和保障人权"入宪，人权逐渐成为我国立法的重要价值取向，但是由于我国发展的不平衡，以及中国传统文化的影响，中国在人权保障等方面的确存在着有待完善的问题，面临着严峻的挑战。例如，在现实生活中，同样是车祸事故，因伤亡一方当事人的城乡居民身份不同，所赔偿数额相差巨大，这种现象被戏称为"同命不同价"；个别城管人员粗暴对待小商小贩，暴力执法，伤人毁物；夫妻家中私下看"黄碟"却被警方闻讯入室，以扫黄为名处罚当事人（以警方道歉而告终）。尽管这些现象在一定程度上被制止或纠正，但以各种变异形式侵犯或侵蚀公民人权的现象还不能说已经杜绝。唯有实行法治才能保障人权，才能解决这些问题，迎接这种挑战。可以说，全面推进依法治国的过程，在一定意义上就是一个不断解决我国的人权问题的过程。通过法治来实现尊重和保障人权，需要我们从以下两个主要方面作出切实的努力：

第一，要高度重视发展权、生命权，把对发展权、生命权的尊重和保障作为对于人权的首要的尊重和保障。人们的基本权利需要是建立在一定的物质条件基础上的。如果说发展意味着社会财富的增加和生活水平的提高，那么人权就意味着自由和民主的实现。人权的实现是和一个国家的经济发展水平相适应的，人权制度的设计也必须以一国经济状况为基础来提供保障。人权与发展相辅相成、相互促进。在人权的要义下，必须大力发展经济；通过大力发展经济来为保障和实现人权提供物质基础。在一定意义上，"中国梦"就是人民权利得到充分保障的"人权梦"。

第二，要通过加强法治建设来切实保护人权。人权是法治的前提，法治是人权的保障。人治社会难有人权，但法治社会一定有人权。在人治国家，法多是用来治民的；在法治国家，法则是用来实现人权的。将人权法律化，是对人权的法律保护。只有通过法治，才能最大限度地保护公民的人身权利、财产权利、基本政治权利和其他权利不受侵害，保障公民享有和行使各种人权。

（六）人民利益是评价法治建设得失和成败的根本标准

坚持人民利益高于一切，是践行党的群众路线的根本要求。为此，党的各级领导干部都应该时刻关注人民的愿望和利益，把"人民拥护不拥护""人民赞成不赞成""人民高兴不高兴""人民答应不答应"作为制定各项方针政策的依据，这正如习近平所指出的那样："坚持人民利益高于一切，是共产党人处理利益问题的根本原则。"〔1〕因此，法治建设要坚持人民利益高于一切的原则，将人民利益作为评价法治建设得失和成败的根本标准。人民利益包括经济利益、政治利益、文化利益和社会利益。在当今中国，无论是经济、政治、文化、社会、生态、党建乃至军事领域的改革，实现人民的全面利益依然是改革的根本的出发点和目的，是制定政策的主要依据。在全面依法治国的进程中，如何以科学的态度、切实的措施、有力的手段、扎实的工作，维护和实现人民各方面的利益，是法治建设头等重要的大事。

宪法和法律之所以根基稳固，之所以能够发挥作用，在于其始终以人民利益为内在精神和力量来源，一旦其无法代表人民的意愿和诉求甚至违背人民的意志，那么宪法和法律不仅只是一具失去"人民利益"这个灵魂的"躯壳"，而且因为与人民利益的背离而终将导致国家的失序和社会的混乱。维护和实现"人民利益"是法治建设的基本前提和精神支柱。因此，宪法和法律的制定程序、主要内容、实施过程，都必须以是否符合人民利益作为评价其是否合情、合理、合法的根本依据。改革开放取得巨大成就的同时，不得不说也在不同的领域不同程度地出现了人民利益的保障问题。在经济领域，由于社会主义市场经济体制不够完善等原因，因而在某种程度上出现了分配不

---

〔1〕 习近平：《领导干部要树立正确的世界观权力观事业观》，载《学习时报》2010 年 9 月 6 日。

均、收入两极分化、贫富差距变大等问题；在政治领域，社会利益群体特别是个别官员个人腐败搞特权、人民的权利和自由在一定程度上得不到应有的保护等问题还时有发生；在文化领域，教育权利和教育机会还存在不公平现象（如教育资源配置不公，某些地方的招生制度不公等）；在社会领域，医疗卫生、社会保障体制不健全，劳动权利不公等现象依然存在。这些问题和现象的存在，在一定程度上侵犯了人民的权利和自由，损害了人民的合法利益，不符合"以人为本"的根本宗旨和原则。要解决这些问题和消除这些现象，不仅需要相应的路线方针政策的制定、贯彻和落实，更需要不仅用必要的制度来约束不道德行为，而且必须以法律为准绳，用法律的手段严惩损害人民利益的各种违法犯罪行为，从而坚定地维护和实现广大人民的权益。

在全面依法治国的过程中，一方面，要把人民利益作为评价法治建设得失与成败的根本依据；另一方面，还要处理好当前利益和长远利益的关系，注意兼顾当前利益和长远利益。当前利益和长远利益，顾名思义，前者是眼前的利益，后者是长久的利益。二者的关系应当是：当前利益要服务于长远利益，并有利于推动长远利益的实现。在 20 世纪 80 年代初，当时的当前利益就是解决人民群众的温饱问题，改变人民群众贫穷的生存现状，维持基本的生活水平。那时提出的"人民生活达到小康水平""人民生活比较富裕，基本实现现代化"，就是当时的长远利益。在今天，建成社会主义现代化强国，实现共同富裕和民族复兴的"中国梦"，则是我国一直以来竭力推动改革的根本动力和长期目标，是中共领导人民不懈追求的长远利益。

习近平说："要把握和处理好当前利益和长远利益、局部利益和全局利益、个人利益和集体利益的关系……要积极回应群众关切，着力解决关系群众切身利益的问题，同时又引导群众着眼大局、着眼长远，理性合理地表达利益诉求，营造安定团结的社会氛围。"[1]因此，一切有损人民利益、违背国家长远利益的眼前利益、个人利益都必须坚决取缔。在习近平看来，在中国特色社会主义新时代，之所以要强调"依宪治国""依法治国"，提出科学立法、严格执法、公正司法、全民守法，全力推出全面依法国的方略，就是为了维护广大人民群众的根本利益，就是为了实现社会主义现代化和共同富裕。

---

〔1〕 习近平：《在十八届中央政治局第二次集体学习时的讲话》（2012 年 12 月 31 日）。

（七）人权法治保障的综合性、实践性与开放性

以法治保障人权，是"依法治国，建设社会主义法治国家"的题中应有之义和核心内容。党的十九大报告提出："维护国家法制统一、尊严、权威，加强人权法治保障，保证人民依法享有广泛权利和自由。"2017年12月15日，国务院新闻办以"中国人权法治化保障的新进展"为题发表《白皮书》。《白皮书》除前言、结束语外，共包括六个部分，分别为：不断完善人权保障法律体系、依法行政保障公民合法权益、有效提升人权司法保障水平、夯实人权法治化保障的社会基础、加强党对人权法治化保障的领导和积极促进全球人权法治建设。《白皮书》提出的人权的法治保障内涵十分丰富，体现了人权法治保障的综合性、实践性与开放性。

人权法治保障的综合性，就是基于法治所体现的保障人的平等、自由、公正与人的尊严等核心价值，通过法治将"以人民为中心"的发展理念具体落实到对每个人尊严的维护，使人权的法治保障成为一套具有内在联系的有机体，使宪法中"国家尊重与保障人权"的规定，体现在立法、执法、司法和守法的各个环节，成为法治建设的总体价值观，使宪法规定的公民的基本权利得到真正的实现。这种综合性意味着要在政治、经济、社会、文化、生态文明等多个方面全面推进人权事业；要对政治权利、经济权利、民主权利、社会文化权利以及生态权利等进行一体的保护。

人权法治保障的实践性，就是要以增进人民福祉为出发点和落脚点，通过法治建设和司法实践，维护社会的公平正义，保护公民的生命健康安全，使人权从价值和原则的层面进入人们的日常生活，成为一种人们感受得到的生活方式。《白皮书》将人权保障内涵扩大到社会生活的不同方面，如教育、就业、收入、环境污染、依法清理"散乱污"企业、严格执行食品安全等多个方面，把人民健康作为民族昌盛和国家富强的重要标志，体现了"以人民为中心的发展观"。

人权法治保障的开放性，就是不仅要总结中国促进全球人权法治建设中的经验，扩大中国在国际人权舞台上的话语权，为国际人权事业的发展贡献中国智慧，而且要面向世界，以人权法治建设的全球视野，虚心学习和主动借鉴别国特别是发达国家通过法治保障人权的先进经验，积极从人类文明的共同价值体系中确立人权文化，倡导构建人类命运共同体，参与国际人权法

治体系，认真履行国际人权义务，大力推进全球人权事业的发展，为推进国际和平、建立公平的国际秩序做出应有的贡献。

五、宪法至上的法治信念

如果说全面推进依法治国就是坚持走中国特色社会主义法治道路、建设中国特色社会主义法治体系、建设社会主义法治国家，就是实现科学立法、严格执法、公正司法、全民守法，那么树立宪法至上的法治信念，充分认识维护宪法的权威和加强宪法实施及监督的重要性对于法治中国建设而言，则无疑具有十分重要的精神价值和现实意义。

（一）新中国依宪治国的曲折历程

中华人民共和国成立以来，先后颁行过四部宪法。1949 年 9 月 29 日，中国人民政治协商会议第一届全体会议通过具有临时宪法作用的《中国人民政治协商会议共同纲领》，规定了新中国在政治、经济、军事、文化教育、民族等多方面的基本政策，不但在法律上宣告了中华人民共和国的成立，也为日后制定正式宪法奠定了法律基础。

1954 年 9 月 20 日，第一届全国人民代表大会第一次会议通过了我国第一部社会主义宪法，即 1954 年宪法。这部宪法总结了中国人民长期革命斗争的历史经验，确认了工人阶级领导的人民民主专政的国家性质，制定了从新民主主义向社会主义过渡时期的总任务及其实现的具体方法和步骤，为推动社会主义事业的发展发挥了重要作用，是新中国民主法制建设史上的一个里程碑。

自 20 世纪 50 年代后期起，在探索社会主义发展的道路上，由于种种历史原因，特别是受"左"的思想的影响，我国的人民民主原则与社会主义法制原则在国家政治生活中的地位在一定程度上遭到削弱。"文化大革命"开始后，宪法的实施遭到极大的破坏。在这个"十年动乱"中，宪法也好，人大制度也好，公民权利也好，全都处于名存实亡、不宣而废的反常状态。在极"左"路线盛行的政治氛围下，我国颁布了第二部宪法，即 1975 年宪法。这部宪法诞生于"文化大革命"后期，是在"左"的思想指导下形成的，因而在指导思想和具体规定上都存在诸多缺陷，强调继续开展阶级斗争，使得国家工作重点没有转移到经济建设上来，甚至取消了"公民在法律上一律平等"

的规定。

"文化大革命"结束后，为恢复被破坏的民主与法制原则，适应新的历史时期的需要，第五届全国人民代表大会第二次会议于 1978 年 3 月 5 日通过了我国第三部宪法，即 1978 年宪法。由于当时还处在执行"两个凡是"思想路线的年代，受历史条件的局限，这部宪法也未能完全摆脱"左"的指导思想的影响，仍然存在理论上的误区和内容上的不足。

1978 年 12 月，党的十一届三中全会作出了"把全党工作重心转移到社会主义现代化建设上来"的战略决策，并且提出了"进一步扩大人民民主、加强社会主义法制建设"的要求。1980 年 9 月，第五届全国人民代表大会第三次会议接受中共中央建议，决定修改宪法。宪法修改委员会于 1982 年 2 月提出宪法修改草案讨论稿，经多次征求意见并进行修改后，于同年 4 月提交全国人大常委会第二十三次会议审议通过，并决定将其交付全国各族人民讨论。在历时 4 个月的全民讨论中，广大人民表现出了高度的政治热情，提出了大量的修改意见。经宪法修改委员会再次修改后，提请第五届全国人民代表大会第五次会议审议。会议期间，全体代表进行了热烈的讨论，草案遂又作了多处修改，于 1982 年 12 月 4 日正式通过并公布实施。1982 年宪法是我国第四部宪法，即现行宪法。1982 年宪法是党的领导和人民群众集体智慧的结晶，是新时期治国安邦的总章程，是合乎我国国情、符合全国各族人民的共同意志和根本利益的好宪法。1982 年宪法的颁布和实施，标志着一个宪法权威逐步树立、宪法尊严得到重视的法治建设新时代的开始。

此后，为了适应改革开放的新形势和中国政治、经济、社会、文化、生态文明发展的新要求，在党的领导下，全国人大又先后对这部宪法进行了必要的修改、补充和完善。在 1982 年宪法颁布实施后，一系列民事、商业基本法律相继出台。以 2007 年《物权法》通过为标志，经过半个多世纪的探索和努力，以宪法为统帅的中国特色社会主义法律体系基本形成。

（二）坚持依宪治国是实现依法治国的基础性前提

世界各国虽然各自国情不同，但是治国理政的主要方式统而观之无非两种：要么是人治，要么是法治。如果一个国家选择了法治，就必须使宪法法律具有至高无上的权威性。因为人治与法治的根本区别，并不在于治理国家需要的是发挥人的作用还是法的作用，而是在于人的地位与法的地位的高与低。人治国家奉行人高于法，权大于法，法服从人，树立个人的最高权威；法治国家奉行法高于人，法大于权，人服从法，树立法律的最高权威。这里的"人"并非指一般的平民百姓，而主要是指一个国家大权在握的人。人治国家实行的是君权至上的原则。在集权专制制度下，君主握有至高无上的权力，居于至高无上的地位，法律只是握在君主掌心上并听任君主摆布的工具。是君权至上还是法律至上，是专制制度与民主制度的不同点和分水岭。不同的国家制度决定了国王与法律截然不同的地位。这正如美国独立战争时期平民政论家潘恩所言："在专制制度下，国王就是法律；在民主制度下，法律就是国王。"专制制度与民主制度，君权至上与法律至上，人治与法治，这是几对既相关联又相对应的概念。后者取代前者是历史发展的必然趋势。因此，中国走上"依法治国，建设社会主义法治国家"的道路，是顺应历史发展潮流的正确选择。"文化大革命"的惨痛的历史教训证明：民主与法治存在相互依存、互相促进的不可分割的关系。纵观世界变化和发展的总趋势，人治国家的范围不断缩小，法治国家的范围不断扩大，已实现和正在走向现代化的国家大都选择走法治的道路。有个人权力至上就不可能有法律至上，没有法律至上也就不可能有真正的法治，而没有法治的民主就不是中国所需要的真正的民主。

习近平一针见血地指出："依法治国，首先是依宪治国；依法执政，关键是依宪执政。"[1]这一观点，从宪法作为国家根本法的地位出发，为全面落实依法治国基本方略、改进党的领导方式和执政方式指明了方向。如果说法律至上是"依法治国，建设社会主义法治国家"的关键，那么宪法至上就是建设法治国家之关键，坚持依宪治国则是实现依法治国的基础性前提。法治首先是宪法之治，"依法治国"中的"法"，指的是以宪法为核心由各种法律规范组成的完整的法律体系。其中，宪法作为国家根本大法，是所有法律中最重要的法律，是整个法律体系的核心。我国所有的法律，都是依据宪法制定的，都是对于宪法精神、原则和制度的具体化。因此，依宪治国不仅是依法治国的必然要求，也是依法治国的首要之义。

---

〔1〕　习近平：《在首都各界纪念现行宪法公布施行30周年大会上的讲话》（2012年12月4日）。

新中国宪法事业六十多年的发展历程表明：宪法作为国家的根本大法，必须与国家经济社会发展的总体要求相适应，与党和国家的工作重心和主要任务相契合。我国宪法形成于党领导人民进行社会主义革命和建设的伟大实践之中，同党领导人民进行的艰苦奋斗和创造的辉煌成就紧密相连，同党领导人民开辟的前进道路和积累的宝贵经验紧密相连，是党和人民意志的集中体现，是通过科学民主程序形成的"诸法之宗"。

宪法确定了我国的国体和政体、根本制度和根本任务、国家的领导核心和指导思想、中国共产党领导的多党合作和政治协商制度、民族区域自治制度以及基层群众自治制度、爱国统一战线、社会主义法制原则、民主集中制原则、尊重和保障人权原则等等一系列的基本制度和原则，以根本大法的形式确认了党领导人民在中国特色社会主义建设中取得的理论和实践成果，以其至上的法律地位和强大的法制力量，有力地保障了人民当家作主权利的行使，促进了改革开放和社会主义现代化建设，推动了构建社会主义法治国家的进程。改革开放以来，我国在政治、经济、社会、文化、生态文明等多个方面所取得的巨大成就充分证明，我国现行宪法是符合国情、符合实际、符合时代发展要求的好宪法，是充分体现人民共同意志、充分保障人民民主权利、充分维护人民根本利益的好宪法，是推动国家发展进步、保证人民创造幸福生活、保障中华民族实现伟大复兴的好宪法，是党和国家能够经受住各种困难和风险的考验、始终沿着中国特色社会主义道路前进的根本的法制保证。

宪法是我国治国安邦的总章程，宪法的地位、原则和内容决定了其在中国特色社会主义法律体系中处于核心地位。因此，党的十八届四中全会提出，坚持依法治国首先要坚持依宪治国，坚持依法执政首先要坚持依宪执政。这一要求强调了依宪治国、依宪执政在全面推进依法治国战略布局中的重要性和根本性。一方面，所有行使权力、治国理政的活动都要以宪法为根本准则，在宪法框架内进行，绝不允许任何超越宪法的特权的存在，这是全面推进依法治国的基本要求。另一方面，宪法明确规定了中国共产党在国家政治生活中的领导地位，坚持依宪治国就要坚持党的领导，从而保证改革开放和社会主义现代化建设的正确方向，这是法治中国建设的根本保证。

总之，依宪治国是建设社会主义法治国家的首要任务和基础性工程，是实现党的领导、人民当家作主和依法治国有机统一的先决条件。中共作为执政党，只有牢记宪法原则，坚守宪法规定的国体、政体，坚持宪法规定的政治制度和社会制度的基本原则，切实保障广大人民群众各方面的合法权益，才能夯实执政基础和依法治国的根基，从而在推进国家治理体系和治理能力现代化的历史进程中，实现法治中国建设的宏伟目标。

（三）法律至上原则的核心是宪法至上

我国的法律体系是一个分为多个门类的由众多单个的法律法规组成的完整而庞大的具有强制性的规范体系。法律与法律之间，层次高下不同，地位高低相异，效力大小有别。其中，宪法的层次、地位和效力最高，其他法律的制定，都必须以宪法为依据，都不能与宪法的规定相抵触。相对于刑法典以外的刑事法律来说，刑法典是"母法"，但相对宪法而言，刑法典本身也只是子法，因为刑法的立法依据是宪法。因此，宪法作为最高法的"母法"地位是绝对的；宪法的权威性、至上性是绝对的。

为了突出宪法的权威性，我国现行宪法在序言部分庄严宣告："本宪法以法律的形式确认了中国各族人民奋斗的成果，规定了国家的根本制度和根本任务，是国家的根本法，具有最高的法律效力。全国各族人民、一切国家机关和武装力量、各政党和各社会团体、各企业事业组织，都必须以宪法为根本的活动准则，并且负有维护宪法尊严，保证宪法实施的职责。"《宪法》第5条全是关于维护宪法最高权威的规定——第2款规定"国家维护社会主义法制的统一和尊严"，宪法正是社会主义法制统一的最高标准；第3款规定"一切法律、行政法规和地方性法规都不得同宪法相抵触"，这正是宪法至上原则的充分体现；第4款规定"一切国家机关和武装力量、各政党和各社会团体、各企业事业组织都必须遵守宪法和法律""一切违反宪法和法律的行为，必须予以追究"，一切国家机关当然包括最高国家机关在内，各政党当然包括执政党在内，这正是宪法具有最高权威、任何国家机关和政党等都绝不可以凌驾于宪法和法律之上的最终依据；第5款规定"任何组织或者个人都不得有超越宪法和法律的特权"，这正是法高于人、法大于权在法律上的明确表述。

从政治层面上看，现行宪法的精神、原则和内容不仅体现的是一般意义上的中国人民的意志和利益，而且体现的是中国人民的共同意志和根本利益，或者说是中国人民的共同意志和根本利益的集中体现；宪法所巩固的不仅是中国人民在中国共产党的带领下，经过长期革命斗争而取得的一般成果，而且巩固的是最大的成果——创建了新国家和建立了新制度。虽然我们可以从总体层面上说"法律至上"，但是从具体层面上则应讲"宪法至上"，因为除了宪法，任何一部法律都不能居于至高无上的地位。在我国，宪法和法律体现的是人民的意志和利益，如果说人民的地位应该是至高无上的，那么宪法至上正是人民至上在法律上的直接体现；既然人民的地位是至高无上的，那么从逻辑上说体现人民意志和利益的宪法理所当然地也应该是至高无上的。宪法的至上地位，是一个国家现代化的重要内容和标志。从宪法出发，我们才能走上建设法治国家的康庄大道；以宪法为基石，我们才能获得国家和社会兴旺发达的蓬勃力量。

（四）维护宪法权威重在加强宪法实施

坚持依宪治国和依宪执政的首要任务就是要坚决维护宪法权威，切实加强宪法的实施和监督。维护宪法权威重在加强宪法实施。党的十八届三中全会提出，要进一步健全宪法实施监督机制和程序，把宪法实施的要求提高到了一个新的水平。党的十八届四中全会进一步提出了"完善宪法监督制度、健全宪法解释程序机制、维护宪法权威、弘扬宪法精神"等一系列的要求和措施。

要树立法治的权威，首先必须通过切实树立宪法的权威，为法治国家建设奠定强大的宪政基础。习近平指出："宪法是国家的根本法。法治权威能不能树立起来，首先要看宪法有没有权威。必须把宣传和树立宪法权威作为全面推进依法治国的重大事项抓紧抓好，切实在宪法实施和监督上下功夫。"[1]宪法权威的树立来自人民群众发自内心的真诚信仰和衷心拥护，这就需要我们在推进依宪治国、依宪执政的过程中坚持人民的主体地位，坚持法律面前人人平等，以保障人民根本权益为出发点和落脚点，保证人民依照宪法和法律享有广泛的权利和自由，承担应尽的义务，维护社会公平正义，促进共同富裕。与此同时，我们要在全社会普遍开展宪法教育，弘扬宪法精神，强化

---

〔1〕习近平：《关于〈中共中央关于全面推进依法治国若干重大问题的决定〉的说明》（2014年10月28日）。

宪法意识，使广大人民了解宪法的深刻内涵和重大意义，领会依宪治国的重要价值和深远影响。要使人民认识到：维护宪法的权威，就是维护党和人民共同意志的权威；捍卫宪法的尊严，就是捍卫党和人民共同意志的尊严。习近平强调，宪法具有最高的法律地位、法律权威、法律效力。我们党首先要带头尊崇和执行宪法，把领导人民制定和实施宪法法律同党坚持在宪法法律范围内活动统一起来。任何组织或者个人都不得有超越宪法法律的特权。一切违反宪法法律的行为，都必须予以追究。[1]

健全宪法实施和监督的各项制度是实现依宪治国的关键。宪法的生命在于实施，宪法的权威也在于实施。只有切实加强宪法的实施，健全各项监督机制，才能使以宪法为核心的中国特色社会主义法律体系不断完善，使依法治国的战略部署顺利推进。我国宪法规定了国家的根本制度，规定了国家公权力的组织体系、职责权限和行为标准，确立了国家权力的分工和相互监督机制。依宪治国就是要按照宪法的要求，规范国家公权力的良好运行，加强对公权力的有效监督。由于宪法的许多规定主要依靠国家机关去执行，因此依宪治国的一个重要的方面，就是各级国家机关及其工作人员特别是掌握权力的领导干部应当带头学好宪法，熟悉宪法，遵守宪法，维护宪法，严格依照宪法办事，真正把宪法作为根本的活动准则。

抓好宪法实施工作，首先要坚持正确的政治方向，坚定不移地走中国特色社会主义政治发展道路，扩大社会主义民主，发展社会主义政治文明；其次要加快社会主义法治国家建设，全面推进科学立法、严格执法、公正司法、全民守法进程。党的十八届四中全会进一步提出，要完善全国人大及其常委会的宪法监督制度，健全宪法解释程序机制，加强备案审查制度和能力建设，把所有规范性文件纳入备案审查范围，依法撤销和纠正违宪违法的规范性文件，禁止地方制发带有立法性质的文件，从而在宪法监督的实施、宪法解释制度的完善等方面作出了新的要求。

坚持和完善党的领导是落实宪法要求进而实现全面依法治国的根本保障。我们要坚持的中国特色社会主义法治道路，本质上是中国特色社会主义道路在法治领域的具体体现；我们要发展的中国特色社会主义法治理论，本质上

---

〔1〕　习近平：《在中共中央政治局第四次集体学习时的讲话》（2018 年 2 月 24 日）。

是中国特色社会主义理论体系在法治问题上的理论成果；我们要建设的中国特色社会主义法治体系，本质上是中国特色社会主义制度的法律表现形式。一方面，党的领导是中国特色社会主义最本质的特征，是社会主义法治最根本的保证。我国宪法确立了中国共产党的领导地位，依据宪法治国理政是宪法赋予中国共产党的神圣职责和光荣使命。另一方面，我国宪法又是党领导人民制定的，它以根本大法的形式对党的路线方针政策进行了确认，党的路线方针政策只有转化为宪法和法律的具体规范和条文后，才能得到更加切实的贯彻和执行。从这个意义上说，党领导人民制定了宪法和法律，党就必须带领人民严格遵守、适用和执行宪法和法律，党的领导与宪法权威在根本上是统一的。因此，坚持和完善党的领导是社会主义法治的根本要求，是党和国家的根本所在，是全国各族人民的利益所系、幸福所系，是全面推进依法治国方略的题中应有之义，也是贯彻和实现依宪治国的根本保障。

（五）宪法至上的主要体现

宪法至上是法律至上性原则的核心内容，其基本的要义是：与其他法律相比，宪法居于母法和最高法的地位。作为根本大法，宪法是一个国家制定其他法律的基础和核心，在国家整个法律体系中的层次、地位和效力最高，其他法律的制定都必须以宪法为依据，不能与其规定相抵触。因此，宪法至上性原则可以明确表述为：一切法律、行政法规和地方性法规都不得与宪法相抵触。在社会生活中，宪法规范也具有普遍的指导与调整作用。作为现代社会法律制度的核心，宪法高度概括地集中体现了现代社会法律精神的价值取向、社会关系调整的主要内容和社会结构的基本框架。

确定公民的权利和自由是宪法的主要内容，宪法的精义就在于控制国家权力以保护公民的权利和自由。宪法的基本内涵就是对国家权力、公民的权利和自由及其相应的义务的确认与规定。宪法是政府等所有国家机关与全体公民都必须尊奉的基本文件。在一定意义上，宪法至上就是人民利益至上。只有坚持和践行宪法至上的原则，公民的权利和自由才能被国家和掌握公权力的人所尊重。坚持和践行宪法至上的原则，并不意味着宪法是固定不变的。由于社会生活的复杂多变，成文宪法往往落后于社会发展的要求或现实政治的需要，因此修宪就成为必然和必需，但是宪法这种适应社会变化的与时俱进，并不影响和否定宪法的至上性。

宪法之所以至上是基于其内含人民利益至上之义；就在于它以控制国家权力以保护公民的权利和自由为宗旨；是因为它是其他法律的立法基础和立法依据，具有最高的法律效力，普通法律和法规不得与宪法相抵触；还体现在它的制定和修改比其他法律更为严格。如果说法律效力是指法律的强制性和约束力，那么由于宪法所规定的内容则是国家的各项工作和生活中带有全局性、根本性的问题，是国家立法、行政、司法活动的基础，因此宪法在国家法律体系中具有最高的法律地位和法律效力。我国宪法明确规定："本宪法以法律的形式确认了中国各族人民奋斗的成果，规定了国家的根本制度和根本任务，是国家的根本法，具有最高的法律效力。"我国宪法具有最高的法律效力主要体现在以下几个方面：

第一，宪法是其他法律的立法依据。1999年《宪法修正案》规定："中华人民共和国实行依法治国，建设社会主义法治国家。"依法治国的核心是依宪治国，而依宪治国的内在要求就是宪法至上。宪法至上就意味着宪法在国家和社会生活中具有至高的法律地位。同时，我国实行的是社会主义市场经济，市场经济是法治经济，需要统一的市场规则，更需要统一的法律制度。保持法制统一，首先要保持法律体系内部的和谐统一。和谐统一到哪里？当然是统一到宪法那里。宪法所确立的原则是其他法律的立法基础和立法依据。宪法与法律的这种关系，通常被称为"母法"与"子法"的关系，即：宪法为母法；法律为子法。

第二，宪法与法律相比，具有最高的法律效力。《宪法》第5条第3款规定："一切法律、行政法规和地方性法规都不得同宪法相抵触。"宪法在法律体系中具有最高的权威，法律、法规从精神原则到具体内容，都不得与宪法的原则和规定相抵触、相违背，否则，就会因为违宪而无效。

第三，宪法是一切组织和个人的根本活动准则。《宪法》第5条第4款规定："一切国家机关和武装力量、各政党和各社会团体、各企业事业组织都必须遵守宪法和法律。一切违反宪法和法律的行为，必须予以追究。任何组织或者个人都不得有超越宪法和法律的特权。"宪法从根本原则、根本任务和根本制度上全面规范了法治国家最基本的社会制度和国家制度，规范了个人和组织的根本活动准则。宪法是母法，是根本法，具有最高的法律效力，是制定其他一切法律的依据，其他法律如与宪法有抵触则一律无效。国家的任何法律、法规必须遵循宪法而产生，无论是维护社会稳定、保障社会秩序的法律、法规，或是规范经济秩序的法律、法规，都不能违背宪法的基本准则，这是宪法至上的根本所在。因此，只有树立了宪法的权威，才能树立其他法律的权威；只有宪法首先至上，其他法律才能随之而至上。

只有坚持宪法至上原则，才能维护宪法权威。中国特色社会主义法治实施体系的基础是宪法实施，而宪法实施的前提是坚持宪法至上原则，维护宪法权威。任何不尊重宪法、破坏宪法、挑战宪法权威的行为都是对共和国的价值体系、国家的根本制度以及对执政党执政的合法性的挑战。坚持宪法至上、坚决维护宪法权威是法治国家的基本要求与根本标志。我国宪法序言明确规定，宪法是国家的根本法，具有最高法律效力。宪法第5条规定，一切国家机关和武装力量、各政党和各社会团体、各企业事业组织必须遵守宪法和法律。一切违反宪法和法律的行为必须予以追究。这就意味着，宪法没有"上司"，一切组织和个人的行为、所有社会关系都要受宪法和法律的规范和调整。要树立宪法的权威，就必须使宪法得到全社会普遍认同、自觉遵守、有效维护，使宪法至上原则成为一种思想理念、内在力量甚至文化精神，使所有公权力的行使以及包括执政党在内的一切组织的活动，都受到宪法和法律的严格规范和严厉约束。

（六）宪法如何才能至上

宪法如何才能至上，这是法治中国建设中的一个重大问题。为了树立宪法的最高权威，实现宪法至上，我们需要在多个方面作出切实的努力。

第一，要推进政治体制改革。在我国多个方面的改革中，经济体制改革居于首要地位，因为实现国家现代化，发展生产力的任务，只能首先通过经济体制改革来完成。而经济体制改革又离不开政治体制改革，需要政治体制改革与之配合，为其配套。这正如邓小平所指出的那样，不改革政治体制，就不能保障经济体制改革的成果，不能使经济体制改革继续前进，就会阻碍生产力的发展，阻碍四个现代化的实现。因此，我们必须积极稳妥地推进政治体制改革。对于政治体制改革，一要积极；二要稳妥。如果不搞政治体制改革，经济体制改革也难以进行下去；而政治体制改革所涉及的不是一般性的问题，而是至关重要的政治权力配置的问题。要通过改革，处理好法治和人治的关系，处理好党和政府的关系。能否树立起宪法的最高权威，能否使宪法至上的原则得到实现，这是衡量法治和人治的关系是否已经处理好的首要标准，而这个问题只能通过推进政治体制改革才能解决，因为宪法至上原则的实现必须以理顺党政关系为前提，而解决党政关系这一深层次的问题又依赖政治体制改革远期目标的实现。可见，推进政治体制改革、理顺党政关系、处理好法治和人治的关系这三者之间，是相辅相成、相互促进的互动关系。

第二，要进一步完善宪法。我国现行宪法是一部公认的好宪法，但这并不意味着这部宪法已经尽善尽美、完美无缺，而是应该随着形势的发展和客观的需要不断地加以完善。为此要解决好以下几个问题：一是宪法的修改问题。宪法不能朝令夕改，如果频繁修改，就无法保持宪法应有的稳定性和连续性，从而损害了宪法的权威性。要把宪法的绝对权威性与相对稳定性结合起来，实现宪法的稳定性与变动性的统一。宪法既不能频繁修改，也不可当改不改。二是宪法的配套问题。如果说基本法律需要配套，那么宪法更需要配套，因为宪法是国家的根本大法，其原则性的规定比较多，如果没有相应的法律与之配套，那么它就难以被执行，无法落到实处。现行宪法中有"依照法律规定"的条款多达 43 个，其目的就在于要求制定配套法律以提高宪法的可操作性。三是宪法的监督问题。必须把加强对权力的监督问题放在十分重要的地位；必须深化改革，完善监督法制，建立健全依法行使权力的制约机制；必须加强对宪法和法律实施的监督，维护国家法制的统一。在宪法实施方面，现行宪法把"修改宪法"和"监督宪法的实施"的职能授予全国人大，把"解释宪法"和"监督宪法的实施"的职能授予全国人大常委会，在上级机关对下级机关实行领导监督的职权中，增加了纠正法律、法规违宪的内容。但是，由于我国没有专门设置的宪法监督机构，监督宪法实施的工作由全国人大及其常委会承担，而全国人大一年只开一次会，全国人大常委会两个月开一次会，因而全国人大及其常委会实际上很难具体地、有效地行使监督宪法实施的职权。因此，设立"宪法监督委员会"一类的专门机构当是我国加强宪法监督的客观需要。

第三，要理顺党政关系。理顺党政关系决定于如何改革和完善党的领导方式和执政方式。加强党的领导并不在于扩大党组织的权力，而在于切实改善党的领导。理顺党政关系，就是要通过改善党的领导，建立适应新时代的新型党政关系；就是为了进一步合理、科学地配置权力资源，更好地实现党的领导，并在此基础上使政权机关的行政力和执行力更加强化，更好地行使其行政管理职能，进而提高行政的整体活力和实际效能。党政关系并不只是党对政府的关系，其中"政"既包括政权机关，也应该包括人大。从根本上说，党政分开的关键点首先在于理顺好党与人大的关系。党委与人大是领导与被领导的关系，然而又不同于行政上的上下级那种命令和服从的统属关系。党、人大、政府三者是党政总体，理顺党政关系，就意味着按照社会主义民主政治的要求，党、人大、政府应协调一致地工作，形成由政党领导和引导、人大立法和监督、政府管理和执行的程序和格局。党的十六届四中全会提出"科学执政、民主执政、依法执政"，为进一步推进党的领导方式和执政方式的改革与完善指明了方向。要科学执政，党就应当从全面深化党和国家体制改革的高度，合理配置党政权力，科学界定执政党与国家公共权力的不同职能；提高执政能力，全面从严治党，在毫不动摇坚持党的全面领导的前提下，科学配置行政权力，调动广大人民群众参与社会治理和国家治理的积极性。要民主执政，党就应当扩大人民参与、决定、监督国家和社会事务的范围，使全体公民真正成为国家和社会的主人。要依法执政，党就应当严格遵循宪法原则和法律规定，严格按照宪法原则和法律规定来行使自己对国家和社会的领导，就应该努力建立科学的领导体制和工作机制，通过完备的法律制度和法律体系来治理国家。事实证明：约束公权力并不会导致削弱党的领导，反而能够改善和加强党的领导；公权力得不到有效制约，才会削弱而不是加强党的领导。因此，要理顺党政关系就必须有效地约束公权力，这正如习近平所指出的那样，要"把权力关进制度的笼子里"；就是要在坚持党的领导的前提下，通过规范和约束公权力的运行，科学地、正确地、有效地实施党对国家和社会的领导，并通过这种领导真正实现人民当家作主，政府廉洁高效，社会健康和谐。

第四，要明确党法关系。必须正确认识党和法的关系。习近平指出："党和法的关系是一个根本问题，处理得好，则法治兴、党兴、国家兴；处理得不好，则法治衰、党衰、国家衰。"[1] 一般而言，党和法的关系是政治和法

---

[1] 习近平：《在省部级主要领导干部学习贯彻十八届四中全会精神全面推进依法治国专题研讨班开班式上的讲话》（2015年2月2日）。

治关系的集中反映。党是一种政治组织，有着特定的政治主张；法是一种行为规范，体现着国家意志。党取得执政地位后，都会把自己的政治主张通过法定程序上升为国家意志，并依靠国家强制力保障实施。所以，就一定的国家和社会来说，其法治形态背后都有一整套政治理论，其法治模式当中都有一定的政治逻辑，每一种法治道路底下都有一定的政治立场。法治是民主政治的外在表现，民主政治是法治的内在依据。中国共产党对国家和人民的领导既是历史形成的，也是由我国宪法以国家根本大法的形式和《中国共产党章程》以党内最高法规的形式所确定的。作为执政党，中国共产党不仅提出依法治国，而且把依法治国上升为治国方略并付诸实施，不断推进。可以说，人民在党的领导下践行依法治国，不是要否定和削弱党的领导，而是对党的领导地位的巩固和执政能力的增强。党和法、党的领导和社会主义法治建设是统一的。作为长期的执政者，党的历史使命就是要为人民谋幸福、为民族谋复兴；而法作为由党的主张转化而来的国家意志，维护的正是广大人民和国家、民族的根本利益。强调党的领导是全面领导，自然包括对社会主义法治各个领域工作的领导和统筹。与此同时，社会主义法治也是党高度自觉的法治，这具体表现在党领导人民制定宪法和法律，党领导人民实施宪法和法律，党自身也必须在宪法和法律的范围内活动。在中国特色社会主义新时代，中共要"不忘初心、牢记使命"，履行好执政兴国的重大责任，就必须依据党章从严治党、依据宪法和法律治国理政，真正做到"党领导立法、保证执法、支持司法、带头守法"。要使党的主张通过法定程序成为国家意志，要让党组织推荐的人选成为国家政权机关的领导人员，要通过国家政权机关实施党对国家和社会的领导，只有做到这三个"要"，才能真正坚持和加强党的领导，提升党的执政能力。党与法的关系、法治与政治的关系是相互依托、共存共生的关系。习近平指出："我们说不存在'党大还是法大'的问题，是把党作为一个执政整体而言的，是指党的执政地位和领导地位而言的，具体到每个党政组织、每个领导干部，就必须服从和遵守宪法法律，就不能以党自居，就不能把党的领导作为个人以言代法、以权压法、徇私枉法的挡箭牌。"[1]

〔1〕 习近平：《在省部级主要领导干部学习贯彻十八届四中全会精神全面推进依法治国专题研讨班开班式上的讲话》（2015 年 2 月 2 日）。

第五，要使宪法深入人心。加强对宪法的学习、宣传、教育是坚持宪法至上和大力实施宪法的重要的思想基础和精神支撑。宪法的生命在于实施，宪法的权威也在于实施。学习、宣传和贯彻、实施宪法，就是要把宪法确立的国家指导思想落实到国家政治和社会生活中去，从而确保党的长期执政和国家的长治久安，确保宪法确立的国家根本任务、发展道路、奋斗目标得到全面的贯彻和落实，确保在宪法的统领下通过推进全面依法治国，切实支持和保证人民当家作主。加强宪法的学习、宣传和教育是实施宪法的重要基础。要抓住党员领导干部这个"关键少数"，推动领导干部带头尊崇宪法、学习宪法、遵守宪法、维护宪法、运用宪法；要加强宪法理论研究，增强我国宪法的时代特色和实践特色；要丰富宪法宣传教育形式，使宪法深入人心，进入人们的日常生活；要做好对宪法的解疑释惑工作，积极回应社会关切。要把学习宣传宪法、贯彻实施宪法作为推进全面依法治国的首要任务和基础性工作。要通过深入开展尊崇宪法、学习宪法、遵守宪法、维护宪法、运用宪法的宣传教育活动，解读好修宪的原则、标准、重点内容，解读好宪法规定的重大制度、事项，从而弘扬宪法精神，普及宪法知识。国家工作人员特别是领导干部要善于用法治思维想问题、作判断、出措施，以法治凝聚共识、规范发展、化解矛盾、保障和谐，为实现中华民族的伟大复兴凝聚人心、汇聚力量。习近平指出，要加强宪法学习宣传教育，弘扬宪法精神、普及宪法知识，为加强宪法实施和监督营造良好氛围。宪法法律的权威源自人民的内心拥护和真诚信仰，加强宪法学习宣传教育是实施宪法的重要基础。要在全社会广泛开展尊崇宪法、学习宪法、遵守宪法、维护宪法、运用宪法的宣传教育，弘扬宪法精神，增强广大干部群众的宪法意识，使全体人民成为宪法的忠实崇尚者、自觉遵守者、坚定捍卫者。要坚持从青少年抓起，把宪法法律教育纳入国民教育体系，引导青少年从小掌握宪法法律知识、树立宪法法律意识、养成尊法守法习惯。要完善国家工作人员学习宪法法律的制度，推动领导干部加强宪法学习，增强宪法意识，带头尊崇宪法、学习宪法、遵守宪法、维护宪法、运用宪法，做尊法学法守法用法的模范。[1]

---

〔1〕 习近平：《在中共中央政治局第四次集体学习时的讲话》（2018 年 2 月 24 日）。

六、全体公民的法治信仰

没有得到人们信仰的法律往往只是僵死的、无效的一纸空文。信仰法律就是要坚决接受法治理念并将法律奉为根本的行为准则与基本的价值追求。全体公民特别是立法机关、执法机关和司法机关的工作人员都要信仰法治。这对于法治中国建设而言尤为重要，十分必要。习近平指出："做到严格执法、公正司法，就要信仰法治、坚守法治。'法不阿贵，绳不挠曲。'这就是法治精神的真谛。如果不信仰法治，没有坚守法治的定力，面对权势、金钱、人情、关系，是抵不住诱惑、抗不住干扰的。任何国家任何制度都不可能把执法司法人员与社会完全隔离开来，对执法司法的干扰在一定程度上讲是客观存在的，关键是遇到这种情况时要坚守法治不动摇，要能排除各种干扰。"[1]因此，培育全民法治信仰被列为法治中国建设的基础工程。中共把"法治"列入社会主义核心价值观中，成为其基本的内涵，就是要使法治成为全民的信念，从而转化为实现法治中国目标的强大动力。

（一）信仰法律的意蕴

信仰法律主要有三个方面的意蕴：

第一，信仰法律是基于对法律的信服。法律的权威源自人民发自内心的衷心拥护和真诚信仰。人类社会的治理方式大致历经从"神治"到"人治"再到如今的"法治"的过程。在法治社会，信仰法律的意蕴就在于人们对法律的虔诚坚信和心悦诚服。2014年1月7日，习近平在中央政法工作会议上指出："法律要发挥作用，需要全社会信仰法律。"对此，他引用了法国18世纪启蒙思想家卢梭的名句"一切法律之中最重要的法律，既不是刻在大理石上，也不是刻在铜表上，而是刻在公民的内心里"，来强调和说明全社会信仰法律对于法治建设的必要性和重要性，并进一步指出："我国是个人情社会，人们的社会联系广泛，上下级、亲戚朋友、老战友、老同事、老同学关系比较融洽，逢事喜欢讲个熟门熟道，但如果人情介入了法律和权力领域，就会

---

〔1〕习近平：《严格执法，公正司法》（2014年1月7日），载《十八大以来重要文献选编》（上），中央文献出版社2014年版，第719页。

带来问题，甚至带来严重问题。"〔1〕

第二，信仰法律是基于对法律的信心。没有信心就没有信仰，要使人民信法就必须要给人民以法律的信心，使人民实实在在地感受到法治给他们带来的公平正义和权利自由。党的十八届四中全会提出：公正是法治的生命线。世界上从来没有抽象的法治，每一个公正判例都是引领人民信法的基石，而不公正的裁判则是破坏或污染法治河流的源头。只有做到司法公正，才能使人民存有"眼泪已干、心却未死"的法治希望，坚定"正义虽迟却从未缺席"的法治信念。习近平曾引用培根〔2〕的名言"一次不公正的审判，其恶果甚至超过十次犯罪"，来说明司法不公对于人民信法所带来的严重的负面影响。因为犯罪是无视法律（污染水流），不公正的审判则毁坏法律（污染水源），所以司法不公对于人民信法所带来的是根本性的破坏。习近平强调："政法机关是老百姓平常打交道比较多的部门，是群众看党风政风的一面镜子。如果不努力让人民群众在每一个司法案件中都感受到公平正义，人民群众就不会相信政法机关，从而也不会相信党和政府。"〔3〕

第三，信仰法律是基于对法律的信任。中华民族自古就有"见贤思齐"的上进心理。要让人民信法，党员干部首先必须信法。正己才能正人。正所谓"其身正，不令而行；其身不正，虽令不从"。习近平强调正人必先正己，强调坚持把领导干部作为树立法治意识的关键，牢牢抓住领导干部这个"关键少数"，否则在对法律的信仰上就会出现失信于民的问题，就会直接影响法律权威的树立和政府公信力的建立。"如果领导干部都不遵守法律，怎么叫群众遵守法律？上行下效嘛！"〔4〕

---

〔1〕 习近平：《严格执法，公正司法》（2014 年 1 月 7 日），载《十八大以来重要文献选编》（上），中央文献出版社 2014 年版，第 721 页。

〔2〕 弗朗西斯·培根（Francis Bacon，1561—1626），第一代圣阿尔本子爵（1st Viscount St Alban），英国文艺复兴时期散文家、哲学家；英国唯物主义哲学家，实验科学的创始人，是近代归纳法的创始人，又是给科学研究程序进行逻辑组织化的先驱。主要著作有《新工具》《论科学的增进》及《学术的伟大复兴》等。

〔3〕 习近平：《严格执法，公正司法》（2014 年 1 月 7 日），载《十八大以来重要文献选编》（上），中央文献出版社 2014 年版，第 718 页。

〔4〕 习近平：《在十八届中央政治局第四次集体学习时的讲话》（2013 年 2 月 23 日）。

（二）公民信仰法律是法治国家形成的思想条件

公民必须遵守和服从国家的法律，并对法律产生信仰，这是形成法治国家重要的思想条件。法律信仰是两个方面的统一：一方面是指主体对法律的坚定信念，并以之为行为准则；另一方面是指主体在坚定的法律信念支配下所采取的严格依法办事的行为。只有法律在被尊重和服从，铭刻在公民的内心里，成为个人坚定的信念，进而内化为人的行为守则的时候，法律才能得到人们坚决的拥护和广泛的奉行，法律的权威才能得以大力彰显。

党的十八届四中全会第一次把守法与立法、执法、司法并列，提高到与后三者同等重要的地位，这是对法治建设领域的重要扩展和补充。要达成法治中国建设的目标，必须要有人民对法律的信任和坚守，否则法治就没有起码的思想基础和精神支撑。对此，需要我们在全面推进依法治国的进程中从以下几个方面作出切实的努力：

第一，要培养公民的法律意识。建立法治秩序有赖于公民对法律的正确认识和真心接受。苏格拉底[1]曾经用死来捍卫法律，是守法的典范。亚里士多德对法治解释的第二层含义，就是倡导公民守法才能完成法治建设的整个过程。广义的公民法律意识包括法律心理、法律观念、法律思想体系和法律信仰。法律信仰是法律意识的高级形式。公民法律意识的形成，是一个由感性向理性发展的过程，是一个由被动守法到主动守法的过程。

第二，要培育社会主义法治文化。只有当法治成为一种社会文化，一种公民信仰，一种个人品质，才能最终真正实现良法善治，因此，要着力培养公民对社会主义法治的文化认同。这种文化认同包括对中国特色社会主义法律的制度设计、价值观念和行为模式上的认同三个方面。从实现路径的角度来说，要在人民群众中广泛开展法律教育，宣传和推广法律文化，使人们学

---

[1]　苏格拉底（希腊语：Σωκράτης；英语：Socrates；德语：Sokrates）（公元前 469 年—公元前 399 年），是希腊语（雅典）哲学的创始人之一。他是一个神秘人物，虽然没有自己的著作，但是他的思想和观点却在他的学生柏拉图和色诺芬等古典作家的著作中得到充分体现。《柏拉图对话录》是对苏格拉底的思想和观点最为全面的展示和叙述，苏格拉底由此开始以其在伦理学和认识论等领域的贡献而闻名于世。苏格拉底对古代、近代甚至现代的哲学家都产生了深刻的影响，他的艺术、文学和大众文化等方面的思想和观点的广为传播，使他成为在西方思想史中广为人知的人物。

习法治理论，理解法治思想，树立法治信仰，形成法治思维，认同法治文化，运用法治方式。

第三，要着力加强道德建设并充分发挥德治的作用。法律与道德作为上层建筑的组成部分，都是维护社会秩序、规范人们思想和行为的重要手段。它们相互联系、互相补充。在国家和社会的治理上，法治与德治是各司其职、相互促进，法律规范和道德规范应该互相结合，统一发挥作用。一方面，加强法治能赋予社会道德规范以权威性，促进社会道德法制化；另一方面，加强德治又能有效地提高人们的思想政治素质和精神境界，从而在根本上防范和减少违法乱纪现象的滋生。没有德治的支持，法治就没有根基。德治以其特有的说服力、感召力和劝导力来提高全体社会成员的思想认识和道德觉悟。以德治国是以法治国的重要补充，中国传统法律思想更注重道德在规范社会秩序方面的重要作用，"以德配天""德主刑辅"就是其重要体现，在维护整个古代中国集权专制社会的统治中功不可没。现代法治在坚持法律至上的同时，也应重视道德在国家和社会治理中的重要作用，不仅要促使人们达成平等、公平、正义、秩序等法治价值观，树立崇尚法治的精神，形成以法治思维和法治方式来解决问题的良好习惯，而且也要高度重视伦理教化在提高人们的思想认识上和道德觉悟上的重大作用。在倡导培养公民的法律意识、培育社会主义法治文化的同时，我们要把以法治国和以德治国有机地结合起来，要把法治建设和道德建设紧密地结合起来，把他律和自律着力地结合起来，做到法治和德治相辅相成、相互促进。实际上，道德对人的内心具有强大而有效的约束作用，它在社会治理中的重要作用常常不亚于法律。如果一个国家仅有法治而没有道德的辅佐，那么这个国家的治理就会存在严重不足。我们要坚持把以法治国和以德治国结合起来，高度重视道德对公民行为的规范作用，引导公民既依法维护自己的合法权益，又自觉履行自己的法定义务，做到享有权利和履行义务相一致。

第四，要培养领导干部法治思维。领导干部是守法的"关键少数"，这个"关键少数"在社会中具有相当重要的示范作用。所以领导干部要带头学习法律，了解法律，掌握法律，形成法治思维；要带头用法，排除特权思想，提高依法办事的能力；要带头守法，牢固树立法律红线不能触碰、法律底线不能逾越的法治观念，对法律怀着敬畏之心。[1]

全民守法是法治中国建设的基础环节。全民守法意味着全体公民要自觉遵守宪法和法律，弘扬社会主义法治精神。习近平指出："推进全民守法，必须着力增强全民法治观念。要坚持把全民普法和守法作为依法治国的长期基础性工作，采取有力措施加强法制宣传教育。要坚持法治教育从娃娃抓起，把法治教育纳入国民教育体系和精神文明创建内容，由易到难、循序渐进不断增强青少年的规则意识。要健全公民和组织守法信用记录，完善守法诚信褒奖机制和违法失信行为惩戒机制，形成守法光荣、违法可耻的社会氛围，使尊法守法成为全体人民共同追求和自觉行动。"[2]

全民守法首先领导干部要带头守法，必须坚决防止"以权压法、以权废法和徇私枉法"等现象和行为发生。要在全社会营造懂法、知法、用法的良好氛围，调动各类守法主体用法崇法护法的积极性、主动性，形成不愿违法、不能违法、不敢违法的法治氛围。只有人民时刻牢记宪法和法律，全面认同宪法和法律，自觉遵守宪法和法律，实现全民守法常态化，才能推动法治国家、法治政府、法治社会一体化建设稳步向前。只有相信人民，依靠人民，使人民成为落实法治思想的主人和适用法律规范的主体，法治中国建设才能取得成功。

习近平要求领导干部要有法治思维和依法办事能力。他指出："各级领导机关和领导干部要提高运用法治思维和法治方式的能力，努力以法治凝聚改革共识、规范发展行为、促进矛盾化解、保障社会和谐。"[3]习近平强调：凡属重大改革都要于法有据。在整个改革过程中，都要高度重视运用法治思维和法治方式，发挥法治的引领和推动作用，加强对相关立法工作的协调，确保在法治轨道上推进改革。[4]习近平说：对各类社会矛盾，要引导群众通过法律程序、运用法律手段解决，推动形成办事依法、遇事找法、解决问题用

---

〔1〕 习近平：《在中央全面深化改革领导小组第十次会议上的讲话》（2015年2月27日）。

〔2〕 习近平：《加快建设社会主义法治国家》（2014年10月23日），载《求是》2015年第1期。

〔3〕 习近平：《在十八届中央政治局第四次集体学习时的讲话》（2013年2月23日）。

〔4〕 习近平：《在中央全面深化改革领导小组第二次会议上的讲话》（2014年2月28日）。

法、化解矛盾靠法的良好环境。[1]这些关于法治与化解矛盾之间的关系的论述，反映了习近平在培养领导干部法治思维等问题上的法治思想。

一座雄伟的大厦必须有一个坚实的基础。如果说国家权力机构的立法活动、政府的执法活动、司法机关的司法活动是一个国家法治大厦本身的话，那么一个国家的全体成员的法治观念、守法意识特别是公民的法治信仰，就是这座大厦的思想根源和精神基础。法治建设必须以人民对法律的广泛认同、对法律的坚定的信仰、对法律的坚守意识为基础，否则就谈不上法治和法治建设。

习近平要求和倡导提高并加强全民、全社会的守法意识。他指出："全面推进依法治国，必须坚持全民守法。全民守法，就是任何组织或者个人都必须在宪法和法律范围内活动，任何公民、社会组织和国家机关都要以宪法和法律为行为准则，依照宪法和法律行使权利或权力、履行义务或职责。要深入开展法制宣传教育，在全社会弘扬社会主义法治精神，传播法律知识，培养法律意识，在全社会形成宪法至上、守法光荣的良好氛围。要坚持法制教育与法治实践相结合，广泛开展依法治理活动，提高社会管理法治化水平。"[2]

在提倡全民守法中，习近平更为重视领导机关、领导干部的守法意识的培养和法治思维的培育。他说："党的十八大提出，领导干部要提高运用法治思维和法治方式的能力。这就要求领导干部把对法治的尊崇、对法律的敬畏转化成思维方式和行为方式，做到在法治之下、而不是法治之外、更不是法治之上想问题、作决策、办事情。现在，广大干部群众的民主意识、法治意识、权利意识普遍增强，全社会对公平正义的渴望比以往任何时候都更加强烈，如果领导干部仍然习惯于人治思维、迷恋于以权代法，那十个有十个要栽大跟头。"[3]

全民、全社会的守法意识不是自动形成的，而是通过法治宣传教育工作促成的。习近平提出："我们要把宪法教育作为党员干部教育的重要内容，使

---

〔1〕 习近平：《在十八届中央政治局第十四次集体学习时的讲话》（2014年4月25日）。

〔2〕 习近平：《在十八届中央政治局第四次集体学习时的讲话》（2013年2月23日）。

〔3〕 习近平：《在省部级主要领导干部学习贯彻十八届四中全会精神全面推进依法治国专题研讨班开班式上的讲话》（2015年2月2日）。

各级领导干部和国家机关工作人员掌握宪法的基本知识，树立忠于宪法、遵守宪法、维护宪法的自觉意识。"〔1〕因此，要深入开展法制宣传教育，在全社会弘扬社会主义法治精神，传播法律知识，培养法律意识，在全社会形成宪法至上、守法光荣的良好氛围；要坚持法制教育与法治实践相结合，广泛开展依法治理活动，提高社会管理法治化水平。

（三）培育全民法治信仰重在提高领导干部的法治思维

党的十八大报告强调：全面建成小康社会，必须"坚决破除一切妨碍科学发展的思想观念和体制机制弊端，构建系统完备、科学规范、运行有效的制度体系，使各方面制度更加成熟更加定型"〔2〕。习近平重申："真正实现社会和谐稳定、国家长治久安，还是要靠制度，靠我们在国家治理上的高超能力，靠高素质干部队伍。我们要更好发挥中国特色社会主义制度的优越性，必须从各个领域推进国家治理体系和治理能力现代化。推进国家治理体系和治理能力现代化，就是要适应时代变化，既改革不适应实践发展要求的体制机制、法律法规，又要不断构建新的体制机制、法律法规，使各方面制度更加科学、更加完善，实现党、国家、社会各项事务治理制度化、规范化和程序化。"〔3〕在现实生活中，有的领导干部法治意识比较淡薄，有法不依、违法不究、知法犯法等行为和现象还时常发生；少数领导干部不尊崇宪法、不敬畏法律、不信仰法治，只崇拜权力、崇拜金钱、崇拜关系，大搞权权勾结、权钱交易、权色交易，以至于一些地方和单位被搞得乌烟瘴气，破坏政治生态。这些问题的存在，在一定程度上影响了党和国家的威信和形象，损害了经济、政治、文化、社会、生态等领域的正常秩序，干扰了党和国家制度体系运行，冲击了人民对法治的信心，给全面推进依法治国也造成了一定的负面影响。因此，全面依法治国，必须培养和提高领导干部这个"关键少数"的法治思维和依法办事能力。对此，习近平指出："领导干部提高法治思维和依法办事能力，关键是要做到以下几点。一是要守法律、重程序，这是法治

---

〔1〕　习近平：《在首都各界纪念现行宪法公布施行30周年大会上的讲话》（2012年12月4日）。

〔2〕　习近平：《在十八届中央政治局第四次集体学习时的讲话》（2013年2月23日）。

〔3〕　习近平：《切实把思想统一到党的十八届三中全会精神上来》，载《人民日报》2014年1月1日。

的第一位要求。二是要牢记职权法定，明白权力来自哪里、界线划在哪里，做到法定职责必须为、法无授权不可为。三是要保护人民权益，这是法治的根本目的。四是要受监督，这既是对领导干部行使权力的监督，也是对领导干部正确行使权力的制度保护。"〔1〕

　　法治思维是指人类符合法治的精神、原则、理念、逻辑和要求的思维习惯和思想方式，是人们对于法治的本质和内涵从内容到形式的理性认知。培养和提高人们法治思维的过程，是一个需要有待努力、不断深化的动态过程。一般来说，有什么样的法治思维就有什么样的法治方式。2012 年 12 月 4 日，习近平《在首都各界纪念现行宪法公布施行 30 周年大会上的讲话》中，首次提到"法治思维"这一概念。他说："各级党组织和党员领导干部要带头厉行法治，不断提高依法执政能力和水平，不断推进各项治国理政活动的制度化、法律化。各级领导干部要提高运用法治思维和法治方式深化改革、推动发展、化解矛盾、维护稳定能力，努力推动形成办事依法、遇事找法、解决问题用法、化解矛盾靠法的良好法治环境，在法治轨道上推动各项工作。"〔2〕2013 年 2 月 23 日，习近平《在十八届中央政治局第四次集体学习时的讲话》中提出："各级领导机关和领导干部要提高运用法治思维和法治方式的能力，努力以法治凝聚改革共识、规范发展行为、促进矛盾化解、保障社会和谐。"2014 年 1 月 7 日，习近平在中央政法工作会议上，再次提到领导干部要具有法治思维的问题，明确要求"党既要领导人民制定宪法法律，也领导人民执行宪法法律，做到党领导立法、保证执法、带头守法"。

　　在现代社会，强调法治思维，就是尊重法律权威、遵循法治原则、体现法律理性；强调法治方式，就是按照法律规则处理问题、解决纠纷，使执政行为合法合理、公开公正。作为党和政府政策的具体执行者和贯彻者，党员干部尤其是领导干部代表着党的形象和党的政策的方向，如果缺乏法治思维和法治方式，不能做到严格依法办事，就会在全社会产生广泛而深远的恶劣影响和"示范效应"。对此，《中共中央关于全面推进依法治国若干重大问题

---

　　〔1〕 习近平：《在省部级主要领导干部学习贯彻十八届四中全会精神全面推进依法治国专题研讨班开班式上的讲话》（2015 年 2 月 2 日）。

　　〔2〕 习近平：《在首都各界纪念现行宪法公布施行 30 周年大会上的讲话》（2012 年 12 月 4 日）。

的决定》明确提出，要"提高领导干部法治思维和依法办事能力。党员干部是全面推进依法治国的重要组织者、推动者、实践者，要自觉提高运用法治思维和法治方式深化改革、推动发展、化解矛盾、维护稳定的能力，高级干部尤其要以身作则、以上率下"[1]。因此，培育全民法治信仰，首先重在培养和提高领导干部的法治思维和法治方式。如果领导干部都缺乏法治思维和法治方式，都没有法治信仰，那就必将对培育全民法治信仰造成很大的负面影响和恶劣的"示范效应"，在全社会培育全民法治信仰就无从谈起。

习近平高度重视提高领导干部的法治思维和法治方式，甚至把以前中央多次使用的"学法尊法守法用法"表述中的"尊法"，提到最前面，变成"尊法学法守法用法"，其目的就是强调：先尊崇法律才能认真去学习法律、遵守法律、运用法律；才能自觉提升运用法律思维和通过法治方式来推动改革、促进发展、化解矛盾、维护稳定的能力。因此，如果领导干部带头树立法治理念、维护法律权威，自觉在宪法法律范围内活动，就能形成良好的"示范效应"，从正面影响和带动全社会厉行法治，否则法治中国建设的目标就难以实现。

（四）培育全民法治信仰必须抓住领导干部这个"关键少数"

习近平总书记在省部级主要领导干部学习贯彻十八届四中全会精神全面推进依法治国专题研讨班开班式上的讲话中明确指出："各级领导干部在推进依法治国方面肩负着重要责任，全面依法治国必须抓住领导干部这个'关键少数'。"[2]"各级领导干部在推进依法治国方面肩负着重要责任。现在，一些党员、干部仍然存在人治思想和长官意识，认为依法办事条条框框多、束缚手脚，凡事都要自己说了算，根本不知道有法律存在，大搞以言代法、以权压法。这种现象不改变，依法治国就难以真正落实。必须抓住领导干部这个'关键少数'。"[3]习近平提出领导干部要牢固树立基本法治观念，强调："领导干部都要牢固树立宪法法律至上、法律面前人人平等、权由法定、权依法

〔1〕《中共中央关于全面推进依法治国若干重大问题的决定》（2014年10月23日）。

〔2〕习近平：《在省部级主要领导干部学习贯彻十八届四中全会精神全面推进依法治国专题研讨班开班式上的讲话》（2015年2月2日）。

〔3〕习近平：《加快建设社会主义法治国家》（2014年10月23日），载《求是》2015年第1期。

使等基本法治观念，对各种危害法治、破坏法治、践踏法治的行为要挺身而出、坚决斗争。"[1]党的十八大报告提出，要"提高领导干部运用法治思维和法治方式深化改革、推动发展、化解矛盾、维护稳定的能力"[2]。因此，法治思维和法治方式成为新时代领导干部法律素养的重要内容。

2013年2月23日，习近平在主持中共中央政治局第四次集体学习时指出："要提高领导干部运用法治思维和法治方式的能力，努力以法治凝聚改革共识、规范发展行为、促进矛盾化解、保障社会和谐。"[3]由此可见，提高运用法治思维和法治方式的能力，是在全面深化改革、推进全面依法治国的背景下提出的，是新时代对领导干部执政理念、执政方式和行为准则的新要求，对于贯彻落实依法治国基本方略，推进法治中国建设具有特别重要的意义。

具备法治思维是新形势下党对领导干部提出的新要求，体现了党领导法治中国建设的新理念。2014年1月7日，习近平在中央政法工作会议上再次强调，各级党组织和领导干部要"善于运用法治思维和法治方式领导政法工作，在推进国家治理体系和治理能力现代化中发挥重要作用"[4]。强调领导干部必须具备法治思维是全面深化改革、推动发展的需要，同时也是从党的自身建设出发，维护社会稳定的需要。

要提高领导干部自身的法治修养，增强其依法用权的意识。思想是行动的先导，没有思想中对法律的认识和重视，就不可能有行动中自觉遵守法律的行为。因此，习近平要求各级领导干部积极学习法律法规，特别指出这种学习很有必要，它是领导干部开展工作必须具备的基本功。习近平要求增强领导干部运用法治思维和法治方式来分析问题、解决问题的能力，要求"领导干部把对法治的尊崇、对法律的敬畏转化成思维方式和行为方式，做到在

---

〔1〕 习近平：《在省部级主要领导干部学习贯彻十八届四中全会精神全面推进依法治国专题研讨班开班式上的讲话》（2015年2月2日）。

〔2〕 胡锦涛：《坚定不移沿着中国特色社会主义道路前进　为全面建成小康社会而奋斗》，载《人民日报》2012年11月9日。

〔3〕 《依法治国依法执政依法行政共同推进　法治国家法治政府法治社会一体建设》，载《人民日报》2013年2月25日。

〔4〕 习近平：《论依法治国》，载《人民日报（海外版）》2014年10月17日。

法治之下、而不是法治之外、更不是法治之上想问题、作决策、办事情"[1]。领导干部"要带头遵守法律、执行法律，带头营造办事依法、遇事找法、解决问题用法、化解矛盾靠法的法治环境。谋划工作要运用法治思维，处理问题要运用法治方式，说话做事要先考虑一下是不是合法"[2]。"各级领导干部要提高运用法治思维和法治方式深化改革、推动发展、化解矛盾、维护稳定能力，努力推动形成办事依法、遇事找法、解决问题用法、化解矛盾靠法的良好法治环境，在法治轨道上推动各项工作。"[3]

在推进依法治国进程中，无论是党的方针政策还是政府的规章制度，都需要通过各级干部去贯彻和实施。各级领导干部，必须严格依照法律规定来行使自身权力，不擅权、不越权，真正做到权为民所用，真正使政策和规章得到有效落实，从而推动依法治国的进程。习近平把法治建设成效纳入领导干部政绩考核指标体系，指出："要把法治建设成效作为衡量各级领导班子和领导干部工作实绩重要内容，把能不能遵守法律、依法办事作为考察干部重要依据。"[4]要"把善于运用法治思维和法治方式推动工作的人选拔到领导岗位上来"[5]。在相同条件下，优先提拔使用法治素养好、依法办事能力强的干部。对特权思想严重、法治观念淡薄的干部要批评教育，不改正的要调离领导岗位。

领导干部是否具有法治信仰，对于人民树立法治信仰而言，具有示范和榜样的效应。在法治的问题上，不同言行的领导干部都是具有说服力的法治宣传的"教员"。如果领导干部本身成为犯法者，那么就意味着这是对法律的蔑视，意味着所有的人都可以"各自为法"，从而导致国家和社会秩序的混乱。因此，各级领导干部一定要切实增强尊崇法治的定力，自觉做到带头尊

〔1〕　习近平：《在省部级主要领导干部学习贯彻十八届四中全会精神全面推进依法治国专题研讨班开班式上的讲话》（2015 年 2 月 2 日）。

〔2〕　习近平：《在省部级主要领导干部学习贯彻十八届四中全会精神全面推进依法治国专题研讨班开班式上的讲话》（2015 年 2 月 2 日）。

〔3〕　习近平：《在首都各界纪念现行宪法公布施行 30 周年大会上的讲话》（2012 年 12 月 4 日）。

〔4〕　习近平：《加快建设社会主义法治国家》（2014 年 10 月 23 日），载《求是》2015 年第 1 期。

〔5〕　《中共中央关于全面推进依法治国若干重大问题的决定》（2014 年 10 月 23 日）。

法守法，决不违规干预执法司法，更不能以言代法、以权压法，努力使法治思维成为领导干部自觉主动的习惯性的思维方式。只有包括领导干部在内的每个人心中都形成法治思维、养成法治习惯，整个社会才会走上法治轨道，依法治国的目标才能得以实现。

上行下效，榜样带头的力量是强大的。领导干部模范作用是法治中国建设的重要因素。"奉法者强，则国强；奉法者弱，则国弱。"推进法治中国建设，领导干部是关键的因素之一。2014年1月7日，习近平在中央政法工作会议上的讲话中明确要求，各级领导干部"要带头依法办事，带头遵守法律，牢固确立法律红线不能触碰、法律底线不能逾越的观念"[1]。2015年2月2日，在中共中央党校举办的省部级主要领导干部学习贯彻十八届四中全会精神全面推进依法治国专题研讨班开班式上，习近平紧密围绕"四个全面"的战略布局，强调领导干部是全面依法治国的关键，全面推进依法治国必须抓住领导干部这个"关键少数"，他号召各级领导干部要做"尊法学法守法用法"的模范，带动全党上下共同努力，奋力推动中国特色社会主义法治体系建设，为加快建设社会主义法治国家做出新贡献。

民以吏为师乃古代中国的历史传统和思维惯性，这个传统和惯性影响至今。因此，在一定意义和相当程度上，各级领导干部的示范和引领作用，决定着全面依法治国的方向、道路、进度。习近平指出："各级领导干部尤其要弄明白法律规定我们怎么用权，什么事能干、什么事不能干。"[2]他要求各级领导干部，要"心中高悬法律的明镜，手中紧握法律的戒尺，知晓为官做事的尺度"[3]。他强调各级领导干部，应自觉把法治思维内化于心、外化于行，"做到在法治之下、而不是法治之外、更不是法治之上想问题、作决策、办事情"[4]；要带头厉行法治，遵循法治原则，坚守法律底线。

〔1〕《习近平出席中央政法工作会议并发表重要讲话》，载《人民日报》2014年1月8日。

〔2〕习近平：《在省部级主要领导干部学习贯彻十八届四中全会精神全面推进依法治国专题研讨班开班式上的讲话》（2015年2月2日）。

〔3〕习近平：《在省部级主要领导干部学习贯彻十八届四中全会精神全面推进依法治国专题研讨班开班式上的讲话》（2015年2月2日）。

〔4〕习近平：《在省部级主要领导干部学习贯彻十八届四中全会精神全面推进依法治国专题研讨班开班式上的讲话》（2015年2月2日）。

所谓法治思维，简而言之就是以法为价值之要、以法为行为之规、以法为治理之本的思维模式。所谓法治方式，简而言之就是运用法治思维处理和解决问题的行为方式。树立法治思维和法治方式，为建设法治中国提供了新的方法遵循。按照法治思维思考问题、进行决策以及实施决策，是中共治国理政的必然要求，也是全面推进依法治国的必由之路。习近平告诫各级领导干部，"谋划工作要运用法治思维，处理问题要运用法治方式，说话做事要先考虑一下是不是合法"[1]。进入"四个全面"战略布局的新阶段，中共肩负的历史使命光荣而神圣，追求的奋斗目标宏大而高远，面临的执政环境纷繁复杂，需要破解的矛盾和挑战之多前所未有，新的世情、国情、党情，要求作为执政党的中共，必须大力推进国家治理体系和治理能力现代化，要求各级领导干部必须树立法治思维和运用法治方式推动各项工作，努力从传统思维和传统方法中解放出来，尽快实现从管理向治理转型。法治思维和法治方式从思想和行动两个维度为全面推进依法治国指明了具体路径，是对领导干部必须具备的能力的新要求。

（五）法律的根基和力量来自人民的拥护和信仰

法律的根基在于人民发自内心的衷心拥护，法律的力量源自人民真诚的信仰。法律必须被信仰。如果法律不被信仰，就会形同虚设，成为一纸空文。法律要发生作用，首先全社会要信仰法律。在一个真正的法治社会，法治风尚必然盛行，法律不仅铭刻在大理石和铜表上，而且更重要的是铭刻在人们的内心深处。如果一个社会大多数的人对法律没有信任感，认为靠法律解决不了问题，还是要靠上访、信访，要靠找门路、托关系，甚至要靠采取聚众闹事等极端行为才能解决问题，那就不可能建成法治社会。人民对法治的真心拥护和虔诚信仰基于法治文化的熏陶。法治的魅力主要不是来自于其规范意义，而是源自于其文化意义。

法治文化是法治的"灵魂"，是法治社会的重要精神支柱和内在动力。因此，必须牢牢把握法治信仰的价值追求，推进法治文化建设，通过广泛的普法活动，传播法治理念，培育法治精神，树立法治权威，让广大人民群众充

---

〔1〕　习近平：《在省部级主要领导干部学习贯彻十八届四中全会精神全面推进依法治国专题研讨班开班式上的讲话》（2015 年 2 月 2 日）。

分相信法律、自觉运用法律，认识到宪法和法律不仅是全体公民必须遵循的行为规范，而且是保障公民权利的法律武器，努力形成办事依法、遇事找法、解决问题用法、化解矛盾靠法的良好法治环境。

人民对于法治的衷心拥护、虔诚信仰来自于坚定的严格执法。宪法的生命在于实施，宪法的权威也在于实施，对于法治的虔诚信仰更来自于严格的执法。"天下之事，不难于立法，而难于法之必行"。法律休眠、制度麻木，必然导致违法盛行、法治虚无和法治信仰的丧失。必须避免选择性遵守、选择性执行法律等现象的发生，保证法之必行。要深入研究保证每一部法律法规全面严格实施的有效办法，坚守法律底线，绝不能用实用主义的态度来对待法治，而要强化对法律实施的监督检查，努力确保每一部法律法规都得到严格执行，每一条法律法规条文都能充分发挥其应有的规范、调节和震慑作用，让法律法规通过被严格执行获得活的生命，使法律法规真正成为有效调整社会关系的现实力量。

提高公民法律素质，培养人民的法治信仰，就需要把维护公民的合法利益与培养人民的法治意识紧密地结合起来。公民的法治修养水平是一个国家法治建设水平的重要体现。在中国，人民是依法治国的重要主体和主要参与者，要有效推进依法治国就必须提高人民的法治修养和法律水平。把维护公民的合法利益与培养人民的法治意识有机地结合起来，实现利益保障与意识培养相统一，是培养人民法治信仰的重要途径。对此，需要我们从两个方面做出切实的努力。

一方面，要保障人民的各项合法权益，从而使人民树立信法敬法尊法的意识。法律之所以具有尊严，就在于它能够惩恶扬善，保护人们的合法利益。习近平明确指出，在全面推进依法治国进程中，一定要维护好广大人民群众的合法权益。

另一方面，要向人民普及法律知识，培养人民懂法用法的能力。法律能力的提高是一个理论与实践相结合的过程。这就要求在向人民普及法律知识的同时，要引导其自觉运用法律解决问题。习近平指出："对各类社会矛盾，要引导群众通过法律程序、运用法律手段解决，推动形成办事依法、遇事找法、解决问题用法、化解矛盾靠法的良好环境。"[1]因此，只有在解决实际问题中引导群众运用法律，才能有效提高其懂法用法的能力，从而为推进全面依法治国培养出合格的主体和优秀的参与者。

---

[1]　习近平：《在十八届中央政治局第十四次集体学习时的讲话》(2014 年 4 月 25 日)。

CHAPTER 3

第三章
全面依法治国的重要因素

依法治国就是依照体现人民意志和社会发展规律的宪法和法律治理国家，而不是依照个人的意志和主张治理国家；就是要求国家的政治、经济、文化和社会生活乃至生态文明建设等各个领域、各个方面的活动，都要严格依照宪法和法律的规定进行，而不受任何个人意志和主张的影响、干预、阻碍甚至破坏。进一步说，依法治国就是依照宪法和法律来治理国家，是中国共产党领导人民治理国家的基本方略，是发展社会主义市场经济的客观需要，也是社会文明进步的显著标志，还是国家长治久安的必要保障。"依法治国，建设社会主义法治国家"是人民当家作主的根本保证。2014 年 10 月，中国共产党第十八届中央委员会第四次全体会议首次专题讨论依法治国问题。10 月 23 日，《决定》发布，法治中国建设由此迈上了一个新台阶。全面依法治国的内涵是什么？全面推进依法治国的必然性和艰巨性体现在哪里？全面推进依法治国的三个着力点在哪里？全面依法治国必须遵循什么基本原则？全面依法治国的动因是什么？全面依法治国动力在哪里？这些问题都是法治中国建设需要分析、研究、阐释和说明的重要因素。

一、全面依法治国的内涵

我国的法治建设还存在不少问题，与中国特色社会主义新时代的要求、人民的期待、推进国家治理体系和治理能力现代化的目标还存在差距、不甚符合。这主要表现在：有的法律、法规还未能全面反映客观规律和人民意愿，其针对性、可操作性不强；立法工作中部门化倾向、争权避责等现象较为突出；有法不依、执法不严、违法不究等现象比较严重，执法体制权责脱节、多头执法、选择性执法等现象仍然存在，执法司法不规范、不严格、不透明、不文明等现象时常发生，人民对某些执法司法不公和司法腐败等问题反映强烈；部分社会成员尊法信法守法用法、依法维权意识还不够强烈，一些国家工作人员特别是某些领导干部依法办事的观念比较缺乏，依法办事的能力存在不足，知法犯法、以言代法、以权压法、徇私枉法等现象依然存在。这些问题和现象的存在违背了社会主义法治原则，损害了人民群众的利益，妨碍了党和国家事业的发展。在全面推进依法治国的过程中，我们必须努力奋斗，着力逐步解决这些问题和消除这些现象。依法治国是发展社会主义市场经济的客观需要，是国家民主与法治进步的重要标志，是建设中国特色社会主义文化的重要条件，是国家长治久安的重要保障，也是为了解决政治、经济、文化和社会乃至生态文明建设等各个方面所存在的问题，迎接新时代中国特色社会主义的挑战之客观需要。

1999 年 3 月第九届全国人大二次会议通过的宪法修正案规定："中华人民共和国实行依法治国，建设社会主义法治国家。"这一规定位列我国《宪法》的第 5 条第 1 款。这是中国近现代史上破天荒的事件，是中华人民共和国治国方略的重大转变，也是中国共产党执政方式的重大转变。依法治国是我国所有的国家机关必须遵循的基本原则，是发展社会主义民主、实现人民当家作主的根本保证，是发展社会主义市场经济和扩大对外开放的客观需要；是社会文明进步的显著标志，是国家长治久安的重要保障，是民主政治的必然要求；也是现代政治文明的基本标志，是建设中国特色社会主义文化的重要条件。

作为中国共产党领导人民治理国家的基本方略，全面依法治国就是要扩大社会主义民主，健全社会主义法治，牢固树立宪法和法律在国家和社会生活中的至上权威，坚持依法行政和公正司法，实现国家政治、经济、文化和社会生活乃至生态文明建设等各个方面的民主化与法治化。依法治国的主体是中国共产党领导下的广大人民。依法治国的本质是崇尚宪法和法律在国家政治、经济、文化和社会生活中的权威，彻底否定在国家和社会各方面事务的决定都以领导人个人意志和主张为转移的人治，确立法大于人、法高于权的原则，使社会主义的民主和法治不受个人意志和主张的影响。依法治国的根本目的就是要保证人民充分行使当家作主的权利，维护人民当家作主的地位。

　　作为新时代的新理念新思想新战略，全面依法治国的主要内容体现为"十个坚持"，即：坚持党对依法治国的领导；坚持人民主体地位；坚持中国特色社会主义法治道路；坚持建设中国特色社会主义法治体系；坚持依法治国、依法执政、依法行政共同推进，法治国家、法治政府、法治社会一体建设。坚持依宪治国、依宪执政；坚持全面推进科学立法、严格执法、公正司法、全民守法；坚持处理好全面依法治国的辩证关系；坚持建设德才兼备的高素质法治工作队伍；坚持抓住领导干部这个"关键少数"。

　　全面依法治国的基本内涵就是：坚持走中国特色社会主义法治道路、建设中国特色社会主义法治体系、建设社会主义法治国家，实现科学立法、严格执法、公正司法、全民守法。

　　"科学立法，严格执法，公正司法，全民守法"，是全面推进依法治国的基本方针。有法可依是实现依法治国的前提条件。"科学立法"，就是指立法机关要严格按照《立法法》制定法律，逐步建立起完备的法律体系，使国家和社会各个领域、各个方面都有法可依。"严格执法"，就是指行政机关要严格依法行政，就是要求各级政府及其工作人员严格依法行使其权力，依法处理国家和社会的各项事务。"公正司法"，就是指司法机关在一切司法活动中必须努力实现公平正义，把公正的精神真正贯穿于司法活动的全过程，以公正的态度和行为来严格执法和适用法律。"全民守法"就是指要充分调动人民投身依法治国实践的积极性和主动性，使全体人民都成为社会主义法治的忠实崇尚者、自觉遵守者、坚定捍卫者，使尊法、信法、守法、用法、护法成为全体人民的共同追求。人民权益要靠法律保障，法律权威要靠人民维护。法治的真谛就在于全体人民的真诚信仰和忠实践行。人民的法治信仰和法治观念是依法治国的内在动力，更是法治中国的精神支撑和思想基础。

　　全面依法治国就是要以人民的期待为导向，以法治巩固人民主体地位、维护人民合法权利；在坚持依法治国和以德治国相结合中，把法治精神融入规范社会行为的核心价值观中，为建设法治中国打牢群众基础，向法治中国建设注入强大的思想动力。作为中国共产党领导人民治理国家的基本方略，全面依法治国的"全面"主要体现在以下几个方面。

（一）全局性

全面推进依法治国是一项具有一定的政治体制改革性质的宏大系统工程，涉及法治建设的各个环节、各个领域、各个方面和各种要素。因此，全面推进依法治国意味着全国的政治、经济、文化和社会生活的各个领域、各个方面，都应该无一例外地由法律来规范，都要实现法制化，都要严格依法治理。必须尊重宪法和法律的权威、服从宪法和法律的规定、严格依法办事，应该是包括执政党在内的所有的国家机关、社会团体、社会组织和全体公民共同的思想信念和行为准则。

在全面依法治国的语境中和内涵里，"法治"不是"治民"而是"治官"。古代中国只有"法制"，没有"法治"，历代集权专制王朝的统治者都只是把法律当作治民的工具。与之不同，现代法治虽然也要使公民的行为受到法律的约束，但法律的作用主要在于"治官"，而不在于"治民"。现代法治的这个特征是由民主政治代替了专制政治所决定的。近代宪法的出现就是民主政治开始代替专制政治的标志。宪法涉及内容虽然很多，但主要是要解决两个问题：一是确认和保障公民的权利，使其不受侵犯；二是设定和约束国家的权力，使其不被滥用。法治并非只是一项具体工作，更是一项影响和决定一个国家和社会全局的治国方略。党的十一届三中全会以来，党和国家制定和实行了一系列完全不同于以往的方针、政策和法律，其中有四项最具有根本性、全局性和深远的战略意义，即：从以阶级斗争为纲转变为以经济建设为中心；从实行计划经济转变为实行社会主义市场经济；从实行闭关锁国转变为实行对外开放；从人治向法治过渡，实行依法治国，建设社会主义法治国家。

全面依法治国就是要依照宪法这个治国安邦的总章程来治理国家和社会，就是要坚持党的领导、人民当家作主、依法治国有机统一。全面推进依法治国最终要落实到国家治理体系和治理能力现代化上，体现在不断提高党的领导水平和增强党的执政能力上。只有建设一个由完备的法律规范体系、高效的法治实施体系、严密的法治监督体系、有力的法治保障体系和完善的党内法规体系构成的法治治理体系，坚持依法治国、依法执政、依法行政共同推进，坚持法治国家、法治政府、法治社会一体建设，实现科学立法、严格执法、公正司法、全民守法，才能进一步巩固党执政兴国的法治基础，巩固党总揽全局、协调各方的领导核心地位，为全面建成小康社会、实现中华民族伟大复兴的中国梦汇聚强大的力量。

（二）整体性

全面推进依法治国是一项从中央到地方，从各地区到各行业，从立法到执法、司法、护法、守法、学法等多个领域和方面的具有整体性特征的系统工程。实行依法治国首先要从中央机关及其领导成员做起；制度改革首先要从中央一级的层次上实施，实行这一治国方略成败的关键也在中央一级。同时，我们也不应低估从 1985 年开始的、在全国范围内广泛和深入开展的"依法治理"工作的重要意义。依法治理包括区域治理（省、自治区、直辖市、地级市、县）、行业治理和基层治理，内容涉及立法（还有行业与基层的建章立制）、执法、司法、护法（法律监督）、普法和社会治安综合治理等多个方面。也就是说，全面推进依法治国是一项从中央到地方的多层次、全方位的强调整体性的系统工程。全面推进依法治国中的"全面"之意，就是指推进依法治国不是局部的、分散的和对立的，而是整体的、系统的和统一的。这个"全面"要求把依法治国视为一个庞大的系统工程，统筹考虑如何使依法治国基本方略从中央到地方得到全面有效的贯彻和执行。

作为一项宏大的法治中国建设整体性的系统工程，全面推进依法治国的要义是：从党和国家工作的大局和加强党的领导特别是增强党的执政能力的战略高度，以推进国家治理现代化、建成全面小康社会和实现中国梦为不同阶段的改革发展目标，统筹法治建设与政治、经济、文化和社会生活乃至生态文明建设和党的建设等各方面工作，把全面推进依法治国作为一项事关党领导人民治理国家和社会的重要工作，把法治作为党治国理政的基本方式和主要途径，把全面推进依法治国、建设中国特色社会主义法治体系作为一个庞大的系统工程，从"坚持党的领导、人民当家作主、依法治国有机统一；坚持科学立法、严格执法、公正司法、全民守法系统发展；坚持依法治国、依法执政、依法行政共同推进；坚持法治国家、法治政府、法治社会一体建设；坚持形成办事依法、遇事找法、解决问题用法、化解矛盾靠法的法治环境；坚持依法治国与以德治国相结合；坚持平安中国与法治中国建设相结合；坚持法治建设与深化改革协调推进"等八个方面，全面系统推进法治中国建设，推进国家治理现代化，构建现代化的法治国家。

（三）目标性

战略目标是相对于策略手段而言的。作为当今最为进步的政治法律制度的目标模式，法治国家的基本目标不应模糊不清，而应明确具体。党的十五大报告和第八届全国人大四次会议提出的"法治国家"这一概念，是一个在以往党和政府的文件和领导人的讲话中从未出现过的新概念。如果说在狭义上"依法治国"是方针，"法治国家"是目标，那么"法治国家"就有其丰富的内涵。全面依法治国是国家治理领域一场广泛而深刻的革命。全面推进依法治国的总目标是：建设中国特色社会主义法治体系，建设社会主义法治国家。这个总目标进一步地说就是：在中国共产党领导下，坚持中国特色社会主义制度，贯彻中国特色社会主义法治理论，形成完备的法律规范体系、高效的法治实施体系、严密的法治监督体系、有力的法治保障体系，形成完善的党内法规体系，坚持依法治国、依法执政、依法行政共同推进，坚持法治国家、法治政府、法治社会一体建设，实现科学立法、严格执法、公正司法、全民守法，促进国家治理体系和治理能力现代化。

作为一种国家在政治和法律上的类型和模式，"法治国家"应具有一系列现代法治原则，不应简单地理解为只是"有法可依、有法必依、执法必严、违法必究"而已。"法治国家"既要有中国特色，又要具备现代法治国家的共同特征；既要有自身的性质和客观规律可循，又要在总结实践经验基础上作出法治中国建设的创新。明确全面依法治国的基本目标及其具体内容，以作为法治中国建设的目的、方向和向导，不仅十分必要，而且非常重要。

（四）长期性

法治中国建设与中国特色社会主义建设同步，是一个伴随着我国的国家治理体系和治理能力现代化而逐渐进步和发展的过程。法的内容与形式，法律制度的模式选择及其实现不可能孤立地存在与发展，而必然受当时当地的政治、经济、文化和社会生活乃至生态文明建设等各个方面的具体条件的影响和制约。同时，人们认识的提高和经验的积累也需要有一个过程。我国人口众多，幅员辽阔，情况复杂，历史文化的包袱沉重。因此，要在我国建成社会主义法治国家，使其达到理想的状态和境界，是一个长期的历史性任务。这一长期性决定了建设法治国家的历史进程具有渐进性、持续性和阶段性的特点。

面对今天前所未有的矛盾风险挑战和改革发展稳定的繁重任务，依法治国在党和国家工作全局中的地位更加突出，在实现经济发展、政治清明、文化昌盛、社会公正、生态良好的治理目标中的作用更加重大。在"四个全面"[1]中，"全面依法治国"起着为其他三个"全面"提供法治保障的重要作用。2014年10月，在党外人士座谈会上，习近平在谈及"全面依法治国"的必要性时说："全面推进依法治国也是解决我们在发展中面临的一系列重大问题，解放和增强社会活力、促进社会公平正义、维护社会和谐稳定、确保国家长治久安的根本要求。"同年10月，党的十八届四中全会通过《决定》。至此，"依法治国"从最初的单一概念，发展成为内容翔实、结构严谨、涉及广泛的表述，同时还包含着具体可行的操作方式和目标举措。

"依法治国"的"全面"体现在：建立完备的法律规范体系、高效的法治实施体系、严密的法治监督体系、有力的法治保障体系、完善的党内法规体系的"五大法治体系"；要求依法治国、依法执政、依法行政的"三个共同推进"，法治国家、法治政府、法治社会的"三个一体建设"；强调要坚持党的领导、人民当家作主、依法治国有机统一，以及依法治国和以德治国相结合的原则；主张"依法治国"覆盖到科学立法、严格执法、公正司法、全民守法的全过程。这就使得"依法治国"的概念更加充实完善和具备全面性。

在法治建设的内部方面，应当尽可能地把法治精神、法治价值、法治意识、法治理念、法治文化整合起来；把依宪治国、依法治国、依法执政、依法行政、依法办事统一起来；把有法可依、有法必依、执法必严、违法必究统一起来；把科学立法、严格执法、公正司法、全民守法、有效护法统一起来；把法学研究、法学教育、法治宣传与法治实践紧密结合起来，系统地整合依法治国的各个要素，全面打通法治建设的各个环节，真正形成依法治国、建设法治国家的系统工程，切实使依法治国基本方略在实践中得以全面展开和具体落实。[2]

---

[1] "四个全面"，即全面建成小康社会、全面深化改革、全面依法治国和全面从严治党。
[2] 李林：《全面推进依法治国是一项宏大系统工程》，载《国家行政学院学报》2014年第6期。

在法治建设外部方面，我们应该特别注意以下几个方面：其一，应当把依法治国与人民当家作主、坚持党的领导三者统一起来认识，而不是把法治与人民民主对立起来，把依法治国与党的领导对立起来，提出"法大还是人大？法大还是党大？"一类的问题。其二，应当把推进依法治国与积极稳妥推进政治体制改革紧密结合起来，在全面落实依法治国基本方略的法治实践中，在法治的轨道上和社会主义宪法的框架下，积极稳妥地实现政治体制改革的基本目标，在发展人民民主、推进各项政治体制改革的过程中，为依法治国提供良好的制度保障和政治环境。其三，应当把推进依法治国与经济建设、政治建设、社会建设、文化建设和生态文明建设紧密结合起来，不仅把依法治国和法治建设内化为"五位一体"战略的重要组成部分，凸显民主政治是法治政治、市场经济是法治经济、和谐社会是法治社会、未来中国是法治中国等价值取向，而且使法治与经济建设、政治建设、文化建设、社会建设、生态文明建设相适应，真正成为现代化建设的助推器和保护神。其四，应当把全面推进依法治国与全面建成小康社会的战略目标紧密结合起来，努力建设中国特色的"法治小康"。"法治小康"，在价值层面追求的是自由平等、民主法治、公平正义、幸福博爱、和谐有序，充分实现人权与人的尊严；在制度层面追求的是人民主权、法律至上、依宪治国、依法执政、依法行政、公正司法、依法治权，努力建成法治中国；在实践层面追求的是有法必依、执法必严和依法办事，努力实现良法善治；在阶段性目标层面，2020年全面建成小康社会就是要实现"依法治国基本方略全面落实，法治政府基本建成，司法公信力不断提高，人权得到切实尊重和保障……国家各项工作法治化"。同时，"法治小康"还通过依法治国特有的制度安排、规范手段、教育强制功能等，为全面建成小康社会提供良好的法治环境和法治保障。[1]

二、全面推进依法治国的必然性和艰巨性

全面推进依法治国作为一项战略任务，要从必然性和艰巨性这两方面来加深理解。明白必然性才能增强人们对依法治国的自觉性，充分认识到全面

---

〔1〕 李林：《全面推进依法治国是一项宏大系统工程》，载《国家行政学院学报》2014年第6期。

推进依法治国是一条必须坚定不移地走下去的新时代中国特色社会主义建设的必由之路；了解艰巨性才能增强人们对依法治国的坚定性，充分认识到全面推进依法治国是一条不可能一蹴而就的实现民族复兴中国梦的艰辛之路。

（一）全面推进依法治国是中共顺应历史潮流和人民意愿作出的必然选择

实行依法治国，建设社会主义法治国家，是中共在深刻总结新中国成立以来正反两个方面经验和教训的基础上作出的必然选择，也是经济社会发展的必然要求。可以说，全面推进依法治国是不以人的主观意志为转移的必然趋势和中共在新时代的正确决策。

首先，全面推进依法治国，是由中共历史使命发生重大变化所决定的必然选择和必由之路。中共对自己历史使命的认识有一个不断深化发展的过程。1949年新中国的建立，是中共从带领人民进行新民主主义革命的革命党，转变为领导人民逐步进行社会主义建设的执政党的转折点。1954年宪法的颁布实施，为党的领导方式和执政方式的转变提供了法律基础。1956年社会主义改造的基本完成和社会主义制度的初步建立，是党领导国家和社会事务的新起点，党的八大曾经对此进行了初步的探索。但遗憾的是，党的八大提出的转变党的领导方式和执政方式的主张，没有得到真正的贯彻和执行，当历史的车轮驶入1966年的时候，在"无产阶级专政下继续革命理论"的指导下，最终导致了"文化大革命"的发生，使党、国家和人民遭受了严重的挫折和损失。1978年党的十一届三中全会拨乱反正，实现了历史性的伟大转折，中共由此开始了真正从革命党向执政党转变的历程，先后提出了建立社会主义市场经济、建设社会主义法治国家等重大战略方针，在经济建设、政治建设、社会建设、文化建设、生态文明建设等多个方面取得了令世界瞩目的伟大成就。党的十六大报告指出，中国共产党历经革命、建设和改革的长期奋斗，发生了两大变化：一是已经从领导人民为夺取全国政权而奋斗的党，成为领导人民掌握全国政权并长期执政的党；二是已经从受到外部封锁和实行计划经济条件下领导国家建设的党，成为对外开放和发展社会主义市场经济条件下领导国家建设的党。这就从指导方针和思想理论上完成了从革命党到执政党的转变。与此同时，改革开放以来，国际国内形势发生的深刻变化，社会主义市场经济发展带来的社会经济成分、社会组织形式和社会利益结构的多样化，国家与集体、个人，政府与社会、市场关系的深刻变化，客观上要求执政党必须坚持依法办事，领导和支持人民当家作主；必须善于通过国家机器、运用法律手段管理国家和社会，管理经济和文化事业，正确调整不断产生的新的社会关系，维护和实现广大人民的根本利益。中共这种由革命党到执政党的转变而导致历史使命的重大变化，必然要求全面推进依法治国。

其次，全面推进依法治国是巩固中共的执政地位、实现国家长治久安的重要条件。从根本上说，执政党的主要任务就是治国理政，通过总结实践经验，集中人民智慧，提出党的主张，解决国家和社会工作中全局性、长远性、根本性的问题。法律正是党的路线方针政策的制度化、定型化的主要形式，是解决现实生活中全局性、长远性、根本性问题的不可缺少的主要规范。因此，由自身的执政地位所决定，中共必须领导人民制定宪法和法律，并领导人民遵守、执行宪法和法律，党自己也必须在宪法和法律的范围内活动。全国上下一体遵循宪法和法律，有利于保证党执政兴国，保证国家统一、民族团结、经济发展、社会进步和国家长治久安；有利于持续推进各方面的改革，促进经济、政治、文化、社会和生态文明等各个领域的建设和发展。

再次，全面推进依法治国是全面建成小康社会的迫切要求。党的十八大报告强调，全面建成小康社会的目标，涵盖经济、政治、社会、文化、生态文明各个领域，任务十分艰巨，必须坚决破除一切妨碍科学发展的思想观念和体制机制弊端，构建系统完备、科学规范、运行有效的制度体系，使各方面制度更加成熟更加定型。因此，要全面建成小康社会，在根本上要依靠法治来保障，通过法治来推动。2020 年是依法治国基本方略全面落实、法治政府基本建成的时间。全面推进依法治国既是全面建成小康社会的重要内容和战略目标，又是全面建成小康社会的制度动力和根本保障。我国正处于社会矛盾凸显的社会转型期，影响社会和谐的不稳定因素随之增加，人民群众对保障自身权益的要求、对民主法治建设的期盼、对社会公平正义的呼声越来越多。这就要求我们必须把全面推进依法治国放在更加突出、更加重要的全局性、基础性和战略性地位。

最后，全面推进依法治国是深入推进各个领域改革的重要保障。随着我国进入深化改革的"深水区"和"瓶颈期"，教育、医疗、住房、养老、就业、环境、资源、收入分配、城乡统筹等多个领域牵涉的利益格局更加复杂，存在的问题也越来越多，越来越需要从体制机制上寻找问题产生的根源和解决问题的办法，越来越需要从制度上进行系统谋划、顶层设计和综合配套。法治既是治国理政的基本方式，同时也是调节社会利益关系的重要方式，还是凝聚改革共识、分担改革风险、推动改革深化的最佳途径。从我国改革开放的历史看，很多重大改革都是从变法开始的；从国外情况看，法国推行养老制度改革，美国推行医疗制度改革，都是通过法治的途径进行的。因此，改革越是深入，越要强调法治的必要性和重要性，使人民和政府共享法治红利，以法治来引领改革方向、推动改革进程、共享改革成果。

（二）全面推进依法治国任务艰巨

自 1997 年党的十五大确立依法治国的基本方略以来，党领导人民实施依法治国，在立法、执法、司法、守法诸多领域取得了一系列的重大成就。这些成就归纳起来大致体现在以下四个方面：依法治国作为国家基本方略载入宪法，成为全社会共识和当前最大公约数；科学立法、民主立法全面推进，立法质量不断提高；依法行政和公正司法的能力逐步增强；全社会的法律意识和法治观念有所提高，对权力的制约和监督得到加强。其中，依法治国最为突出的一项成就是：形成了以宪法为统帅，以宪法相关法、民法商法等多个部门法律为主干，由法律、行政法规、地方性法规等多个层次法律规范构成的中国特色社会主义法律体系，国家和社会生活的各个方面在总体上实现了有法可依。作为一个大国的执政党，中共领导人民扎实推进立法工作，建立了适应改革开放和现代化建设需要的法律体系。

在看到成就的同时，我们也清醒地认识到，全面推进依法治国是一项十分庞大和复杂的综合性系统工程，法治中国建设将是一个艰巨的、复杂的和长期的过程。由于历史、现实、传统、文化等多方面的原因，要在较短时间内实现党的十八大提出的全面落实依法治国基本方略的战略目标还任重道远，还需要包括法律工作者在内的广大人民群众在党的领导下不断努力，共同奋斗。只要全国人民在党的坚强领导下，坚定不移地走中国特色社会主义法治道路，坚持不懈推进中国特色社会主义法治体系建设，全社会上下同心同德，共同努力，认认真真讲法治，扎扎实实抓法治，法治中国就一定能够早日建成。

三、全面推进依法治国的三个着力点

全面推进依法治国具有以下三个方面的着力点：

（一）必须发挥立法的引领和推动作用

立法的引领和推动作用，就是执政党以法律为载体，依照法定程序提出自己的价值目标和政策措施，并以国家强制力保障实施，从而实现其政治主张。发挥立法的引领和推动作用，就是强调注重运用法律手段调整利益关系、推动改革发展，努力做到政治决策和立法决策协调同步。

实现国家各项工作法治化，客观上要求执政党更加重视立法工作，把立法手段用活用好，把立法资源用足用全，通过立法把党的主张和人民意愿上升为国家意志，用法律制度凝聚社会共识、巩固执政地位、引领改革发展。经过四十多年的改革开放，我国现代化建设取得了突出成就，积累了丰富的实践经验，特别是中国特色社会主义法律体系的形成，从制度上、法律上解决了国家发展中带有根本性、全局性和长期性的问题，我们有条件也有能力从制度上进行顶层设计和总体规划。当前，我国正处在改革发展的关键阶段，发展压力巨大，社会矛盾复杂，需要解决的问题千头万绪，更要强调运用立法手段，通过法定程序广泛听取意见，在充分讨论、沟通协商的基础上，以法律作为社会认同的最大公约数，形成全社会一体遵行的行为规则。历史的经验证明：中共越是重视立法的引领和推动作用，法律就越有权威，党的主张就越容易被社会广泛认同。

要发挥立法的引领和推动作用，我们可从以下几个方面作出切实的努力：

第一，要处理好改革决策与立法决策的关系。立法决策是科学决策、民主决策、依法决策的有机结合。当前，改革发展对立法的要求，已经不是仅仅总结实践经验、巩固改革成果，而是需要通过立法做好顶层设计、引领改革进程、推动科学发展。要把深化改革同完善立法有机地结合起来，通过立法实现科学决策与民主决策的有机结合。国内外的实践充分证明，用法治方式推进改革，努力做到改革决策与立法决策协调同步，既能确保改革决策的合法性和正当性，降低改革成本，又能争取大多数人的理解和拥护，为改革决策提供更多的民意基础和动力支持。

第二，要坚持在法治框架内推进改革。改革方案的研究过程，也应是立法项目的研究过程，应当吸收立法部门参加，必须确保改革在宪法和法律的轨道上进行。对各方面、各地方提出的创新需求，应当从立法上及时研究提出解决问题的路径和办法。立法决策要与改革决策有机结合，以法治思维和法治方式推进改革。只有这样，改革才会更具合法性、系统性、整体性和协同性，才能被不断稳妥地持续推进。

第三，要着力提高立法质量。要牢固树立并不断强化"质量第一"的立法理念，始终把提高立法质量作为加强和改进立法工作的重中之重。为此，需要做到以下几点：一是要增强立法的针对性。要紧紧围绕经济社会发展中迫切需要解决的现实问题开展立法工作，尤其是要抓住改革的重点领域和关键环节，深入调查研究，把握客观规律，做好制度设计，使法律规定的内容真正解决现实中的问题。二是要增强立法的及时性。立法要针对突出的社会问题，及时启动立法程序，出台相关法律法规予以规范和引导。法律立改废条件暂不具备但在实践上又迫切需要的立法，可通过授权方式先行先试。三是要增强法律的可执行性。法律的生命在于实施，法律必须具有可操作性，才能得到有效实施。在立法中，要搞清楚法律所调整的社会关系，能具体规定的就应当明确规定，能在法律中规定清楚的，就不一定另搞配套法规。四是要增强立法的系统性。要综合运用制定、修改、废止、解释等多种形式，组合协同，做到各项制度相互衔接、统筹协调、形成合力，以切实提高立法引领和推动作用的成效。

（二）必须始终坚持严格执法

我国各级行政机关是重要的执法主体，80%以上的法律和法规都是通过行政机关的具体职能活动来实施的。忠实执行法律法规，是各级国家机关和工作人员的神圣职责。在中国特色社会主义法律体系形成以后，解决在贯彻执行"有法必依、执法必严、违法必究"的原则过程中所出现的各种问题，就显得更为突出、更加紧迫。

坚持严格执法就是要依照法定权限和程序行使权力、履行职责，保障人民群众的合法权益不受侵犯，维护正常的社会秩序，既不能乱作为，也不能不作为。具体地说，就是要做到规范执法、公正执法、文明执法。所谓规范执法，就是执法的主体、权限、依据、内容、程序和证据等都要符合规范；所谓公正执法，就是执法者必须坚持法律面前人人平等的原则，坚决抵制权力、金钱、人情、关系对执法活动的干扰，确保在执法过程中对所有社会成员一视同仁；所谓文明执法，就是执法者在执法过程中要善待行政相对人，尊重其人格尊严，做到举止文明、态度公允、用语规范。

坚持严格执法就是要加强对权力运行的制约和监督。权力导致腐败，绝对的权力导致绝对的腐败。自律不能替代他律，信任不能替代监督。首先，必须把权力装进制度的笼子里，而且是透明的笼子里。我国已经制定了行政处罚法、行政许可法、行政强制法、行政监察法、政府信息公开条例等一系列法律法规，既赋予行政机关必要的手段，保障行政机关依法履行职责，又对行政权行使的主体资格、行为规范、实施程序和违法责任等作了规定，以防止权力被滥用。各级执法机关必须严格依照这些法律法规的规定行使执法权。其次，执法工作要自觉接受各级人大及其常委会的监督、政协的民主监督和人民法院依法实施的监督，要拓宽群众监督渠道，完善群众举报投诉制度，依法保障人民群众监督国家机关的权力。此外，在信息社会，各级执法机关还要高度重视舆论监督，支持新闻媒体对违法或者不当的行政行为进行曝光，不护短，把舆论监督作为鞭策自己改进行政执法工作的动力。

（三）必须大力促使全民守法

人民是法律实施的重要主体，是全面推进依法治国的根本力量。人民知法、信法、守法，是依法治国基本方略实施的社会基础。法治社会建设的基础就在于全社会对法治要有信仰，对法律要有信心。如果一个社会大多数人对法律不信任，认为靠法律不如靠关系，找法院不如找领导，"明规则"不如"潜规则"，那么法治社会就不能建成，法治政府和法治国家也将失去坚实的支撑。全面推进依法治国，就是要大力促使全民守法，切实增强全社会的法治观念和法治意识，形成以尊宪守法为荣、以违法犯罪为耻的良好风尚，形成不愿违法、不能违法、不敢违法的法治氛围。为此，我们需要从两个方面作出特别的强调和切实的努力。

首先，领导干部要带头守法。打铁要靠自身硬，法律面前人人平等，制度面前没有特权，制度约束没有例外。要求人民群众做到的，领导干部自己就要首先做到；要求人民群众不做的，领导干部自己就必须坚决不做。在全面推进依法治国的过程中，各级领导干部都要带头认真学法，带头守法，熟练掌握依法行使职权必备的法律知识，努力提高依法决策、依法办事、依法管理的能力，逐步实现从注重依靠行政手段管理向注重运用法律手段管理的转变。领导干部只有勤于学法，才能提高宪法意识和法治观念，并转化为守法的自觉意识和用法的实际能力。要通过学法，使依法办事成为各级领导干部的广泛共识和行为准则，让"言必合法、行必守法"成为其自觉的行动。各级领导干部严于守法，做守法的楷模，本身就是最好的普法，必将有力地带动广大人民学法守法，非常有利于在全社会形成崇尚法律、遵守法律、维护法律的良好风尚。实际上，只要各级领导干部真正做到在法定权限范围内，遵循法定程序，履行法定职责，严格依法办事，人民不仅会服气和拥护，而且还会以此为榜样来学法和守法。只有官民一起共同学法和守法，才能在全社会形成良好的法治氛围。

领导干部带头守法，关键在于领导干部要尽快增强运用法治思维与法治方式解决问题的能力。领导干部要增强法治思维可以从以下三个方面来理解：其一，在情感层面上领导干部要有对宪法和法律的敬畏之心。宪法是国家的根本法，是治国安邦的总章程。宪法和法律将党的主张和人民意志通过法定程序上升为国家意志，充分体现了党的领导、人民当家作主、依法治国的有机统一。领导干部对宪法法律的敬畏，就是要将宪法意识和法治观念根植于心，坚决忠于宪法，维护宪法，遵守法律，践行法律。其二，在思想观念上领导干部要树立坚决依法按权限和程序办事的意识，始终坚持有权必有责、用权受监督、违法必追究、侵权须赔偿。具体而言，就是无论作决策还是做事情，事先都要想一想：法律上有多大权限，处理问题的法定依据、标准是什么，应当按照什么法定程序，承担什么法律责任。其三，在精神境界上领导干部要把在法律面前人人平等，任何组织和个人都没有超越宪法和法律的特权，作为行使公权力和公民获取私权利的基本原则。无论是政府活动，或是公民行为，都不能逾越法律边界，都必须在法定的范围内进行。为此，必须提高领导干部运用法治思维和法治方式的能力。领导干部尤其是高级领导干部，要像重视经济建设一样重视法治建设，要像认识"发展是硬道理"一样来认识"法治也是硬道理"，把法治建设作为一个部门、一个地方重要的软实力和核心的竞争力。

其次，要多层面、多渠道、多形式地大力推动全民守法。全民守法同科学立法、严格执法、公正司法一样，也是全面推进依法治国的重要因素。在重视发挥法治在国家治理和社会管理中重要作用的同时，要注意道德建设、社会组织等在规范公民行为、化解矛盾纠纷中的独特作用，多层面、多渠道、多形式地推动全民守法，更好地推进依法治国。对此，需要我们从以下几个方面对于推动全民守法做出切实的努力：

第一，必须深入开展法制宣传教育，牢固树立社会主义法治理念，大力弘扬社会主义法治精神。法制宣传教育是全面推进依法治国的一项基础性工作。我们要进一步以树立社会主义法治理念、弘扬社会主义法治精神为目标进行法制宣传教育；要把法制教育与法治实践紧密结合起来，使立法工作、监督工作、行政执法、司法审判的过程都成为宣传宪法法律、弘扬法治精神的过程；要让人民群众在人大每一次立法、政府每一项执法措施、司法机关每一个案件审理中都感受到法治精神和公平正义，确保宪法法律深入人心；要努力让尊法、守法、用法成为公民的生活方式，促使法治文化全面替代人治文化，让规则意识全面取代关系意识，为全面推进依法治国打下坚实的群众基础。

第二，必须坚持把依法治国与以德治国结合起来，重视道德对公民行为的教育作用，引导公民依法维护权益、自觉履行法定义务。我国是一个有着悠久历史文化传统的国家，自古以来就非常注重道德在治国理政、为人处世中的作用，讲究德主刑辅，讲究道德教化。党的十八大提出的社会主义核心价值观强调，倡导富强、民主、文明、和谐；倡导自由、平等、公正、法治；倡导爱国、敬业、诚信、友善。因此，在推进全民守法的进程中，要注重加强以社会主义核心价值观为基础的公民道德建设。要把法治建设与道德建设紧密结合起来，做到法治和德治相辅相成、相互促进。一方面，法律是最底线的道德，道德是高标准的法律。一个可持续发展的社会，尤其需要道德建设来教化人心，引导善行，使人民群众不仅不违背道德，而且还能够在此基础上积极主动地行善积德。另一方面，法律是刚性的，道德是柔性的。道德的柔性特征正是对具有刚性特征的法律的有益补充。加强公民道德建设，弘扬真善美，贬斥假恶丑，有利于引导公民自觉履行法定义务、社会责任、家庭责任，有利于强化公民意识，培养全民守法习惯。

第三，必须加强基层群众自治组织和社会组织建设，增强公民责任意识和法治意识。加强法治社会建设，推进全民守法，必须重视基层群众自治组织和社会组织建设。古代中国的集权专制社会虽然几千年来朝代更迭频繁，但是在社会基层却能够基本上保持相对稳定。之所以如此，与宗族家庭的作用有很大关系。民间发生纠纷冲突时，族长出面即可调停。很多矛盾纠纷都能按照乡规民约甚至族法得到化解。1949 年以后，新中国打破了这种传统的社会结构模式，社会成员以单位或户籍地组织起来成为"单位人"，各级党组织和政权组织实施着社会管理。但是，在社会结构发生深刻变化的今天，"单位人"又变成"社会人"，大量的矛盾纠纷在基层难以得到有效化解。因此，进一步加强基层群众自治组织和社会组织建设，完善基层群众自治制度，有利于增强公民的法治意识，也有利于构建和谐社会。

四、全面依法治国必须遵循的三个基本原则

作为一项开创性的伟大事业，全面推进依法治国必须坚持正确的方向，在中国共产党的领导下，把马克思主义法治理论与中国具体的法治实践结合起来，努力走出一条符合中国国情的具有鲜明的中国特色的社会主义法治发展道路。习近平指出："全面推进依法治国这件大事能不能办好，最关键的是方向是不是正确，政治保证是不是坚强有力，具体讲就是要坚持党的领导，坚持中国特色社会主义制度，贯彻中国特色社会主义法治理论。"[1] 因此，全面推进依法治国必须遵循以下三个基本原则：

（一）必须坚持党的领导的原则

在当代中国，中国共产党是执政党，在整个国家和社会生活中处于领导地位。把全面依法治国的伟大实践置于党的领导之下，既是必需的，也是必然的，是新的历史条件下的客观要求。习近平强调，全面推进依法治国，要有利于加强和改善党的领导，有利于巩固党的执政地位、完成党的执政使命，绝不是要削弱党的领导。全面推进依法治国必然要求正确认识和处理好党的领导与依法治国之间的关系，要求党在法治化的轨道上实现对国家和社会的领导。作为掌握国家政权的最强大、最有权威的政治组织，中国共产党的执政方式及其政治取向，对于建设中国特色社会主义法治体系、推动中国特色社会主义法治发展，有着极其深刻而重要的影响。习近平强调，中国共产党是中国特色社会主义事业的领导核心，处在总揽全局、协调各方的地位。社会主义法治必须坚持党的领导，党的领导必须依靠社会主义法治。法是党的

---

[1] 习近平：《关于〈中共中央关于全面推进依法治国若干重大问题的决定〉的说明》（2014 年 10 月 28 日）。

主张和人民意志的统一体现，党领导人民制定宪法法律，党领导人民实施宪法法律。党和法、党的领导和依法治国是高度统一的。这种统一具体体现在中国共产党坚持依法执政，把对国家和社会的领导构筑在坚实的法治基础之上，进而在法治轨道上推动各项工作。

党的十八届四中全会把坚持中国共产党的领导，作为全面推进依法治国必须首先坚持的原则。党和法治的关系是法治建设的核心问题，党的领导是中国特色社会主义最本质的特征，是社会主义法治最根本的保证。只有始终坚持中国共产党的领导，坚持党的领导、人民当家作主、依法治国的有机统一，才能有序推进国家和社会生活的法治化进程。坚持中国特色社会主义法治道路，最根本的是坚持中国共产党的领导。习近平强调，坚持党对全面依法治国的领导，还必须充分发挥党总揽全局、协调各方的领导核心作用，统筹做好依法治国各领域工作，把党的意志和主张贯彻到全面推进依法治国的全过程和各个方面，具体体现在党"领导立法、保证执法、支持司法、带头守法"上。只有这样，才能把党对依法治国的领导真正落到实处。

全面推进依法治国，加快建设社会主义法治国家，对加强和改善中国共产党对法治建设的领导提出了新的更高的要求。要改善党对依法治国的领导，不断提高党领导依法治国的能力和水平。党既要坚持依法治国、依法执政，自觉在宪法和法律范围内活动，又要发挥好各级党组织和广大党员、干部在依法治国中的政治核心作用和先锋模范作用。党的领导必须依靠社会主义法治，这就必然要求中国共产党及其各级党组织必须在宪法和法律范围内活动，健全和完善党领导依法治国的制度和机制。全党必须在宪法法律的范围内活动，应该是中共作为执政党的高度自觉，也应该是坚持党的领导的具体体现。全面推进依法治国，尤其要抓住领导干部这个"关键少数"，着力提高党员干部的法治思想和依法办事能力，努力促使这个"关键少数"牢固树立"宪法法律至上、法律面前人人平等、权由法定、权依法使"等基本法治理念，彻底摒弃人治思想和长官意识，做尊法学法守法用法的模范。

总之，党的领导是中国特色社会主义法治之魂，是我国的法治同西方资本主义国家的法治最大的区别，要充分认识到党和法、党的领导和依法治国之间的内在一致性，决不能把二者孤立起来、割裂开来，更不能把二者截然对立起来。

（二）必须坚持中国特色社会主义制度的原则

在深刻分析中国特色社会主义制度基本特征的基础上，习近平提出了三个"有机结合起来"的思想："中国特色社会主义制度，坚持把根本政治制度、基本政治制度同基本经济制度以及各方面体制机制等具体制度有机结合起来，坚持把国家层面民主制度同基层民主制度有机结合起来，坚持把党的领导、人民当家作主、依法治国有机结合起来，符合我国国情，集中体现了中国特色社会主义的特点和优势，是中国发展进步的根本制度保障。"[1]中国特色社会主义制度与坚持中国特色社会主义法治道路、全面推进依法治国之间有着不可分割的内在联系。习近平强调："中国特色社会主义制度是中国特色社会主义法治体系的根本制度基础，是全面推进依法治国的根本制度保障。"[2]"我们要建设的中国特色社会主义法治体系，本质上是中国特色社会主义制度的法律表现形式。"[3]中国特色社会主义法律制度是中国特色社会主义制度体系的有机组成部分，深深扎根于中国社会土壤之中，是在历史传承、文化传统、经济社会发展的基础上不断发展的结果，构成了中国特色社会主义法治道路的基本依托，进而成为国家现代化建设的坚强法治保障。

党的十八大报告把"以更大的政治勇气和智慧，不失时机深化重要领域改革，坚决破除一切妨碍科学发展的思想观念和体制机制弊端，构建系统完备、科学规范、运行有效的制度体系，使各方面制度更加成熟更加定型"，作为全面建成小康社会和全面深化改革的基本目标。党的十八届三中全会决定则进一步明确提出全面深化改革的制度建设的阶段性目标要求，强调"到2020年，在重要领域和关键环节改革上取得决定性成果，完成本决定提出的改革任务，形成系统完备、科学规范、运行有效的制度体系，使各方面制度更加成熟更加定型"[4]。因此，在全面推进依法治国的进程中，我们要深入

---

〔1〕《习近平谈治国理政》，外文出版社2014年版，第79页。

〔2〕习近平：《关于〈中共中央关于全面推进依法治国若干重大问题的决定〉的说明》（2014年10月28日）。

〔3〕习近平：《关于〈中共中央关于全面推进依法治国若干重大问题的决定〉的说明》（2014年10月28日）。

〔4〕《中共中央关于全面深化改革若干重大问题的决定》（2013年11月12日）。

推进中国特色社会主义法治改革，努力推动中国特色社会主义法律制度创新发展，促进中国特色社会主义法律制度更加成熟定型，进而为坚持和拓展中国特色社会主义法治道路奠定坚实的制度基础。

（三）必须贯彻中国特色社会主义法治理论的原则

中国特色社会主义法治理论是全面推进依法治国的基本准则和理论指南。中共十八届四中全会把"贯彻中国特色社会主义法治理论"，确定为全面推进依法治国总目标的重要内容。习近平把贯彻中国特色社会主义法治理论作为中国特色社会主义法治道路的核心要义之一，把中国特色社会主义法治理论视为中国特色社会主义法治体系的理论指导和学理支撑，作为全面推进依法治国的行动指南。这对于全面推进依法治国、坚定不移走中国特色社会主义法治道路，具有重大的指导意义。

在我国这样一个有着集权专制主义文化传统和沉重历史包袱的国度推进法治发展，建设法治国家，没有现成的模式可以遵行，必须在认真学习和借鉴世界先进的政治文明和法治经验的同时，密切联系中国的实际状况进行创造性的探索，进而开辟出一条体现中国特色社会主义本质要求的法治发展道路。中国特色社会主义法治道路是中国共产党拓展中国特色社会主义道路的必然选择，其形成和发展的过程凝结着中国共产党人的法治智慧，反映了中国特色社会主义法治理论的思想轨迹。中国特色社会主义法治理论是一个有机的法治观念系统，涉及坚持中国特色社会主义法治道路，坚持党的领导、人民当家作主、依法治国有机统一，坚持依法治国、依法执政、依法行政共同推进，坚持法治国家、法治政府、法治社会一体建设，坚持全面推进科学立法、严格执法、公正司法、全民守法，坚持依法治国与以德治国相结合等诸多重要的法治思想与原则。全面推进依法治国、加快建设法治中国的伟大实践，有力地推动着中国特色社会主义法治理论的创新和发展。

习近平指出："马克思主义必定随着时代、实践和科学的发展而不断发展，不可能一成不变，社会主义从来都是在开拓中前进的。""我们一定要以我国改革开放和现代化建设的实际问题、以我们正在做的事情为中心，着眼于马克思主义理论的运用，着眼于对实际问题的理论思考，着眼于新的实践和新的发展。"[1]中国特色社会主义法治理论不是自我封闭的僵化体系。马克思主义法律思想中国化的历史进程充分表明,只有把马克思主义法学基本原理同本国的具体实际和国情条件相结合,加以创造性地应用,才能推动马克思主义法律思想中国化的新发展。因此,面对着生动鲜活的中国特色社会主义法治建设的伟大实践,我们一定要着眼于中国特色社会主义法治理论的实际运用,在中国特色社会主义法治实践创新发展基础上实现中国特色社会主义法治理论创新发展,不断增强中国特色社会主义法治理论自信,从而更加坚定不移地走中国特色社会主义法治道路。

五、全面依法治国的动因

为什么要全面推进依法治国?这是一个我们需要搞清楚的重要问题。全面推进依法治国基于以下三个方面的动因:建设社会主义法治国家的客观需要;推进国家治理现代化的本质要求;保证国家政治清明和社会稳定的必然选择。

(一) 建设社会主义法治国家的客观需要

建设社会主义法治国家的客观需要,是全面推进依法治国第一个动因。法治国家是现代国家建设所追求的一个重要目标。对于中国来说,依法治国作为党领导人民治理国家的基本方略,其最终目标也是建设社会主义法治国家。习近平高度重视依法治国在建设社会主义法治国家中的重要作用,为此提出了一系列的重要观点和思想。

首先,在宏观方面,习近平明确强调依法治国在建设法治国家中的重要地位。他指出:"要更加注重发挥法治在国家治理和社会管理中的重要作用,全面推进依法治国,加快建设社会主义法治国家。"[2]这里的"全面推进依法治国",既表明习近平对于依法治国重要地位的深刻认识,同时也显示出推行依法治国的坚决态度。

其次,在微观方面,习近平从建设法治国家的各个要素入手,强调依法

---

[1] 《习近平谈治国理政》,外文出版社 2014 年版,第 23 页。

[2] 习近平:《在首都各界纪念现行宪法公布施行 30 周年大会上的讲话》(2012 年 12 月 4 日)。

治国的重要性。他指出："坚持和完善人民代表大会制度，必须全面推进依法治国。发展人民民主必须坚持依法治国、维护宪法法律权威，使民主制度化、法律化，使这种制度和法律不因领导人的改变而改变，不因领导人的看法和注意力的改变而改变。"[1]在这里，习近平从完善人民代表大会制度和发展人民民主等具体方面，深入阐释了坚持依法治国的重要意义。

(二) 推进国家治理现代化的本质要求

推进国家治理现代化的本质要求，是全面推进依法治国第二个动因。《决定》明确指出，依法治国是实现国家治理体系和治理能力现代化的必然要求，事关中共执政兴国、事关人民幸福安康、事关党和国家长治久安。这说明中国共产党作为一个现代政党，对于依法治国在推进国家治理现代化的认识更加深刻。作为党的新一届领导人，习近平对于依法治国在推进国家治理现代化中的作用作出了精辟的论述。

首先，习近平高度肯定了依法治国作为治国理政基本方式的重要地位。他强调："我们必须坚持把依法治国作为党领导人民治理国家的基本方略、把法治作为治国理政的基本方式，不断把法治中国建设推向前进。"[2]在这里，习近平高度肯定了依法治国在治国理政中的重要地位。

其次，习近平深刻阐释了依法治国在推进国家治理现代化进程中的重要意义。他指出，推进国家治理现代化，"就是要适应时代变化，既改革不适应实践发展要求的体制机制、法律法规，又不断构建新的体制机制、法律法规，使各方面制度更加科学、更加完善"[3]。换言之，推进国家治理现代化就是要深入贯彻依法治国，实现国家各项制度的法律化和制度化。

(三) 保证国家政治清明和社会稳定的必然选择

保证国家政治清明和社会稳定的必然选择，是全面推进依法治国第三个动因。法治是实现现代国家和社会良性运行的重要手段。对于当今中国来说，坚持法治，贯彻依法治国的基本方略，对于国家政治清明和社会稳定都具有重要意义。习近平对于依法治国在保证国家政治清明和社会稳定中的作用给

---

〔1〕 习近平：《在庆祝全国人民代表大会成立60周年大会上的讲话》（2014年9月5日）。
〔2〕 习近平：《在庆祝全国人民代表大会成立60周年大会上的讲话》（2014年9月5日）。
〔3〕 习近平：《在中共十八届三中全会第二次全体会议上的讲话》（2013年11月12日）。

予了高度肯定。他多次强调，实现经济发展、政治清明、文化昌盛、社会公正，必须充分发挥法治的引领和规范作用。

首先，在保证政治清明方面，习近平认为应当坚持依法治国，以法治方式来严厉打击腐败。他指出："要善于用法治思维和法治方式反对腐败，加强反腐败国家立法，加强反腐倡廉党内法规制度建设，让法律制度刚性运行。"〔1〕这种用法治思维和法治方式反对腐败的倡导，反映了习近平对通过依法治国来保证政治清明的肯定。

其次，在保证社会稳定方面，习近平认为应当坚持依法治国，以法治的方式来实现公正，保护人民的合法权益。在关于"维稳"问题的谈话中，习近平就特别指出："要处理好维稳和维权的关系……强化法律在化解矛盾中的权威地位，使群众由衷感到权益受到了公平对待、利益得到了有效维护。"〔2〕习近平要求强化法律在化解社会矛盾和维护人民群众利益中的权威地位，体现了他对于通过依法治国来维护社会稳定的高度认可。

六、全面依法治国的动力

在当代中国，法治发展进程与法治改革进程是内在地结合在一起的。可以说，法治改革是法治发展的动力。

（一）法治中国建设的动力基础

在法治中国建设的进程中，要把推进法治改革作为全面推进依法治国的动力，强调全面推进依法治国"是国家治理领域一场广泛而深刻的革命"，因而必须坚定不移推进法治领域改革，坚决破除束缚全面推进依法治国的体制机制障碍。因此，坚定不移地推进法治领域的改革，有效破解法治实践中存在的法治难题，努力克服影响法治发展的体制性、机制性、保障性障碍，进而推动中国特色社会主义法律制度的自我完善和发展，建立适应全面推进依法治国的新体制、新机制，是法治中国建设的动力基础。

新中国成立七十多年来，中国社会发生了翻天覆地的革命性变化。伴随

---

〔1〕 习近平：《在第十八届中央纪律检查委员会第二次全体会议上的讲话》（2013 年 1 月 22 日）。

〔2〕 习近平：《在中央政法工作会议上的讲话》（2014 年 1 月 7 日）。

着经济、政治、社会、文化体制的深刻变革，法治领域也在经历着一场剧烈的革命，新的法治系统在形成，与以往迥然不同的法治价值理念逐渐确立，与社会条件相适应的法治秩序逐步建立起来。当代中国七十多年的法治发展，从根本上改变了传统的法律制度的本质和结构，创造了中华人民共和国的现代法治架构，给新中国的政治、经济、社会、文化乃至生态文明建设等各个方面，系统地提供了有效规范与制度支持。正是在这一历史进程中，中共领导人民尽管历经坎坷和曲折，最终坚定不移地走上了一条具有中国特色的社会主义法治发展道路。

　　1978年12月召开的党的十一届三中全会，开启了改革开放的历史新时期。从此，中国走上了法治改革之路。党的十八大以来，随着全面深化改革的迅速推进，当代中国法治改革进入了一个全方位深化改革的历史阶段。习近平运用辩证唯物主义和历史唯物主义的世界观与方法论，科学把握进入新的历史阶段的法治领域改革的目标任务和基本特点，在全面推进依法治国进程中，探索法治改革的内在规律，对于当代中国如何进行法治改革的问题，从思想、理论到实践提出了一系列的新观念、新思维，为坚定不移地推进法治领域的改革指明了方向。

　　（二）在法治改革中顶层设计要与基层探索有机统一

　　全面推进依法治国必须进行法治改革，而要进行法治改革就需要加强法治改革方案的顶层设计和统筹谋划。面对当代中国已经进入了法治改革的攻坚期和深水区，面临的矛盾和难题日益突出的新情况，习近平指出："全面深化改革需要加强顶层设计和整体谋划，加强各项改革的关联性、系统性、可行性研究。我们讲胆子要大、步子要稳，其中步子要稳就是要统筹考虑、全面论证、科学决策。经济、政治、文化、社会、生态文明各领域改革和党的建设改革紧密联系、相互交融，任何一个领域的改革都会牵动其他领域，同时也需要其他领域改革密切配合。如果各领域改革不配套，各方面改革措施相互牵扯，全面深化改革就很难推进下去，即使勉强推进，效果也会大打折扣。"[1]

---

〔1〕　习近平：《关于〈中共中央关于全面深化改革若干重大问题的决定〉的说明》（2013年11月15日）。

在党的十八届三中全会决定的基础上，党的十八届四中全会决定围绕"建设中国特色社会主义法治体系、建设社会主义法治国家"这一全面依法治国的总目标，对全面推进依法治国及其相应的法治改革措施作出了总体部署，提出了顶层设计方案，制定了"全面推进依法治国的总蓝图、路线图、施工图"。这在当代中国法治发展进程中具有里程碑式的意义。对此，习近平指出，党的十八届四中全会研究和部署全面推进依法治国，"虽然不像三中全会那样涉及方方面面，但也不可避免涉及改革发展稳定、内政外交国防、治党治国治军等各个领域，涉及面、覆盖面都不小。这次全会提出了180多项重要改革举措，许多都是涉及利益关系和权力格局调整的'硬骨头'。凡是这次写进决定的改革举措，都是我们看准了的事情，都是必须改的。这就需要我们拿出自我革新的勇气，一个一个问题解决，一项一项抓好落实"[1]。习近平强调，法治领域改革必须从中国的实际出发，"决不能在根本性问题上出现颠覆性错误"。在加强法治改革方案顶层设计时，对于那些关乎法治建设全局的重大改革举措，要充分发挥基层探索的积极作用，有序推进重大法治改革举措的先行试点。"试点是改革的重要任务，更是改革的重要方法。试点能否迈开步子、趟出路子，直接关系改革成效。"[2]因此，在推进法治改革的过程中，要采取试点探索、投石问路的方法，先行试点，尊重实践，尊重创造，鼓励大胆探索、勇于开拓，取得了经验、看得准了再推开；要鼓励地方和基层大胆探索，及时总结经验，把加强顶层设计与摸着石头过河有机结合起来，从而稳妥审慎地把法治改革引向深入。不仅如此，开展法治改革的试点工作，还要充分注意到区域之间的差异性。我国是一个经济社会发展不平衡的国家，这就决定了在推进法治改革的过程中，必须充分考虑区域之间的差异。由于我国地区发展不平衡，改革试点的实施条件差异较大，因此要鼓励不同区域进行差别化探索，推动顶层设计和基层探索良性互动、有机结合，由此才能确保把法治改革的顶层设计方案，贯彻落实到不同区域的法治实践之中。

（三）在法治改革中整体推进要与重点突破有机统一

在当代中国，法治领域改革必须系统谋划、整体推进，从而在全面推进

---

〔1〕 习近平：《在中共十八届四中全会第二次全体会议上的讲话》（2014年10月23日）。

〔2〕 习近平：《在中央全面深化改革领导小组第十三次会议上的讲话》（2015年6月5日）。

依法治国、加快法治中国建设的进程中形成整体效应，取得总体效果。习近平强调，在推进法治改革的过程中，要注重法治领域改革的系统性、整体性、协调性，不断强化全局观念，要"牢固树立改革全局观，顶层设计要立足全局，基层探索要观照全局，大胆探索，积极作为，发挥好试点对全局性改革的示范、突破、带动作用"[1]。应当看到，由于党的十八届四中全会提出的法治领域重要改革措施及范围相对比较集中，推进难度也就较大，因而更加需要树立法治改革的全局观，加大统筹协调力度。对此，习近平强调："法治领域改革涉及的主要是公检法司等国家政权机关和强力部门，社会关注度高，改革难度大，更需要自我革新的胸襟。如果心中只有自己的'一亩三分地'，拘泥于部门权限和利益，甚至在一些具体问题上讨价还价，必然是磕磕绊绊、难有作为。改革哪有不触动现有职能、权限、利益的？需要触动的就要敢于触动，各方面都要服从大局。各部门各方面一定要增强大局意识，自觉在大局下思考、在大局下行动，跳出部门框框，做到相互支持、相互配合。"[2]

党的十八大以来，中共抓住事关法治建设全局的突出问题和关键问题，推出了一系列重大法治改革举措，积极应对法治发展领域面临的一系列矛盾和挑战，攻坚克难，重点突破，形成了推进法治改革的强大合力。其中，司法改革乃是新一轮法治改革的重中之重。习近平指出："司法不公的深层次原因在于司法体制不完善、司法职权配置和权力运行机制不科学、人权司法保障制度不健全。"[3]党的十八届三中全会针对司法领域存在的这些突出问题，提出了一系列改革举措，其中涉及司法体制改革的措施有二十多项。党的十八届四中全会则在新的层面和更大的范围，推出了"保证司法公正、提高司法公信力"等一系列重要的司法改革举措，明确了四十多项司法改革措施，在党的十八届三中全会决定的基础上对保障司法公正作出了更加深入具体的部署。

值得注意的是，在对中共十八届三中全会决定作出说明时，习近平谈到全会决定涉及的十一个方面的重大问题和重大举措，其中之一就是改革司法

---

〔1〕　习近平：《在中央全面深化改革领导小组第十三次会议上的讲话》（2015 年 6 月 5 日）。
〔2〕　习近平：《在中共十八届四中全会第二次全体会议上的讲话》（2014 年 10 月 23 日）。
〔3〕　习近平：《关于〈中共中央关于全面推进依法治国若干重大问题的决定〉的说明》（2014 年 10 月 28 日）。

体制和运行机制。在对党的十八届四中全会决定作出说明时，习近平重点讲了十个问题，其中与司法改革有关的问题就占到一半，包括提高司法公信力、最高人民法院设立巡回法庭、探索设立跨行政区划的人民法院和人民检察院、探索建立检察机关提起公益诉讼制度、推进以审判为中心的诉讼制度改革等等。这充分表明，司法改革已经成为全面深化改革时代的中国法治改革的重点领域，必将有力地推动当代中国司法现代化，进而加快法治中国建设的进程。

（四）在法治改革中直面问题要与维护人民权益有机统一

进入新的历史阶段的当代中国法治改革的一个鲜明特点，就是以问题为导向，把解决法治领域中存在的突出问题，作为谋划和实施法治改革方案基本的立足点和出发点。习近平强调："要把解决了多少实际问题、人民群众对问题解决的满意度作为评价改革成效的标准。只要有利于提高党的执政能力、巩固党的执政地位，有利于维护宪法和法律的权威，有利于维护人民权益、维护公平正义、维护国家安全稳定，不管遇到什么阻力和干扰，都要坚定不移向前推进，决不能避重就轻、拣易怕难、互相推诿、久拖不决。"[1]统观党的十八届三中全会决定和四中全会决定，可以看出，当代中国新一轮法治改革体现了强烈的问题意识，突出了鲜明的问题导向。比如，关于党和法治的关系这一法治建设的核心问题，中共十八届四中全会按照"三个统一"[2]"四个善于"[3]的基本思路，提出了改进和加强党对全面推进依法治国领导的制度构想。又如，针对现实生活中存在的宪法意识薄弱、宪法实施监督机制和具体制度程序不健全从而影响宪法权威的状况，党的十八届三中全会决定和四中全会决定，都把"健全宪法实施监督机制和程序"作为全面推进依法治国的重大事项。新一轮法治改革坚持求真务实，直面法治建设领域的突出问

---

〔1〕 习近平：《在中共十八届四中全会第二次全体会议上的讲话》（2014 年 10 月 23 日）。

〔2〕 "三个统一"，即把依法治国基本方略同依法执政基本方式统一起来；把党总揽全局、协调各方同人大、政府、政协、审判机关、检察机关依法依章程履行职能、开展工作统一起来；把党领导人民制定和实施宪法法律同党坚持在宪法法律范围内活动统一起来。

〔3〕 "四个善于"，即善于使党的主张通过法定程序成为国家意志；善于使党组织推荐的人选通过法定程序成为国家政权机关的领导人员；善于通过国家政权机关实施党对国家和社会的领导；善于运用民主集中制原则维护中央权威、维护全党全国团结统一。

题，致力于破解法治难题，以保障全面依法治国的顺利推进。

在党的十八届四中全会第二次全体会议上的讲话中，习近平强调，要"坚定不移推进法治领域改革，坚决破除束缚全面推进依法治国的体制机制障碍"。他指出："解决法治领域的突出问题，根本途径在于改革。如果完全停留在旧的体制机制框架内，用老办法应对新情况新问题，或者用零敲碎打的方式来修修补补，是解决不了大问题的。在决定起草时我就说过，如果做了一个不痛不痒的决定，那还不如不做。全会决定必须直面问题、聚焦问题，针对法治领域广大干部群众反映强烈的问题，回应社会各方面关切。"〔1〕实际上，当代中国新一轮法治改革立足于解决法治领域突出矛盾和问题，这充分体现了有效满足人民群众日益增长的法治需求、回应人民群众的法治期待、维护人民群众合法权益的法治价值追求。习近平强调，在全面深化改革的过程中，要"进一步实现社会公平正义，通过制度安排更好地保障人民群众各方面权益"。全面推进依法治国，在很大程度上是一个利益调整、制度创新的过程，因而必须以维护和促进社会公平正义为根本的出发点和落脚点，着力营造更加公平正义的社会与法治环境，依法保障人民群众的正当合法权益。要通过法治领域改革，努力创新法律制度机制安排，不断解决维护社会公平正义上的法治难题，切实保证人民群众平等参与、平等发展权利，从而使法律制度机制安排更好地体现社会公平正义原则，更加有利于实现好、维护好、发展好最广大人民的根本利益。总之，公正是法治的生命线，公平正义应该是执政党追求的一个非常崇高的价值，因此推进全面依法治国，必须紧紧围绕保障和促进社会公平正义来进行。

（五）在法治改革中尊重规律要与依法改革有机统一

在中国特色社会主义新时代的我国法治领域的改革，是一场深刻的法治革命。从中国的具体国情和法治条件出发，遵循法治建设与发展的客观规律，积极稳妥地推进法治改革，确保法治改革达到预期目标和取得显著成效，是建设中国特色社会主义法治体系、建设社会主义法治国家进而实现国家治理现代化的必然要求。因此，推进法治改革必须在坚持正确方向、保持政治定力的前提下，充分尊重法治领域改革的基本规律。习近平深刻总结当代中国

〔1〕习近平：《在十八届四中全会第二次全体会议上的讲话》（2014年10月23日）。

改革进程的基本经验，提出了"坚定信心、凝聚共识、统筹谋划、协同推进"的全面深化改革的总体要求，强调要坚持辩证唯物主义和历史唯物主义的改革方法论，把握全面深化改革的内在规律。因此，我国新时代法治领域改革，要坚持正确的思想方法，坚持辩证法，处理好解放思想和实事求是的关系、整体推进和重点突破的关系、全局和局部的关系、顶层设计和摸着石头过河的关系、胆子要大和步子要稳的关系、改革发展稳定的关系，着力提高操作能力和执行能力。

在推进法治领域改革的过程中，我们要坚持一切从中国的具体国情和法治条件出发，一切从社会主义初级阶段这个最大的实际出发，按照法治工作的客观规律办事，深入推进中国特色社会主义法治理论与法治实践创新，不断深化对法治领域改革规律的认识，从而把新时代的中国法治改革稳步引向深入。不仅如此，改革与法治是密切相关、相辅相成的。全面推进依法治国，对法治领域改革提出了新的更高的要求。法治领域改革的一个特点，就是很多问题都涉及法律规定，因此要坚持在法治化的轨道上推进法治领域改革和其他各项改革。习近平强调："凡属重大改革都要于法有据。在整个改革过程中，都要高度重视运用法治思维和法治方式，发挥法治的引领和推动作用，加强对相关立法工作的协调，确保在法治轨道上推进改革。"[1] 在这里，一方面要努力实现法治改革决策与立法决策的有机衔接，充分发挥立法对于法治改革的引导、推动、规范和保障作用，做到重大改革于法有据，改革和法治同步推进，增强改革的穿透力，从而运用法治方式推进法治改革。那种认为改革就是要冲破法律的禁区的观点是不正确的。另一方面，又要积极发挥法治改革对于立法发展的促进作用，不能因为现行法律规定而不敢越雷池一步，致使改革无法推进。对于法治实践证明比较成熟的法治改革经验和举措，要及时加以总结，尽快上升为法律；对于法治实践证明条件还不成熟，需要先行先试的法治改革举措，要按照法定程序作出授权，进而推动法治改革措施的试点先行；至于那些不适应法治改革的现行法律法规以及一些过时的法律条款，则要及时加以修改或者废止。那种以法律的稳定性、权威性和适当滞后为由，认为法律很难引领改革的看法是片面的。总之，在推进法治领域改

---

[1] 习近平：《在中央全面深化改革领导小组第二次会议上的讲话》（2014年2月28日）。

革的过程中，"既不允许随意突破法律红线，也不允许简单以现行法律没有依据为由迟滞改革"，"在法治下推进改革，在改革中完善法治，这就是我们说的改革和法治是两个轮子的含义"。[1]

人类思想发展的历程充分表明，任何一个思想理论体系都是一定时代条件的必然产物，是一定时代社会生活客观需要的内在反映。马克思在《〈黑格尔法哲学批判〉导言》一文中指出："理论在一个国家实现的程度，总是取决于理论满足这个国家需要的程度。"[2]人类思想发展的历史证明，在理论需要和实践需要之间的确存在着密不可分的关系。一方面，现实的实践需要是理论的存在与发展的基础，是决定理论在一个国家现实生活中实现程度的基本条件；另一方面，理论能否满足现实的实践需要，在很大程度上也取决于理论本身受其现实性影响的实践价值，取决于理论对于一个国家现实生活的解释力，理论满足了国家现实生活的需要，就能够在国家的现实生活中得以实现。

当代中国正处在全面推进依法治国、加快建设法治中国的历史进程中，这个社会大变革时代呼唤着21世纪中国化的马克思主义法治思想和理论的不断丰富和发展，从而为中国特色社会主义法治建设的实践，提供必需的思想指导和理论指南。正是在这样的历史条件下，习近平法治思想应运而生。这一法治思想是马克思主义法律思想同中国基本国情及其历史任务紧密结合的产物，是马克思主义法律思想在当今中国创造性的运用和发展，是马克思主义法律思想中国化的最新成果。它从中国的国情出发，着眼于实现中华民族伟大复兴中国梦、实现党和国家长治久安的长远考虑，着眼于"四个全面"的重大战略布局，科学阐释了中国特色社会主义法治建设中一系列重大的理论和实践问题，已经成为法治中国建设的思想指导和行动指南。

党的十八大以来，习近平针对全面推进依法治国作出的系列重要讲话，已经成为法治中国建设重要的指导思想和直接的行动指南。习近平全面依法治国思想蕴含丰富的新观点、新见解和新论断，构成中国特色社会主义法治

---

〔1〕 习近平：《在省部级主要领导干部学习贯彻十八届四中全会精神全面推进依法治国专题研讨班开班式上的讲话》（2015年2月2日）。

〔2〕 《马克思恩格斯选集》第1卷，人民出版社1995年版，第11页。

理论创新的最新成果。作为马克思主义法律思想中国化的最新成果，习近平法治思想是中国特色社会主义法治建设的重大理论创新，对指导全面依法治国具有重要理论价值和现实意义。习近平法治思想的理论创新主要体现在：紧密结合我国国情，提出了一系列法治建设的新思想新论断新要求，从而创造性地继承和发展了马克思主义法治理论；深刻阐释了我国社会主义法治建设的若干重大理论和实践问题，由此推动了马克思主义法律思想中国化，形成了新时代中国特色社会主义法治思想。

习近平的法治观牢牢把握全面依法治国的根本原则和总体布局，深刻揭示了在实现国家治理现代化进程中推进法治中国建设的内在规律，从解决法治中国建设的实际问题出发，在实现中华民族伟大复兴中国梦的战略高度上，系统阐发了具有中国特色的法治理念、法治主张、法治话语和法治立场，适应了当今中国大变革时代法治发展的思想和理论的迫切需要，回应了全面推进依法治国面临的问题与挑战，构成了全面依法治国系统化、体系化的最具权威的理论阐述与逻辑表达，进而实现了中国化马克思主义法治思想和理论的重大发展与迅速飞跃。

第四章

法治中国建设的基本脉络

　　法治中国建设是一个从思想理论到实践行动，从体制机制到政策措施等各个方面都需要通盘考虑和全面布局的系统工程。全面推进依法治国的提出是我国改革开放以来法治建设不断进步和发展的必然结果，也是新时代中国特色社会主义对法治建设的客观要求和强烈呼唤。党的十八届四中全会通过的《决定》，是全面推进依法治国的历史起点。提出全面推进依法治国的过程以及《决定》的通过、建设法治中国的总体目标、全面依法治国的统筹谋划、法治新"十六字方针"〔1〕的提出与施行、提出全面依法治国的历史原因、现实考量和理想追求、依法执政与依法行政、维护宪法权威与确保法律实施、"全面依法治国"对其他三个"全面"的重要作用、法治中国建设的"五个体系"目标、法治中国建设的"四个保障"等等一系列法治中国建设的重要因素的紧密联系和有机统一，构成了法治中国建设的基本脉络。

一、历史回顾——提出全面推进依法治国的过程

　　《决定》第一次以执政党最高政治文件和最高政治决策的形式，规定了依法治国在我国发展进程中的重要地位和作用。这对加强中国特色社会主义法治体系建设，全面推进依法治国，加快建设社会主义法治国家，具有十分重要的意义。《决定》的制定和通过，经历了一个不断深化和发展的历史过程。

（一）依法治国的曲折历程

　　自 1949 年 10 月中华人民共和国成立七十多年来，特别是改革开放四十

---

〔1〕　即科学立法、严格执法、公正司法、全民守法。

多年来，中共在法治建设上总结正反两个方面的经验和教训，在中国特色社会主义法治道路上进行了不懈的努力和艰辛的探索，走过了不同历史阶段的曲折历程。

以毛泽东为核心的党的第一代中央领导集体，领导人民建立中华人民共和国，制定了《共同纲领》和新中国第一部《宪法》，为社会主义民主法制建设奠定了根本的政治前提和制度基础。但遗憾的是，从1957年春夏开始的反右运动到"文化人革命"等历史时期，我国的法制建设历经曲折，在一定程度上偏离了已经起步的法治发展轨道，这一前进和探索中的曲折在党的十一届三中全会得以终结。以邓小平为核心的党的第二代中央领导集体深刻汲取历史的经验和教训，从此领导人民走上了改革开放和重归中国特色社会主义法治建设的康庄大道。

（二）在民主与法治建设上的拨乱反正

党的十一届三中全会总结我国民主与法治建设正反两个方面的历史经验和教训，拨乱反正，及时而正确地提出了"发展社会主义民主、健全社会主义法制"的基本方针。从此，我国民主与法治建设进入了蓬勃发展的新时期。为了体现保障公民权利的原则，中国现行宪法（即1982年宪法）把"公民的基本权利和义务"放在"国家机构"之前，改变了以往放在"国家机构"之后的惯例。虽然这只是次序上的调整，但却反映出法治国家的一个基本原则——公民权利优于国家机构的权力，保障公民权利是建立法治国家的前提，国家机构是用来保障和实现公民权利的工具。在同一历史时期，邓小平在不同场合、从不同角度反复批评了把一个党派、一个国家的稳定和希望"寄托在一两个人威望上"的人治思想，不断强调要"处理好法治和人治的关系"，强调"还是要靠法制，搞法制靠得住些"。他用质朴的语言表达了制度在国家建设中的重要作用。

继邓小平之后的中共中央领导集体，顺应历史潮流，高举邓小平理论伟大旗帜，高度重视法治，坚决反对人治。党的十五大、十六大合乎逻辑地提出全面落实依法治国基本方略，正是中共对于法治建设问题长期思索的结果，是对历史的经验和教训的深刻总结，是着眼于建设社会主义政治文明的现实需要。党的十六大提出要把依法治国作为"党领导人民治理国家的基本方略"。如果说党的十六大第一次提出了这一"基本方略"，那么党的十八届四中全会则把这一基本方略作了进一步的明确和细化，把依法治国提升到了一个全新的和全面的高度。党的十八届四中全会专题讨论依法治国问题，详细描绘了法治中国的新图景，这在中共历史上尚属首次。

党的十八大以来，作为党中央的领导核心，习近平围绕全面依法治国的问题，发表了一系列重要的观点和论述，对贯彻落实党的十八大和十八届三中、四中全会精神具有重要指导意义。习近平强调：依法治国是坚持和发展中国特色社会主义的本质要求和重要保障；坚持中国特色社会主义法治道路，最根本的是坚持中国共产党的领导；要建设中国特色社会主义法治体系、建设社会主义法治国家；要坚持依法治国、依法执政、依法行政共同推进，坚持法治国家、法治政府、法治社会一体建设；要推进科学立法，完善以宪法为统帅的中国特色社会主义法律体系；要严格依法行政，加快建设法治政府；要坚持公正司法，努力让人民群众在每一个司法案件中都能感受到公平正义；要增强全民法治观念，使尊法守法成为全体人民共同追求和自觉行动；要建设一支德才兼备的高素质法治队伍；全面依法治国，必须抓住领导干部这个"关键少数"。以上这些重要的观点和论述对于我们深刻理解全面依法治国的重大意义，系统把握全面依法治国的指导思想、总目标、基本原则和总体要求，深入贯彻落实党的十八届四中全会精神，按照协调推进"全面建成小康社会、全面深化改革、全面依法治国、全面从严治党"战略布局的要求，不断开创全面依法治国的新局面，具有十分重要的现实意义和指导作用。

古往今来，无论中外，以怎样的方式治国理政，是人类社会发展面临的共同课题。如果说《决定》的制定和通过，回答了为什么要在中国全面推进依法治国的问题，是中国法治发展的历史必然，那么《决定》对于全面推进依法治国必要性的回答，则构成了全面推进依法治国的历史起点。

二、《决定》通过——全面推进依法治国的历史起点

依法治国就是依照体现人民意志和社会发展规律的法律治理国家，而不是依照个人意志、主张治理国家；就是要求国家的政治、经济运作、社会各方面的活动一律严格依法进行，而决不受任何个人意志的干预、阻碍和破坏。依法治国就是依照法律来治理国家，是中国共产党领导人民治理国家的基本方略，是发展社会主义市场经济的客观需要，也是社会文明进步的显著标志，

还是国家长治久安的必要保障和人民当家作主的根本保证。

（一）《决定》通过的战略与现实意义

党的十八届四中全会是在全面建成小康社会的关键阶段、全面深化改革的攻坚时期召开的一次十分重要的会议。全会审议通过的《决定》立足我国社会主义法治建设实际，直面我国法治建设领域的突出问题，明确提出了全面推进依法治国的指导思想、总体目标、基本原则，提出了关于依法治国的一系列新观点、新举措，回答了党的领导与依法治国的关系等一系列重大的理论和实践问题，在科学立法、严格执法、公正司法、全民守法、法治队伍建设、加强和改进党对全面推进依法治国的领导等多个方面作出了全面部署，是法治中国建设纲领性的文件。

《决定》第一次以执政党最高政治文件和最高政治决策的形式，对全面推进依法治国作出了全方位的部署。《决定》的通过，对于推进国家治理体系和治理能力现代化，对于在法治轨道上积极稳妥地深化各种体制改革，对于法治为全面建成小康社会、实现中华民族伟大复兴中国梦提供制度化、法治化的引领、规范、促进和保障之作用等多个方面，具有十分重要的战略意义。《决定》的通过，对于加强中国特色社会主义法治体系建设、全面推进依法治国、加快建设社会主义法治国家，具有十分重要的现实意义。

（二）党的十八届四中全会是全面推进依法治国的历史起点

全面依法治国的提出历经逐步深化的发展过程。党的十五大报告首次提出了"依法治国，建设社会主义法治国家"。在此之前的 1999 年，全国人大修改宪法把"依法治国"写入了宪法。党的十八届三中全会首次提出了"法治中国建设"的要求。党的十八届四中全会以全面推进依法治国为主题，强调推进依法治国必须是依法治国、依法行政、依法执政共同推进；法治国家、法治社会、法治政府一体建设。在此，中共第一次把依法治国、依法执政、依法行政放在一起，把法治国家、法治社会、法治政府联为一体，从而构成了一个全面推进依法治国的新路径，这在中共领导革命、建设和改革的历史上是具有相当的理论深度和实践高度的首创。党的十八届四中全会的报告以依法治国为主题展开，显示中共已经把法治摆在了一个更加神圣、更为重要、更具基础性的位置上。全会指出，依法治国是社会主义现代化建设的一个根本任务和原则，也是建设中国特色社会主义政治的一个基本目标。《决定》

提出全面推进依法治国，主要是基于以下三个方面的原因。也正是因为这三个方面的原因，使党的十八届四中全会成为了全面推进依法治国的历史起点。

首先，全面推进依法治国是深刻总结我国社会主义法治建设成功经验和历史教训作出的重大抉择。在新形势下，中国共产党要履行好执政兴国的重大职责，必须依据党章从严治党、依据宪法治国理政。党领导人民制定宪法和法律，党领导人民执行宪法和法律，党自身必须在宪法和法律范围内活动，真正做到党领导立法、保证执法、支持司法、带头守法。历史表明，要做到以上的要求并不容易。在新中国七十多年的历史中，中共在相当长的历史时期民主与法治建设异常曲折，出现了"文化大革命"等长时期、根本性的历史错误，使民主与法治建设遭到了很大破坏。可以说，正是因为中国共产党在民主与法治建设上敢于汲取严重的历史教训，勇于纠正曾经非法化的历史错误，才会响亮地提出"实行依法治国，建设社会主义法治国家"的口号并力促写进宪法，进而把依法治国提高到了治国安邦之基本方略的政治高度。

其次，全面推进依法治国是全面建成小康社会和全面深化改革的重要保障。"不以规矩，不能成方圆"。治理一个国家、一个社会，关键是要立规矩、讲规矩、守规矩。当前，我国改革发展稳定形势总体上是好的，但发展中不平衡、不协调、不可持续问题依然存在，不少的人民内部矛盾和其他社会矛盾并未消除，法治建设还存在诸多不适应、不符合客观的现实需要和形势要求的问题。这些在前进中遇到的矛盾和问题，大多数直接或间接地与法治的不健全有关，因此，要妥善有效地解决这些矛盾和问题当然就离不开法治。全面推进依法治国是推动经济社会持续健康发展、促进社会公平正义的根本要求，因此，无论是解决各种社会问题、协调各种利益关系，或是推动各项事业发展，都必须在法治轨道上进行。

最后，全面推进依法治国是着眼于实现中华民族伟大复兴中国梦、实现党和国家长治久安的长远考虑。法治作为应对当前诸多矛盾、问题和挑战的有效途径和手段，无疑是必要的，但更重要的还在于着眼未来。随着我国经济社会发展水平和人民生活水平不断提高，人民群众的公平意识、民主意识、权利意识不断增强，对社会公正的需求反映越来越强烈，迫切需要通过加强法治建设，积极回应人民群众的热切期待和迫切愿望，切实保障人民的合法权益。

（三）全面推进依法治国的重要意义

全面推进依法治国具有以下一系列的重要意义：

首先，全面推进依法治国对于全面建成小康社会，实现中华民族伟大复兴梦具有重要意义。党的十八大报告提出，全面建成小康社会有以下四个法治方面的标准：第一，依法治国方略全面落实；第二，法治政府基本建成；第三，司法公信力不断提升；第四，人权得到切实尊重和保障。法治在国家建设和社会进步中具有不可忽视的重大作用。尽管经济、军事、科技的发展也能反映出一个国家的实力，但从根本上说真正能够体现一个国家实力的是制度文明和政治文明，因为与物质文明相比，制度文明和政治文明更有价值，也更有力量，这种能够"把权力关进制度的笼子里"的价值和力量就是法治。所以，法治是一个国家核心价值的体现，也是一个国家政治文明具有什么样的高度的标准。贯彻依法治国基本方略，推进依法行政，建设法治政府，是中共治国理政从理念到方式的革命性变化，是我国政治体制改革迈出的重要一步，具有划时代的重要意义。执政党在取得政权之后，要善于把党的主张和意志通过一定的程序上升为宪法和法律，然后依照宪法和法律治理国家，这是执政党与革命党最大的差别。执政党要学会运用更加符合执政党地位和执政规律的要求和方法去治国理政；要学会把党的主张和意志同人民的主张和意志有机统一和紧密结合起来，通过一定的程序上升为宪法和法律，再依靠宪法和法律治理国家和社会。作为人类文明的结晶，法治对于一个国家和社会的富强、文明、民主都具有非常重要的作用。所以，党的十八届四中全会明确提出全面推进依法治国具有十分重要的意义。

其次，全面推进依法治国对于全面深化改革，推进国家治理体系、治理能力的现代化具有重要意义。从某种意义上说，治理体系、治理能力的现代化本身就是法治的过程和结果。治理体系实际上就是一套符合现代理念的国家制度体系，因此《决定》提出全面推进依法治国，对于我国的深化改革，尤其是全面深化改革，推进治理体系、治理能力的现代化，具有非常重要的现实意义和引导作用。我国的每一项重大的改革，都是通过法治来推动和作为保障的。法治对全面深化改革具有引领、推动和保障作用。可以说，没有法治就没有国家治理体系、治理能力现代化的实现。

再次，全面推进依法治国是中共增强执政能力和提高执政水平的必然要求。中共的执政能力、执政水平要体现在坚持依法治国、依法执政、依法行政共同推进中；体现在领导法治国家、法治社会、法治政府一体建设中。依法执政被纳入到整个国家的法治体系、法治框架内，是中共作为执政党在执政能力上得到加强、在执政水平上得到提高的表现，意味着中共在执政的方式和方法上发生了很大变化，从此中共更加注重用法治的方式治国理政，更加注重发挥法治在国家治理和社会管理中的重要作用，也更加依靠法治来加强执政能力和提高治国理政水平。

最后，全面推进依法治国能够有效约束、规范公权力，保护公民私权利，维护社会公平正义。全面推进依法治国必须落实到方方面面、各个层次。一切个人和组织都按统一的、平等的规则，即良法来履行自己的义务，行使自己的权力，承担自己的责任，这才是真正意义上的法治。法治精神主要有以下五个方面的内涵：第一，宪法和法律的尊严高于一切；第二，法律面前人人平等；第三，一切组织机构都必须在宪法法律范围内活动；第四，立法要发扬民主，法律要在人民中得到宣传普及；第五，必须做到"有法可依、有法必依、执法必严、违法必究"。这五个方面就是法治最为核心的五个要素。法治第一强调宪法法律要有尊严，第二强调法律面前人人平等，第三强调一切个人和组织都必须在宪法法律范围内活动。这里讲的一切组织机构，包含执政党、参政党，包含各类国家机关、企事业单位。法治强调的良法就是制定出来的良好规则和规范，而良法又必须要得到全社会的共同遵行，不能有例外，一切个人和任何组织都要知法、守法、用法，依法表达自己的诉求，维护自己的权益。早在1978年12月，党的十一届三中全会就提出了"有法可依、有法必依、执法必严、违法必究"的"十六字方针"。而党的十八届四中全会又进一步提出了"全面推进依法治国"，这对于约束、规范国家的公权力，保护公民个人的私权利，维护社会的公平正义具有非常重要的指导作用和现实意义。

《决定》明确提出了全面推进依法治国总的指导思想：必须贯彻落实党的十八大和十八届三中全会精神，高举中国特色社会主义伟大旗帜，以马克思列宁主义、毛泽东思想、邓小平理论、"三个代表"重要思想、科学发展观为指导，深入贯彻习近平总书记系列重要讲话精神，坚持党的领导、人民当家作主、依法治国有机统一，坚定不移走中国特色社会主义法治道路，坚决维护宪法法律权威，依法维护人民权益、维护社会公平正义、维护国家安全稳定，为实现"两个一百年"奋斗目标、实现中华民族伟大复兴的中国梦提供有力法治保障。在这个指导思想中，首次提出了"中国特色社会主义法治道路"这个概念。我国法治建设取得的巨大成就和显著进步，可以总结概括很多条，归结起来最重要的一条就是走出了一条治国新路，这就是在党的十八届四中全会的正式文件中第一次提出来的"中国特色社会主义法治道路"。

三、总体目标——建设法治中国

全面推进依法治国的总目标包括两个方面：一是建设中国特色社会主义法治体系；二是建设社会主义法治国家。具体来说就是：在中国共产党领导下，坚持中国特色社会主义制度，贯彻中国特色社会主义法治理论，形成完备的法律规范体系、高效的法治实施体系、严密的法治监督体系、有力的法治保障体系，形成完善的党内法规体系，坚持依法治国、依法执政、依法行政共同推进，坚持法治国家、法治政府、法治社会一体建设，实现科学立法、严格执法、公正司法、全民守法，促进国家治理体系和治理能力现代化。这个总目标是贯穿《决定》全篇的一条主线，具有纲举目张的意义。这个总目标主要包括五个子体系：完备的法律规范体系、高效的法治实施体系、严密的法治监督体系、有力的法治保障体系、完善的党内法规体系。这五个子体系的建设构成了全面推进依法治国总目标的主要内容。党的十八届四中全会提出，要建立由"五个体系"共同构成的法治体系，目的就在于要建立一个社会主义法治国家。

（一）法治体系的主要内容

法律是治国之重器，良法是善治之前提。改革开放以来，我国制定了242部法律，700部行政法规，8600部地方性法规，还有数以万计的政府规章，形成了一个多层次、跨领域、完整的、有机的法律规范体系。党的十八届四中全会提出的"中国特色社会主义法治体系"这一概念，是在党的文件中第一次提出。与原有的"法律体系"这一概念相比较，全会提出的"法治体系"这一概念，两者一字之差，意义大不相同。与"法律体系"不同，"法治体系"的内涵是指法律制定完备且能够得到切实的遵守和执行，并具有相应的监督保障机制。如果说"法律体系"主要是静态的规范和规则的总称，那么"法治体系"则是一个动态的、立体的、完整的，包括立法、执法、司法、守法各个环节在内的有机的完整的统一的体系。

党的十八届四中全会提出的全面推进依法治国的总目标，就是要建设有中国特色的社会主义法治体系。这个法治体系的主要内容具体地说就是：在法律的立法层面要形成完备的法律规范体系；在法律的实施层面要形成高效的法治实施体系；在法律的监督层面要形成严密的法治监督体系；在法律的保障层面要形成有力的法治保障体系；在党的规范层面要建立健全党内法规制度体系。

1. 形成完备的法律规范体系

形成完备的法律规范体系的基本要求是：建设中国特色社会主义法治体系，必须坚持立法先行，发挥立法的引领和推动作用，抓住提高立法质量这个关键；要恪守以民为本、立法为民理念，贯彻社会主义核心价值观，使每一项立法都符合宪法精神、反映人民意志、得到人民拥护；要把公正、公平、公开原则贯穿立法全过程，完善立法体制机制，坚持立改废释并举，增强法律法规的及时性、系统性、针对性、有效性。形成完备的法律规范体系是建设中国特色社会主义法治体系的重要任务。要形成完备的法律规范体系需要从以下几个方面着力：首先，必须坚持党的领导。凡是立法涉及重大体制和重大政策调整等重大问题的，必须报党中央讨论决定；党中央向全国人大提出宪法修改建议，依照宪法规定的程序进行宪法修改。其次，必须完善立法体制。要发挥人大在立法中的主导作用；要明确立法权力边界；要依法赋予设区的市地方立法权；要加强法律的解释工作。最后，必须深入推进科学立法、民主立法。要加强人大对立法工作的组织协调，既要发挥人大在立法中的主导作用，又要充分发挥人大代表在立法中的重要作用；要完善立法协调沟通机制，充分发挥立法在表达、平衡、调整、规范社会利益关系方面的重要作用；要完善法律案表决程序，使之能够充分反映人大代表或者常委会组成人员对法律案所涉及的关键问题的看法和主张；对重要条款可以单独表决。

2. 形成高效的法治实施体系

所谓高效的法治实施体系，是指法治实施体系能有效地确保宪法和法律不折不扣地得到充分贯彻和完全的实施。形成高效的法治实施体系涉及立法、执法、司法、守法等多个层面，关系到依法治国、依法执政、依法行政的共同推进和法治国家、法治政府、法治社会一体建设。《决定》强调："法律的生命力在于实施，法律的权威也在于实施。"在中国特色社会主义法治体系中，高效的法治实施体系地位重要、意义重大。实施法治不在于制定了多少法律，而在于所制定的法律在多大程度上付诸实施。有法律不实施，法律就成了一纸空文，一纸空文的法律的价值为零甚至是负数，因为它直接伤害了人们法治信仰的树立。要形成高效的法治实施体系需要从以下几个方面着力：首先，要充分发挥各级党组织在建设法治实施体系中的领导核心作用。党在率先垂范建设好党内法规实施体系的同时，坚持依法执政和在宪法法律范围内活动，发挥好保证执法、支持司法和带头守法的重要作用。其次，行政机关要承担起法律实施的重要职责任务。大部分法律法规要靠行政机关通过行政执法实施，各级行政机关要切实履行法律实施职责，坚持依法行政，在推进法治政府建设的进程中大力加强行政执法工作。要全面落实行政执法责任制，严格确定不同部门及机构、岗位执法人员执法责任和责任追究机制，坚决排除对执法活动的非法干预，防止和克服地方和部门保护主义。

3. 形成严密的法治监督体系

法治监督就是对法律实施进行的监督。作为法治建设的一个重要环节，法治监督在建设中国特色社会主义法治体系、建设社会主义法治国家中具有十分重要的地位和作用。严密的法治监督体系是中国特色社会主义法治体系的重要组成部分。《决定》清晰阐明了中国特色社会主义法治体系的总体框架和基本内容，即形成完备的法律规范体系、高效的法治实施体系、严密的法治监督体系、有力的法治保障体系、完善的党内法规体系。在这五大体系中，严密的法治监督体系不仅是不可或缺的重要组成部分，而且对于其他几大体系建设具有重要的推动和保障作用。法治监督体系既是中国特色社会主义法治体系的重要内容和内在目标，又是建成中国特色社会主义法治体系的根本保障和必然要求。

形成严密的法治监督体系，是一项涉及面很广的系统工程，需要在法治中国建设的伟大实践中不断探索。建立严密的法治监督体系，要求监督机关要对整个法治的运转形成严密的监督，包含司法监督、行政监督、党内监督、社会监督。这些不同主体完成的监督要形成一套完备的、立体的法治监督体系。要形成严密的法治监督体系，需要我们在以下两个主要方面做出切实的努力：

首先，要健全宪法实施和监督制度。宪法是党和人民意志的集中体现，是通过科学民主程序形成的根本法。维护宪法尊严、保证宪法实施，追究和纠正一切违反宪法的行为，是法治监督最根本的任务。《决定》明确提出，要"健全宪法实施和监督制度"，"一切违反宪法的行为都必须予以追究和纠正"，要求"完善全国人大及其常委会宪法监督制度，健全宪法解释程序机制。加强备案审查制度和能力建设，把所有规范性文件纳入备案审查范围，依法撤销和纠正违宪违法的规范性文件，禁止地方制发带有立法性质的文件"。这些重大部署，为推进宪法实施和监督制度化指明了方向。

其次，要强化对行政权力的制约和监督。行政权力具有管理事务领域宽、自由裁量权大等特点，法治监督的重点之一就是规范和约束行政权力。《决定》突出强调，要"加强党内监督、人大监督、民主监督、行政监督、司法监督、审计监督、社会监督、舆论监督制度建设，努力形成科学有效的权力运行制约和监督体系"。这一重要论述，确定了对行政权力制约和监督的制度框架，有利于增强监督合力和实效，形成配置科学、职责明确、协调有力、运行顺畅的行政权力制约和监督体系。加强对政府内部权力的制约，是强化对行政权力制约的重点。要对权力集中的部门和岗位实行分事行权、分岗设权、分级授权，定期轮岗，强化内部流程控制，防止权力滥用。完善政府内部层级监督和专门监督，改进上级机关对下级机关的监督，建立常态化监督制度。完善纠错问责机制，坚决纠正不作为、乱作为，坚决惩处失职、渎职。完善审计制度，保障依法独立行使审计监督权。健全行政执法和刑事司法衔接机制，完善案件移送标准和程序，建立行政执法机关、公安机关、检察机关、审判机关信息共享、案情通报、案件移送制度，坚决克服有案不移、有案难移、以罚代刑现象，实现行政处罚和刑事处罚无缝对接。完善对涉及公民人身、财产权益的行政强制措施实行司法监督制度，及时纠正违法行政强制措施，切实维护公民合法权益。

严密的法治监督体系是宪法和法律有效实施的重要保障。法律的生命力在于实施，法律的权威也在于实施。维护国家法制统一、尊严、权威，必须切实保证宪法法律有效实施，绝不允许任何人以任何借口任何形式以言代法、以权压法、徇私枉法。只有加强和改进宪法法律实施工作，通过执法、司法、守法和法律监督等各个方面的共同努力，才能确保宪法和法律得到切实贯彻和执行。法治监督就是对宪法和法律实施的全过程进行监督，确保书面上的法条真正变成社会规范和人们的行为规范。

4. 形成有力的法治保障体系

形成法治保障体系是中国特色社会主义法治沿着正确道路前进的重要保障，是确保法治高效运行的重要支撑。能否形成有力的法治保障体系，关系到全面推进依法治国的总目标能否实现。有力的法治保障体系要求在法律制定、实施和监督的全过程，形成结构完整、机制健全、资源充分、富于成效的保障系统。要形成有力的法治保障体系取决于以下几个"保障"：

（1）党的领导的政治保障。党的领导是全面推进依法治国的坚强政治保障。只有坚持党领导立法、保证执法、支持司法、带头守法，才能充分实现人民当家作主，真正把人民意志上升为国家意志，有序推进国家和社会生活法治化。

（2）社会主义的制度保障。中国特色社会主义制度是全面推进依法治国的牢固制度保障。法治体系与社会制度之间的内在联系，中国特色社会主义法治体系的制度属性和前进方向，决定了必须坚持中国特色社会主义制度，贯彻中国特色社会主义法治理论。

（3）法治队伍的组织和人才保障。高素质法治工作队伍是全面推进依法治国的组织和人才保障。法治教育体系和法律职业保障体系是法治保障体系的重要内容。《决定》指出："全面推进依法治国，必须大力提高法治工作队伍思想政治素质、业务工作能力、职业道德水准，着力建设一支忠于党、忠于国家、忠于人民、忠于法律的社会主义法治工作队伍，为加快建设社会主义法治国家提供强有力的组织和人才保障。"在法治教育方面，要把思想政治教育摆在首位，端正政治立场，强化职业操守，夯实专业知识。在法律职业保障方面，要尊重司法规律，捍卫和维护法律职业的严肃性和神圣性。通过科学合理确定法官、检察官员额并切实提供财政物质保障，稳定司法队伍；通过保障律师依法行使执业权利，发挥律师队伍作为依法治国重要力量的积极作用，深化律师制度改革。

（4）法治的精神和文化保障。中华民族优秀的法律精神和法律文化是全面推进依法治国重要的精神和文化保障。没有精神和文化的法治，犹如没有灵魂的人体，再刚性的法律也难免沦为无法实施或行之无效的摆设。因此，法治的精神和文化是法治的灵魂，人们没有法治精神、国家没有法治文化、社会没有法治风尚，法治就会成为无本之木、无根之花、无源之水，法律就不会被真正地执行。春秋时期齐国政治家管仲曰："国皆有法，而无使法必行之法。"明朝政治家、改革家张居正也曾感叹："天下之事，不难于立法，而难于法之必行。"这些观点在实质意义上体现了一定的法律精神和法律文化。蕴含着一定的精神和文化的法治既是一种理性的办事原则，具体体现为公民个人知法懂法用法护法；也是一种人类文明的生活方式，具体体现为公民个人具有一定的法治意识、法治观念和法治精神。中华民族悠久的法律精神、法律文化和法律传统，是法治中国建设必需的在法律的思想、精神和制度上的重要的本土资源，是法治中国建设的精神和文化保障。

建立有力的法治保障体系，要求我们站在改善和加强党的领导、提高全社会法治意识的高度来看待法治保障的问题。

5. 建立健全党内法规制度体系

党内法规制度体系，是指纳入社会主义法治体系之中的党内规范体系，是中国特色社会主义法治体系的重要组成部分。党内法规制度体系，是以党章为根本，以民主集中制为核心，以准则、条例等中央党内法规为主干，由各领域各层级党内法规制度组成的有机统一整体。2017 年，中共中央印发的《关于加强党内法规制度建设的意见》提出，到建党一百周年时，形成比较完善的党内法规制度体系、高效的党内法规制度实施体系、有力的党内法规制度建设保障体系，党依据党内法规管党治党的能力和水平显著提高。实现这一目标，就要以党章为统领，统筹推进各位阶党内法规制度建设。

治国必先治党，治党务必从严，从严必依法度。建立健全党内法规制度体系，是全面从严治党、依规治党的必然要求，是建设中国特色社会主义法治体系的重要内容，也是推进国家治理体系和治理能力现代化的重要保障，事关党长期执政和国家长治久安。建立健全党内法规制度体系，需要我们在以下几个主要方面做出切实的努力：

（1）与时俱进修订党章，以党的根本大法为"纲"统领党内法规制度体系建设。作为立党管党治党的总依据总遵循，党章是"万规之基"，整个党内法规制度体系大厦建筑于党章这个"基石"之上；党章是"万规之首"，具有最高权威，依规治党首先是依据党章管党治党。

（2）积极稳妥出台准则条例，搭建党内法规制度体系的四梁八柱。准则集中体现党章精神，地位仅次于党章，对于构建党内法规制度体系具有重要作用。党中央一直将制定准则条例作为构建党内法规制度体系的主体工程，在不同历史时期有针对性地制定有关准则条例。2016年，党中央制定《关于新形势下党内政治生活的若干准则》，从12个方面对新时代严肃党内政治生活提出明确要求、作出刚性规定，具有里程碑意义。同时，党中央制定32部现行有效条例，为规范党组织工作活动和党员行为提供了基本遵循。

（3）有针对性制定相应配套法规，及时为党内法规制度体系添砖加瓦。如果将构建党内法规制度体系比作盖房子，修订完善党章是夯基垒台，制定若干部准则条例等基础主干法规是立柱架梁，那么出台一大批规则、规定、办法、细则等配套法规就是添砖加瓦。当前，党内法规制度体系中已经形成若干个以准则条例为龙头，以配套性的规则、规定、办法、细则为细化补充的制度群。截至2018年8月底，现行有效的党内法规约4200部，其中规则、规定、办法、细则超过4100部，对贯彻落实基础主干法规起着重要作用，增强了主干法规的针对性和可操作性。

（4）做好法规清理工作。新中国成立特别是改革开放以来，中共制定颁布了大量党内法规和规范性文件，对规范党组织工作、活动和党员行为起到了重要作用。但随着世情、国情、党情的深刻变化，党内法规制度出现了一些不适应、不协调、不衔接、不一致问题，特别是有的党内法规和规范性文件滞后于实践的发展和形势任务的需要，有的存在同法律相互交叉重复、冲突打架的情况。因此，必须在全党范围内组织开展党内法规制度集中清理工作；党中央已于2013年、2014年两次作出党内法规制度集中清理的决定。各地区各部门也通过集中清理实现了法规制度的"瘦身"和"健身"。除定期组织开展集中清理外，党中央还重视开展专项清理和即时清理，党内法规体系不断完善，党内法规制度建设不断推进。

（5）做好党内法规和规范性文件备案工作。党的十八大后，根据党中央制定发布的党内法规和规范性文件备案规定，按照有件必备、有备必审、有错必纠原则全面开展备案审查工作，在党内建立上下贯通、左右联动、规范有序的备案审查工作体系，建立党委、人大、政府、军队系统备案工作衔接联动机制。通过严格的备案审查特别是对"问题文件"进行严肃纠正，坚决有力地维护党中央的权威和集中统一领导，确保党始终成为中国特色社会主义事业的坚强领导核心。

（二）全面推进依法治国总目标的两个着力点和五条基本原则

全面推进依法治国总目标要从两个主要方面着力：第一，要在党的领导下，坚持人民主体地位，坚持法律面前人人平等，坚持依法治国和以德治国的统一。第二，为了实现上述"五个体系"和建设法治国家的"三个依法"（即依法治国、依法执政、依法行政），需要共同推进法治国家、法治政府、法治社会一体建设。为了实现法治中国建设的总目标，《决定》提出了必须坚持的五条基本原则：第一，坚持中国共产党的领导；第二，坚持人民主体地位；第三，坚持法律面前人人平等；第四，坚持依法治国和以德治国相结合；第五，坚持从中国实际出发。

党的十八届四中全会提出了"建设中国特色社会主义法治体系，建设社会主义法治国家"这一全面推进依法治国的总目标。这个总目标既明确了全面推进依法治国的性质和方向，又突出了全面推进依法治国的工作重点和总抓手；既向国内外宣示了我国将坚定不移走中国特色社会主义法治道路的信心和决心，又明确了全面推进依法治国的总抓手。"全面推进依法治国涉及很多方面，在实际工作中必须有一个总揽全局、牵引各方的总抓手，这个总抓手就是建设中国特色社会主义法治体系。依法治国各项工作都要围绕这个总抓手来谋划、来推进。"[1]建设中国特色社会主义法治体系、建设社会主义法治国家是实现国家治理体系和治理能力现代化的必然要求，也是全面深化改革的必然要求，有利于在法治轨道上推进国家治理体系和治理能力现代化，有利于在全面深化改革总体框架内全面推进依法治国各项工作，有利于在法治轨道上不断深化改革。

（三）如何全面推进依法治国

全面推进依法治国是一项庞大的系统工程，必须统筹兼顾、把握重点、

---

[1]　中共中央文献研究室编：《习近平关于全面依法治国论述摘编》，中央文献出版社2015年版，第25页。

整体谋划，在共同推进上着力，在一体建设上用劲。在首都各界纪念现行宪法公布施行 30 周年大会上的讲话中，习近平明确提出"坚持依法治国、依法执政、依法行政共同推进，坚持法治国家、法治政府、法治社会一体建设"，从而进一步明确了全面推进依法治国的基本方略。

就依法治国、依法执政、依法行政共同推进来说，依法治国是我国宪法确定的治理国家的基本方略，而能不能做到依法治国，关键在于党能不能坚持依法执政，各级政府能不能依法行政。我们要增强依法执政意识，坚持以法治的理念、法治的体制、法治的程序开展工作，改进党的领导方式和执政方式，推进依法执政制度化、规范化、程序化。执法是行政机关履行政府职能、管理经济社会事务的主要方式，各级政府必须依法全面履行职能，坚持法定职责必须为、法无授权不可为，健全依法决策机制，完善执法程序，严格执法责任，做到严格规范公正文明执法。[1]

就法治国家、法治政府、法治社会一体建设来说，三者各有侧重，是相辅相成的关系。法治国家就是依照体现人民意志和社会发展规律的法律来治理的国家，而不是依照个人意志、主张来治理的国家；它要求在国家的政治、经济、社会、文化和生态文明建设等各方面都必须严格依法办事，而不受任何个人意志的干预、阻碍或破坏。法治政府是行政机关依法行政所追求的目标，它要求一切行政活动都必须在法律的规范和制约下进行，并以此来防止行政权力的扩张和滥用，从而将政府权力关进法律制度和规范的笼子里。法治社会要求宪法在社会系统中居于最高地位并具有最高权威，任何社会组织和社会成员都不能凌驾于宪法和根据宪法制定的法律之上，宪法必须成为全社会普遍的至高无上的行为准则。宪法是国家的根本法。树立宪法权威对于树立法治权威具有重要意义，正如习近平所指出的那样，"法治权威能不能树立起来，首先要看宪法有没有权威。必须把宣传和树立宪法权威作为全面推进依法治国的重大事项抓紧抓好，切实在宪法实施和监督上下功夫。"[2]

---

〔1〕 习近平：《加快建设社会主义法治国家》（2014 年 10 月 23 日），载《求是》2015 年第 1 期。

〔2〕 习近平：《关于〈中共中央关于全面推进依法治国若干重大问题的决定〉的说明》（2014 年 10 月 28 日）。

四、基本方略——全面推进依法治国的统筹谋划

在当代中国，作为国家治理现代化这一庞大的社会工程的有机组成部分，全面推进依法治国乃是中国法制转型与变革的历史性的进程，这是一个从人治型的国家治理体系向法治型的国家治理体系的深刻转变的过程，其根本的目的就在于实现法治中国的宏伟愿景。习近平立足中国国情，站在历史、现实与未来相统一的战略高度，针对当代中国法治建设中存在的突出问题，深思熟虑，统筹谋划，深刻把握全面依法治国的总体布局，提出了一系列关于全面推进依法治国的重要思想和全面依法治国的总体思路。

（一）确立和强调"全面推进依法治国的总抓手"

建设中国特色社会主义法治体系，建设社会主义法治国家，进而促进国家治理体系和治理能力现代化，是党的十八届四中全会提出的全面推进依法治国的总目标。习近平将建设中国特色社会主义法治体系称之为"全面推进依法治国的总抓手"，强调"依法治国各项工作都要围绕这个总抓手来谋划、来推进"〔1〕。这个总揽全局、牵引各方的"总抓手"的确立，为全面推进依法治国、加快建设法治中国指明了前进方向。

中国特色社会主义法治体系是当代中国在从传统社会向现代社会的转型过程中，由法律规范体系、法治实施体系、法治监督体系、法治保障体系和党内法规体系所组成的、反映国家法治运行状态的有机统一体。这一法治体系的实际状况，在总体上体现了当代中国法治建设的客观程度和实际水平。2014年10月23日，习近平在党的十八届四中全会第二次全体会议上的讲话中指出："法治体系是国家治理体系的骨干工程。落实全会部署，必须加快形成完备的法律规范体系、高效的法治实施体系、严密的法治监督体系、有力的法治保障体系，形成完善的党内法规体系。"在这里，法律规范体系、法治实施体系、法治监督体系、法治保障体系和党内法规体系，乃是中国特色社会主义法治体系的主体构成要素，它们之间有机地联结在一起，形成一个法律制度与法治价值内在统一的有机整体。法治体系的基本细胞是法律规范，

---

〔1〕 中共中央文献研究室编：《习近平关于全面依法治国论述摘编》，中央文献出版社2015年版，第25页。

法律规范体系是一个结构严谨、层次分明、联系紧密的有机整体。"法律的生命力在实施，法律的权威也在于实施"，法治实施体系是法治体系的重要内容。法治监督体系是现代法治体系的有机组成部分，是法治的基本功能之一，其主要价值就是限制或约束公权力。法治保障体系是全面推进依法治国的重要依托。"徒善不足以为政，徒法不能以自行。"如果没有一系列保障条件，法治就难以实现。法治保障体系既是法治体系的重要组成部分，又是支撑法治大厦的地基。它关乎法治各环节的有序运行，为法治总目标的实现提供不竭的力量源泉。完善的党内法规体系，加强党内法规制度与国家法律的衔接与协调，对于作为执政党的中国共产党而言，无论是依法执政的施行，或是领导法治中国建设，都具有至关重要的现实意义。

（二）必须"准确把握全面推进依法治国工作布局"

在中国的特殊国情条件下，全面推进依法治国、加快建设法治中国，是一项艰巨复杂的历史性的重大战略任务，需要从工作布局上整体谋划、统筹协调、合力推进。因此，习近平提出，要"准确把握全面推进依法治国工作布局，坚持依法治国、依法执政、依法行政共同推进，坚持法治国家、法治政府、法治社会一体建设"，强调"全面推进依法治国是一项庞大的系统工程，必须统筹兼顾、把握重点、整体谋划，在共同推进上着力，在一体建设上用劲"。[1]

中国特色社会主义法治的整体性建设和发展的要求，决定了我们必须坚持依法治国、依法执政、依法行政共同推进。依法治国是中国共产党领导人民治理国家的基本方略，它要求把国家事务和社会事务纳入法治化的轨道。依法执政是中国共产党治国理政的基本方式，它要求各级党组织必须在宪法和法律范围内活动，必须善于运用法律处理国家和社会事务。依法行政就是运用法律手段规范政府行为，它要求把规制政府权力，使之必须在法治的轨道上运行，作为政府正确行使行政权力的基本准则。习近平指出："依法治国是我国宪法确定的治理国家的基本方略，而能不能做到依法治国，关键在于党能不能坚持依法执政，各级政府能不能依法行政。我们要增强依法执政意

---

〔1〕 习近平：《加快建设社会主义法治国家》（2014 年 10 月 23 日），载《求是》2015 年第
1 期。

识，坚持以法治的理念、法治的体制、法治的程序开展工作，改进党的领导方式和执政方式，推进依法执政制度化、规范化、程序化。执法是行政机关履行政府职能、管理经济社会事务的主要方式，各级政府必须依法全面履行职能，坚持法定职责必须为、法无授权不可为，健全依法决策机制，完善执法程序，严格执法责任，做到严格规范公正文明执法。"[1]

　　一般来说，法治国家主要是指确立法律统治、维护法律权威的国家，是法治政府、法治社会的基本前提和决定性因素；法治政府是法治国家的有机组成部分，是指严格按照法定权限和程序行使权力、履行职责的政府；法治社会是法治国家和法治政府的基础，是一个信仰法治、依法治理的社会。在法治中国建设的历史进程中，必须坚持法治国家、法治政府、法治社会一体建设。依法治国、依法执政、依法行政是一个内在统一的有机整体，在这个有机统一体中，依法执政处于关键的支配性地位。依法执政既是依法治国的内在要义，是依法治国的根本保证，也是依法行政的主要基础和基本条件。在全面依法治国的进程中，法治国家、法治政府、法治社会这三者之间相互联系、各有侧重。习近平指出："法治国家、法治政府、法治社会三者各有侧重、相辅相成。全面推进依法治国需要全社会共同参与，需要增强全社会的法治观念，必须在全社会弘扬社会主义法治精神，建设社会主义法治文化。要在全社会树立法律权威，使人民认识到法律既是保障自身权利的有力武器，也是必须遵守的行为规范，培育社会成员办事依法、遇事找法、解决问题靠法的良好环境，自觉抵制违法行为，自觉维护法治权威。"[2]因此，坚持法治国家、法治政府、法治社会一体建设，深刻反映了中国法治现代化的内在要求。

　　（三）维护宪法的权威在全面推进依法治国进程中的重要地位和作用

　　宪法是一个国家法律体系的核心，是治理国家和社会的根本大法，是国家长治久安的根本法治保证。习近平高度重视宪法在全面依法治国进程中的重要地位和作用。2012 年 12 月 4 日，在首都各界纪念现行宪法公布施行 30 周年大会上，习近平发表重要讲话，强调："宪法与国家前途、人民命运息息

---

〔1〕　习近平：《加快建设社会主义法治国家》（2014 年 10 月 23 日），载《求是》2015 年第 1 期。

〔2〕　习近平：《在首都各界纪念现行宪法公布施行 30 周年大会上的讲话》（2012 年 12 月 4 日）。

相关。维护宪法权威,就是维护党和人民共同意志的权威。捍卫宪法尊严,就是捍卫党和人民共同意志的尊严。保证宪法实施,就是保证人民根本利益的实现。只要我们切实尊重和有效实施宪法,人民当家作主就有保证,党和国家事业就能顺利发展。反之,如果宪法受到漠视、削弱甚至破坏,人民权利和自由就无法保证,党和国家事业就会遭受挫折。"习近平的这一论述,深刻揭示了维护宪法权威、捍卫宪法尊严、保证宪法实施对于坚持和发展中国特色社会主义事业的极端重要性。在此基础上,习近平进一步精辟阐述了一个富于创见的治国理念:"依法治国,首先是依宪治国;依法执政,关键是依宪执政。"

在讲话中,习近平强调:维护宪法权威,就是维护党和人民共同意志的权威。捍卫宪法尊严,就是捍卫党和人民共同意志的尊严。保证宪法实施,就是保证人民根本利益的实现。只要我们切实尊重和有效实施宪法,人民当家作主就有保证,党和国家事业就能顺利发展。任何组织或者个人,都不得有超越宪法和法律的特权。宪法的根基在于人民发自内心的拥护,宪法的伟力在于人民出自真诚的信仰,只有保证公民在法律面前一律平等,尊重和保障人权,保证人民依法享有广泛的权利和自由,宪法才能深入人心。他特别指出:"宪法的生命在于实施,宪法的权威也在于实施。我们要坚持不懈抓好宪法实施工作,把全面贯彻实施宪法提高到一个新水平。"[1]

在讲话中,习近平强调:"在充分肯定成绩的同时,我们也要看到存在的不足,主要表现在:保证宪法实施的监督机制和具体制度还不健全,有法不依、执法不严、违法不究现象在一些地方和部门依然存在;关系人民群众切身利益的执法司法问题还比较突出;一些公职人员滥用职权、失职渎职、执法犯法甚至徇私枉法严重损害国家法制权威;公民包括一些领导干部的宪法意识还有待进一步提高。对这些问题,我们必须高度重视,切实加以解决。"[2]习近平在讲话中进一步指出:"全面贯彻实施宪法,是建设社会主义法治国家的首要任务和基础性工作。宪法是国家的根本法,是治国安邦的总章程,具

〔1〕 习近平:《在首都各界纪念现行宪法公布施行30周年大会上的讲话》(2012 年 12 月 4日)。

〔2〕 习近平:《在首都各界纪念现行宪法公布施行30周年大会上的讲话》(2012 年 12 月 4日)。

有最高的法律地位、法律权威、法律效力，具有根本性、全局性、稳定性、长期性。全国各族人民、一切国家机关和武装力量、各政党和各社会团体、各企业事业组织，都必须以宪法为根本的活动准则，并且负有维护宪法尊严、保证宪法实施的职责。任何组织或者个人，都不得有超越宪法和法律的特权。一切违反宪法和法律的行为，都必须予以追究。"〔1〕

在习近平看来，依宪治国和依宪执政要着重从三个方面来进行。

首先，要把全面贯彻实施宪法作为全面推进依法治国的首要任务和基础性工作。这是因为"宪法是国家的根本法，是治国安邦的总章程，具有最高法律地位、法律权威、法律效力，具有根本性、全面性、稳定性、长期性"。因此，必须坚持不懈地抓好宪法实施工作，把全面贯彻实施宪法提高到一个新水平。

其次，要健全和完善保障宪法有效实施的体制机制。在全面依法治国的历史进程中，进一步健全和完善宪法实施的保障制度，对于严守宪法原则、弘扬宪法精神、履行宪法使命，具有特殊重要的意义。党的十八届三中全会决定和四中全会决定把进一步健全宪法实施监督机制，确定为全面推进依法治国、加快建设法治中国的一项重大议题。对此，习近平强调："宪法是国家的根本法。法治权威能不能树立起来，首先要看宪法有没有权威，必须把宣传和树立宪法权威作为全面推进依法治国的重大事项抓紧抓好，切实在宪法实施和监督上下功夫。"〔2〕

最后，要加强宪法的宣传和教育，在全社会弘扬宪法精神。党的十八届四中全会决定提出，要"建立宪法宣誓制度，凡经人大及其常委会选举或者决定任命的国家工作人员正式就职时公开向宪法宣誓"。习近平深刻论述了建立宪法宣誓制度的重大意义，指出："这样做，有利于彰显宪法权威，增强公职人员的宪法意识，激励公职人员忠于和维护宪法，也有利于在全社会增强宪法意识，树立宪法权威。"〔3〕

---

〔1〕　习近平：《在首都各界纪念现行宪法公布施行30周年大会上的讲话》（2012年12月4日）。

〔2〕　习近平：《关于〈中共中央关于全面推进依法治国若干重大问题的决定〉的说明》（2014年10月28日）。

〔3〕　习近平：《关于〈中共中央关于全面推进依法治国若干重大问题的决定〉的说明》（2014年10月28日）。

（四）把握全面依法治国的重点任务

全面依法治国涉及党的建设、国家发展和社会生活的各个领域，需要在整体推进的基础上抓住以下重点任务和关键环节：

一是要推进科学立法。中国特色社会主义法律体系的形成，标志着当代中国国家和社会生活在总体上实现了有法可依。这是一个了不起的重大历史成就。面对着中国特色社会主义法治建设的伟大实践，完善以宪法为核心的中国特色社会主义法律体系，乃是实现国家各项工作法治化、健全国家治理体系、提高国家治理能力的法律基础。因此，坚持科学立法就显得尤为重要。科学立法是全面推进依法治国的前提，它要求从中国的国情条件出发，围绕提高立法质量这个基本目标，遵循立法工作的客观规律，准确反映一定社会关系的法权要求，健全立法体制机制，深入推进立法民主化进程，有效进行法律创制工作，不断增强立法科学化水平，从而促进经济发展和社会进步。对此，习近平指出："人民群众对立法的期盼，已经不是有没有，而是好不好、管用不管用、能不能解决实际问题；不是什么法都能治国，不是什么法都能治好国；越是强调法治，越是要提高立法质量。这些话是有道理的。我们要完善立法规划，突出立法重点，坚持立改废并举，提高立法科学化、民主化水平，提高法律的针对性、及时性、系统性。要完善立法工作机制和程序，扩大公众有序参与，充分听取各方面意见，使法律准确反映经济社会发展要求，更好协调利益关系，发挥立法的引领和推动作用。"[1]

二是要推进严格执法。这是全面推进依法治国的关键环节。在执法体制中，行政机关担负着重要职责，是法律实施和执法的重要主体。习近平指出："推进严格执法，重点要解决执法不规范、不严格、不透明、不文明以及不作为、乱作为等突出问题。要以建设法治政府为目标，建立行政机关内部重大决策合法性审查机制，积极推行政府法律顾问制度，推进机构、职能、权限、程序、责任法定化，推进各项政府事权规范化、法律化。要全面推进政务公开，强化对行政权力的制约和监督，建立权责统一、权威高效的依法行政体制。要严格执法资质、完善执法程序，建立健全行政裁量权基准制度，确保

---

〔1〕 习近平：《在十八届中央政治局第四次集体学习时的讲话》（2013年2月23日）。

法律公正、有效实施。"〔1〕显然，严格行政执法的核心在于严格行政责任，实行行政执法责任制和执法过错追究制，坚决消除执法中的腐败现象，坚决纠正部门本位主义和地方保护主义，切实做到严格执法、公正执法。

三是要推进公正司法。司法权作为国家权力的重要组成部分，无论在本质上或是在实际上，都是国家治理不可或缺的重要环节。在现代社会，司法是维护社会公平正义的最后一道防线。而司法的灵魂是公正。因此，公正司法是全面推进依法治国的重要保障。在社会转型与变革的历史条件下，社会生活中的一些深层次的矛盾和问题不断显现，并且以诉讼形式大量涌入司法渠道。作为国家的司法审判机关，人民法院要更加注重保障人民群众合法权益，进而维护社会公平正义，坚持法律面前人人平等，切实做到有法必依、执法必严、违法必究，充分体现法律的尊严和权威；要坚持严格依法司法，不仅要严格遵守实体法，还要严格遵守程序法，确保一切司法活动在法律的轨道上进行；要坚持公正司法，正确处理实体公正与程序公正、个体公正与普遍公正、法律公正观与群众公正观的关系，努力实现办案的法律效果与社会效果的统一；要坚持司法为民，准确把握人民群众的司法要求，积极回应人民群众的司法关切，让司法权在阳光下运行，不断提高司法的社会公信力。习近平指出："全面推进依法治国，必须坚持公正司法。公正司法是维护社会公平正义的最后一道防线。所谓公正司法，就是受到侵害的权利一定会得到保护和救济，违法犯罪活动一定要受到制裁和惩罚。如果人民群众通过司法程序不能保证自己的合法权利，那司法就没有公信力，人民群众也不会相信司法。法律本来应该具有定分止争的功能，司法审判本来应该具有终局性的作用，如果司法不公、人心不服，这些功能就难以实现。""我们提出要努力让人民群众在每一个司法案件中都感受到公平正义，所有司法机关都要紧紧围绕这个目标来改进工作，重点解决影响司法公正和制约司法能力的深层次问题。"〔2〕

四是要推进全民守法。在全社会树立法治信仰，乃是保障法律实施、维护法律权威的必然要求。习近平认为，"做到严格执法、公正司法，就要信仰

---

〔1〕 习近平：《加快建设社会主义法治国家》（2014 年 10 月 23 日），载《求是》2015 年第1 期。

〔2〕 习近平：《在十八届中央政治局第四次集体学习时的讲话》（2013 年 2 月 23 日）。

法治、坚守法治"，"法律要发挥作用，需要全社会信仰法律"。[1]他援引 18 世纪法国启蒙思想家卢梭的一段话，借以说明在全社会树立法治信仰的极端重要性。卢梭说，一切法律中最重要的法律"既不是铭刻在大理石上，也不是铭刻在铜表上，而是铭刻在公民们的内心里"。由此，习近平进一步指出："要深入开展法制宣传教育，弘扬社会主义法治精神，引导群众遇事找法、解决问题靠法，逐步改变社会上那种遇事不是找法而是找人的现象。"[2]在习近平看来，作为全面推进依法治国的基础性环节，全民守法意味着任何组织或个人都在宪法和法律的范围内活动，着力增强全民法治观念，特别是领导干部更要模范地遵守宪法和法律。"必须抓住领导干部这个'关键少数'，首先解决好思想观念问题，引导各级干部深刻认识到，维护宪法法律权威就是维护党和人民共同意志的权威，捍卫宪法法律尊严就是捍卫党和人民共同意志的尊严，保证宪法法律实施就是保证党和人民共同意志的实现。"[3]

五、方针任务——法治新"十六字"方针的提出与施行

1978 年 12 月，党的十一届三中全会提出了"有法可依、有法必依、执法必严、违法必究"的社会主义法制建设方针。在这"十六字"方针的指导下，我国社会主义法制建设取得了长足进步。2012 年 11 月，党的十八大提出的"科学立法、严格执法、公正司法、全民守法"这一新"十六字"方针，既是对原"十六字"方针的丰富和发展，也是新时期全面加快社会主义法治国家建设的工作方针；既是建设法治中国的实施方略，也是法治中国建设的衡量标准，表明我国社会主义法治建设进入了新阶段。新"十六字"方针确立了我国依法治国新阶段的四大目标。如果说中国特色社会主义法律体系已经形成，那么还需要我们继续推进依法治国基本方略，克服法治发展过程中的各种障碍，因为就我国要实现全面依法治国和高度的政治文明的目标而言，我

---

〔1〕 习近平：《严格执法，公正司法》（2014 年 1 月 7 日），载《十八大以来重要文献选编》（上），中央文献出版社 2014 年版，第 721 页。

〔2〕 习近平：《严格执法，公正司法》（2014 年 1 月 7 日），载《十八大以来重要文献选编》（上），中央文献出版社 2014 年版，第 722 页。

〔3〕 习近平：《加快建设社会主义法治国家》（2014 年 10 月 23 日），载《求是》2015 年第 1 期。

们还任重而道远，尚在不断努力奋斗的征途上。

（一）新"十六字"方针的基本内涵

新"十六字"方针言简意赅，内涵丰富，系统全面。这一全新表述完全涵盖了立法、执法、司法、守法四个方面，适应和满足了新时期建设法治中国的新要求。其中，科学立法是前提，严格执法是关键，公正司法是保障，全民守法是基础。全面依法治国必须坚持"科学立法、严格执法、公正司法、全民守法"四位一体的协调发展。

科学立法是全面推进依法治国的前提条件。我国形成了以宪法为统帅的中国特色社会主义法律体系，国家和社会生活各方面总体上实现了有法可依，这是我国法治建设取得的重大成就。但是，我国立法工作中依然存在着部分法律法规未能全面反映客观规律和人民意愿，针对性、可操作性不强，立法工作中部门化倾向、争权诿责现象较为突出的问题；存在着部分法律制定出台后不能用、不管用、难执行、难适用、难遵守的问题，甚至存在着个别法律形同虚设的问题。要推进民主科学立法，必须着力解决上述问题。建设中国特色社会主义法治体系，必须坚持立法先行，发挥立法的引领和推动作用，抓住提高立法质量这个关键。必须恪守以民为本、立法为民的理念，贯彻社会主义核心价值观，使每一项立法都符合宪法精神、反映人民意志、得到人民拥护。要把公正、公平、公开原则贯穿立法全过程，完善立法体制机制，坚持立、改、废、释并举，增强法律法规的及时性、系统性、针对性、有效性。

严格执法是全面推进依法治国的关键环节。当前，我国依法行政方面存在的主要问题是法律执行效果较差。因此，必须加强宪法和法律实施，维护社会主义法制的统一、尊严、权威，形成人们不愿违法、不能违法、不敢违法的法治环境，做到有法必依、执法必严、违法必究。行政机关是实施法律法规的重要主体，要带头严格执法，维护公共利益、人民权益和社会秩序。执法者必须首先忠实于法律。各级领导机关和领导干部要提高运用法治思维和法治方式的能力，努力以法治凝聚改革共识、规范发展行为、促进矛盾化解、保障社会和谐。必须加强对执法活动的监督，坚决排除对执法活动的非法干预，坚决防止和克服地方保护主义和部门保护主义，坚决惩治腐败现象，做到有权必有责、用权受监督、违法必追究。

公正司法是全面推进依法治国的重要任务。2013 年 2 月 23 日，习近平在主持中央政治局全面推进依法治国第四次集体学习时指出："我们提出要努力让人民群众在每一个司法案件中都感受到公平正义，所有司法机关都要紧紧围绕这个目标来改进工作，重点解决影响司法公正和制约司法能力的深层次问题。要坚持司法为民，改进司法工作作风，通过热情服务，切实解决好老百姓打官司难问题，特别是要加大对困难群众维护合法权益的法律援助。司法工作者要密切联系群众，规范司法行为，加大司法公开力度，回应人民群众对司法公正公开的关注和期待。要确保审判机关、检察机关依法独立公正行使审判权、检察权。"他着重强调，必须完善司法管理体制和司法权力运行机制，规范司法行为，加强对司法活动的监督，努力让人民群众真正在每一个司法案件中感受到公平正义。

全民守法是全面推进依法治国的基础工程。人民权益要靠法律保障，法律权威要靠人民维护。必须弘扬社会主义法治精神，建设社会主义法治文化，增强全社会厉行法治的积极性和主动性，形成守法光荣、违法可耻的社会氛围，使全体人民都成为社会主义法治的忠实崇尚者、自觉遵守者、坚定捍卫者。任何组织或者个人都必须在宪法和法律范围内活动，任何公民、社会组织和国家机关都要以宪法和法律为行为准则，依照宪法和法律行使权利或权力、履行义务或职责。要深入开展法制宣传教育，在全社会弘扬社会主义法治精神，引导全体人民遵守法律、有问题依靠法律来解决，形成守法光荣的良好氛围。要坚持法制教育与法治实践相结合，广泛开展依法治理活动，提高社会管理法治化水平。各级领导干部要带头依法办事，带头遵守法律。各级组织部门要把能不能依法办事、遵守法律作为考察识别干部的重要条件。

总之，我国的法治建设正经历着从形成中国特色社会主义法律体系到建设中国特色社会主义法治体系之转变、从以立法为中心到以宪法法律实施为重点之转变、从法律大国向法治强国之转变。在这法治建设战略大调整的历史时期，全面推进依法治国、加快建设法治中国，必须统筹全面建成小康社会、全面深化改革和全面从严治党，在"四个全面"总体战略布局的伟大实践中，不断开创中国特色社会主义法治建设的新局面。

（二）习近平对新"十六字"方针的深刻阐述

全面依法治国，必须突出重点任务，扎实有序推进。习近平从我国法治工作的基本格局出发，就推进"科学立法、严格执法、公正司法、全民守法"这一新"十六字"方针作出了深刻的阐述。

关于科学立法。全面依法治国，必须坚持立法先行，继续完善以宪法为统帅的中国特色社会主义法律体系。习近平明确指出，宪法是治国安邦的总章程，具有最高的法律地位。全面贯彻实施宪法是建设社会主义法治国家的首要任务和基础性工作，必须把宣传和树立宪法权威作为全面推进依法治国的重大事项抓紧抓好。针对立法领域存在的突出问题，他提出关键是要提高立法质量，而推进科学立法、民主立法是提高立法质量的根本途径。要完善立法体制，优化立法职权配置，明确立法权力边界，从体制机制和工作程序上防止部门利益和地方保护主义法律化。要加强重点领域立法，及时反映党和国家事业发展要求、人民群众关切期待，对涉及全面深化改革、推动经济发展、完善社会治理、保障人民生活、维护国家安全的法律抓紧制定、及时修改。[1]他强调："我们要坚持改革决策和立法决策相统一、相衔接，立法主动适应改革需要，积极发挥引导、推动、规范、保障改革的作用，做到重大改革于法有据，改革和法治同步推进，增强改革的穿透力。对实践证明已经比较成熟的改革经验和行之有效的改革举措，要尽快上升为法律。对部门间争议较大的重要立法事项，要加快推动和协调，不能久拖不决。对实践条件还不成熟、需要先行先试的，要按照法定程序作出授权，既不允许随意突破法律红线，也不允许简单以现行法律没有依据为由迟滞改革。对不适应改革要求的现行法律法规，要及时修改或废止，不能让一些过时的法律条款成为改革的'绊马索'。"[2]

关于严格执法。法律的生命力在于实施，这是全面推进依法治国的重点。能不能做到依法治国，关键在于党能不能坚持依法执政，各级政府能不能依法行政。习近平强调，行政机关是实施法律法规的重要主体，要带头严格执法，依法全面履行职能。要以建设法治政府为目标，建立行政机关内部重大决策合法性审查机制，推进机构、职能、权限、程序、责任法定化，推进各

---

〔1〕 习近平：《加快建设社会主义法治国家》（2014 年 10 月 23 日），载《求是》2015 年第 1 期。

〔2〕 中共中央文献研究室编：《习近平关于全面依法治国论述摘编》，中央文献出版社 2015 年版，第 52~53 页。

级政府事权规范化、法律化。要全面推进政务公开，强化对行政权力的制约和监督，建立权责统一、权威高效的依法行政体制。[1]

关于公正司法。公正是法治的生命线。司法是维护社会公平正义的最后一道防线。如果不努力让人民群众在每一个司法案件中都感受到公平正义，人民群众就不会相信司法机关，进而影响他们对党和政府的信任。习近平强调，必须旗帜鲜明反对司法腐败，构建开放、动态、透明、便民的阳光司法机制。司法不公的深层次原因在于司法体制不完善、司法职权配置和权力运行机制不科学、人权司法保障制度不健全，因此必须深入推进司法改革。推进公正司法，要以优化司法职权配置为重点，健全司法权力分工负责、相互配合、相互制约的制度安排。[2]

关于全民守法。法律要发挥作用，需要全社会信仰法律。对法律有了信仰，人民就会自觉按法律办事。推进全民守法，必须着力增强全民法治观念，坚持法制教育与法治实践相结合，把全民普法和守法作为依法治国的长期基础性工作来抓。一方面，必须弘扬社会主义法治精神，建设社会主义法治文化，传播法律知识，培养法律意识；另一方面，必须以实际行动树立法律权威，使人民相信法律，相信只要是合理合法的诉求，通过法律程序就能得到合理合法的结果。要健全公民和组织守法信用记录，完善守法诚信褒奖机制和违法失信行为惩戒机制，形成守法光荣、违法可耻的社会氛围，使尊法守法成为全体人民共同追求和自觉行动。[3]

（三）新"十六字"方针对旧"十六字"方针的发展

比较党的十一届三中全会提出的"有法可依，有法必依，执法必严，违法必究"的旧"十六字"方针，党的十八大提出的"科学立法、严格执法、公正司法、全民守法"的新"十六字"方针，具有以下三个方面的重大发展：其一，在立法上从解决"有无"问题，转变为解决"科学"问题。新中国成

---

〔1〕 习近平：《加快建设社会主义法治国家》（2014年10月23日），载《求是》2015年第1期。

〔2〕 习近平：《加快建设社会主义法治国家》（2014年10月23日），载《求是》2015年第1期。

〔3〕 习近平：《加快建设社会主义法治国家》（2014年10月23日），载《求是》2015年第1期。

立以来，我们改变了"无法可依"的现实，在中国特色社会主义法律体系已形成的今天，其主要问题是"立法是否科学"的问题。其二，将"司法"列入"法治元素"，将"公正"明确为司法的价值目标。其三，提出"全民守法"的要求，强调没有全民守法的基础，法治就是空中楼阁。新"十六字"方针的提出，是中共对近四十年来的法治建设经验的总结，是法治建设开拓创新、与时俱进的体现，标志着中国的法治建设从基础打造到系统建构的发展与进步，是从重点突破向全面展开的战略推进，是实现"中国梦""法治梦"的重要步骤。

"科学立法、严格执法、公正司法、全民守法"，是全面落实依法治国基本方略的新方针，是法治中国建设的基本要求，同时也是实现法治中国的基本标准。科学立法是法治中国建设的前提，严格执法是法治中国建设的关键，公正司法是法治中国建设的重点，全民守法是法治中国建设的基础。与旧"十六字"方针相比，新"十六字"方针的内涵更为丰富，更符合中国当代国情。从总体而言，旧"十六字"方针是一种形式法治意义的"法律之治"。从理论到实践，新"十六字"方针使形式法治向实质法治前进了一大步，更为科学地彰显了国家治理现代化的法治建构。

从"有法可依"发展到"科学立法"。"有法可依"是从引导国家进入依靠法律制度实现管理秩序的规范而言的，其要旨是国家治理要有法律可以依循。而"科学立法"的目的，是要通过立法筑牢法律制度的基础，在治国理政中不仅要有法律依据，而且要更加注重立法质量，确保人民通过法律将国家权力固定下来，进而把国家权力关进制度的笼子里。同时，科学立法更能保证法的正当化，减少恶法现象的存在，从而真正做到"努力使每一项立法都符合宪法精神，反映人民意愿，得到人民拥护"。

从"有法必依"发展到"严格执法"。"有法必依"强调的是对法的依循，侧重于对执法过程的要求。而"严格执法"既突出了执法遵循，又强化了对法的实施。可以说"严格执法"既包含了行政执法，也包含了公民的自觉守法。"严格执法"是对法律权威和尊严的维护，也是对社会公平正义的促进。因此，执法者定当站稳脚跟，挺直脊梁，只服从事实，只服从法律，铁面无私，秉公执法。

从"执法必严"发展到"公正司法"。过去我国法治建设的重点是围绕建立中国特色社会主义法律体系，如今法治建设有了很大的进步和发展，不仅建立起了完善的执法和司法体制，而且建立起了具有专业素质的执法和司法队伍。从执法、司法实践看，人民群众已经不满足于执法必严，对公正司法有了更高的要求。"公正司法"不仅体现了执法必严，也强调了执法的公正性，更能体现执法为民与秉公执法这一法治精神的统一，更能满足法治服务于公正的价值要义，真正实现"努力让人民群众在每一个司法案件中都感受到公平正义"。

从"违法必究"发展到"全民守法"。"违法必究"强调法律面前的人人平等，而"全民守法"体现的不只是这一平等，还明确了全民是守法的主体。从一定意义上讲，"全民守法"的表述更能表达法律不是为了整治谁而制定的，而是全民都应当自觉遵守的规则之意，更能表达作为强制性规范的法律是约束全民言行的红线和底线之意。

（四）施行新"十六字"方针必须完成的重要任务

要全面推进依法治国，建设法治中国，必须严格施行新"十六字"方针，为此，必须着力完成以下重要任务。

1. 全面推进依法治国的第一大任务——努力完善以宪法为核心的中国特色社会主义法律体系，并着力加强宪法的实施

习近平强调，坚持依法治国首先坚持依宪治国，坚持依法执政首先要坚持依宪执政。党的十八届四中全会重申了这个观点，把宪法摆在了法律体系中更加突出的位置上。为什么建立和完善中国特色社会主义法律体系要以宪法为核心呢？为什么在形成这样一个法律体系之后一定要着力加强宪法的实施呢？宪法是国家根本大法，具有最高的法律效力。党的十八届四中全会明确规定了宪法宣誓制度，凡经人大及其常委会选举或者任命的国家工作人员正式就职时都要公开向宪法宣誓。宪法宣誓制度的建立，有利于提升宪法在人们心目中的地位。党的十八届四中全会设立宪法宣誓制度的目的，就是要唤醒全民族对宪法的高度认同，维护宪法的权威，保障宪法的有效实施。这个制度的建立和实施对于增强全社会的宪法意识而言，必将带来深远的影响、产生很大的作用。为了保障宪法权威，要加强宪法解释和完善宪法实施制度和监督制度。党的十八届四中全会明确提出，要在全国人大加强宪法的解释机制、程序机制，要加强宪法的实施监督制度。

2. 全面推进依法治国的第二大任务——提高立法质量，发挥立法的引领和推动作用

法治原则要求良法善治，而良法则是法治建设的前提和基础。习近平指出："我们要加强重要领域立法，确保国家发展、重大改革于法有据，把发展改革决策同立法决策更好结合起来。要坚持问题导向，提高立法的针对性、及时性、系统性、可操作性，发挥立法引领和推动作用。要抓住提高立法质量这个关键，深入推进科学立法、民主立法，完善立法体制和程序，努力使每一项立法都符合宪法精神、反映人民意愿、得到人民拥护。"[1]改革开放四十多年来，我国立法工作总体上取得了巨大的成就，为依法治国理政提供了重要的制度保障。同时，实践不断发展变化，必然要求及时对法律、法规进行立、改、废。正因为如此，习近平强调，实践是法律的基础，法律要随着实践发展而发展。在党的十八届三中全会作出全面深化改革的战略决策后，全方位改革举措的出台和实施，不但要求具有合法性基础，更要求法律提供制度性保障。习近平的立法观为全面深化改革过程中的立法工作提供了直接指导。改革是一项浩大、艰巨、复杂的社会系统工程，要求立法工作更加强调整体规划、统一部署，确保不留立法真空地带，也要确保各法律、法规之间内在协调一致、相得益彰。在纷繁复杂的立法规划及部署工作中，要求我们根据社会政治、经济等发展形势，突出立法的重点，树立法律权威，切实推进全面深化改革各项举措的落实。

要科学立法、民主立法。科学化、民主化是习近平对立法方法的明确要求。维护最广大人民群众的根本权益，是立法工作的根本出发点和最终归宿，也是现阶段我国民主立法、科学立法基本价值的体现和总体要求。广泛听取民意，确保立法过程成为统一认识、平衡利益、形成合力的过程，确保人民群众的要求通过国家立法活动上升为国家意志，不仅体现了立法的科学化、民主化水平，也大大提高了法律的针对性和及时性，必将更加提高全社会知法、守法、护法的自觉性和有效性。今天，人民群众对立法的期盼，已经不在于有没有法律，而在于法律好不好、管用不管用、能不能解决实际问题。

---

〔1〕 习近平：《在庆祝全国人民代表大会成立60周年大会上的讲话》（2014年9月5日）。

从这个意义上说，为谁立法是我国立法工作必须要首先作出回答的问题，对此问题的回答直接关系到立法工作的性质、方向和效果。

强调立法的引领和推动作用，特别是强调要注重发挥立法在深化改革进程中的引领和推动作用，是习近平对于立法效果及价值评判所作出的科学论断。法律之社会价值在于规范社会行为、引领和推动民众按立法者立法要求开展社会活动。当前，在我国改革进入攻坚区和深水区的历史新阶段，如何更好地发挥立法的引领和推动作用，关系到改革能否顺利推进，更关系到改革的成果能否巩固和持久。

党的十八届四中全会强调需要发挥立法的引领和推动作用，把提高立法质量作为立法的关键；针对"政策先行，领导讲话先行，会议精神先行"的问题，强调要立法先行。如果不坚持立法先行，只顾着改革创新，只管突破现有的羁绊，就会导致改革没有法律依据，因此要改革创新，必须立法先行，靠立法去引领和推动。立法先行要抓住提高立法质量的这个关键，把"公平、公正、公开"的原则贯穿到立法的全过程；要完善立法的体制机制，坚持立改废释并举。所谓立改废释并举，就是制定法律、修改法律、废止法律、解释法律齐头并举。立改废释并举的目的，就是为了增强法律实施的及时性、系统性、针对性和有效性。

为了提高立法质量，针对长期以来我国在立法上存在的问题，党的十八届四中全会提出要"健全人大主导立法工作的体制机制"，要依法赋予地方立法权，推进科学立法、民主立法。党的十八届四中全会提出这样的要求，就是为了有针对性地解决我国长期以来在立法上存在的部门权力利益化、部门的利益法制化、部门主导法律的起草等问题。多年以来，部门立法已经成为常态，部门起草法律，制定出一些有操作性、有针对性的法律条款，这固然有其合理性、有效性的一面，但也存在着明显的问题。部门立法最大的弊端就在于在立法时，因为有部门利益掺和其中，因此立法者在立法时往往更多考虑的是维护本部门的权利和利益。许可权、审批权、收费权、处罚权、强制权、政策制定权等等权力，都是通过立法的方式固定下来的。

党的十八届四中全会提出，要健全有立法权的人大主导立法工作的体制机制，在全国由全国人大及常委会来主导立法工作；在地方则由地方人大及常委会来主导立法工作（比如，在北京就由北京市人大及常委会来主导北京的地方立法工作），包括地方性法规和政府规章都要由人大来主导。党的十八届四中全会明确提出要依法赋予设区市的地方立法权，这意味着未来立法发展的大方向是依法赋予设区的市地方立法权，这是立法体制变革的一个重要方面。

党的十八届四中全会还明确提出，要有序扩大公民在立法中的参与权。一方面，公民要参与立法的论证；另一方面，立法项目的征集要扩大公众的参与。制定什么法律，不制定什么法律，公民既有发言权，也有参与权。公民的认可度达到一定程度的时候，人大政府就有立法的义务或者责任了。全会还提出要加快重点领域的立法，体现权利公平、机会公平和规则公平，要推进保障公民人身财产权、基本政治权力这方面的立法，使得公民权利得到切实的保障和落实。

按照党的十八届四中全会精神，立法与改革要相衔接，要主动立法，做到重大改革于法有据，以适应改革和经济社会发展需要。这就明确了立法和改革之间的关系。第一，应该修改、制定、废止、解释的法律，不能滞后于改革，要主动适应改革的要求。第二，改革要在法治的轨道上进行，重大改革要于法有据，不能突破法律的界限。如果某一领域里根本就没有立法，那改革应该如何展开呢？那就要制定新的法律。法无授权不可为，法定职责必须为，要想顺利推进改革，必须加强立法，立法更要主动适应改革发展的要求。

3. 全面推进依法治国的第三大任务——加强法律的实施，加快建设法治政府

党的十八届四中全会明确提出，法律的生命力在于实施，权威也在于实施，各级政府要加快建设职能科学、权责法定、执法严明、公开公正、廉洁高效、守法诚信的法治政府。那么，法治政府的标准是什么呢？全会提出了法治政府的标准——"职能科学、权责法定、执法严明、高效廉洁、公开公正、守法诚信"。也就是说，法治政府应该是公开、透明、负责任、便民高效、诚实守信的政府。如果某个政府以上这些标准都做到了，那么这个政府就是法治政府。要深入推进依法行政，加快建设法治政府，需要我们重点关注以下两方面的问题：

首先，关于行政决策规范化的问题。党的十八届四中全会确定了五个行政决策的法定程序，即"公众参与、专家论证、风险评估、合法性审查、集体讨论决定"。只有这五个程序都做到位了，才能称为依法决策。事实上，分门别类的行政机关行为的规范化、法治化并不是问题的主要方面，最大的问题还在于政府的重大决策权的行使上。实际存在的状况是，个别领导干部在作出关系到人民切身利益与国计民生，关系到整个区域发展的政治文明、经济文明、社会文明、生态文明、文化事业发展的重大决策时，还受到政绩"GDP思维"的干扰，甚至还出现急功近利的"短视行为"。党的十八大以来，行政决策权运行的规范化程度有了根本性的改观，但个别人员懒政怠政，不担当不作为的现象又有所抬头，这给行政决策和行政权力运行带来了一定的风险和隐患，成为阻碍国家治理体系和治理能力现代化的"绊脚石"。因此，要健全行政机关内部的合法性审查机制。行政机关在作出重大决策时，应该交给法制办或法制部门认真审核，签署意见，只有得到签署的意见后才能够作决策。此外，为了实现行政决策规范化，还必须实行重大决策终身责任追究制度和责任倒查机制。这就犹如盖一栋楼，监理、施工单位、法定代表人、业主单位都要对楼的质量终身负责一样。有了行政重大决策终身负责制这个紧箍咒，各级政府就会高度重视决策的合法性问题。

其次，关于深化行政执法体制改革，加强行政执法和行政司法衔接的问题。可以从以下几个方面着手努力解决这个问题：第一，由于违法现象大量发生在基层，因此要将执法的力量下放到基层（比如街道、乡镇），赋予基层一定的执法权。除了充实基层执法力量之外，还要加强党委和政府各有关方面积极协调、相互配合的联合执法。第二，要强化综合执法，在城市管理、农村管理、文化管理、社会管理等多个领域，深化行政执法体制改革，建立综合执法机构。第三，要严格执法、规范执法、公正执法、文明执法，加大重点领域（比如食品、药品生产等直接关系到人民的生命和健康安全的领域）的执法力度，严惩各类违法行为。同时，还要健全自由裁量权基准制度，全面落实执法责任制，强化监督制约机制，建立和健全问责机制和纠错机制。第四，要进一步扩大政务公开的范围，坚持以公开为常态，以不公开为例外。党的十八届四中全会提出，要推进"决策公开、执行公开、管理公开、服务公开、结果公开"。如何实施这个"五公开"制度，对我国政府而言，无疑是一种挑战。随着人们的公民意识、权利意识与民主意识不断增强，民众对信息公开的要求必将日益强烈，这就迫使各级政府必须不断扩大信息公开的范围。

4. 全面推进依法治国的第四大任务——加快推进司法改革

作为全面推进依法治国的一项重大任务，加快推进司法改革包括以下三个方面：

（1）要建立领导干部干预司法活动、插手具体案件处理的记录、通报和责任追究制度。马克思在《1848 年至 1850 年的法兰西阶级斗争》一文中指出："法官是法律世界的国王，除了法律就没有别的上司。"而我国司法领域就是要杜绝马克思所言的"上司"。

（2）要建立健全司法人员履行法定职责的保护机制。制定这个重要制度的目的，就是为了维护司法的公正，提升司法的公信力，其中最重要的就是最高人民法院设立巡回法庭，探索设立跨行政区的人民法院和人民检察院。最高人民法院设立巡回法庭除了方便当地的老百姓诉讼外，也是为了维护司法公正。

（3）要实行法官办案终身负责制和错案责任倒查问责制。这一制度的实行，对于法官秉公执法、提高办案质量，对于迫使法官依法严格行使审判权，无疑具有深远的威慑作用和深刻的内在影响。

5. 全面推进依法治国的第五大任务——弘扬法治精神，建设法治社会

弘扬法治精神涉及多方面的问题，其中领导干部的法律意识，依法行政能力水平，运用法治思维、法治方式处理问题能力能否得到提升尤其重要，甚为关键，也最难实现。长期以来，受人治社会传统和人治观念的影响，特权思想、等级观念等很多封建糟粕深深扎根在中国人的意识之中甚至灵魂深处。尽管人们都在讲"法律面前人人平等"，但往往只是在没有得到平等、面临着权利受侵害的情况下，才会发自肺腑地期待"法律面前人人平等"。因此，要弘扬法治精神，建设法治社会，使法治成为一种文化而深入人心，内化为心中牢不可破的理念和坚定不移的意识，我们在以下几个方面的着力至关重要：

（1）领导干部要率先垂范，以上带下，以上率下。只要中央下决心，中央以上率下，领导率先垂范，包括领导干部在内的各级公务员的法律意识，

依法行政能力水平，运用法治思维、法治方式处理问题的能力就一定能够得到提高，进而带动全社会法治意识的全面提高。

（2）要培养公民的法治信仰，建设国家的法治文化。培养公民的法治信仰，要从娃娃抓起。在学校教育中，不仅要教育学生爱党、爱国、爱社会主义、树立共产主义理想，而且也要教育学生爱其亲人、父母、同学、老师。从不能打架斗殴、不能损害他人权益、过马路要看红绿灯等等最起码的底线规则教育入手，普及法律常识，使学生的法治意识得到不断强化和提升。不仅学校教育，家庭教育在弘扬法治精神、形成法治文化方面也具有重要作用。

（3）媒体要在培养人们的法治信仰、建设我国的法治文化上发挥重要的传播作用。如果媒体把精力放在炒作明星的八卦消息，对关系到社会的公平、正义、良知等重大话题，没有一个正确的定位和责任担当，为了点击率、发行量等所谓的利益而忽略、忘掉了媒体应当承担的理性传播、构建公众理性的重大责任，那么人们的法治信仰就难以培养，我国的法治文化就难以形成。

（4）在推动社会法治建设方面，要增强全民的法律意识，努力使全体公民养成守法、尊法、用法的好习惯。要努力推动形成办事依法、遇事找法、解决问题用法、化解矛盾靠法的良好法治氛围。如果说今天人民群众的权力意识增强了、民主意识增强了，那么责任意识、理性表达权力与诉求的意识仍然还有待进一步提高。

（5）要加强法律制度建设，加快推进全面依法治国。形成法治文化、弘扬法治精神、建设法治社会要依靠宣传教育，更要依靠法律制度的建立和完善，特别是要依靠全面依法治国的推进。如果说法律制度建设，推进全面依法治国必须培养法治文化、弘扬法治精神、建设法治社会，那么健全的法律制度及其切实的贯彻实施、推进全面依法治国就一定会反过来有助于法治文化的形成，有利于法治精神的弘扬和法治社会的建设。

党的十八届四中全会强调，公正是法治的生命线，司法公正对社会公正具有重要的引领作用，司法不公对社会公平公正具有致命的破坏作用。社会法治建设，实际上是要多管齐下的，不仅是人民群众要有法治意识，政府要率先垂范，首先必须要有法治意识，而且司法机关的救济渠道要畅通，信访等社会管理制度也要不断改革和完善。只有这样，才能营造出一个"办事依法、遇事找法，解决问题用法、化解矛盾靠法"的良好的法治氛围，才能弘扬法治精神，建设好法治社会，全面推进依法治国的要求才能够得到最终实现。

六、战略抉择——提出全面依法治国的历史原因和现实考量

改革开放以来，从邓小平理论到"三个代表"重要思想再到科学发展观，对于什么是社会主义、怎样建设社会主义，对于建设什么样的党、怎样建设党，对于实现什么样的发展、怎样实现发展等等一系列重大的理论和实践问题作出了回答，中国特色社会主义理论体系由此不断地得到丰富和发展。进入 21 世纪第二个十年乃至更长远的未来，中国向何处去的问题，是以习近平同志为核心的党中央需要回答的重大问题，是必须作出的重大战略抉择。

（一）"四个全面"的战略布局

如何立足我国经济社会发展的历史方位，立足党和国家事业发展面临的机遇和挑战，立足实现中华民族伟大复兴中国梦的宏伟蓝图来治国理政，是党的十八大以来以习近平同志为核心的党中央面临的重大问题。全面建成小康社会、全面深化改革、全面依法治国、全面从严治党的"四个全面"战略布局的提出，就是对这个重大问题的回答。

习近平对"四个全面"之间的关系有深入的思考和深刻的阐述。他指出："这个战略布局，既有战略目标，也有战略举措，每一个'全面'都具有重大战略意义。全面建成小康社会是我们的战略目标，到 2020 年实现这个目标，我们国家的发展水平就会迈上一个大台阶，我们所有奋斗都要聚焦于这个目标。全面深化改革、全面依法治国、全面从严治党是三大战略举措，对实现全面建成小康社会战略目标一个都不能缺。不全面深化改革，发展就缺少动力，社会就没有活力。不全面依法治国，国家生活和社会生活就不能有序运行，就难以实现社会和谐稳定。不全面从严治党，党就做不到'打铁还需自身硬'，也就难以发挥好领导核心作用。""从这个战略布局看，做好全面依法治国各项工作意义十分重大。没有全面依法治国，我们就治不好国、理不好政，我们的战略布局就会落空。要把全面依法治国放在'四个全面'的战略布局中来把握，深刻认识全面依法治国同其他三个'全面'的关系，努力做

到'四个全面'相辅相成、相互促进、相得益彰。"[1]

(二) 治国理政的基本方式

为什么全面依法治国在"四个全面"战略布局中的地位和作用至关重要？这是由法治在治国理政中的关键地位和重要作用所决定的。

法治是治国理政的基本方式。治理一个国家、一个社会，关键是要立规矩、讲规矩、守规矩。法律是治国理政最大最重要的规矩。推进国家治理体系和治理能力现代化，必须坚持依法治国，为党和国家事业发展提供根本性、全局性、长期性的制度保障。[2]习近平强调，我国是一个有 14 亿人口的大国，地域辽阔，民族众多，国情复杂。我们党在这样一个大国执政，要保证国家统一、法制统一、政令统一、市场统一，要实现经济发展、政治清明、文化昌盛、社会公正、生态良好，都需要秉持法律这个准绳、用好法治这个方式。[3]他指出，法治和人治问题是人类政治文明史上的一个基本问题，也是各国在实现现代化过程中必须面对和解决的一个重大问题。纵观世界近现代史，凡是顺利实现现代化的国家，没有一个不是较好解决了法治和人治问题的。相反，一些国家虽然也一度实现快速发展，但并没有顺利迈进现代化的门槛，而是陷入这样或那样的"陷阱"，出现经济社会发展停滞甚至倒退的局面。后一种情况很大程度上与法治不彰有关。[4]

(三) 总结经验教训的重大抉择

中共提出全面依法治国具有历史的原因。全面依法治国是中共深刻总结我国社会主义法治建设成功经验和严重教训作出的重大抉择。中共对依法治国问题有成功经验，也有因忽视法治而导致的深刻教训。习近平指出："我们党对依法治国问题的认识经历了一个不断深化的过程。新中国建立初期，我们党在废除旧法统的同时，积极运用新民主主义革命时期根据地法制建设的

---

[1] 中共中央文献研究室编：《习近平关于全面依法治国论述摘编》，中央文献出版社 2015 年版，第 14~15 页。

[2] 中共中央文献研究室编：《习近平关于全面依法治国论述摘编》，中央文献出版社 2015 年版，第 12 页。

[3] 中共中央文献研究室编：《习近平关于全面依法治国论述摘编》，中央文献出版社 2015 年版，第 9 页。

[4] 中共中央文献研究室编：《习近平关于全面依法治国论述摘编》，中央文献出版社 2015 年版，第 12 页。

成功经验，抓紧建设社会主义法治，初步奠定了社会主义法治的基础。后来，党在指导思想上发生'左'的错误，逐渐对法制不那么重视了，特别是'文化大革命'十年内乱使法制遭到严重破坏，付出了沉重代价，教训十分惨痛！"[1]他强调："历史是最好的老师。经验和教训使我们党深刻认识到，法治是治国理政不可或缺的重要手段。法治兴则国家兴，法治衰则国家乱。什么时候重视法治、法治昌明，什么时候就国泰民安；什么时候忽视法治、法治松弛，什么时候就国乱民怨。"[2]

（四）解决问题的必然选择

中共提出全面依法治国具有解决实际问题的现实考量。全面依法治国是解决我国发展中面临的各种问题的必然选择。全面建成小康社会已经进入决定性阶段，改革也进入攻坚期和深水区，国际形势复杂多变，改革发展稳定任务之重前所未有，矛盾风险挑战之多也前所未有。习近平指出："我们必须把依法治国摆在更加突出的位置，把党和国家工作纳入法治化轨道，坚持在法治轨道上统筹社会力量、平衡社会利益、调节社会关系、规范社会行为，依靠法治解决各种社会矛盾和问题，确保我国社会在深刻变革中既生机勃勃又井然有序。"[3]从这个意义上说，法律是治国之重器，法治是国家治理体系和治理能力现代化的重要依托。这就要求我们必须通过法治中国建设，在推进全面依法治国的进程中，着力制度化、系统化地切实解决我国所面临的突出矛盾和长期存在的深层次问题。

（五）实现中国梦的内在要求

中共提出全面依法治国是基于实现民族复兴中国梦的理想追求。全面依法治国是实现"两个一百年"奋斗目标、实现中华民族伟大复兴的中国梦、实现党和国家长治久安的内在要求。习近平指出："全面依法治国是着眼于实现中华民族伟大复兴的中国梦、实现党和国家长治久安的长远考虑。对全面推进依法治国作出部署，既是立足于解决我国改革发展稳定中的矛盾和问题

〔1〕 习近平：《在中共十八届四中全会第二次全体会议上的讲话》（2014年10月23日）。
〔2〕 中共中央文献研究室编：《习近平关于全面依法治国论述摘编》，中央文献出版社2015年版，第8页。
〔3〕 中共中央文献研究室编：《习近平关于全面依法治国论述摘编》，中央文献出版社2015年版，第11页。

的现实考量，也是着眼于长远的战略谋划。提出全面推进依法治国，坚定不移厉行法治，一个重要意图就是为子孙万代计、为长远发展谋。"[1]全面推进依法治国是国家治理领域一场广泛而深刻的革命，是中共在治国理政上的自我完善、自我提高。从"四个全面"战略布局中，从党如何更好实现治国理政、实现国家治理体系和治理能力现代化这样的政治高度，我们对于全面依法治国的重大意义就会有更加深刻的理解和认识。

七、两个重点——依法执政与依法行政

党的十八届四中全会要求"坚持依法治国、依法执政、依法行政共同推进"。其中，依法执政主要是针对执政党——中国共产党而言；而依法行政，主要是针对中华人民共和国政府而言。依法执政与依法行政二者虽然侧重点不同，但二者在要义上是相通的，甚至在某些方面是相同的，是法治中国建设的两个重点。

（一）坚持依法治国必须坚持依法执政

党的十八届四中全会强调"依法执政是依法治国的关键"。这是由党的执政地位、领导作用与执政党和国家政权的关系决定的，是贯彻落实依法治国方略的题中应有之义，是建设中国特色社会主义法治国家的必由之路。必须把依法治国基本方略同依法执政基本方式统一起来，把党总揽全局、协调各方同人大、政府、政协、审判机关、检察机关依法依章程履行职能、开展工作统一起来，把党领导人民制定和实施宪法法律同党坚持在宪法法律范围内活动统一起来。"坚持依法执政"需要我们从以下几个方面来着力：

首先，坚持依法执政，要求坚持党的领导、人民当家作主和依法治国的有机统一。党的领导是中国特色社会主义最本质的特征，是社会主义法治最根本的保证。把党的领导贯彻到依法治国全过程和各方面，是我国法治建设的一条基本经验。我国是一个有14亿人口的发展中大国，人民利益的广泛性和实现人民利益的复杂性，必然要求有一个能够集中最广大人民共同意志、代表最广大人民根本利益的坚强的领导核心来领导人民掌握好国家权力，建

---

〔1〕 中共中央文献研究室编：《习近平关于全面依法治国论述摘编》，中央文献出版社2015年版，第13页。

设好自己的国家，这个领导核心就是中国共产党。

其次，坚持依法执政，要求执政党依法进入政权组织成为国家政权机关的领导党。执政党领导国家政权是通过在国家政权中发挥领导核心作用实现的，而不是在国家政权之外，也不是在国家政权之上。中共是由革命党成为执政党，掌握国家政权是通过武装斗争方式进行的。成为执政党并长期执政以后，中共不仅要使自己的党员进入国家政权组织担任各种要职，并且要让自己掌握和控制国家权力的方式制度化、规范化、法治化。根据法治的原则和要求，依法执政首先意味着党依照宪法的规定以法定的途径进入国家政权组织。因此，应该进一步完善选举制度，自觉遵守宪法和选举法的规定，遵从人民的意志和人民的选择，通过法定的程序和方式选派推荐共产党员进入国家政权组织，依法担任领导职务，参与国家政策的制定和执行过程，确保党在国家政权中居于领导地位、发挥领导核心作用。

再次，坚持依法执政，要求处理好国家机关依法行使职权与坚持党的领导的关系。根据我国宪法和相关的法律规定，各级人民代表大会及其常务委员会依法履行国家权力机关的职能，依照法定程序制定法律、法规，选举各个国家职能机关的领导人，并对他们进行监督。要健全有关法律，明确执政党的领导职能、执政方式，理顺执政党与国家权力机关、行政机关、司法机关之间的关系，从法律制度上保证执政党对国家政权组织实行依法领导。

最后，坚持依法执政，要求强化党员干部特别是领导干部的法治观念和法治信仰。依法执政作为党的执政理念，来自于党对执政权力的正确认识，来源于党的为民执政的价值取向。党员干部一定要树立宪法至上的观念、法律权威的观念、依法办事的观念。全党都要牢固树立法治信仰。各级领导干部要对法律怀有敬畏之心，带头遵守法律，带头依法办事，不得违法行使权力，更不能以言代法、以权压法、徇私枉法。

（二）依法行政的基本内涵

依法行政就是行政机关行使行政权力、管理公共事务，必须要有法律的授权和法律的依据。简言之，无法不行政。法律是行政机关活动的准绳，也是有关组织和个人对行政行为进行监督和评价的依据。一方面，依法行政是对行政机关提出的要求。在法治国家里，政府和公民都要遵守法律，但首先是要求政府守法，依法行政。另一方面，行政机关行使行政权力、管理公共事务，要有法律授权，要在法律规定的范围内行使行政权力。

行政权必须依法接受监督。根据依法行政的自身特点，我们可以把依法行政的基本要求归纳为"有限政府、守法政府和责任政府"，即行政机关的权力来自法律，行政行为应当遵守法律，行政违法同样应当承担法律责任。

首先，行政机关的权力来自法律。依照民主和法治的理念，政府的权力来自人民的授权，而人民的意志又集中体现为法律。因此，政府的权力必须来自法律的授权。"无法律即无行政"，这一经典的法治理论在今天仍有现实意义；至少在涉及人民权利的领域，没有法律的相应授权，行政机关就不能作出任何可能损害公民权利的行为，这就是"职权法定原则"。一般来说，政府的职权与公民的权利是不同的。对公民而言，公民的权利是无限的，除非法律禁止，否则公民就拥有权利；对政府而言，恰恰相反，除非法律授权，否则政府就无任何权力。在依法行政的过程中，行政机关的工作人员在行政执法的时候，绝不能够无视法律的规定，而是首先应当考虑其行使公权力的行为有无法律规定。如果法律没有规定，就绝不可以肆意任性，为所欲为，做出没有法律依据的行政行为。

其次，行政行为必须遵守法律。由于政府掌握着巨大而广泛的行政权力，它与公民在实力上是不平等的。正是因为如此，政府就更应该严格遵守法律，政府的一切行为就更应该服从法律。我国《宪法》第5条第4、5款规定："一切国家机关和武装力量、各政党和各社会团体、各企业事业组织都必须遵守宪法和法律……任何组织或者个人都不得有超越宪法和法律的特权。"换句话说，依法行政就是"法律高于政府"之意。关于政府守法，有两个方面的问题：一是行政行为合法的条件；二是行政机关如何正确行使自由裁量。行政合法的要件共有四个：一是主体合格；二是具有职权；三是内容合法；四是程序合法。

最后，行政违法必须承担责任。行政机关对于自己的违法行为，应当而且必须承担责任。行政机关工作人员、内设机构以及受行政机关委托的组织和个人行使行政职权的行为，从法律后果上归属于该行政机关；行政机关应当对后者违法行使职权的后果承担责任。行政机关发现自己的行为违法，应当自动纠正。如果行政机关拒不纠正，行政相对人可以通过行政复议、行政诉讼等法定途径迫使其纠正。行政机关承担责任的方式有：撤销违法的行政行为，必要时可以重新作出或者责令重新作出行政行为；对于行政机关拒不履行法定义务的违法（法律上称为"不作为违法"），可以限期履行；某些情况下，撤销或者限期履行已经没有实际意义，则可以采用"确认违法"的形式宣告该行政行为违法；如果行政机关的违法行为给公民、法人或者其他组织造成损害，行政机关则应当根据《国家赔偿法》予以赔偿。

（三）树立依法行政的新观念

依法行政的关键在于各级领导干部要依照宪法和法律的规定来治理国家，管理社会事务，保障人民群众的合法权益。要有效提高国家机关和公职人员依法行政和依法办事的自觉性，必须牢固树立以下依法行政的新观念：

第一，宪法至上的观念。宪法是国家的根本法，具有最高的法律效力，一切机关、组织和个人都必须以宪法为根本的活动准则，负有维护宪法尊严、保证宪法实施的职责；在宪法、法律、行政法规、地方性法规、规章等各种层次法律规范构成的我国法律体系中，宪法居于最高地位，其他一切法律规范都必须以宪法为依据，凡与宪法抵触的则无效。因此，行政公务人员应做遵守宪法、实施宪法、维护宪法的模范。

第二，尊重和保障人权的观念。我国现行《宪法》第4次修改，将"国家尊重和保障人权"载入宪法，突出地强调了保障公民权利、规范国家权力这一现代宪法的核心价值理念，突出地宣示了我国宪法的人权关怀。这就要求行政公务人员增强人权观念，在行政管理过程中自觉尊重和依法保护公民的基本权利和自由，坚决避免发生行政机关随意侵害公民平等权、财产权、人身权的事件。

第三，行政权限的观念。行政权力是一种能够支配大量社会资源的公权力，具有易于滥用的可能和趋势，因此我们才要制定"权力清单"，才要"把权力关进制度的笼子里"。这就要求行政公务人员必须将纪律和规矩挺在前面，谨慎使用权力，树立"权为民所用，情为民所系，利为民所谋"的理念，树立权力界限的意识，依法行使行政职权，注意上下左右不越界。行政公务人员一定要加强行政权限的意识和观念。

第四，行政民主的观念。行政民主呼唤行政机关与行政相对人之间的良性互动，要求为行政相对人参与行政管理过程提供更多的机会。在我国，行政管理和行政法制诸多环节已出现了越来越多的行政民主的要求和规范。例如，行政立法过程中的座谈会、论证会，行政执法过程中的听证会和当事人陈述事实、申辩理由，行政相对人评议行政机关与行政首长，采取具有协商性和可选择性的行政合同、行政指导等柔性灵活的方式实施行政管理，等等。行政民主要更多地体现在行政执法中，因此行政公务人员在行政执法过程中，必须充分了解并积极推行行政民主的要求和规范。

第五，行政服务的观念。随着以市场为导向的经济体制改革不断深入，转变政府职能、建设服务型政府已经成为完善行政管理、健全行政法制的重大课题。行政公务人员应当树立服务意识、改进管理方式，由原来的管理行政、指令行政转向服务行政、发展行政、指导行政，积极向行政相对人提供信息、政策、专业技术等方面的指导、帮助以及各种公共服务。

第六，行政程序的观念。改革开放以来，我国在逐步克服法律虚无主义之后，重实体法、轻程序法的问题逐渐凸显出来，行政程序违法的现象时常发生。因此，必须增强程序法治意识，严格依照法定的方式、步骤、顺序、期限等方面的行政程序规定来实施行政管理。

第七，政府诚信的观念。作为掌握着巨大公权力的国家机关，政府拥有很大的权威性，因此最应该讲诚信，其所作出的行政行为应当具有连续性和可预期性，不能朝令夕改。即便出于重大公共利益的考虑需要征用财产、调整政策、改变行为（例如，收回政府机关颁发的许可证照等行为），也应按照依赖利益保护原则，给予权益受到影响的行政相对人公平补偿。因为行政相对人出于对政府机关的信任，按照政府机关的意愿去行动，难免付出一定代价，而且会形成一种依赖利益，因此行政相对人这样的合法权益就应当受到尊重和保护，政府也应当严格兑现自己对行政相对人的诺言。

第八，监督责任的观念。有效监督是防止权力腐败的关键；责任机制是建设法治政府的关键。行政权力在行使过程中具有扩张和滥用的可能，因此必须对其加以有效的监督和切实的约束。行政机关和行政公务人员必须自觉接受人大监督、民主监督、舆论监督、群众监督等外部监督，以及上级监督、监察及审计监督等内部监督。通过这一系列的监督，就能够判明行政机关和行政公务人员行使行政权力，应当承担的法律责任、政治责任和道义责任。

第九，权利救济的观念。行政机关在行政管理工作中，因为种种主客原因，难免会对行政相对人造成损害。有损害必有救济，这是现代法治的基本精神。行政相对人的合法权利受到损害后的现有救济渠道，包括行政申告、行政复议、行政诉讼、行政赔偿、行政补偿等等。在此基础上，立法机关在立法上，行政机关在执法上，还要拓展和完善救济渠道，树立对行政相对人的权利救济和善待行政诉讼原告的观念。

（四）如何做到依法行政

党的十八届四中全会的主题，是对党的十八届三中全会提出的"建设法治中国"以及"坚持依法治国、依法执政、依法行政共同推进，坚持法治国家、法治政府、法治社会一体建设"这"两个三位一体"思想的进一步丰富和发展。要完成党的十八届四中全会提出的全面依法治国这一系列有机统一的重大任务，其中一个中心环节和责任主体就是政府。一个能够承载法律旺盛生命力的政府必须是法治政府。党的十八届四中全会《决定》给这样的法治政府予以 24 个字的具体描述，即"职能科学、权责法定、执法严明、公开公正、廉洁高效、守法诚信"。这 24 个字的定语不仅明确了法治政府的职责内涵，也揭示了法治政府的本质内涵，也是"法治政府"的建设目标。党的十八届四中全会《决定》还结合当前中国实际，从彰显法律权威、重在推进实施的角度，进一步要求"各级政府必须坚持在党的领导下、在法治轨道上开展工作"。这是建设社会主义法治国家和中国特色社会主义法治体系的基本要求，也是深入推进依法行政，加快建设法治政府的基本步骤。具体来说，我们应该从以下四个方面来着力解决"如何做到依法行政"的问题：

第一，依法全面履行政府职能。党的十八大以后，新一届政府上任以来，全面推进简政放权，大力推进政府的自我革命，向人民群众公开权力清单、负面清单和责任清单，强调让市场"法无禁止即可为"、让政府"法无授权不可为"，为政府履职的法定化形成了良好示范效应。党的十八届四中全会《决定》提出，要"推进机构、职能、权限、程序、责任法定化，推行政府权力清单制度"，则为各级政府全面依法履职提供了制度保证。

第二，健全依法决策机制。党的十八届四中全会强调，要"把公众参与、专家论证、风险评估、合法性审查、集体讨论决定确定为重大行政决策法定程序"，并"建立行政机关内部重大决策合法性审查机制，建立重大决策终身责任追究制度及责任倒查机制"。如果这"三个机制"得以真正建立，不仅将大大降低各级政府的行政成本，某些地方存在的无效投资、寻租性投资和

"政绩工程""烂尾工程"等诸多问题，也将从根本上得到解决，还能极大地提高我国行政机关的行政效率。

第三，健全行政执法和刑事司法衔接机制。行政执法要有据，行政裁量要公正，执法环节要文明。这不仅体现政府的公信力和权威性，也体现了现代文明政府的治理能力。现代社会强调"善治"，这个"善"不只要求法律体系的健全，也要体现政府执法各个环节的规范、公正和文明。"法之重器"的意义，就是既能依法惩处各类违法行为，又能切实维护人民群众的切身利益。

第四，强化对行政权力的制约和监督，完善纠错问责机制。将"权力关在制度的笼子里"与将"权力放在阳光下运行"，是一个问题的两个方面。政府的权力运行必须依法规范，同时，"公开"是最好的防腐剂。"阳光"才能提高"免疫力"。党的十八届四中全会《决定》提出，要"全面推进政务公开，坚持以公开为常态、不公开为例外原则"，"推进决策公开、执行公开、管理公开、服务公开、结果公开"，这不仅有利于促进各级政府成为依法行政、建设法治政府的自觉践行者，对于广大人民成为社会主义法治的忠实崇尚者、自觉遵守者、坚定捍卫者也具有现实意义。

八、重要举措——维护宪法权威与确保法律实施

如果有法不依，那么法律就是一张纯粹的毫无意义的纸。宪法和法律的生命力在于实施，宪法和法律的权威也在于实施。全面推进依法治国，必须具有强力而有效的保障措施，确保宪法和法律的权威得到充分尊重，确保宪法和法律的实施得以真正实现。《决定》按照完善法律体系、推进依法行政、保证公正司法、增强法治观念的法治工作基本格局，对全面推进依法治国作出总体部署，明确了重大任务，提出一系列具有可操作性和针对性的全面推进依法治国的重要举措。

（一）确保宪法实施，健全宪法监督制度

宪法是我国的根本大法，是党和人民意志的集中体现，是通过科学民主程序形成的根本法。坚持依法治国首先要坚持依宪治国，坚持依法执政首先要坚持依宪执政。全国各族人民、一切国家机关和武装力量、各政党和各人民团体、各企业事业单位和社会组织都必须以宪法为根本的活动准则。因此，

必须确保宪法的严格实施，健全宪法监督制度；应当把健全宪法监督制度作为法治中国建设的一项重要任务。一切的违宪行为都必须受到严惩，任何组织和个人只要违背宪法都必须受到严厉问责。党的十八届四中全会通过的《决定》，对全面推进依法治国进行顶层设计和战略部署，对维护宪法权威、加强宪法实施、弘扬宪法精神作出精辟阐述，提出明确要求，必将把全面贯彻实施宪法提高到一个新水平。

1. 宪法是国家的根本法，是治国安邦的总章程

《决定》指出："宪法是党和人民意志的集中体现，是通过科学民主程序形成的根本法。"因此，我们要充分认识宪法在国家政治社会生活中的重要地位和作用，切实增强遵守和维护宪法的自觉性和坚定性。

首先，宪法是党和人民共同意志的集中体现。现行宪法以国家根本法的形式，确立了中国特色社会主义道路、理论体系和制度的发展成果，反映了我国各族人民的共同意志和根本利益，是党的主张和人民意志的高度统一。维护宪法法律权威就是维护党和人民共同意志的权威，捍卫宪法法律尊严就是捍卫党和人民共同意志的尊严，保证宪法法律实施就是保证党和人民共同意志的实现。

其次，宪法是人民民主权利和意愿的直接反映。宪法的形成发展过程，就是人民直接行使民主权利、反映民主意愿的过程，就是高度凝聚全党全国人民智慧和共识的过程。要充分认识宪法是通过科学民主程序形成发展的，是我国社会主义民主最广泛、最真实的体现。

最后，宪法是全社会必须严格遵守的最高行为准则。要始终坚持宪法至上，充分认识宪法作为保证党和国家兴旺发达、长治久安的根本法，具有最高权威，必须充分尊重、坚决维护。

2. 宪法的生命在于实施，宪法的权威也在于实施

宪法的力量不仅因其地位崇高，更源于其有效实施。我们要坚持不懈加强宪法实施，确保宪法在国家治理和社会治理中的统领作用得到充分发挥。

（1）必须认真履行宪法使命，共同致力于国家富强、民族振兴、人民幸福。宪法规定了人民民主专政国家政权的性质和根本制度，明确了国家未来建设发展的根本任务和总的目标，是新时期党和国家中心工作、基本原则、重大方针、重要政策在国家法制上的最高体现。

（2）必须始终恪守宪法原则，坚持法律面前人人平等。《决定》再次强调任何组织和个人"都必须在宪法法律范围内活动，都必须依照宪法法律行使权力或权利、履行职责或义务，都不得有超越宪法法律的特权"。要维护国家法制统一、尊严、权威，切实保证宪法法律有效实施，绝不允许任何人以任何借口任何形式以言代法、以权压法、徇私枉法。要以规范和约束公权力为重点，加大监督力度，做到有权必有责、用权受监督、违法必追究，坚决纠正有法不依、执法不严、违法不究行为。

（3）必须大力弘扬宪法精神，努力使宪法精神切实体现和贯穿于依法治国的全过程。宪法精神的核心是人民当家作主。《决定》强调，"要完善以宪法为核心的中国特色社会主义法律体系"，"使每一项立法都符合宪法精神、反映人民意志、得到人民拥护"，这正是宪法正确统一实施的重要前提和基础。宪法所确立的基本原则和基本制度、所包含的规范国家权力和实现公民权利等基本精神，既需要通过法律、法规和其他规范性文件加以细化，更需要国家行政机关、审判机关、检察机关以及所有社会组织和全体公民自觉遵守来落实。

（4）必须切实维护宪法权威，坚决追究和纠正一切违反宪法的行为。《决定》强调，"一切违反宪法的行为都必须予以追究和纠正"。要制定完善违宪追究制度，对违宪构成要件、违宪责任、违宪追究措施和程序等作出明确规定并严格落实，使违反宪法的行为及时被制止和纠正，使宪法的最高权威切实得到尊重和维护。

（5）必须坚持党的领导，把党领导人民制定和实施宪法法律，同党坚持在宪法法律范围内活动统一起来。这既是中共作为执政党对治国理政经验的深刻总结，是中共对执政规律认识的极大深化，也是以人民主权、基本人权、权力制约和社会主义法治为主要内容的宪法原则的根本体现，是宪法得以贯彻和实施的关键所在。

3. 健全宪法实施监督机制和程序，切实增强宪法监督实效

宪法监督是保证宪法实施、维护宪法权威和尊严的重要制度形式。宪法实施离不开宪法监督。为了保证宪法实施、维护宪法权威和尊严，必须健全宪法实施监督机制和程序，切实增强宪法监督实效。

（1）必须完善全国人大及其常委会宪法监督制度。《决定》强调"完善

全国人大及其常委会宪法监督制度"，既突出了全国人大及其常委会具有最高的宪法监督权，又指明了推进宪法监督制度化的努力方向。

（2）必须充分发挥宪法解释作用。依据宪法精神对宪法规定的内容、含义和界限作出解释，对于保证和监督宪法全面贯彻实施至关重要。《决定》强调，"健全宪法解释程序机制"。要建立完善宪法解释制度，明确宪法解释提请的条件、宪法解释请求的提起和受理以及宪法解释案的审议、通过和公布等具体规定，保证宪法解释贯彻落实，同宪法修改等优势互补，与法律解释等同步推进，使我国宪法在保持稳定性和权威性的基础上紧跟时代前进步伐，不断与时俱进地发挥根本大法的关键作用。

（3）必须加强备案审查制度和能力建设。对法律、行政法规、地方性法规等进行备案审查，是宪法监督的重要内容和环节。《决定》强调，加强备案审查制度和能力建设，把所有规范性文件纳入备案审查范围，依法撤销和纠正违宪违法的规范性文件，禁止地方制发带有立法性质的文件。要健全完善备案审查机制，提高制度执行力和约束力，加强立法监督机构相互合作，建立健全协调沟通机制，切实提升备案审查能力，增强备案审查的实际效能，维护宪法和法律统一。

（4）必须引导社会各方面积极参与宪法监督。在我国，根据宪法的规定，一切权力属于人民。对于宪法的实施，每个公民都既有自觉尊重和维护的责任，又有参与监督的权利与义务。

4. 宪法的根基在于人们的真心拥护，宪法的伟力源自人们的真诚信仰

宪法只有深入人心，走入人民群众，才能真正成为全体人民的自觉行动。要增强全社会忠于、遵守、维护和运用宪法的自觉意识，树立起对宪法的信仰和敬畏。能否保证宪法实施、维护宪法的权威和尊严，在很大程度上取决于人们对宪法的真心拥护和对宪法的真诚信仰。

（1）必须在全社会普遍开展宪法教育。宪法是"一张写着人民权利的纸"，因此必须为人民所掌握、所遵守、所运用。《决定》将我国现行宪法公布施行的 12 月 4 日明确为每年的"国家宪法日"，通过宪法教育，让全体人民都认识到宪法既是必须遵守的最高行为规范，也是保障自身权利的最有力武器，充分相信宪法、主动运用宪法，成为宪法的忠实崇尚者、自觉遵守者和坚定捍卫者。

（2）必须要求党员干部带头维护宪法的权威和尊严。党员干部和国家机关工作人员在遵守和维护宪法中具有重要引领和示范作用，因此必须发挥好维护宪法的权威和尊严的带头作用。

（3）必须建立宪法宣誓制度。《决定》明确提出，"建立宪法宣誓制度，凡经人大及其常委会选举或者决定任命的国家工作人员正式就职时公开向宪法宣誓"。通过庄严的宪法宣誓仪式，不仅有助于人们铭记对宪法所作出的庄严承诺，而且有助于使宪法精神内化人心，在人们心中强化宪法精神，增强人们对宪法的敬畏感，进而有助于提高人民的宪法意识，培育人民的宪法信仰。

（二）完善立法体制，加强重点领域立法

要确保宪法和法律的权威得到充分的尊重，确保宪法和法律的实施得以真正地实现，必须完善立法体制，加强重点领域立法。

第一，要加强党对立法工作的领导，完善党对立法工作中重大问题决策的程序。凡是立法涉及重大体制和重大政策调整的事项，必须报党中央讨论决定。党中央向全国人大提出宪法修改建议，依照宪法规定的程序进行宪法修改。法律制定和修改的重大问题由全国人大常委会党组向党中央报告。

第二，要把公正、公平、公开原则贯穿立法全过程，坚持立改废释并举，增强法律法规的及时性、系统性、针对性、有效性。完善立法体制的主要举措包括多个方面。

第三，要深入推进科学立法、民主立法。加强和改进立法工作，必须抓住提高立法质量这个关键，提高立法质量靠科学立法、民主立法。在立法过程当中，进行科学立法、民主立法的重要举措就是协商立法，或者叫做立法协商。因此，要充分发挥政协委员、民主党派、工商联、无党派人士、人民团体、社会组织在立法协商中的重要作用。

第四，要拓宽公民有序参与立法途径，健全法律法规规章草案公开征求意见和公众意见采纳情况反馈机制；要完善法律草案表决程序，对重要条款可以单独表决。

第五，要加强重点领域立法。立法要突出法律对权利的保障，恪守以民为本、立法为民的理念，贯彻社会主义核心价值观，使每一项立法都符合宪法精神、反映人民意愿、得到人民拥护。在不同的历史时期，一些重点领域的立法问题比较突出。比如，如何通过立法，有效约束政府的开发行为和建立促进绿色发展、循环发展、低碳发展的生态文明法律制度，就是目前和今后一个历史时期立法工作的重点。

（三）推进依法行政，建设法治政府

要建设法治中国，必须深入推进政府依法行政，加快法治政府建设，因此行政机关要在以下几个方面作出切实的努力：

第一，要依法全面履行政府职能，完善行政组织和行政程序法律制度，推进机构、职能、权限、程序、责任法定化。

第二，要健全依法决策机制。把公众参与、专家论证、风险评估、合法性审查、集体讨论决定确定为重大行政决策法定程序，确保决策制度科学、程序正当、过程公开、责任明确。

第三，要深化行政执法体制改革。根据不同层级政府的事权和职能，按照减少层次、整合队伍、提高效率的原则，合理配置执法力量。

第四，要坚持严格规范公正文明执法，杜绝粗暴执法。

第五，要强化对行政权力的制约和监督，对行政权力进行全面监督。加强党内监督、人大监督、政协民主监督、行政监督、司法监督、审计监督、社会监督、舆论监督制度建设，增强全面监督合力和实效。

第六，要全面推进政务公开。坚持以公开为常态、不公开为例外原则，推进决策公开、执行公开、管理公开、服务公开、结果公开；推行行政执法公示制度。

（四）保证公正司法，提高司法公信力

要确保宪法和法律的得以实施，必须保证公正司法，提高司法公信力。因此司法机关要在以下几个方面作出切实的努力：

第一，要完善确保依法独立公正行使审判权和检察权的制度。各级党政机关和领导干部要支持法院、检察院依法独立公正行使职权。建立领导干部违法干预司法活动、插手具体案件处理的记录、通报和责任追究制度。

第二，要优化司法体制，推动实行审判权和执行权相分离的体制改革试点。

第三，要推进严格司法。坚持以事实为根据、以法律为准绳，健全事实认定符合客观真相、办案结果符合实体公正、办案过程符合程序公正的法律制度。

第四，要保障人民群众参与司法。在司法调解、司法听证、涉诉信访等司法活动中保障人民群众参与。完善人民陪审员制度，保障公民陪审权利，扩大参审范围，完善随机抽选方式，提高人民陪审制度公信度。逐步实行人民陪审员不再审理法律适用问题，只参与审理事实认定问题。

第五，要加强人权司法保障。强化诉讼过程中当事人和其他诉讼参与人的知情权、陈述权、辩护辩论权、申请权、申诉权的制度保障。

第六，要加强对司法活动的监督。完善检察机关行使监督权的法律制度，绝不允许法外开恩。坚决反对和克服特权思想、霸道作风，坚决反对和惩治粗暴执法、野蛮执法行为。

（五）增强全民法治观念，推进法治社会建设

要维护宪法权威与确保法律实施，进而建设法治中国，必须增强全民法治观念，推进法治社会建设。为此，需要我们从以下几个方面作出切实的努力：

第一，要推动全社会树立法治意识。坚持把领导干部带头学法、模范守法作为树立法治意识的关键，完善国家工作人员学法用法制度，把宪法法律列入党委（党组）中心组学习内容，列为党校、行政学院、干部学院、社会主义学院必修课。把法治教育纳入国民教育体系，在中小学设立法治知识课程。健全普法宣传教育机制，实行国家机关"谁执法谁普法"的普法责任制，建立法官、检察官、行政执法人员、律师等以案释法制度，加强普法讲师团、普法志愿者队伍建设，等等。

第二，要推进多层次多领域依法治理。要深入开展多层次多形式法治创建活动，深化基层组织和部门、行业依法治理；要发挥市民公约、乡规民约、行业规章、团体章程等社会规范在社会治理中的积极作用；要发挥人民团体和社会组织在法治社会建设中的积极作用，特别要加强在华境外非政府组织管理；要依法处理涉及民族、宗教等因素的社会问题。

第三，要建设完备的法律服务体系。要推进覆盖城乡居民的公共法律服务体系建设；要健全司法救助体系，扩大法律援助体系。

九、关键环节——"全面依法治国"对其他三个"全面"的重要作用

法律是治国之重器，良法是善治之前提。以习近平同志为核心的党中央，从坚持和发展中国特色社会主义全局出发，提出并形成了"全面建成小康社

会、全面深化改革、全面推进依法治国、全面从严治党"的战略布局。全面推进依法治国不仅是"四个全面"战略布局的重要组成部分，而且是协调推进"四个全面"的基础和法治保障。

（一）全面推进依法治国与其他三个"全面"的关系

党的十八届四中全会《决定》指出，全面建成小康社会、实现中华民族伟大复兴的中国梦，全面深化改革、完善和发展中国特色社会主义制度，提高党的执政能力和执政水平，必须全面推进依法治国。中国共产党是实现中华民族伟大复兴的领导核心，是全面深化改革和全面依法治国最根本的保证。通过全面从严治党，中国共产党在领导人民实施其他三个战略布局（全面建成小康社会、全面深化改革、全面依法治国）的进程中，就更加能够发挥领导核心和根本保证作用。

在全面推进依法治国与全面建成小康社会两者的关系中，全面依法治国是实现全面建成小康社会奋斗目标的基本方式和可靠保障。全面建成小康社会，包括到2020年初步建成法治中国的"法治小康"战略目标。法治小康既是全面小康社会的有机组成部分，也是顺利建成全面小康社会的重要法治保障。法治小康，在价值层面追求的是自由平等、民主法治、公平正义、幸福博爱、和谐有序，充分实现人权与切实维护人的尊严；在制度层面追求的是人民主权、宪法法律至上、依宪治国、依法执政、依法行政、公正司法、依法治权，努力建成法治中国；在实践层面追求的是有法必依、执法必严、违法必究和依法办事，努力实现良法善治。与此同时，法治小康又通过依法治国特有的制度安排、规范手段、教育强制功能等，为全面建成小康社会提供良好的法治环境和有效的法治保障。

在全面推进依法治国与全面深化改革两者的关系中，全面依法治国是引领、促进和保障全面深化改革的根本路径。全面推进依法治国与全面深化改革犹如车之两轮、鸟之两翼，两者相辅相成、相互作用。全面依法治国是引领、促进和保障全面深化改革的基本方式和路径依赖，要正确处理法治与改革的关系，坚持改革决策与立法决策相统一，充分发挥立法的引导、推动、规范和保障作用。凡属重大改革都要于法有据，需要修改法律的应当先修改法律，先立后改；可以通过解释法律来解决问题的应当及时解释法律，先释后改；需要废止法律的要坚决废止法律，先废后改，以保证各项改革依法有序进行。坚持在现行宪法和法律框架内进行改革，充分利用宪法和法律预留的改革空间和制度条件，大胆探索，勇于创新。宪法是国家的根本法，是治国安邦的总章程，具有最高的法律地位、法律权威、法律效力，具有根本性、全局性、稳定性、长期性。对确实需要突破现行宪法和法律规定的改革试点，如果通过解释宪法，通过法律的立、改、废、释等措施不能解决问题，也可以采取立法授权试点改革的方式，经有关机关依法授权批准，为改革试点工作提供合法依据。

在全面推进依法治国与全面从严治党两者的关系中，由于依法治国是党领导人民的基本方略，是党治国理政的基本方式，因此全面从严治党必须坚持依法治国。习近平指出："党和法治的关系是法治建设的核心问题。全面推进依法治国这件大事能不能办好，最关键的是方向是不是正确、政治保证是不是坚强有力，具体讲就是要坚持党的领导，坚持中国特色社会主义制度，贯彻中国特色社会主义法治理论。""坚持党的领导，是社会主义法治的根本要求，是党和国家的根本所在、命脉所在，是全国各族人民的利益所系、幸福所系，是全面推进依法治国的题中应有之义；党的领导和社会主义法治是一致的，社会主义法治必须坚持党的领导，党的领导必须依靠社会主义法治。"[1]在领导全面推进依法治国的过程中，中共作为执政党，必须坚持依宪执政、依法执政，在宪法和法律范围内活动；必须坚持领导立法、保证执法、支持司法、带头守法；必须坚持把党的领导贯彻到科学立法、严格执法、公正司法、全民守法的全过程，落实到依法治国、依法执政、依法行政以及建设法治国家、法治政府、法治社会的各方面；必须坚持党的领导与社会主义法治的高度统一，党的领导和社会主义法治是一致的，社会主义法治必须坚持党的领导，党的领导必须依靠社会主义法治；必须坚持把依法治国基本方略同依法执政基本方式统一起来，把党总揽全局、协调各方同人大、政府、政协、审判机关、检察机关依法依章程履行职能、开展工作统一起来，把党领导人民制定和实施宪法法律同党坚持在宪法法律范围内活动统一起来。

全面依法治国就是全面确立宪法、法律在国家生活中的至高无上权威，

---

[1] 习近平：《关于〈中共中央关于全面推进依法治国若干重大问题的决定〉的说明》（2014年10月28日）。

全面发挥法治在治国理政中的价值与作用，使法治文化、法律原则、法律规范全面融入国家治理和公民生活的全过程。习近平指出："宪法是国家的根本法，坚持依法治国首先要坚持依宪治国，坚持依法执政首先要坚持依宪执政。我们必须坚持把依法治国作为党领导人民治理国家的基本方略、把法治作为治国理政的基本方式，不断把法治中国建设推向前进。"〔1〕全面依法治国贯穿于全面建成小康社会、全面深化改革、全面从严治党的全过程，是"四个全面"战略布局的关键环节。全面依法治国促进全面建成小康社会、保障全面深化改革、推动全面从严治党，对"四个全面"战略布局的实现具有极其重要的不可或缺的价值和作用。

"全面依法治国"不仅是"四个全面"重大战略的重要组成部分，而且是协调推进"四个全面"的重要制度基础和法治保障。例如，对于包含"实现社会公平正义"要求的全面小康来说，依法治国是实现这一目标的重要保障。没有全面依法治国，国家生活和社会生活就不能有序运行，就难以实现社会和谐稳定；社会和谐稳定不保，全面小康就无以实现。对于全面依法治国与全面深化改革的关系，习近平以"鸟之两翼、车之两轮"作比喻，强调"凡属重大改革都要于法有据"，指出必须"确保在法治轨道上推进改革"，认为只有为改革划上"法治边界"，才能妥善协调各类利益纠纷，顺利解决各种制度障碍，依法保障改革成果为人民共享。习近平强调，"依法治国，必先坚持依法治党"，对于全面从严治党来说，无论是反腐败的强力推行、八项规定的严格落实，还是落实主体责任、惩治庸官懒政，都需要"把权力关进制度的笼子里""严明政治纪律和政治规矩"，用法治手段保障党内的清风正气。

党的十八大以来，以习近平同志为核心的党中央从坚持和发展中国特色社会主义全局出发，提出并形成了"全面建成小康社会、全面深化改革、全面依法治国、全面从严治党"的战略布局，确立了新形势下党和国家工作的战略目标和战略举措，为实现"两个一百年"奋斗目标、实现中华民族伟大复兴的中国梦提供了理论指导和实践指南。其中，全面依法治国本身就是实现全面建成小康社会战略目标的关键性战略举措，是对全面深化改革的坚定支持，是全面从严治党的重要保障，是"四个全面"战略布局中的关键环节，

〔1〕　习近平：《在庆祝全国人民代表大会成立60周年大会上的讲话》（2014年9月5日）。

对于"四个全面"战略布局的协同推进和全面实现，具有极为重要的价值和作用。

（二）全面依法治国是"四个全面"战略布局中的关键性环节

全面依法治国就是全面确立宪法、法律在国家生活中的至高无上权威，全面发挥法治在治国理政过程中的价值与作用，使法治文化、法律原则、法律规范全面融入国家治理和公民生活的全过程。全面依法治国是其他三个"全面"的基础和前提，如果没有全面依法治国，那么无论是建成小康社会战略目标的实现，或是全面深化改革、全面从严治党的战略举措，都将无法落实。全面依法治国贯穿全面建成小康社会、全面深化改革、全面从严治党的全过程。某种程度上说，正是因为有全面依法治国，"四个全面"才成为有机统一、相得益彰的战略布局。

首先，全面依法治国是全面建成小康社会的保障。没有全面依法治国，就不可能全面建成小康社会。

一方面，全面依法治国本身就是全面建成小康社会的重要内容。法治是现代文明的标志，是社会发展程度的体现。全面小康社会必然是一个法治价值高扬、法治融入治理实践各个层面并成为人们赖以生存与发展的基本方式的社会。而全面依法治国就是要将党的领导、人民当家作主、依法治国有机统一，形成并运行完备的法律规范体系、高效的法治实施体系、有力的法治保障体系、严格的法治监督体系以及完善的党内法规体系，推进科学立法、严格执法、公正司法、全民守法，实现依法治国、依法执政、依法行政共同推进，法治国家、法治政府、法治社会一体建设。这就意味着，全面依法治国的过程，就是将法治融入国家治理与公民生活的过程，因而其必然成为全面建成小康社会不可或缺的重要环节和必然过程。

另一方面，全面依法治国是全面建成小康社会的必要保障。全面建成小康社会各环节的推进，离不开法治价值的指引和法律制度的保障。与此同时，全面建成小康社会以维护广大人民群众权益，实现广大人民群众之福祉为目标诉求，而人民权益之保障、福祉之实现，从根本上说要依靠法治的力量。只有全面确立和发挥法治、法律的价值和作用，小康社会目标才能得以实现。如果说建立在法治意义上的权利保障才是现实的权利保障，那么只有立足于全面依法治国的全面小康社会才是实实在在的真正的小康社会。

其次，全面深化改革、全面从严治党必须依托于全面依法治国。

全面深化改革与全面依法治国，被称之为全面建成小康社会的"鸟之两翼、车之两轮"。由此，全面深化改革与全面依法治国之相辅相成关系可见一斑。不仅如此，全面深化改革对全面依法治国还具有极强的依赖性，只有依托于全面依法治国，全面深化改革才能取得成功。一方面，只有全面依法治国才能完善各领域的法律规范体系，为深化改革提供法律依据；也只有全面依法治国才能全面健全社会主义法律制度，形成社会主义法治文化，从而确保各领域改革都能在法治轨道上深入推进。对此，习近平指出："凡属重大改革要于法有据，需要修改法律的可以修改法律，先立后破，有序进行。有的重要改革举措，需要得到法律授权的，要按法律程序进行。"[1]另一方面，全面依法治国能够从法治价值、法律制度等方面，指引、保障和促进全面深化改革，从而确保全面深化改革稳健起步、快速推进。因此，习近平强调："在整个改革过程中，都要高度重视运用法治思维和法治方式，发挥法治的引领和推动作用，加强对相关立法工作的协调，确保在法治轨道上推进改革。"[2]

全面从严治党重在依规治党，即按照根据宪法、法律制定的党内法规体系治党，就是要将党的权力、党的活动规范在宪法法律范围内。这就意味着，全面从严治党与全面依法治国具有本质上的一致性，都强调通过具有至上权威的宪法和法律来规范和控制权力主体及其行为。因此，全面从严治党必然需要依托于全面依法治国。一方面，全面依法治国通过提升执政党整体的规范意识和控制权力环境，来促进全面从严治党；另一方面，全面依法治国通过完善宪法法律，设定党的活动的整体框架，从而指引全面从严治党。此外，全面依法治国还要通过形成完善的党内法规体系，来具体保障和切实推动全面从严治党。

（三）全面依法治国对全面建成小康社会的促进作用

全面依法治国能够指引全面建成小康社会的路向，能够凝聚社会共识、营造良好制度环境，从而为全面建成小康社会起到引导、推动和保障的作用。

首先，全面依法治国能对全面建成小康社会起到引导的作用。

---

[1]　习近平：《在中共十八届三中全会第二次全体会议上的讲话》（2013年11月12日）。

[2]　习近平：《在中央全面深化改革领导小组第二次会议上的讲话》（2014年2月28日）。

一方面，全面依法治国，能够通过加强法律规则、原则建设，为全面建成小康社会提供规范指引。众所周知，法律最重要的作用之一是引导人们的行为并加强人们的行为预期。而全面依法治国，能为人们提供更加明确的规范指引，确保人们在全面建成小康社会的过程中理性地选择其行为路径与行为方式。

另一方面，全面依法治国，能够通过弘扬法治精神、理念，为全面建成小康社会提供价值指引。全面建成小康社会归根结底是致力于人民权利福祉的实现，而法治不只是规范体系，还是以人权保障为根本追求的价值体系，因此唯有全面依法治国，弘扬法治价值与精神，才能在全面建成小康社会过程中始终坚持理性的路径与方式。

其次，全面依法治国能对全面建成小康社会起到推动的作用。

一方面，法律是公民意志的结晶，是为公民普遍遵循的共同规则。全面依法治国的过程，就是凝聚社会共识的过程，因而也是为全面建成小康社会注入主体认同力量的过程。

另一方面，全面依法治国的过程，实质上是通过法律化、制度化的方式强化保障公民之主体地位与主体权利的过程。而实现公民主体地位与主体权利之关键在于保障公民在公共决策中的参与。显然，只有全面依法治国才能在确认公民的参与权利、健全公民参与制度、拓展公民参与渠道的基础上，真正有效落实公民参与，从而增进公共决策的理性，强化民众对公共行动的认同、配合与支持，进而在全面建成小康社会过程中增进民主的力量。全面依法治国的过程，也是加强和改进党的领导的过程，是保障党对中国特色社会主义建设统一领导、统一部署、统筹协调的过程。因此，只有全面依法治国，才能确保在党的领导下，既加强权利主体与权力机构的合作协同，也强化人大、政府、审判机关、检察机关等权力机构之间在监督制约上的协同治理，进而为全面建成小康社会注入多元协同的强大力量。

最后，全面依法治国能对全面建成小康社会起到保障的作用。这个作用体现在以下几个方面：

第一，全面依法治国通过完善以宪法为核心的中国特色社会主义法律体系，切实保障和维护全面建成小康社会的法律制度体系。

第二，全面依法治国通过深入推进依法行政，加快建设法治政府，从行政层面为全面建成小康社会提供有力的保障。

第三，全面依法治国通过保证司法公正，提高司法公信力，从司法层面为全面建成小康社会提供坚定的维护。

第四，全面依法治国通过增强全民法治观念，推进法治社会建设，从社会层面为全面建成小康社会提供持久的思想、行动等方面的支撑。

第五，全面依法治国通过加强法治工作队伍建设，从专业队伍层面为全面建成小康社会提供必要的组织和人才保障。

第六，全面依法治国通过加强和改进党对全面推进依法治国的领导，从执政党层面为全面建成小康社会提供坚强的保证。

（四）全面依法治国对全面深化改革的保障作用

当前，我国改革已进入攻坚期和深水区，只有全面依法治国，弘扬法治共识、为中国特色社会主义各领域建设提供充分的法律保障，才能有力地破解改革障碍、化解社会矛盾、回应各种挑战，从而全面保障我国经济、政治、社会、文化、生态等各个领域改革的逐步推进和不断深化。全面依法治国对全面深化改革的保障作用，主要体现在以下五个方面：

1. 全面依法治国有利于推进经济体制改革

社会主义市场经济本质上是法治经济。市场经济体制应当是建立在法治意义上的制度体系。尽管我国社会主义市场经济体制已初步建立，但当前我国市场经济法律制度尚不健全，契约精神、规则意识尚较为薄弱，且传统计划经济仍对市场经济建设存在较大负面影响。尤为突出的问题是，我国政府与市场之间的关系尚未理顺，政府的市场经济管理能力不足，审批过多和监管不力并存，以致严重影响市场经济发展效率；与此同时，市场经济主体的公平竞争意识与能力、产权保护意识与能力仍然相当匮乏，以致扰乱市场经济秩序的情形、制约市场经济活力的因素仍大量存在。在很大程度上，当前我国市场经济建设之所以产生这些问题的一个根本原因，就在于法治对于市场经济的导向、支持与保障力度还不够。因此，全面依法治国，加强社会主义法治建设，推进经济体制改革，建构以法治为基础的市场经济体系就成为必然的选择。

具体而言，全面依法治国，建设社会主义法治国家，对我国市场经济改革发展的意义主要包括以下几个方面：其一，有利于通过弘扬社会主义法治精神，促进市场经济主体法律意识、公平竞争意识与能力的提升，为市场经济改革发展提供良好的主体条件。其二，有利于通过促进以"保护产权、维护契约、统一市场、平等交换、公平竞争、有效监管为基本导向"的社会主义市场经济法律制度的完善，为市场经济改革发展提供优良的制度环境。其三，有利于通过厘清政府与市场的关系、规范政府的市场监管行为，发挥政府在市场经济改革发展过程中的方向引领、资源调控、秩序维护、政策服务等方面的作用。其四，有利于通过促进司法公正，强化司法机关在产权保护、市场纠纷化解、市场经济关系协调等方面的作用。其五，有利于通过调动社会主体的积极性和参与能力，以及强化法治工作队伍建设，为市场经济的改革发展增强力量。

2. 全面依法治国有利于推进政治体制改革

政治体制改革是我国全面深化改革的重要环节，其关键在于确保人民当家作主，落实公民参与国家和社会事务管理的权利，彰显公民在国家政治生活中的主体权利与主体价值。显然，民主政治的发展离不开法治的保障。党的十八届四中全会指出："制度化、规范化、程序化是社会主义民主政治的根本保障。"也就是说，只有全面依法治国，建设社会主义法治国家，我国政治体制改革才能顺利推进，民主政治制度的发展才能获得坚实的法治保障。

一方面，只有全面依法治国，才能"以保障人民当家作主为核心，坚持和完善人民代表大会制度，坚持和完善中国共产党领导的多党合作和政治协商制度、民族区域自治制度以及基层群众自治制度，推进社会主义民主政治法治化"；才能保证"人民在党的领导下，依照法律规定，通过各种途径和形式管理国家事务，管理经济文化事业，管理社会事务"。另一方面，只有全面依法治国，才能在法治的基础上稳定持久地规范与约束公权力，才能形成不敢腐、不能腐、不想腐的有效机制，进而在法律制度层面有力地遏制和预防腐败，确保国家权力机制运行的人民性。

3. 全面依法治国有利于促进社会体制改革

国家与社会的二元分离，是法治建立的基础。而法治的推进又进一步促进公民社会的发展。我国的公民社会在改革开放及社会主义法治建设进程中已获得长足进步，在社会主义建设过程中扮演着日益重要的角色。然而，我国社会体制仍较为滞后，社会组织的培育及其作用的发挥仍处于初级阶段，要调动基层民众参与社会治理的积极性，就必须在基层组织的培养上有所作为。在此情势下，全面依法治国，健全社会服务与社会保障法律制度、社会纠纷多元化解法律机制，乃至健全中国特色社会主义社会制度体系，促进民间组织发展，推进社会治理创新，提升维护社会公平正义的能力，激发社会活力，已成为促进我国社会体制改革的迫切需要和必然选择。

4. 全面依法治国有利于推动文化体制改革

伴随着文化在各国经济社会发展过程中重要性的日益提升、文化软实力在国家综合国力构成中的比重日益增大，加强文化建设，实施文化强国战略，已成为世界各国的普遍选择。因此，全面依法治国，建立健全适应我国现代文化治理需要的法律机制，无疑应成为我国文化领域改革发展的必由之路。一方面，良好的文化体制应该是通过文化事业、文化产业、文化权利保障等领域健全的文化立法构筑起来的制度体系。全面依法治国，能够在立法层面着力推动公共文化服务保障法、文化产业促进法、国家勋章和国家荣誉称号法、互联网领域立法等文化法的出台，从而建立健全以规范文化管理秩序为基础，以繁荣文化市场为目标，以保障公民基本文化权利为核心，以提高文化开放水平为重点的文化法律机制，进而为我国文化改革的深入推进奠定坚实的法律基础与制度支撑。另一方面，全面依法治国，能够从行政、司法、社会等多个层面，为文化体制改革的实践进程提供法治化的促进与保障，从而确保我国文化建设之正确方向和科学走向。

5. 全面依法治国有利于推动生态文明体制改革

党的十八届三中全会已将生态文明建设列为我国全面深化改革的重要内容之一，明确指出，要"紧紧围绕建设美丽中国深化生态文明体制改革，加快建立生态文明制度，健全国土空间开发、资源节约利用、生态环境保护的体制机制，推动形成人与自然和谐发展现代化建设新格局"。我国生态文明体制的改革，生态文明制度的建立，有赖于法治的确认与保障。因此，党的十八届四中全会进一步从全面推进依法治国，建设社会主义法治国家的层面，对我国生态文明建设作出了战略部署。

一方面，只有全面依法治国，才能从法律层面厘清生态文明建设过程中的主体关系、行为与责任机制，才能建立健全科学、系统的生态文明法律制度，切实实现十八届四中全会强调的"用严格的法律制度保护生态环境，加快建立有效约束开发行为和促进绿色发展、循环发展、低碳发展的生态文明法律制度，强化生产者环境保护的法律责任，大幅度提高违法成本。建立健全自然资源产权法律制度，完善国土空间开发保护方面的法律制度，制定完善生态补偿和土壤、水、大气污染防治及海洋生态环境保护等法律法规，促进生态文明建设"。

另一方面，只有全面依法治国，才能在法治轨道上强化行政机关在生态保护过程中的执法力度和行政效果，发挥司法机关对生态保护的引导与维护能力，增强社会主体在生态文明建设过程中的参与力度与参与效果。

（五）全面依法治国对全面从严治党的推动作用

中国共产党是我国的执政党，是中国特色社会主义事业的领导核心。党自身的治理能力和治理状况，直接关乎我国社会主义建设的兴衰成败。党的治理涉及方方面面。全面从严治党就是强调从党的思想建设、组织建设、作风建设、反腐倡廉建设和制度建设等各个领域，加强党的自身治理；其实质就是要严格按照宪法、法律、党内法规规制广大党员干部的行为，将党的活动规制在宪法、法律以及党内法规的范围内。因此，全面依法治国能够通过推进法律文本、法律制度的完善及法治价值的弘扬全面推动从严治党。

首先，全面依法治国要从党员干部的思想观念、精神作风等方面推动全面从严治党。一方面，全面依法治国，建设社会主义法治国家，能够促进社会主义法治理念、法治精神在全社会的弘扬，促使广大党员干部获得法治精神和理念的熏陶，从而促进党员干部规则意识、责任意识的提升，法治思维的形成。另一方面，全面依法治国，有利于在党员干部中树立宪法法律权威，促使其对法律怀有敬畏之心，牢记法律红线不能触碰、法律底线不能逾越，带头遵守法律，带头依法办事，不得违法行使权力，更不能以言代法、以权压法、徇私枉法。更重要的是，全面依法治国，始终强调坚持党的领导、人民当家作主、依法治国的有机统一，因而其能通过法律权威，保证并强化党和人民群众的密切联系，维护党和人民群众之间的良性互动，从而推动党密切联系群众的良好工作作风的深入践行。

其次，全面依法治国要通过推动法律法规的完善和健全，实现从严治党的制度化、常态化。一方面，宪法法律是广大党员干部所必须遵循的底线性规范体系；全面推进依法治国，通过推动宪法法律制度的完善能够从国家宪法法律制度层面进一步对广大党员干部的行为进行严格规范。另一方面，形成完善的党内法规体系是全面依法治国的基本要求，而党内法规体系正是党内治理的具体依据。这就意味着，全面依法治国能够通过不断完善与强化党内法规体系，从而不断推进党的各项制度机制的健全，为党的组织建设、作风建设、反腐倡廉建设等等提供更加完善的制度支撑；严格规范党的各项活动，全面从严治党也因此拥有更加坚实的支撑、保障和动力。

对于其他三个"全面"而言，全面推进依法治国相对应地具有"助推器""净化剂""护航员"的重要作用。

1. 法治是全面建成小康的"助推器"

作为实现中华民族伟大复兴的战略统领和目标牵引，全面建成小康社会是指到 2020 年，经济发展健康持续，政治文明不断进步，文化实力显著增强，人民生活水平全面提高。这些任务的实现，都离不开法治的"助推"。

市场经济的持续健康发展需要法治的保驾护航。习近平指出："如果不从法律上确认经济实体的法人资格，企业就不能成为真正的市场竞争主体；如果缺乏维护市场秩序的法治保障，市场行为就会失当，市场信息就会失真，公平竞争就会失序；如果缺乏对不正当市场行为进行惩防的法治体系，守信者的利益得不到保护，违法行为得不到惩治，市场经济就不能建立起来。"[1]市场经济本质上是法治经济，法治为经济的发展提供良好的规则和有效的治理。市场经济建立在自由交换、公平竞争的基础上，法治作为规则之治、理性之治和秩序之治，依赖于理性表达、公正博弈，蕴含对自由的规范、对秩序的服膺。因此，法治与市场经济紧密联系、高度契合；在市场经济条件下，法治是国家治理和市场规制的必然选择。

政治文明的载体是制度，法治为政治文明的进步提供支撑；通过法治，可以协调政治关系、规范政治行为、解决政治问题。政治关系是指政治权力关系和政治权利关系。前者涉及中央和地方的关系、立法、行政、司法相互之间的关系、执政党与社会公众的关系；后者涉及公民参与政治活动的自由权、平等权、知情权等。法治为理顺政治关系提供程序要件、奠定制度基础，

---

〔1〕　习近平：《之江新语》，浙江人民出版社 2007 年版，第 203 页。

比方说，通过宪法可以协调权力与权力的关系、权利与权力的关系，通过税法可以促使中央和地方的关系更加科学、更为规范。政治行为是指在特定利益基础上，人们围绕政治权力的获得和利用、政治权利的保障和实现而展开的行为与活动。把政治权力的运转纳入法治化轨道，可以促使政治权力的运行更加规范，维持稳定的政治常态；法治还为普通公众参与政治提供有效途径，促使公众通过合法有效的方式对权力活动进行监督和控制。政治问题的化解也需借助法治方式，托克维尔[1]指出："在美国，几乎所有政治问题都可以转化为法律问题。因此，所有党派在日常论战中都需借用法律语言。"[2]只有通过法治方式解决政治问题，才可以促使解决过程更加和缓和最终结果更加圆满。此外，文化的繁荣发展也需要法治提供支持。通过健全知识产权法，公众的文化创造将获得法律保护；通过实施宪法法律，公民的言论、出版等表达自由也将得到切实的保护和有效的规范。

总之，法治与全面建成小康紧密联系、不可分割，是全面建成小康的"助推器"。

2. 法治是全面从严治党的"净化剂"

在党的十八届中央政治局第一次集体学习时，习近平强调："物必先腐，而后虫生……各级党委要旗帜鲜明地反对腐败，更加科学有效地防治腐败，做到干部清正、政府清廉、政治清明，永葆共产党人清正廉洁的政治本色。"[3]在中央政治局第五次集体学习时，习近平进一步要求，要更加科学有效地防治腐败，必须全面推进惩治和预防腐败并举，健全反腐败法律体系，提高制度执行力，促进法律制度刚性运行。这些讲话表明，法治是从严治党、荡

[1] 阿历克西·德·托克维尔（Alexis-Charles-Henri Clérel de Tocqueville，1805—1859），法国历史学家、政治家，社会学（政治社会学）的奠基人。出身贵族世家，经历过五个"朝代"（法兰西第一帝国、波旁王朝、七月王朝、法兰西第二共和国、法兰西第二帝国）。前期热心于政治，1838 年出任众议院议员，1848 年二月革命后参与制定第二共和国宪法，1849 年一度出任外交部部长。1851 年路易-拿破仑·波拿巴建立第二帝国，托克维尔因反对他称帝而被捕，获释后对政治日益失望，从政治舞台上逐渐淡出，之后主要从事历史研究，直至 1859 年病逝。主要代表作有《论美国的民主》《旧制度与大革命》。

[2] [法] 托克维尔：《论美国的民主》（上卷），董果良译，商务印书馆 1988 年版，第 31 页。

[3] 习近平：《在十八届中央政治局第一次集体学习时的讲话》（2012 年 11 月 17 日）。

涤腐败的"净化剂",必须坚持依法惩腐、依法治腐、依法防腐、依法预腐。

实际上,世界法治发展史就是一部人类不断追求"权力法定"的历史。古罗马政治家西塞罗认为,法律是高于一切的权威,即使作为最高行政长官的执政官也受到法律约束,即"官吏是会说话的法律,而法律是沉默的官吏"[1]。英国法学家戴雪指出,巴士底狱是权力的象征,当法国人民攻陷它时,也便象征法律主治代替武断权力的兴起。现代法治理论更为强调,公民通过法律受托政治权力,政治权力受制于法律,旨在保障公民的权利与自由。革命导师恩格斯也指出:"所有公务人员在自己一切职务活动中都按照一般法律向每个公民负责……这是一切自由的首要条件。"[2]卢梭提出:"创设政府的行为,绝不是一项契约,而是法律。"[3]政治权力的本质决定,必须将权力关进法治的"笼子";也只有如此,才能保护好政治生态的"青山绿水",才能维护好官场生态的风清气正。

总之,法治与全面从严治党紧密联系、不可分割,是全面从严治党的"净化剂"。

3. 法治是全面深化改革的"护航员"

党的十八届四中全会通过全面推进依法治国的决定,与党的十八届三中全会通过的全面深化改革的决定是"姊妹篇"。全面深化改革与全面推进依法治国互为支撑,前者为后者提供强大动力,后者为前者提供有力保障。

(1)全面深化改革的总目标是"完善和发展社会主义制度,推进国家治理体系和治理能力的现代化"。其中,国家治理体系和治理能力的现代化是指国家制度体系和制度执行能力的现代化,具体来说就是公权力运行的规范化和程序化。公共决策的民主化、国家制度体系的协调化、遵从宪法法律的最高权威,所有这些方面都与法治紧密相关。首先,法治为公权力的运行提供制度规范和程序规制,促使公权力运行有法可依、有章可循;其次,法治为民主决策搭建制度平台,推动参与决策的各方有序博弈;最后,法治本身蕴含"良法善治"和"宪法法律至上"的内在精神,将有力地推动国家制度体

---

〔1〕〔古罗马〕西塞罗:《国家篇·法律篇》,沈叔平、苏力译,商务印书馆1999年版,第215页。

〔2〕《马克思恩格斯全集》第19卷,人民出版社1963年版,第7页。

〔3〕〔法〕卢梭:《社会契约论》,李平沤译,商务印书馆2012年版,第112页。

系之间的协调和宪法法律权威的树立。

（2）全面深化改革意味着打破不合理的旧的利益格局，形成公正的新的利益格局。因此，当改革进入攻坚期和深水区，各方面的挑战和阻力必将增多，迫切需要运用法治思维和法治方式破解难题、化解矛盾。习近平指出："法治通过调节社会各种利益关系来维护和实现公平正义，法治为人们之间的诚信友爱创造良好的社会环境，法治为激发社会活力创造条件，法治为维护社会安定有序提供保障，法治为人与自然的和谐提供制度支持。"[1]在此意义上，法治是社会利益的"调节器"；公正、有序的和谐社会本质上就是法治社会。作为使用权威命令实施的、高度专业化的社会控制，法治一端联结各种利益（包括个人利益、社会利益和公共利益），另一端联结利益调控的手段（包括立法手段、行政手段和司法手段）。法治化的过程，就是通过立法博弈承认或舍弃某些利益，通过司法或行政确定在何种限度内实现或否决某些利益，以及努力保护在一定限度内被承认的利益，最终起到平衡利益诉求、化解利益冲突的作用。

总之，法治与全面深化改革紧密联系、不可分割，是全面深化改革的"护航员"。

十、五个体系——法治中国建设的重要目标

2012年11月召开的党的十八大，对全面推进依法治国作出重大部署，强调把法治作为治国理政的基本方式。2013年11月召开的党的十八届三中全会，通过了《中共中央关于全面深化改革若干重大问题的决定》，对加强社会主义民主政治制度建设和推进法治中国建设提出了明确要求。2014年10月召开的党的十八届四中全会专题研究全面推进依法治国的重大问题。党的十八届四中全会明确界定：全面推进依法治国，就要在中国共产党领导下，坚持中国特色社会主义制度，贯彻中国特色社会主义法治理论，形成完备的法律规范体系、高效的法治实施体系、严密的法治监督体系、有力的法治保障体系、完善的党内法规体系，坚持依法治国、依法执政、依法行政共同推进，坚持法治国家、法治政府、法治社会一体建设，实现科学立法、严格执法、

---

〔1〕 习近平：《之江新语》，浙江人民出版社2007年版，第204页。

公正司法、全民守法，促进国家治理体系和治理能力现代化。以上这五个"体系"构成了法治中国建设的五大重要目标。

（一）完备的法律规范体系是依法治国的基础

党和国家的一切工作必须于法有据，必须始终在法治的轨道上进行。全面推进依法治国的过程是一个不断完善、不断完备的过程。党的十八届四中全会专题研究依法治国若干重大问题，其目的就是要在今后一定的历史时期，统一全面推进依法治国的思想，努力形成完备的法律规范体系，从而更好、更有效地指导依法治国工作。完备的法律规范体系不是一朝一夕所能形成的，需要从中央到地方解放思想、实事求是，一切从实际出发，坚持中国特色社会主义制度，将中国特色社会主义法治理论成功地应用于法治中国建设的实践。故步自封、因循守旧，难以形成完备的法律规范体系。完备的法律规范体系是依法治国的基础。建设中国特色社会主义法治体系，必须抓住提高立法质量这个关键。深入推进科学立法、民主立法，是提高立法质量的根本途径。要坚持依法立法，严格依照立法法规定的立法原则和立法权限制定法律法规及规章，从体制机制和工作程序上防止部门利益和地方保护主义法律化。

（二）高效的法治实施体系是依法治国的关键

法律再完备、规范再严格，不实施、不落实、不执行，就会成为一纸空文。有法必依是依法治国的关键所在，也是社会公平正义的本质体现。高效的法治实施体系是依法治国的关键。要通过各级各地党员干部特别是领导干部的以身作则、率先垂范以及全面加强法治宣传教育和舆论引导，使懂法、尊法、用法、守法成为全党全社会的共识和行动自觉，坚决维护宪法法律权威，依法维护人民权益、维护社会公平正义、维护国家安全稳定。各级各地各部门务必要坚持依法治国、依法执政、依法行政共同推进，坚持法治国家、法治政府、法治社会一体建设，实现科学立法、严格执法、公正司法、全民守法，促进国家治理体系和治理能力现代化，从而形成高效的法治实施体系。

高效的法治实施体系应当具备十个方面的基本要素：

第一，宪法权威的神圣性。依法治国首先要依宪治国，依法执政首先要依宪执政。要建立违宪审查机制，使得一切违宪的法律、法规、规章、政策、制度、决策归于无效，一切违宪行为得以纠正，一切违宪责任得以追究。

第二，法律体系的严谨性。党的十八届四中全会提出，要"完善立法体制机制，坚持立改废释并举，增强法律法规的及时性、系统性、针对性、有效性"。

第三，执行程序的法定性。法定程序规制一切权力，保障合法权利。党的十八届四中全会强调，"各级政府必须坚持在党的领导下、在法治轨道上开展工作"。

第四，违法后果的必定性。违法后果对于一切违法行为而言，是必然的和必定的。

第五，执法过程的透明性。党的十八届四中全会提出，要"坚持以公开为常态、不公开为例外原则"。

第六，救济渠道的畅通性。要畅通群众权益被公权力等侵犯的救济机制，切实保障公民各项合法权益的充分实现。

第七，监督机制的有效性。要加强对行政法决策监督，健全依法决策机制；要加强对司法活动的监督，完善检察机关行使监督权的法律制度，加强对刑事诉讼、民事诉讼、行政诉讼的法律监督，完善人民监督员制度。

第八，法治队伍的可靠性。要建设高素质、能力强的立法工作者、法官、检察官、人民警察、律师、人民调解员等法治专门队伍，做到"四个可靠"，即政治可靠、素质可靠、组织可靠、制度可靠。

第九，普法教育的全面性。要加强普法教育的覆盖面和有效性。党的十八届四中全会指出，"法律的权威源自人民的内心拥护和真诚信仰。"公民的法制教育是依法治国的基础。法律意识是公民意识和公民政治素质的重要内涵，要把法治教育纳入国民教育体系和精神文明创建内容。

第十，考核评价的激励性。要建立健全对地方党政、机关单位及其领导人员法治能力的评价激励机制，推进基层治理法治化。

（三）严密的法治监督体系是依法治国的根本

要进行法治中国建设、落实全面依法治国方略，必须建立严密的法治监督体系。严密的法治监督体系是依法治国的根本。法治监督是指对法律实施进行的监督。作为法治建设的一个重要环节，法治监督在建设中国特色社会主义法治体系、建设社会主义法治国家中具有十分重要的地位和作用。严密的法治监督体系是中国特色社会主义法治体系的重要组成部分，是宪法法律有效实施的重要保障，是加强对权力运行的制约和监督的必然要求。要在立法、执法、司法三个方面强化法治监督，首先要健全宪法实施和监督制度；其次要强化对行政权力的制约和监督；最后要加强对司法活动的监督。

法治监督体系分为国家监督体系和社会监督体系这两大监督体系。国家监督又分为对权力机关监督、对行政机关监督、对司法机关监督三大类，具体是指对人民代表大会及人大常委会、各级人民政府、各级人民法院、各级人民检察院的监督。社会监督是国家监督的重要来源和重要补充，体现了人民直接参加国家管理、行使当家作主的权力，如社会舆论监督、新闻媒体监督、群众监督等。只有形成严密的法治监督体系，才能真正实现依法治国。监督是责任。对于地方政府干预执法部门的行为，对于执法部门执法违法的行为，对于那些玩忽职守、不作为的行为，对于那些损害群众利益、破坏社会公平正义的行为，都要通过法治监督，严格追究办事人员的责任及责任单位领导的责任，视其行为性质、情节轻重，给予处分、撤职，甚至刑事处罚。

（四）有力的法治保障体系是依法治国的标志

法治保障体系是中国特色社会主义法治沿着正确道路前进的重要保障，是确保法治高效运行的重要支撑。能否形成有力的法治保障体系，关系到全面推进依法治国的总目标的实现，关系到"四个全面"战略布局的协调推进。如果没有一系列保障条件，法治就难以实现。法治保障体系既是法治体系的重要组成部分，又是支撑法治大厦的地基。它关乎法治各环节的有序运行，为法治总目标的实现提供不竭的力量源泉。

有力的法治保障体系是依法治国的一个重要标志。

党的领导是全面推进依法治国的坚强政治保障。形成有力的法治保障体系，必须旗帜鲜明地坚持党的领导。只有坚持党领导立法、保证执法、支持司法、带头守法，才能充分实现人民当家作主，真正把人民意志上升为国家意志，有序推进国家和社会生活法治化。中国特色社会主义制度是全面推进依法治国的牢固制度保障。要坚持中国共产党的领导，坚持中国特色社会主义制度，贯彻中国特色社会主义法治理论。构建有力的法治保障体系，必须坚持人民代表大会这一根本政治制度，决不能搞"三权分立"；必须坚持中国共产党领导的多党合作和政治协商基本政治制度，决不能搞多党竞选、轮流坐庄。

　　高素质法治工作队伍是全面推进依法治国的组织和人才保障。党的十八届四中全会《决定》指出："全面推进依法治国，必须大力提高法治工作队伍思想政治素质、业务工作能力、职业道德水准，着力建设一支忠于党、忠于国家、忠于人民、忠于法律的社会主义法治工作队伍，为加快建设社会主义法治国家提供强有力的组织和人才保障。"

　　中国特色法治文化是全面推进依法治国的丰厚的文化保障。中华民族有着悠久的法律文化传统。要善于汲取中华传统法律文化精华，同时借鉴国外法治有益经验，不断丰富和发展中国特色社会主义法治文化。

　　（五）完善的党内法规体系是依法治国的需要

　　坚持中国共产党的领导，是推进依法治国的必然要求和重要保障。促进国家治理体系和治理能力现代化，首先必须提高党的建设科学化、规范化、系统化的水平，不断深化党的建设制度改革，形成完善的党内法规体系。党内法规是中国特色社会主义法治体系的重要组成部分，加强党内法规制度建设，不断完善党内法规体系，既是全面从严治党、依规治党的必然要求，也是全面推进依法治国的应有之义。完善的党内法规体系是依法治国的需要。新中国成立以来，特别是改革开放以来，中共中央和中央有关部门虽然制定了一大批党内法规，但是由于立法没有整体规划，缺乏顶层设计，使得党内法规存在"碎片化"现象：有的领域缺少必要的基础主干性的法规；有的领域虽有基础主干性法规，却缺少配套性法规；还有的领域的某些法规存在着相互重复，甚至相互冲突的情形。这就需要不断加强党内法规清理，并不断完善、规范党内法规体系，使党内法规制定和落实工作更加有序，使依法执政更有底气，从而更有条件、办法和力量领导好、推进好依法治国的各项工作。

十一、四个保障——经济保障、政治保障、思想保障、国际环境保障

　　法治中国建设进程必然伴随着我国经济、政治的发展和人的思想及国际环境的变化。经济、政治和人的思想及国际环境的发展变化，必然给法治中国建设带来不可估量的作用和深远的影响。可以说，经济发展、政治进步、积极的思想、和平的国际环境是法治中国建设的"四个保障"。

（一）经济保障

经济保障是指要保持经济持续稳定的发展，从而为中国的法治建设提供物质保障。国家统计局 2019 年 1 月 21 日公布的数据显示，初步核算，2018 年国内生产总值 900 309 亿元，首次突破 90 万亿元，按可比价格计算，同比增长 6.6%。按照 2018 年末人口总数计算，我国人均 GDP 接近 1 万美元。专家预计，2019 年 GDP 实际增长率有望达到 6.3%，人均 GDP 将超过 1 万美元。梳理 2018 年中国各城市公布的全年经济数据，并以 2017 年末各城市常住人口为基准，我们发现全国共有 15 个城市人均 GDP 超过 2 万美元，覆盖人口 1.5 亿，北上广深四个一线城市更是第一次集体迈入人均 GDP 超 2 万美元的阵营。人均 GDP 达到 2 万美元是什么概念？国际组织认定，2 万美元以上，就是初等发达国家；3 万美元以上，就是中等发达国家。

首先，中国是经济大国，但不是经济强国。中国是世界上最大的发展中国家，改革开放四十多年来，经济发展迅速，令世界瞩目。2000 年，中国还是世界第七大经济体，2007 年超越德国成为世界第三，2011 年超越日本已经成为世界第二大经济体。但全球第二大经济体只是表明中国是经济大国，并不能说明中国已经是经济强国。中国地域广阔，仍然存在发展不平衡，贫富差距较大等问题，人均 GDP 和传统的发达国家还有很大差距。

其次，我国经济结构不合理，在一定程度上制约了我国国民经济的发展。因此，调整经济结构使其合理化，已成为经济发展的一项重要任务。经济结构一般包含两重含义：一是指社会经济中的所有制构成；二是指国民经济中的部门构成。人们通常说的经济结构主要指后者。经济结构不合理的实质是比例关系不合理，主要包含三个方面：一是产业结构不合理，忽视从战略上、总体上合理配置资源，表现为重复建设、重复引进，一些基础工业过短，传统产业在低水平上饱和，新的支柱产业发展不足；二是组织结构不合理，表现为大型企业过少，小型企业过多，生产能力分散，产业集中度低；三是产品结构不合理，表现为粗加工的产品以及初级加工产品过多，高科技含量、高附加值的产品以及最终产品过少，企业自主创新能力差，高科技附加值产品过低，高污染、高损耗、高劳动密集型的产业占据很大比例。这种不合理的经济结构，引起了"连锁反应"式的恶果，最严重的是产业经济效益下滑。

尽管由于我国经济结构不合理等原因在一定程度上制约了我国国民经济的发展，但是我们仍然坚信，随着中国不断地由经济大国向着经济强国迈进，中国经济又好又快的持续稳定的发展，必将为法治中国建设提供更加有力的经济保障。

（二）政治保障

法治中国建设的政治保障主要包括两个方面：一要践行党的群众路线，密切党群关系；二要严厉惩治腐败。中国共产党要牢记全心全意为人民服务的根本宗旨，以坚定的理想信念坚守初心，牢记人民对美好生活的向往就是党的奋斗目标。党来自人民、根植人民，因此永远也不能脱离群众，更不可轻视群众、漠视群众疾苦。在我国从计划经济向社会主义市场经济转型的过程中，腐败问题渗入经济、政治、社会生活各个领域。做好新时代的反腐倡廉工作，对于巩固党的执政地位，保障经济、政治、社会、法治发展等各项目标的顺利实现，具有十分重要的意义。

习近平指出："我们必须看到，面对世情、国情、党情的深刻变化，精神懈怠危险、能力不足危险、脱离群众危险、消极腐败危险更加尖锐地摆在全党面前，党内脱离群众的现象大量存在，一些问题还相当严重，集中表现在形式主义、官僚主义、享乐主义和奢靡之风这'四风'上。"[1]对于形式主义、官僚主义、享乐主义和奢靡之风的"四风"问题，习近平强调，"四风"问题关系到党的事业的成败，也关系到党的生死存亡。在参加十二届全国人大二次会议安徽代表团审议时，习近平针对如何推进作风建设的问题，对广大党员干部提出了"三严三实"的要求，即"既严以修身、严以用权、严以律己，又谋事要实、创业要实、做人要实"。习近平对广大党员干部提出"三严三实"的要求，是对党的作风建设的进一步升华，也是对党的群众路线的具体化。随着以反对"四风"为重要内容的党的群众路线教育实践活动进一步深入，干部作风明显好转。因此，要深刻认识反腐败斗争的长期性、复杂性、艰巨性，以猛药去病、重典治乱的决心，以刮骨疗毒、壮士断腕的勇气，坚决把党风廉政建设和反腐败斗争进行到底。我们坚信，党的群众路线的深入践行和反腐败斗争不断胜利，必将为法治中国建设提供更加可靠的政治

---

〔1〕 习近平：《在党的群众路线教育实践活动工作会议上的讲话》（2013年6月18日）。

保障。

（三）思想保障

思想保障，即坚守意识形态主阵地从而为中国的法治建设提供思想基础和精神保障。共同的思想基础，对于一个政党、一个国家、一个民族的生存发展而言至关重要。没有共同的思想基础的维系和支撑，中华民族就不会有凝聚力，因此，必须要有党和人民团结奋斗的共同的思想基础。一个国家的主流意识形态是人民选择的结果，也是历史发展的必然结果。

在近代中国，无数先烈为国家独立、民族复兴、国富民强进行了艰辛的探索，最终选择了马克思主义作为中国救亡图存的指导思想。1921 年中国共产党建立以后，在马克思主义指导下，中共带领人民不仅实现了民族的独立和人民的解放，而且在 1949 年中华人民共和国建立以后，取得了社会主义革命和建设的重要成就，特别是在 1978 年党的十一届三中全会以后至今，又取得了改革开放的伟大成就。实践证明，马克思主义符合中国国情，符合中国发展的逻辑。巩固马克思主义意识形态主阵地，必将推动中国实现民族复兴的伟大战略。

党的十八届三中全会《中共中央关于全面深化改革若干重大问题的决定》指出，要巩固马克思主义在意识形态领域的指导地位，巩固全党全国各族人民团结奋斗的共同思想基础。随着我国社会深刻变革和对外开放不断扩大，各种思想文化交流、交融、交锋日益频繁，共同的思想基础面临种种挑战。因此，要巩固马克思主义在意识形态领域的指导地位，巩固全党全国人民团结奋斗的共同思想基础；要利用各种时机和场合，形成有利于培育和弘扬社会主义核心价值观的生活情景和社会氛围，使核心价值观的影响像空气一样无所不在、无时不有。我们坚信，随着社会主义核心价值观的培育和践行，马克思主义在意识形态领域的指导地位必将更加巩固，全党全国各族人民团结奋斗的共同思想基础，必将为法治中国建设提供更加可靠的思想保障。

（四）国际环境保障

人类只有一个地球，各国共处一个世界。地球是人类的共同家园，也是人类到目前为止唯一的家园。人类生活在同一个地球，世界越来越成为你中有我、我中有你的人类命运共同体。人类命运共同体，顾名思义，就是每个民族、每个国家的前途命运都紧紧地联系在一起，因此应该风雨同舟，荣辱与共，努力把我们生于斯、长于斯的这个星球建成一个和睦的大家庭，把世界各国人民对美好生活的向往变成现实。构建人类命运共同体这一倡议已被多次写入联合国文件，正在从理念转化为行动，产生日益广泛而深远的国际影响。

走和平发展道路，是中国共产党根据时代发展潮流和我国的根本利益作出的战略抉择。只有坚持走和平发展道路，只有同世界各国一道维护世界和平，中国才能实现自己的目标，才能为世界做出更大的贡献。纵观世界历史，依靠武力对外侵略扩张最终都是要失败的。一个世界和平、稳定与繁荣的国际环境为中国的发展提供了机遇；中国的发展也为世界各国的发展提供了机遇。作为世界第二大经济体，中国要为维护世界和平与营造繁荣稳定的国际环境，为构建人类命运共同体做出应有的贡献，必须坚持走和平发展道路；必须强化战略思维，增强战略定力，更好地统筹国内国际两个大局，坚持开放的发展、合作的发展、共赢的发展，坚定不移地做和平发展的实践者、共同发展的推动者、多边贸易体制的维护者、全球经济治理的参与者。

需要指出的是，中国走和平发展之路与中国强军队强国防是辩证统一的。中国走和平发展之路，绝不是不要军队和国防。中国要崛起，经济发展是先决条件，军队和国防是保障。我们坚信，在一个世界和平、稳定与繁荣的国际环境中，中国坚持走和平发展道路，必将为法治中国建设提供更加可靠的国际环境保障。

第五章
依法治国的历史成就

　　中华人民共和国已成立 70 多年，相应地新中国社会主义法治建设之路也走过了 70 多年。70 多年法治建设的成就和经验告诉我们：只有坚持法治立国的初心和坚守法治强国之使命，才能真正拥有坚定的中国特色社会主义法治的道路自信、理论自信、制度自信和实践自信。法治中国是我国建设富强民主文明和谐的社会主义现代化国家的重要目标之一。新中国成立特别是改革开放以来，在探索中国特色社会主义道路的历史进程中，中国共产党不断深化对共产党执政规律、社会主义建设规律、人类社会发展规律的认识，不断学习、借鉴和扬弃包括西方法治思想及其制度和中华法系在内的人类法治文明成果，团结领导全国各族人民，走上了一条法治建设曲折发展的道路。新中国社会主义法治走过的道路，可以分为三个历史时期，每一个时期的法治建设都取得了一定的历史性成就。从 1949 年 10 月中华人民共和国成立到 1978 年 12 月党的十一届三中全会的召开，为新中国法治建设第一个历史时期。在这个历史时期，以毛泽东为核心的党的第一代中央领导集体领导人民开启了社会主义法治的新纪元。从 1978 年 12 月党的十一届三中全会的召开到 2012 年 10 月党的十八大的召开，为新中国法治建设第二个历史时期。在这个历史时期，以邓小平为核心的党的第二代中央领导集体、以江泽民为核心的党的第三代中央领导集体和以胡锦涛为总书记的党中央领导集体，总结历史的经验和教训，领导人民开创了依法治国的新时期。从 2012 年 10 月党的十八大的召开，历经 2017 年 10 月党的十九大的召开至今，为新中国法治建设第三个历史时期。在这个时期，中国人民在以习近平同志为核心的党中央领导下，进入了全面依法治国新时代。

一、开启社会主义法治的新纪元（1949—1978）

中国是一个具有五千年文明史的古国，中华法系源远流长。早在公元前21世纪，中国就已经产生了奴隶制的习惯法。春秋战国时期（公元前770年—公元前221年），中国开始制定成文法，出现了自成体系的成文法典。唐朝（公元618—907年）时，中国形成了较为完备的服务于集权专制的法典，并为以后历代王朝及政权所传承和发展。中华法系成为世界独树一帜的法系，古老的中国为人类法制文明做出了重要贡献。1840年鸦片战争以后，中国逐渐沦为半殖民地半封建的社会。以孙中山先生为代表的一批仁人志士，为了改变国家和民族的苦难命运，试图将近代西方国家的法治模式移植到中国，以实现变法图强的迫切梦想，然而遗憾的是，由于各种社会的、历史的原因，他们的努力最终都没有取得成功。至1949年10月中华人民共和国成立，中国才进入开启社会主义法治新纪元的历史进程。

（一）毛泽东对新中国法制的初创和宪法的制定以及在法律原则和法治思想上的重大贡献

1956年9月19日，董必武在党的八大上郑重地提出了"加强人民民主法制、依法办事"的治国方略，并提出"有法可依，有法必依"的著名论断。董必武在党的八大上的发言，是中国共产党关于人民民主法制建设的经验总结，是探索社会主义建设道路的重要成果，也是以毛泽东为核心的党的第一代中央领导集体"依法治国"思想的体现。作为党的第一代中央领导集体的核心，毛泽东从思想、理论到实践曾经对"依法治国"乃至新中国的法治建设，特别是对新中国法制的初创和宪法的制定以及在法律原则和法治思想上都做出了历史性的贡献，这些贡献是具有开创性的新中国依法治国历史成就的重要组成部分。

1. 对一系列法律、法令和宪法的制定及实施的贡献

在废除国民党伪法统的基础上，毛泽东领导制定了婚姻法、工会法、土地改革法等一系列法律、法令；主持起草了共同纲领、1954年宪法和其他几部宪法性法律，为建立我国人民代表大会制度奠定了法制基础；专门提出了一系列重要的民主原则与法制思想，对中华人民共和国建立初期的社会主义民主法制建设起到了直接的指导作用。1949年10月新中国成立以后，在废除

国民党旧法统的同时，以毛泽东为核心的党中央按照马克思主义法律思想，领导人民拉开了一场立法运动的序幕，对一系列法律、法令和宪法的制定及实施，做出了重大贡献，由此开启了我国社会主义法治建设的新纪元。

1949 年 9 月 29 日，中国人民政治协商会议第一届全体会议通过了《中国人民政治协商会议共同纲领》（以下简称《共同纲领》）。《共同纲领》是以毛泽东关于中国新民主主义革命和建设的理论为基础，特别是以毛泽东的七届二中全会报告和《论人民民主专政》为基础制定的。毛泽东对《共同纲领》的起草工作十分关心，多次审阅起草中的纲领草案，并多次亲自作了修改。"共同纲领"这个名称，就是毛泽东提出来的。作为一部具有根本法性质的临时宪法，《共同纲领》第一次从法律的层面，明确中华人民共和国的政治制度是民主集中制的人民代表大会制度。它的颁布和施行为国家政权建设提供了法制依据，也为人民代表大会制度的最终确立奠定了基础。

早在 1949 年 1 月 14 日，毛泽东就在《关于时局的声明》中提出了"废除伪宪法""废除伪法统"的号召，这鲜明地体现了中国共产党在夺取政权后对待国民政府时期法律所持的坚决否定的立场和态度。根据毛泽东的指示精神，1949 年 2 月 22 日，中共颁布了《中共中央关于废除国民党〈六法全书〉与确定解放区的司法原则的指示》。《共同纲领》第 17 条规定："废除国民党反动政府一切压迫人民的法律、法令和司法制度，制定保护人民的法律、法令，建立人民司法制度。"对于国民党旧法统的废除，为新中国法治建设扫除了障碍。

1950 年 4 月 13 日，中央人民政府委员会第七次会议通过了《中华人民共和国婚姻法》，毛泽东以中央人民政府委员会主席的身份签署命令，自 1950 年 5 月 1 日公布施行。对于婚姻法的制定，毛泽东非常重视，在婚姻法的起草过程中，他曾两次亲自主持召开由中央人民政府副主席、中央人民政府委员会委员、政务院总理、政务院副总理以及全国政协常委等参加的联席座谈会，讨论婚姻法的草案。婚姻法出台后，他又评价说，婚姻法是关系到千家万户、男女老少切身利益的，是普遍性仅次于宪法的基本法律。婚姻法体现了毛泽东婚姻立法思想（如男女平等、婚姻自由、保护妇女和子女合法权益等等思想）。它的颁布和实施，对于革除相沿数千年的封建陋习，彻底解放中国广大妇女，建立新型的家庭关系，并在此基础之上，推动社会进步，具有十分重要的作用和意义。为了保障婚姻法的顺利实施，中共中央和政务院还下发了一系列关于宣传婚姻法和检查婚姻法执行情况的通知和指示，并于1953年开展了贯彻婚姻法运动月活动。

就在婚姻法实施不到两个月，毛泽东于1950年6月29日签署主席令，公布了《中华人民共和国工会法》。工会法规定了工会的性质与组织原则、建立工会的程序、集体合同、工会参与企业管理、政府和企业拨给工会办公活动设施、工会到有关单位视察、工会干部的编制、工会活动的保障、劳动争议的处理和工会经费的来源等等内容，明确了工会在新中国的法律地位。它的颁布实施，对于建立和发展工会组织，团结教育广大职工积极投身社会主义革命和建设，巩固人民民主专政的政权，维护职工的合法权益，起到了重要的作用。在工会法颁布之日，许多地方的职工群众敲锣打鼓放鞭炮，欢庆这部维护工人合法权益法律的出台。

工会法公布的第二天，毛泽东再次签署主席令，公布了《中华人民共和国土地改革法》。土地改革法规定，废除地主阶级封建剥削的土地所有制，实行农民的土地所有制，借以解放农村生产力，发展农业生产，为新中国的工业化开辟道路。这部法律贯穿了毛泽东关于土地改革的一系列主张，其中关于"保存富农经济"的规定，展示了他的政治智慧和策略。根据土地改革法，中国共产党领导全国人民开展了一场彻底铲除封建土地剥削制度的深刻革命。至1952年年底，土地改革工作基本完成，3亿无地或少地的农民分得了约7亿亩土地和其他生产资料。从历史的角度看，婚姻法、工会法、土地改革法这三部法律，无论是对我们新生的共和国而言，还是对普通百姓而言，都有着极为特殊的意义。如果说婚姻法让广大妇女获得了解放，工会法确立了工人阶级国家主人翁的地位，那么土地改革法则是让亿万农民从经济上翻了身。

1953年1月13日，中央人民政府委员会举行会议，毛泽东在会上作了重要讲话。他说："就全国范围来说，大陆上的军事行动已经结束，土地改革已经基本完成，各界人民已经组织起来，因此，根据中国人民政治协商会议共同纲领的规定，召开全国人民代表大会及地方各级人民代表大会的条件，已经成熟了，这是中国人民流血牺牲，为民主奋斗历数十年之久才得到的伟大胜利。召开人民代表大会，可以更加发扬人民民主，加强国家建设和加强抗美援朝的斗争。人民代表大会制度的政府，仍将是全国各民族、各民主阶级、各民主党派和各人民团体统一战线的政府，它是对全国人民都有利的。"经过讨论，中央人民政府委员会通过了《关于召开全国人民代表大会及地方各级人民代表大会的决议》，决定于 1953 年召开由人民普选产生的乡、县、省（市）各级人民代表大会，然后在此基础上召开全国人民代表大会。根据毛泽东提议，会议决定成立以周恩来为主席的中华人民共和国选举法起草委员会。1953 年 3 月 1 日，中央人民政府以命令的形式公布并实施选举法。

　　除领导选举法的起草外，毛泽东还主持制定了全国人大组织法、国务院组织法、人民法院组织法、人民检察院组织法、地方各级人大和地方各级人民委员会组织法等五个组织法，并在一届全国人大一次会议上通过。这五部法律对于国家权力机关、行政机关、审判机关、检察机关的产生、组成、地位、职权、活动范围和它们之间的关系等各个方面，作出了具体的规定，为国家政权制度的建立和实施，确保各级国家机关的活动能够在民主和法制的轨道上运行以及法律制度的进一步建立和实施，创造了坚实的条件，打下了良好的基础。

　　《共同纲领》实施几年后，我国社会发生了巨大的变化，制定宪法的条件已经具备，因此，宪法起草工作也被提到了议事日程。毛泽东亲自主持宪法起草工作，并出任宪法起草委员会主席。宪法起草委员会成立之后，中共中央又指定了一个宪法起草小组。1954 年 1 月 9 日，宪法起草小组集中到杭州正式开展工作。毛泽东亲自领导了这个小组的工作，宪法草案的每一章、每一节、每一条，他都亲自参加了讨论。1 月 15 日，毛泽东给在北京的刘少奇等同志写信，通报了宪法起草小组的工作计划，并要政治局委员及在北京的中央委员阅看下列主要参考文件：1936 年苏联宪法及斯大林报告；1919 年苏俄宪法；罗马尼亚、波兰、民主德国、捷克等国宪法；1913 年天坛宪法草案、1923 年曹锟宪法、1946 年蒋介石宪法；法国 1946 年宪法，以做好讨论宪法草案初稿的准备。

　　1954 年 3 月 23 日，宪法起草委员会举行第一次会议，毛泽东代表中国共产党向会议提出草案初稿。毛泽东在这次会上说："宪法的起草，前后差不多进行了 7 个月。最初的第一个稿子是在去年十一二月间写的。第二次稿是西湖的两个月，那是宪法起草小组搞的。第三次稿是在北京，就是中共中央提出的宪法草案初稿，到现在又修改了许多。每一次稿本身都有许多修改，在西湖那一次稿，就有七八次稿子。前后总算起来，恐怕有一二十个稿子了。大家尽了很多力量，全国有八千多人讨论，今天还要依靠在座的各位讨论修改，总之是，反复研究，不厌其详。这个草案大体上是适合我们国家的情况的。"在这次会上，毛泽东还就宪法的指导思想和主要原则、全国人民代表大会同国家主席与总理的关系、全国人民代表大会与地方人民代表大会的关系、中央与地方的关系、国家主席的职权、民族区域自治、宪法结构等问题，谈了自己的看法。

1954 年 6 月 14 日，中央人民政府委员会召开第三十次会议，一致通过《中华人民共和国宪法草案》，并决定向全国公布，交付全国人民讨论。会上，毛泽东作了重要讲话。他说："这个宪法草案所以得到大家拥护，大家所以说它好，就是因为有这两条：一条是正确地恰当地总结了经验，一条是正确地恰当地结合了原则性和灵活性。"毛泽东强调指出："一个团体要有一个章程，一个国家也要有一个章程，宪法就是一个总章程，是根本大法。用宪法这样一个根本大法的形式，把人民民主和社会主义原则固定下来，使全国人民有一条清楚的轨道，使全国人民感到有一条清楚的明确的和正确的道路可走，就可以提高全国人民的积极性。"[1]9 月 14 日，在全国人大会议上，一些代表对宪法草案又提出了两处修改意见。毛泽东主持召开了一次中央人民政府委员会临时会议，决定采纳这两处修改意见。毛泽东在会上谈到宪法起草时说："这是一个比较完整的宪法了。最先是中共中央起草，然后是北京 500 多高级干部讨论，全国 8000 多人讨论，然后是 3 个月的全国人民讨论，这一次全国人民代表大会代表 1000 多人又讨论。宪法的起草算是慎重的，每一条、每一字都是认真搞了的，但也不必讲是毫无缺点，天衣无缝。这个宪法是适合我们目前的实际情况的。它坚持了原则性，但是又有灵活性。""宪法不是天衣无缝，总是会有缺点的。'天衣无缝'，书上这样说过，但天衣我没有看见过，也没有从天上取下来看过。我看到的衣服都是有缝的，比如我穿的这件衣服就是有缝的。宪法，以及别的法律，都是会有缺点的，什么时候发现就及时

---

〔1〕 毛泽东：《关于中华人民共和国宪法草案》（1954 年 6 月 14 日），载《毛泽东选集》第 5 卷，人民出版社 1977 年版，第 129 页。

修改。反正全国人民代表大会会议一年一次，随时可以修改。"〔1〕1954 年宪法进一步肯定了人民代表大会制度，并对人民代表大会制度作出了比较完备的规定，人大工作也由此开启。

1954 年宪法是中国宪法史上第一部社会主义类型的宪法，也是新中国法制建设早期最为重要的成果。它描绘了中国社会主义革命和建设的方向与道路，规定了中华人民共和国的基本原则和政治制度。对于巩固人民民主专政政权，促进社会主义经济发展，团结全国各族人民进行社会主义革命和建设，发挥了积极的推动和保障作用。特别是在制宪过程中形成的一些好的经验和做法，对我国的法制建设产生了深远的积极的影响。

从新中国成立后到 1957 年上半年，在毛泽东领导下，我国的立法工作迎来了第一个高潮。在 1954 年 9 月全国人民代表大会会议召开以前，经政协会议和中央人民政府委员会制定或者批准的法律、法令共有 50 件。从全国人民代表大会会议召开后到 1957 年上半年之前，全国人大及其常委会制定和批准的法律、法令约 40 多件，并且刑法、民法的起草工作也开始进行，刑法草案已起草了 22 稿，民法草案的大部分初稿也已拟出。

客观地说，由于当时我国的立法工作尚处在起步阶段，所以从新中国成立后到 1957 年上半年制定的法律、法令的数量并不多，许多重要的法律、法令未能出台，一些法律、法令的内容还显得比较简单，但是从整体上看，这个时期的立法工作在新中国法制史上仍然占有十分重要的历史地位。它打下了新中国社会主义法制基础，初步向世人展示了以毛泽东为代表的中国共产党人尊崇法治、决心建立社会主义法律制度和建设社会主义法治国家的初衷、形象和姿态。这一时期所制定的宪法、法律和法令，在创建和巩固新生的共和国政权，确立人民当家作主的地位，维护社会安定，促进经济发展，推动社会进步等多个方面，也发挥了历史性的重大作用。

2. 在法律原则和法治思想上的贡献

在领导中国革命和建设的伟大实践中，特别是在领导新中国法治建设中，毛泽东提出了一系列重要的法律原则和法治思想，对我国社会主义民主法制建设起到了积极的推动作用。这些重要的法律原则和法治思想概括起来，主

---

〔1〕 参见毛泽东在中央人民政府委员会临时会议上的讲话记录（1954 年 9 月 14 日）。

要有以下七个方面的内容：

（1）确立"实事求是"的立法原则和司法原则。毛泽东思想的精髓是实事求是。无论在新民主主义革命时期的根据地的法制建设上，或是在新中国成立后的社会主义法制建设中，毛泽东一贯坚持"实事求是"的立法原则，强调立法要从革命和建设的实际需要和现实可能出发，在根本上是要维护广大人民的利益。1954年，在制定我国第一部宪法时，毛泽东指出："现在能实行的我们就写，不能实行的就不写。"这是他为起草宪法确定的基本指导方针。毛泽东对我国的刑事司法工作提出了"重证据、重调查研究、严禁刑讯逼供"等司法原则。他强调："对任何人，应坚决废除肉刑，重证据不轻信口供。"毛泽东要求司法机关要坚持"有错必纠"的原则，他说，"发现了错误，一定要改正。无论公安部门、检察部门、司法部门、监狱、劳动改造的管理机关，都应该采取这个态度。"[1]

（2）提出"立法的民主原则和科学原则"。毛泽东提出"民主立法和科学立法"的原则，是其所倡导的群众路线在立法中的具体体现。在制定1954年宪法时，毛泽东指出，制定宪法的原则基本上是两个：民主原则和社会主义原则。在他的亲自主持下，宪法草案经过了三次大规模的群众性讨论。第一次是在北京和全国各大城市组织各民主党派、各人民团体和社会各方面的代表人物共计千余人进行讨论；第二次讨论全国约有1.5亿余人参加，提出了1 180 420条修改、补充意见和建议，可谓是一场真正的人民立宪运动；第三次是全国人民代表大会代表对宪法草案最后修改稿进行了讨论。毛泽东说，"这个宪法草案之所以得人心，是什么理由呢？我看理由之一，就是起草宪法采取了领导机关的意见和广大群众的意见相结合的方法。过去我们用了这个方法，今后也要如此。一切重要的立法都要采用这个方法。"[2]在强调民主立法的同时，毛泽东特别注重科学立法。他说："科学没有什么谦虚不谦虚的问题。搞宪法是搞科学。我们除了科学以外，什么都不要相信，就是说，不要迷信。"在制定1954年宪法时，他亲自参加草案的起草工作。每一章、每一节、每一条他都参与讨论，有时甚至是逐字逐句的推敲修改。宪法草案初稿

---

〔1〕《毛泽东文集》第7卷，人民出版社1999年版，第219页。

〔2〕《毛泽东选集》第5卷，人民出版社1977年版，第126页。

完成后，宪法起草小组又对根据来自各个方面的意见，对宪法草案进行修改，拿出了"二续稿""三续稿"，随后又聘请了法律顾问、语文顾问对"三续稿"进行了认真仔细的研究和修改，进而通过了"四续稿"。毛泽东强调，"这个初稿可以小修改，可以大修改，也可以推翻另拟初稿"。由此可见毛泽东对科学制定宪法的严谨态度和要求坚持"民主立法和科学立法"原则的决心。

（3）提出"原则性和灵活性相结合"的立法原则。毛泽东在领导新中国社会主义法制建设时，从国情出发，创造性地提出了"原则性和灵活性相结合"的立法原则。他在 1953 年指出："原则性要灵活执行。应当是那样，实际是这样，中间有个距离。有些法律条文要真正实行，也还得几年。比如婚姻法的许多条文，是带着纲领性的，要彻底实行至少要三个五年计划。"[1]毛泽东在 1954 年的多次讲话中阐述，我们的宪法草案，结合了原则性和灵活性。1954 年 6 月 14 日，毛泽东在中央人民政府委员会第三十次会议上，以《关于中华人民共和国宪法草案》为题发表重要讲话，指出："宪法中规定，一定要完成社会主义改造，实现国家的社会主义工业化。这是原则性。要实行社会主义原则，是不是在全国范围内一天早晨一切都实行社会主义呢？这样形式上很革命，但是缺乏灵活性，就行不通，就会遭到反对，就会失败。"

（4）提出"古为今用"和"洋为中用"的立法原则。毛泽东领导新中国法治建设，把"古为今用"与"洋为中用"结合起来，不仅注重我国的传统法律文化和历史上的立法经验，同时也主张借鉴世界上其他国家的立法经验。对于 1954 年宪法，毛泽东指出："它总结了无产阶级领导的反对帝国主义、反对封建主义、反对官僚资本主义的人民革命的经验，总结了最近几年来社会改革、经济建设、文化建设和政府工作的经验。这个宪法草案也总结了从清朝末年以来关于宪法问题的经验，从清末的'十九信条'起到民国元年的《中华民国临时约法》，到北洋军阀政府的几个宪法和宪法草案，到蒋介石反动政府的《中华民国训政时期约法》，一直到蒋介石的伪宪法，这里面有积极的，也有消极的。"对于 1954 年宪法起草的借鉴问题，毛泽东说："我们是以

---

〔1〕　毛泽东：《青年团的工作要照顾青年的特点》（1953 年 6 月 30 日），载《毛泽东选集》第 5 卷，人民出版社 1977 年版，第 83~87 页。

自己的经验为主，也参考了苏联和各人民民主国家宪法中好的东西。讲到宪法，资产阶级是先行的。英国也好，法国也好，美国也好，资产阶级都有过革命时期，宪法就是他们在那个时候开始搞起的。我们对资产阶级民主不能一笔抹杀，说他们的宪法在历史上没有地位。"〔1〕

（5）提出"认真守法、严格执法"的思想。毛泽东在重视立法工作的同时，特别强调要认真守法、严格执法。他说："一定要守法，不要破坏革命的法制。法律是上层建筑。我们的法律，是劳动人民自己制定的。它是维护革命秩序，保护劳动人民利益，保护社会主义经济基础，保护生产力的。我们要求所有的人都遵守革命法制。"〔2〕他还要求每个人都要遵守宪法，强调："这个宪法草案是完全可以实行的，是必须实行的……通过以后，全国人民每一个人都要实行，特别是国家机关工作人员要带头实行，首先在座的各位要实行。不实行就是违反宪法。"〔3〕在谈到肃反工作时，他指出："肃反要坚持，有反必肃。法制要遵守。按照法律办事，不等于束手束脚，有反不肃，束手束脚，是不对的。要按照法律放手放脚。"〔4〕

（6）提出"法律面前人人平等"的原则。毛泽东主张，在人民内部、干群之间、官兵之间、人与人之间应该建立起平等的、互助的、同志式的关系。除被依照法律剥夺政治权利的人以外，公民在法律面前人人平等，不允许任何人成为凌驾于法律之上的特殊公民。从毛泽东参与制定的《中华苏维埃共和国宪法大纲》到他领导制定的《中国人民政治协商会议共同纲领》，再到他主持领导制定的第一部《中华人民共和国宪法》，都贯穿了这一法制原则。1949 年 10 月新中国建立前夕，毛泽东指出，对于某些犯有重大错误的干部和党员，"群众不但有权对他们放手批评，而且有权在必要时将他们撤职，或建议撤职，或建议开除党籍，直至将其中最坏的分子送交人民法庭审处。"〔5〕

---

〔1〕 参见毛泽东 1954 年 6 月 14 日在中央人民政府委员会第三十次会议上，以《关于中华人民共和国宪法草案》为题的重要讲话。

〔2〕 参见毛泽东 1957 年 1 月 27 日在省市自治区党委书记会议上的讲话。

〔3〕 参见毛泽东 1954 年 6 月 14 日在中央人民政府委员会第三十次会议上，以《关于中华人民共和国宪法草案》为题的重要讲话。

〔4〕 《毛泽东文集》第 7 卷，人民出版社 1999 年版，第 198 页。

〔5〕 《毛泽东选集》第 4 卷，人民出版社 1991 年版，第 1272 页。

1957 年 1 月，毛泽东在省市自治区党委书记会议上强调，"我们要求所有的人都遵守革命法制，并不是只要你民主人士守法。"他说："人民犯了法，也要受处罚，也要坐班房，也有死刑。"[1]在实践中，毛泽东对那些虽身居高位，却犯有严重罪行的腐化分子也绝不姑息，坚决主张严格按法律来处理。建国初期，他"挥泪斩马谡"，力主将犯有严重贪污罪的天津地区负责人刘青山、张子善处以极刑。此举不仅成为反腐倡廉的经典案例，同时也对"法律面前人人平等"这一原则作了很好的诠释。

（7）提出对于犯罪分子采取"惩办与宽大相结合、惩罚与改造相结合"的原则。"惩办与宽大相结合"是新中国成立以后长期实行的一项基本的刑事政策，这一政策的形成与发展，是与毛泽东提出和倡导分不开的。1950 年 6 月 6 日，毛泽东在党的七届三中全会上指出："必须坚决地肃清一切危害人民的土匪、特务、恶霸及其他反革命分子。在这个问题上，必须实行镇压与宽大的政策，即首恶者必办，胁从者不问，立功者受奖的政策，不可偏废。"[2]在建国初期颁布的《惩治反革命条例》和《惩治贪污条例》，都贯彻了毛泽东这一涉及政策的思想。1979 年制定的《中华人民共和国刑法》，以及后来的几次刑事补充立法，总结历史经验，结合现实情况，全面集中地体现了"惩办与宽大相结合"的政策。

毛泽东提出的这些法律原则和法治思想，是马克思主义原理同中国革命和法治建设的具体实践相结合的产物，既坚持了马克思主义法学的基本原理，又体现了一定的中国特色；不仅对新中国初期的法制建设产生了重大影响，也对中国未来发展社会主义民主、健全社会主义法制乃至推进依法治国的进程具有重要意义和深远影响。

（二）初步奠定社会主义法治基础

在中国共产党的领导下，中国人民经过革命、建设、改革和发展，逐步走上了建设社会主义法治国家之路。1949 年 10 月中华人民共和国的建立，开启了中国社会主义法治建设的新纪元。新中国建立以后，中共就提出"要有法可依、有法必依，要抓紧立法，为社会主义革命和建设创造良好的法律环

----

〔1〕《毛泽东选集》第 4 卷，人民出版社 1991 年版，第 1476 页。

〔2〕《毛泽东选集》第 5 卷，人民出版社 1977 年版，第 20 页。

境"。从 1949 年到 20 世纪 50 年代中期，是中国社会主义法制的初创时期。这一时期我国制定了具有临时宪法性质和作用的《中国人民政治协商会议共同纲领》和其他一系列法律、法令，对巩固新生的共和国政权，维护社会秩序和恢复国民经济，起到了重要作用。1954 年第一届全国人民代表大会第一次会议制定的《中华人民共和国宪法》，以及随后制定的有关法律，规定了国家的政治制度、经济制度和公民的权利与自由，规范了国家机关的组织和职权，确立了国家法制的基本原则。1956 年，党的八大提出，随着革命暴风雨时期的结束和社会主义建设时期的到来，应着手系统地制定比较完备的法律，健全国家的法制。在那样一个历史时期，中共在废除旧法统的同时，运用新民主主义革命时期根据地法制建设的经验，进行社会主义法治建设，初步奠定了社会主义法治基础，取得了历史性的成就，这些成就主要体现在一系列法治建设的重大事件上。[1]

1. 《中国人民政治协商会议共同纲领》问世

1949 年 9 月 29 日，全国政协第一次会议通过了具有临时宪法性质和作用的《中国人民政治协商会议共同纲领》，为中华人民共和国及其中央人民政府的成立以及组建政务院、最高人民法院、最高人民检察署奠定了宪制基础和法理依据。

2. 《中华人民共和国宪法》制定

1954 年 9 月 20 日，第一届全国人民代表大会第一次会议通过了《中华人民共和国宪法》。这部宪法以国家根本大法的形式，确认了近代一百多年来中国人民为反对国内外敌人、争取民族独立和人民自由幸福进行的英勇斗争成果，确认了中国共产党领导中国人民夺取新民主主义革命胜利、进行社会主义革命的历史变革。这部宪法以人民民主和社会主义两大原则为统领，规定了我国的国体、政体、国家机构、公民基本权利和义务等，实现了人民民主和社会主义民主法律化、制度化。

3. 出台一大批基本法律和法规

根据宪法，新中国的立法机关制定了《中华人民共和国全国人民代表大

---

〔1〕 张文显：《70 载法治建设铺就法治强国路》，载《法制日报》2019 年 10 月 1 日，庆祝新中国成立 70 周年特刊。

会组织法》《中华人民共和国国务院组织法》《中华人民共和国人民法院组织法》《中华人民共和国人民检察院组织法》《中华人民共和国地方各级人民代表大会和地方各级人民委员会组织法》等一批基本法律。我国宪法和这些基本法律确立了新中国的基本政治制度、法律制度、立法体制、司法体制和法制原则。据统计，从 1950 年新中国第一部法律《中华人民共和国婚姻法》颁布到 1957 年，全国人大及其常委会制定的法律、法令、国务院制定的行政法规、国务院各部委制定的较重要的法规性文件共 730 多件。

4. 起草民法、刑法、刑事诉讼法

在法律体系当中，宪法是核心，民法、刑法和诉讼法是其三大支点。1954 年至 1957 年、1962 年至 1964 年，我国曾先后两次起草民法典，形成"中华人民共和国民法草案（试拟稿）"。1963 年，"中华人民共和国刑法草案"（第三十三稿）形成，同年还形成了"中华人民共和国刑事诉讼法草案"（初稿）。这些重要法律草案虽然没有经过法定程序成为法律，但它们所拟定的法律原则和规则，却以党的政策或司法政策指引人民司法工作，并为其后起草相应的法律积累了经验和技术。

20 世纪 50 年代后期以后，由于国内外各种原因所致，新中国成立后开局良好的法制建设陷入停滞甚至倒退的状态，特别是"文化大革命"十年动乱，使我国社会主义法制遭到严重破坏，法制几乎荡然无存。以邓小平为代表的中国共产党人痛定思痛，深刻总结中国在法治建设上正反两个方面的历史经验和教训，充分地认识到法治兴则国家兴，法治衰则国家乱，从而以党的十一届三中全会为起点，坚决地树立起厉行法治、依法治国、建设法治国家的坚定信念，开创了依法治国的新时期。

二、开创依法治国的新时期（1978—2012）

1978 年 12 月召开的党的十一届三中全会，作出了"健全社会主义法制"的决定，并提出了"有法可依、有法必依、执法必严、违法必究"的法制工作方针，开创了改革开放和社会主义法治建设新时期。《决定》指出："长期以来，特别是党的十一届三中全会以来，我们党深刻总结我国社会主义法治建设的成功经验和深刻教训，提出为了保障人民民主，必须加强法治，必须使民主制度化、法律化，把依法治国确定为党领导人民治理国家的基本方略，把依法执政确定为党治国理政的基本方式，积极建设社会主义法治，取得历史性成就。目前，中国特色社会主义法律体系已经形成，法治政府建设稳步推进，司法体制不断完善，全社会法治观念明显增强。"1978年12月党的十一届三中全会召开至2012年11月党的十八大召开，我国在依法治国方面取得了诸多历史性的伟大成就，这些成就主要体现在一系列法治建设的重大事件上。[1]

（一）"一日七法"[2]

党的十一届三中全会召开时，虽然"文化大革命"从形式上已经结束，但中国仍处于"无法可依"的状态，国家法律几乎是空白。因此，当务之急是制定一批法律，迅速恢复法律秩序和以法律秩序为支撑的社会秩序。1978年12月13日，邓小平在中央工作会议闭幕会上的讲话中指出："现在的问题是法律很不完备，很多法律还没有制定出来。往往把领导人说的话当做'法'，不赞成领导人说的话就叫做'违法'，领导人的话改变了，'法'也就跟着改变。所以，应该集中力量制定刑法、民法、诉讼法和其他各种必要的法律，例如工厂法、人民公社法、森林法、草原法、环境保护法、劳动法、外国人投资法等等，经过一定的民主程序讨论通过，并且加强检察机关和司法机关，做到有法可依，有法必依，执法必严，违法必究。"

1979年7月1日，第五届全国人大第二次会议一天之内就通过了七部法律，即《刑法》《刑事诉讼法》《地方各级人民代表大会和地方各级人民政府组织法》《全国人民代表大会和地方各级人民代表大会选举法》《人民法院组织法》《人民检察院组织法》《中外合资经营企业法》。这七部法律在同一天出台，被法学界称为新中国法治史上著名的"一日七法"。以"一日七法"为先导，我国陆续制定了《民法通则》《行政诉讼法》等一大批重要法律，逐步形成了中国特色社会主义法律体系的基本框架。

---

〔1〕 张文显：《70载法治建设铺就法治强国路》，载《法制日报》2019年10月1日，庆祝新中国成立70周年特刊。

〔2〕 张文显：《中国法治40年：历程、轨迹和经验》，载《吉林大学社会科学学报》2018年第5期。

（二）"九·九指示"〔1〕

刑法、刑事诉讼法等法律颁布后，为了确保这些法律的实施，发挥它们在恢复和重建法律秩序和社会秩序中应有的作用，中共中央于 1979 年 9 月 9 日发出了《关于坚决保证刑法、刑事诉讼法切实实施的指示》（中发〔1979〕64 号，下称《指示》）。该《指示》指出：刑法和刑事诉讼法的颁布，对加强社会主义法制具有特别重要的意义。它们能否严格执行，是衡量中国是否实行社会主义法治的重要标志。《指示》严肃地分析和批评了党内严重存在的忽视社会主义法制的错误倾向，指出："在我们党内，由于建国以来对建立和健全社会主义法制长期没有重视，否定法律、轻视法律；以党代政、以言代法、有法不依，在很多同志身上已经成为习惯；认为法律可有可无，法律束手束脚，政策就是法律，有了政策可以不要法律等思想，在党员干部中相当流行。""各级党委要坚决改变过去那种以党代政、以言代法、不按法律规定办事，包揽司法行政事务的习惯和作法。"

《指示》要求各级党委要保证法律的切实实施，充分发挥司法机关的作用，切实保证人民检察院独立行使检察权，人民法院独立行使审判权，使之不受其他行政机关、团体和个人的干涉。这是改革开放初期中共着手清除法律虚无主义，纠正以党代政、以言代法、有法不依等错误的历史惯性的重要文献。这份历史文献思想坚定、观点鲜明、意义重大，堪称前所未有，不可多得，其观点和语义即使在今天看来，也仍然是纠正错误的态度十分鲜明，解决问题的针对性很强。

（三）世纪审判〔2〕

在社会主义法制恢复重建初期，1980 年 11 月，发生了中国现代历史上最重大的法律事件，即对林彪、江青反革命集团的大审判。这次审判历时近 4 个月，对林彪、江青反革命集团制造国家和社会动乱的严重罪行进行了彻底清算。对林彪、江青反革命集团的审判，充分体现了依法治国的精神，坚决维护了法律的权威，认真贯彻了社会主义民主和法制的多项原则。

〔1〕 张文显：《中国法治 40 年：历程、轨迹和经验》，载《吉林大学社会科学学报》2018 年第 5 期。

〔2〕 张文显：《中国法治 40 年：历程、轨迹和经验》，载《吉林大学社会科学学报》2018 年第 5 期。

1980 年 11 月 22 日，《人民日报》发表题为《社会主义民主和法制的里程碑》的特约评论员文章。文章指出："对林彪、江青反革命集团的审判，是我国民主和法制发展道路上的一个引人注目的里程碑，它充分体现了以法治国的精神，坚决维护了法律的权威，认真贯彻了社会主义民主和法制的各项原则。"这篇文章明确指出了对林彪、江青反革命集团这一历史性审判中蕴含的现代法律原则：司法独立、司法民主、实事求是、人道主义和法律平等。这是"文化大革命"结束之后，党中央机关报对现代法律原则的第一次重要概括，在一定程度上体现了现代法治精神。

（四）全面修宪[1]

1954 年 9 月 20 日，第一届全国人民代表大会通过《中华人民共和国宪法》。这部《宪法》以"根本法""总章程"的定位，以人民民主原则和社会主义原则为支点，构建了中国历史新纪元的宪法框架，构筑了中国社会主义制度的"四梁八柱"。但是，由于种种历史原因，从 50 年代后期开始，这部宪法的作用逐渐削弱，以致在"文化大革命"中被束之高阁、弃之不用。宪法权威的丧失导致了民主与法制的衰败。在"文化大革命"中制定的 1975 年宪法是在国家处于非常状态下制定的，是一部存在严重错误和缺点的宪法。1978 年宪法虽然恢复和坚持了"五四宪法"的一些好的规定，删除了"七五宪法"中一些错误的规定，但由于政治上、理论上很多是非问题尚未澄清，致使其保留了"七五宪法"的一些错误提法和规定。虽然 1979 年和 1980 年全国人大两次修改宪法，但是修修补补未能从根本上解决"七八宪法"的问题、缺点和错误。1980 年，中共中央决定全面修改"七八宪法"。经过 29 个月的艰苦努力，1982 年 12 月 4 日，第五届全国人大五次会议通过了全面修订后的《中华人民共和国宪法》。

三十多年来的发展历程充分证明，现行宪法及其修正案有力地坚持了中国共产党领导，有力地保障了人民当家作主，有力地促进了改革开放和社会主义现代化建设，有力地推动了社会主义法治国家建设进程，有力地维护了国家统一、民族团结、社会稳定。我国现行宪法确立的一系列制度、原则和

---

［1］ 张文显：《中国法治 40 年：历程、轨迹和经验》，载《吉林大学社会科学学报》2018 年第 5 期。

规则，确定的一系列大政方针，具有显著优势、坚实基础和强大生命力。

（五）全民普法[1]

由于旧社会缺乏法治传统，加上50年代后期法律虚无主义盛行，我国民众比较缺乏法律常识和法治观念，所以在法制恢复重建之初，党和政府就启动了全民法制宣传教育活动。1985年11月22日，第六届全国人大常委会第四次会议通过《全国人民代表大会常务委员会关于在公民中基本普及法律常识的决议》。时至今日，我国已经先后制定了七个"五年普法规划"。

我国的法制宣传教育既注重普及法律常识、掌握法律知识、树立法律意识，又强调增强法治观念、树立法治理念、弘扬法治精神；既要求公民学法尊法守法用法，又要求国家公职人员特别是各级领导干部牢固树立法治观念，自觉依法办事，依照法定职权和法定程序行使国家权力，并自觉接受党的监督、法律监督、舆论监督和人民群众的直接监督，逐步学会运用法治思维和法治方式处理改革、发展、稳定的问题，提高依法执政的能力和水平。中国的全民普法运动既是中国历史上、也是人类历史上规模空前和影响深远的法治启蒙运动，是一场法治思想观念和文明的生活方式的宣传教育运动。在法律宣传教育过程中，法律所包含的权利义务观念、自由平等观念、民主法治观念、公平正义观念、诚实信用观念等先进的思想和观念逐渐深入人心，法律所追求的那种理性地行使权利、履行义务、平等协商谈判、和平理性解决矛盾纠纷等文明的生活方式正在逐渐形成。

（六）确立依法治国基本方略[2]

1997年9月召开的党的十五大明确提出，要"进一步扩大社会主义民主，健全社会主义法制，依法治国，建设社会主义法治国家"，同时特别强调："依法治国，是党领导人民治理国家的基本方略，是发展社会主义市场经济的客观要求，是社会文明进步的重要标志，是国家长治久安的重要保证。"这是中共首次将"依法治国"作为治国理政的基本方略，首次深刻阐述依法治国的本质特征和重大意义。1999年3月15日，第九届全国人大二次会议通过

---

〔1〕 张文显：《中国法治40年：历程、轨迹和经验》，载《吉林大学社会科学学报》2018年第5期。

〔2〕 张文显：《中国法治40年：历程、轨迹和经验》，载《吉林大学社会科学学报》2018年第5期。

《中华人民共和国宪法修正案》（第 12~17 条），在根本大法的层面上，将"依法治国，建设社会主义法治国家"纳入宪法，使依法治国成为党领导人民治理国家的基本方略，建设社会主义法治国家成为国家建设和发展的重要目标之一。依法治国入宪，标志着我国迈向了社会主义法治建设新阶段。此后，2002 年，党的十六大进一步把"依法治国，建设社会主义法治国家"上升到政治文明的范畴。2007 年，党的十七大号召"全面落实依法治国基本方略，加快建设社会主义法治国家"。2012 年，党的十八大强调"全面推进依法治国"。

依法治国的本质是人民在党的领导下，依照宪法法律管理国家事务和公共事务，依法治权。依法治国的重心是依法行政，建设法治政府。根据党的十五大的决策部署，1999 年，国务院颁布了《关于全面推进依法行政的决定》；2004 年，又发布了《全面推进依法行政实施纲要》，明确提出了此后 10 年全面推进依法行政的指导思想和具体目标、基本原则和要求、主要任务和措施，提出了建设法治政府的路线图和时间表。

实行依法治国，必然要推进司法改革。党的十五大首次提出"推进司法改革，从制度上保证司法机关独立公正地行使审判权和检察权"。根据党的十五大的决策部署，在党中央领导下，最高人民法院、最高人民检察院以维护司法公正、提高司法效率为目标，从人民最不满意的突出问题和关键环节入手，以加强权力制约和监督为重点，积极稳妥地进行了司法改革。2002 年，党的十六大进一步提出"司法体制改革"的命题，要求"推进司法体制改革，按照公正司法和严格执法的要求，完善司法机关的机构设置、职权划分和管理制度"。2007 年，党的十七大进一步强调要"深化司法体制改革"。

（七）确立依法执政基本方式[1]

2002 年 10 月，党的十六大报告提出"依法执政"的概念。2004 年 9 月 19 日，党的十六届四中全会通过了《中共中央关于加强党的执政能力建设的决定》，把加强依法执政的能力作为加强党的执政能力建设的总体目标之一，并就依法执政的内涵作出了科学规定。

---

［1］ 张文显：《中国法治 40 年：历程、轨迹和经验》，载《吉林大学社会科学学报》2018 年第 5 期。

　　如同出台依法治国基本方略一样，中共提出依法执政基本方式也是法治中国建设的一个标志性事件。形成"依法执政"的理念，确立依法执政的基本方式，是党的思想理论和执政理念的一次重大飞跃。它反映了党对国家和政权运行规律的深刻认识，对从专制到民主、从人治到法治之发展规律的深刻认识；反映了党对现代政党制度、政党政治和执政党执政规律的深刻认识；反映了党对自己从领导人民为夺取国家政权而奋斗的党到成为领导人民掌握全国政权并长期执政的党这一历史地位的根本性转变的深刻认识，是中国共产党执政意识的强化；反映了党对自己半个多世纪执政经验和教训的科学总结，对苏联、东欧社会主义国家共产党执政教训的科学分析和全面反思；反映了党对自己如何担当起执政党的使命、如何巩固党的执政地位、如何提高党的执政能力、如何执政兴国等根本性问题的深刻认识和理性自觉；反映了党对立党为公、执政为民根本宗旨与实现这一根本宗旨的方式和途径的深刻认识；反映了党对依法执政与依法治国关系的深刻认识，即依法执政是依法治国的必然要求，依法执政是依法治国的前提和关键；反映了党对依法执政是严格执法和公正司法的政治基础和根本保证的深刻认识。

　　在正式提出依法执政基本方式之前，中共已经采取一系列举措来践行依法执政的理念。1982 年 9 月，党的十二大通过的《中国共产党党章》规定："党必须在宪法和法律的范围内活动。" 1986 年 7 月 10 日，中共中央发布《关于全党必须坚决维护社会主义法制的通知》（以下简称《通知》）。《通知》要求各级党委正确认识和处理与国家权力机关、行政机关、司法机关的关系，支持国家机关依法行使职权；从中央到基层，所有党组织和党员的活动都不能同国家的宪法、法律相抵触，都只有模范地遵守宪法和法律的义务，而没有任何超越宪法和法律的特权。《通知》对于提高各级党委和全体党员的法治观念、依法规范领导机关和领导干部的行为、推进社会主义法制建设发挥了极其重要的作用，为形成依法治国基本方略和依法执政基本方式奠定了良好的理论基础、政治基础和工作基础。

　　进入 21 世纪之后，党的十六大报告首次正式提出"依法执政"的理念。2004 年 9 月 19 日，党的十六届四中全会通过了《中共中央关于加强党的执政能力建设的决定》，把加强依法执政的能力作为加强党的执政能力建设的总体目标之一，并就依法执政的内涵作出了科学规定。2006 年 6 月 29 日，中共中央政治局举行了以科学执政、民主执政、依法执政为内容的集体学习会。在会上，胡锦涛强调："依法执政是新的历史条件下马克思主义政党执政的基本方式。依法执政，就是坚持依法治国、建设社会主义法治国家，领导立法，带头守法，保证执法，不断推进国家经济、政治、文化、社会生活的法制化、规范化，以法治的理念、法治的体制、法治的程序保证党领导人民有效治理国家。要加强党对立法工作的领导，推进科学立法、民主立法，善于使党的主张通过法定程序成为国家意志，从制度上法律上保证党的路线方针政策贯彻实施，使这种制度和法律不因领导人的改变而改变，不因领导人看法和注意力的改变而改变。依法执政最根本的是依宪执政。要牢固树立法制的观念，各级党组织都要在宪法法律范围内活动，全体党员都要模范遵守宪法法律，带头维护宪法法律权威。要督促和支持国家机关依法行使职权，做到依法行政，依法推动各项工作的开展，切实维护公民的合法权益。"至此，依法执政的科学内涵和基本要求非常清晰地展现出来，标志着依法执政基本方式的确立，意味着中共已达到依法治国基本方略与依法执政基本方式有机结合的治国理政的新境界。

（八）形成中国特色社会主义法律体系[1]

1997年，党的十五大提出到2010年形成中国特色社会主义法律体系。2011年3月10日，在十一届全国人大四次会议上，时任全国人大常委会委员长吴邦国在作全国人大常委会工作报告时庄严宣布：一个立足中国国情和实际、适应改革开放和社会主义现代化建设需要、集中体现党和人民意志的，以宪法为统帅，以宪法相关法、民商法等多个法律部门的法律为主干，由法律、行政法规、地方性法规等多个层次的法律规范构成的中国特色社会主义法律体系已经形成，包括1部宪法、236部法律、690多件行政法规、8500多件地方性法规，国家经济建设、政治建设、文化建设、社会建设以及生态文明建设的各个方面均实现有法可依。我国用30多年的时间，走完了西方发达国家300多年的立法进程，堪称人类法治文明建设的奇迹。中国特色社会主义法律体系的形成，是我国依法治国、建设社会主义法治国家历史进程的重要里程碑，也

---

〔1〕 张文显：《中国法治40年：历程、轨迹和经验》，载《吉林大学社会科学学报》2018年第5期。

是世界现代法制史上最具标志性事件，其意义重大而深远，其影响广泛而深刻。

（九）从"人治"到"法治"的变化

"法治"与"人治"是两种互相对立的治国方略。这种对立在古代和近代，其内容和表现形式不尽相同。在古代中国，法制论强调把社会关系纳入法律的轨道，用带有权威性、强制性的法律规范或严刑峻法治理社会；而人治论则强调"为政在人"（《论语·为政》），"法者，治之端也；君子者，法之原也"（《荀子·君道》）。在古希腊，法治论强调法律的理性及其一般指引作用，人治论则强调圣贤的智慧及其对解决具体问题的个别指引作用。在现代社会，法治与人治的对立主要表现为民主与专制、主权在民与主权在君、法律与当权者个人独断意志的对立。20世纪中国各界关于法治与人治的历次讨论，已在理论上明确了法治与人治这两种治国方略的界限不在于是否承认法律运行中人的因素，而在于从主体上，法治是众人之治（民主政治），人治是一人（或几人）之治（君主专制或贵族政治）；法治依据的是反映人民大众意志的法律，人治则依据的是统治者个人或少数人的意志。法治与人治的分界线是：当法律与当权者的个人意志发生冲突时，是法律高于个人意志，还是个人意志凌驾于法律之上？是"人依法"，还是"法依人"？

在"是要人治还是法治"这个问题上，我国曾有过极其惨痛的教训，在"左"的思想的指导和影响下，社会主义法治建设遭到严重挫折，宪法和法律几乎成了一纸空文，最终导致十年"文化大革命"的严重内乱。

为了避免"文化大革命"悲剧重演，保持党和国家长治久安，早在改革开放初期，邓小平就指出："要通过改革，处理好法治和人治的关系"[1]。他强调："还是要靠法制，搞法制靠得住些"[2]。习近平指出："历史是最好的老师。经验和教训使我们党深刻认识到，法治是治国理政不可或缺的重要手段。法治兴则国家兴，法治衰则国家乱。什么时候重视法治、法治昌明，什么时候就国泰民安；什么时候忽视法治、法治松弛，什么时候就国乱民怨。"[3]"法治和人治问题是人类政治文明史上的一个基本问题，也是各国在

---

〔1〕《邓小平文选》第3卷，人民出版社1993年版，第177~179页。

〔2〕《邓小平文选》第3卷，人民出版社1993年版，第379页。

〔3〕习近平：《加强党对全面依法治国的领导》（2019年2月16日），载《求是》2019年第4期。

实现现代化过程中必须面对和解决的一个重大问题。纵观世界近现代史，凡是顺利实现现代化的国家，没有一个不是较好解决了法治和人治问题的。相反，一些国家虽然也一度实现快速发展，但并没有顺利迈进现代化的门槛，而是陷入这样或那样的'陷阱'，出现经济社会发展停滞甚至倒退的局面。后一种情况很大程度上与法治不彰有关。"〔1〕正是基于对人治教训的深刻分析和对治国理政规律的深刻把握，以习近平同志为核心的党中央采取了一系列重大举措，力图领导党和人民坚决走向法治。

（十）从"法制"到"法治"的发展

"法制"在通常的意义上，就是一个国家的法律和制度的统称或简称。在许多情况下，人们对于"法制"的理解和运用大都是在"法律制度""法律和制度"的意义上进行的。"法治"与"法制"虽一字之差，其内涵和意义却大不相同。第一，"法治"突出了实行法治、摒弃人治的坚强意志和决心，其针对性、目标性比"法制"强得多。第二，"法治"的核心内涵是法律至上，依法而治、依法治权，意味着在法律面前人人平等，从国家领导人到平民百姓，任何人都没有凌驾于宪法和法律之上的任何特权。第三，与"法制"比较，"法治"不仅意味着一个国家要有完备的法律体系和制度，而且特别强调：必须坚决树立宪法和法律的权威，切实保证宪法和法律的实施，严格依照宪法和法律治理国家和管理社会。第四，"法制"是静态的，"法治"则是动态的，"法治"包容"法制"，"法治"的内涵要比"法制"的内涵丰富得多，"法治"的涵盖面要比"法制"的涵盖面广泛得多。

改革开放初期，法制建设的重心是加快立法，做到有法可依。党的十一届三中全会强调指出："为了保障人民民主，必须加强社会主义法制，使民主制度化、法律化，使这种制度和法律具有稳定性、连续性和极大的权威"。之后，在法律体系基本形成的情况下，我国的法治建设历经从"法制"到"法治"的发展。这种发展首先体现在从"法制"概念到"法治"概念的重大进步和升华上。20世纪70年代末，党的十一届三中全会之后，在法制领域和法学体系中，最流行的主导性的概念就是"法制""法制建设"。党的十五大之后，在法制领域和法学体系中，最流行的主导性的概念就逐步发展成为"法

〔1〕 习近平：《在中共十八届四中全会第二次全体会议上的讲话》（2014年10月23日）。

治""依法治国""全面依法治国"。

20 世纪 70 年代末，中共中央作出了"健全社会主义法制"的决策。1982 年我国修宪时，则沿用了"健全社会主义法制"的提法。2018 年 2 月，现行宪法进行了第五次修改，将原序言中的"发扬社会主义民主，健全社会主义法制"，修改为"发扬社会主义民主，健全社会主义法治"。这一修改，从宪法上完成了从"法制"到"法治"的根本转型，反映出我国社会主义法治建设历史性的跨越和进步，有利于推进全面依法治国，建设中国特色社会主义法治体系，加快实现国家治理体系和治理能力现代化，为党和国家各项事业的发展提供了根本性、全局性、稳定性、长期性的法治保障。

（十一）从"法制国家"到"法治国家"的升华

1996 年 2 月 8 日，在中共中央第三次法制讲座上，在听取专家关于"依法治国，建设社会主义法制国家的理论与实践"的讲解之后，江泽民总书记在总结讲话中明确提出，要依法治国，建设社会主义"法制国家"，并对依法治国和建设法制国家的重大意义进行了阐述。一个月后，八届全国人大四次会议把"依法治国，建设社会主义法制国家"作为奋斗目标写入《国民经济和社会发展"九五"计划和 2010 年远景目标纲要》。此次会议的其他文件，例如政府工作报告、全国人大常委会工作报告等也都将"建设社会主义法制国家"作为主要内容。

1997 年 9 月，党的十五大召开。根据法学法律界的建议和依法治国的实践逻辑，党的十五大报告把此前"依法治国，建设社会主义法制国家"的提法修改为"依法治国，建设社会主义法治国家"。"法治国家"代替"法制国家"，从"法制国家"到"法治国家"的升华，从"健全社会主义法制"到"健全社会主义法治"的发展，不仅仅是在法的提法和术语上的变化，而且更重要的是体现了中共在如何治国理政等重大问题上的思想解放和理论升华，标志着党的中央领导集体和全党在社会主义法治建设的认识上有了重大的进步和发展。

（十二）法学教育从"恢复重建"到"繁荣发展"

我国的法学教育 20 世纪 50 年代开始起步，在新中国成立之后，我国的法学教育取得显著进展，法学院系初具规模，法学人才培养为社会主义新中国的建设和发展发挥了积极的作用。但经过"文化大革命"，仅存北京大学法律系和吉林大学法律系等少数院系，年招生规模缩减至百人左右。法学教育是中国特色社会主义法治体系的重要组成部分。改革开放40多年来，伴随着法治的不断进步，我国法学教育经历了一个从"恢复重建"到"繁荣发展"的过程，形成了具有一定规模、结构比较合理、整体质量稳步提高的法学教育体系。截至2017年，我国开设法学本科专业的高校有627所。据2018年3月的数据，全国法学一级学科硕士点195个，23个单位设有27个法学二级学科硕士点，法学硕士单位共计218个；法学一级学科博士点49个，二级学科博士点1个；法律硕士点242个。在校法学本科生31万余人，法学硕士生1万人左右，法律硕士生1万余人，法学博士生约1100人。无论是法学院校的规模，或是法学专业学生人数，均已位居世界首位，形成了以法学本科教育为起点和基础，多元化、多层次研究生培养的高等法学教育体系，实现了普通高校的法学专业教育与专门学校的法律职业教育相衔接，以及统一法律职业资格与法学专业的良性互动。

三、进入全面依法治国的新时代（2012—）

"法治中国"建设是一项具有划时代意义的国家建设和社会建设系统工程。法治中国建设是实现"法治国家"的具体政策目标。1997年9月，党的十五大报告将"依法治国，建设社会主义法治国家"明确写入执政党的工作报告。1999年宪法第三次修改将"依法治国，建设社会主义法治国家"写入宪法，从此，依法治国成为我国的国家建设和社会建设的基本方略。进入21世纪，中国的法治建设继续向前推进。2002年11月召开的中国共产党第十六次全国代表大会，将社会主义民主更加完善，社会主义法制更加完备，依法治国基本方略得到全面落实，作为全面建设小康社会的重要目标。2004年3月，"国家尊重和保障人权"被载入宪法。2007年10月召开的中国共产党第十七次全国代表大会，明确提出全面落实依法治国基本方略，加快建设社会主义法治国家，并对加强社会主义法治建设作出了全面部署。2011年3月10日，在十一届全国人大四次会议上，全国人大常委会在工作报告中宣布中国特色社会主义法律体系已经形成。中国特色社会主义法律体系形成的意义重大而深远。法治兴则国家兴，法治强则国家强。建设法治中国与新时代党的历史使命、国家命运和人民幸福紧密相连。法治中国，既是立足解决我国改革发展稳定中矛盾和问题的现实考量，也是着眼长远的战略谋划；既是全面推进依法治国、建设社会主义法治国家的目标，也是全面建成小康社会、实现中华民族伟大复兴中国梦的重要内涵和法治保障；既是统筹推进"五位一体"总体布局[1]、协调推进"四个全面"战略布局的内在要求，也是维护国家统一与民族团结、维护社会秩序与公平正义、维护人的权利与尊严、巩固党的执政地位与执政基础的法治基础。法治中国建设，要以法治思维、法治方式坚定不移地全面推进依法治国；要通过法定程序使党的主张成为国家意志、上升为国家法律，得到全国各族人民、一切国家机关和武装力量、各民主党派和各社会团体、各企业事业单位的共同遵守和一体遵循，从而为完成新时代党的历史使命、实现"两个一百年"奋斗目标和中华民族伟大复兴的中国梦提供有力的法治保障。

（一）法治建设的重大部署

依法治国是发展社会主义市场经济的客观需要，是国家民主法治进步的重要标志，是建设中国特色社会主义文化的重要条件，是国家长治久安的重要保障。实施依法治国基本方略、建设社会主义法治国家，既是经济发展、社会进步的客观要求，也是巩固党的执政地位、确保国家长治久安的根本保障。法治是人类政治文明的重要成果。在中国这样一个 14 亿人口的大国，要实现政治清明、社会公平、民心稳定、长治久安，最根本的还是要靠法治。党的十八大以来，以习近平同志为核心的党中央从关系党和国家前途命运的战略全局出发，从前所未有的高度谋划法治，以前所未有的广度和深度践行法治，开辟了全面依法治国理论和实践的新境界。

2012 年 11 月，党的十八大明确提出"全面推进依法治国，加快建设社会主义法治国家"，对法治建设作出了重大部署。

2014 年 10 月 20 日至 23 日，党的十八届四中全会在北京举行，这是中共首次以"法治"为主题的中央全会。全会听取和讨论了习近平总书记受中共中央政治局委托作的工作报告，并审议通过了《中共中央关于全面推进依法

---

〔1〕"五位一体"总体布局，是指经济建设、政治建设、文化建设、社会建设和生态文明建设五位一体，全面推进。2017 年 10 月 18 日至 10 月 24 日，党的十九大站在历史和全局的战略高度，对推进新时代"五位一体"总体布局作了全面部署。从经济、政治、文化、社会、生态文明五个方面，制定了新时代统筹推进"五位一体"总体布局的战略目标。

治国若干重大问题的决定》。全会提出："全面推进依法治国，总目标是建设中国特色社会主义法治体系，建设社会主义法治国家。"全会明确了全面推进依法治国的重大任务：完善以宪法为核心的中国特色社会主义法律体系，加强宪法实施；深入推进依法行政，加快建设法治政府；保证公正司法，提高司法公信力；增强全民法治观念，推进法治社会建设；加强法治工作队伍建设；加强和改进党对全面推进依法治国的领导。

2018 年 8 月 24 日，习近平主持召开中央全面依法治国委员会第一次会议并发表重要讲话，对全面依法治国作出新的重大部署。这是一个在我国社会主义法治建设史上具有里程碑意义的时刻。习近平用高度凝练的语言，对全面依法治国，提出了"坚持加强党对依法治国的领导""坚持人民主体地位""坚持中国特色社会主义法治道路""坚持建设中国特色社会主义法治体系""坚持依法治国、依法执政、依法行政共同推进，法治国家、法治政府、法治社会一体建设""坚持依宪治国、依宪执政""坚持全面推进科学立法、严格执法、公正司法、全民守法""坚持处理好全面依法治国的辩证关系""坚持建设德才兼备的高素质法治工作队伍""坚持抓住领导干部这个'关键少数'"等一系列新理念新思想新战略。这标志着中国共产党人对共产党执政规律、社会主义建设规律和人类法治文明发展规律的洞察和把握，达到了崭新的高度。

（二）习近平关于法治中国建设的一系列重要论述

党的十八大以来，习近平代表中国共产党在多次讲话中强调要"全面依法治国"，提出了一系列关于法治中国建设的重要论述。

2012 年 11 月 17 日，十八届中央政治局第一次集体学习时，习近平尖锐地指出："一些国家因长期积累的矛盾导致民怨载道、社会动荡、政权垮台，其中贪污腐败就是一个很重要的原因。大量事实告诉我们，腐败问题越演越烈，最终必然会亡党亡国！我们要警醒啊！"

2012 年 11 月 29 日，新任中共中央总书记的习近平带领新当选的中共中央政治局常委参观中国国家博物馆"复兴之路"的展览。在现场，习近平第一次提出"中国梦"的概念，并将其阐释为"实现伟大复兴就是中华民族近代以来最伟大梦想"。2013 年 6 月 8 日，习近平在美国对美国总统贝拉克·奥巴马表示，中国梦就是国家富强、民族振兴、人民幸福。它也是合作、发展、和平、共赢的梦，中国梦与美国梦和各国人民的美好的梦想是相通。中国梦是习近平总书记代表党中央提出的对"中华民族伟大复兴"的一个构想，是党的十八大以来，中共中央领导集体的执政理念。这个构想和理念概括起来就是具有十二个方面内涵的"社会主义核心价值观"——富强、民主、文明、和谐，自由、平等、公正、法治，爱国、敬业、诚信、友善。显然，法治就在这个"中国梦"之中。从这个意义上说，中国梦就是法治梦；实现中国梦的过程，也就是法治中国建设的过程；没有法治的中国梦，没有法治的中国特色社会主义建设是不可想象的。

2012 年 12 月 4 日，在首都各界纪念现行宪法公布施行 30 周年大会上的讲话中，习近平强调"党自身必须在宪法和法律范围内活动"。他说："我们要依法公正对待人民群众的诉求，努力让人民群众在每一个司法案件中都能感受到公平正义，决不能让不公正的审判伤害人民群众感情、损害人民群众权益。"他指出："依法治国，首先是依宪治国；依法执政，关键是依宪执政。新形势下，我们党要履行好执政兴国的重大职责，必须依据党章从严治党、依据宪法治国理政。党领导人民制定宪法和法律，党领导人民执行宪法和法律，党自身必须在宪法和法律范围内活动，真正做到党领导立法、保证执法、带头守法。"

2013 年 1 月 22 日，在十八届中央纪委二次全会上的讲话中，习近平强调"把权力关进制度的笼子里"。他说："要加强对权力运行的制约和监督，把权力关进制度的笼子里，形成不敢腐的惩戒机制、不能腐的防范机制、不易腐的保障机制。"他指出："我们查处的腐败分子中，方方面面的一把手比例不低。这说明，对一把手的监督仍然是一个薄弱环节。由于监督缺位、监督乏力，少数一把手习惯了凌驾于组织之上、凌驾于班子集体之上。'权力导致腐败，绝对权力导致绝对腐败。'如果权力没有约束，结果必然是这样。"

2014 年 1 月 7 日，在中央政法工作会议上的讲话中，习近平强调"党自身必须在宪法和法律范围内活动"，并对法律的实施、法治精神的树立、法律的遵守、法律的公信力等问题，提出了一系列的真知灼见——"有了法律不能有效实施，那再多法律也是一纸空文，依法治国就会成为一句空话。""天下之事，不难于立法，而难于法之必行。对执法司法状况，人民群众意见还比较多，社会各界反映还比较大，主要是不作为、乱作为特别是执法不严、司法不公、司法腐败问题比较突出。""制度的生命力在执行，有了制度没有严格执行就会形成'破窗效应'。""执法不严、司法不公，一个重要原因是少数干警缺乏应有的职业良知。""做到严格执法、公正司法，就要信仰法治、坚守法治。'法不阿贵，绳不挠曲。'这就是法治精神的真谛。如果不信仰法治，没有坚守法治的定力，面对权势、金钱、人情、关系，是抵不住诱惑、抗不住干扰的。""法律要发挥作用，需要全社会信仰法律。卢梭说，一切法律中最重要的法律，既不是刻在大理石上，也不是刻在铜表上，而是铭刻在公民的内心里。""如果领导干部不遵守法律，怎么让群众遵守法律？对来自群众反映政法机关执法办案中存在问题的举告，党政领导干部可以依法按程序批转，但不得提出倾向性意见，更不能替政法机关拍板定案。要把能不能依法办事、遵守法律作为考察识别干部的重要标准。""阳光是最好的防腐剂。权力运行不见阳光，或有选择地见阳光，公信力就无法树立。执法司法越公开，就越有权威和公信力。涉及老百姓利益的案件，有多少需要保密的？除法律规定的情形外，一般都要公开。"

2014年9月5日，在庆祝全国人民代表大会成立60周年大会上的讲话中，习近平强调"法定职责必须为、法无授权不可为"。他说："宪法是国家的根本法，坚持依法治国首先要坚持依宪治国，坚持依法执政首先要坚持依宪执政。我们必须坚持把依法治国作为党领导人民治理国家的基本方略、把法治作为治国理政的基本方式，不断把法治中国建设推向前进。"他指出："各级行政机关必须依法履行职责，坚持法定职责必须为、法无授权不可为，决不允许任何组织或者个人有超越法律的特权。要深入推进公正司法，深化司法体制改革，加快建设公正高效权威的司法制度，完善人权司法保障制度，严肃惩治司法腐败，让人民群众在每一个司法案件中都感受到公平正义。"

（三）党的十八大以来我国依法治国的辉煌成就

党的十八大以来，在十八大以及十八届三中全会、四中全会、五中全会、六中全会精神指引下，在"四个全面"战略布局和"五个建设"[1]总体布局

---

[1] 五个建设即五位一体，是我国全面奔小康的五大目标。具体内容是：第一，在经济建设上，要增强发展的协调性，努力实现经济又好又快发展；第二，在政治建设上，要扩大社会主义民主，更好保障人民权益和社会公平正义；第三，在文化建设上，要掀起新的高潮，明显提高全民族文明素质；第四，在社会建设上，要加快发展社会事业，全面改善人民生活；第五，在生态文明建设上，基本形成节约能源资源和保护生态环境的产业结构、增长方式、消费方式。

中，我国法治建设进入了全面依法治国新时代，呈现出全面推进、共同推进、协调发展、加快建设、转型升级、改革驱动等新特征新范式，取得了一系列辉煌的成就，这些成就主要体现在一系列法治建设的重大事件上。[1]

1. 明确定位"法治小康"

党的十八大提出全面建成小康社会，即实现全面小康。党的十八届三中全会、四中全会、五中全会、六中全会不断明晰和丰富全面建成小康社会的目标和各项要求，其中就包括"法治小康"的目标和任务。全面建成小康社会，在法治领域就是要达到依法治国基本方略全面落实，中国特色社会主义法律体系更加完善，法治政府基本建成，司法公信力明显提高，人权得到切实保障，产权得到有效保护，国家各项工作法治化。这是对我国法治建设目标的首次精准定位。

2. 提出法治新"十六字方针"

2012 年 11 月，党的十八大报告提出：加快建设社会主义法治国家，必须全面推进科学立法、严格执法、公正司法、全民守法进程。这一关于如何"加快建设社会主义法治国家"的新提法新观点新理念，被法学界称之为法治新"十六字方针"，以区别于"有法可依、有法必依、执法必严、违法必究"的法治旧"十六字方针"。新"十六字方针"体现了依法治国新布局，为全面依法治国基本方略的形成奠定了理论和实践基础。在新"十六字方针"中，科学立法是全面推进依法治国的前提，严格执法是全面推进依法治国的关键，公正司法是全面推进依法治国的重点，全民守法是全面推进依法治国的基础。

3. 从"法治国家"向"法治中国"的转型

一般而言，法治是治国理政的基本方式。一个国家和社会靠什么运转，是治理国家和社会运行的基本问题。党的十八大明确指出："法治是治国理政的基本方式。"这是对法治在我国的基本定位，构成了法治中国的核心内容。它表明法治应当是整个国家运转的基础，治理中国的基本方式不是靠个人的意志和道德修养，而是靠法治。不可否认，国家和社会的运行、运转当然离不开个人的意志和道德修养等，但这并不意味着治国理政只能依靠个人的力

---

〔1〕　张文显：《70 载法治建设铺就法治强国路》，载《法制日报》2019 年 10 月 1 日，庆祝新中国成立 70 周年特刊。

量，法治才是治理国家应有的基本方式。"基本"两字确立了法治的地位，意味着在治理中国的方式中，法治不是次要方式，不是辅助方式，更不是可有可无的方式，而是基本方式。

法治中国建设要求切实做到以下"两个坚持"：

一是坚持依法治国、依法执政、依法行政共同推进。依法治国是党领导人民治理国家的基本方略，依法执政是党在新的历史条件下执政的基本方式，依法行政是各级政府的基本准则，这三方面要共同推进，其中中国共产党依法执政是依法治国和建设法治中国的核心和关键。

二是要坚持法治国家、法治政府、法治社会一体建设。其中法治国家是主体，主要是规范和约束国家权力；法治政府是重点，因为与老百姓直接打交道最多的是政府；法治社会是基础，要"使全体人民都成为社会主义法治的忠实崇尚者、自觉遵守者、坚定捍卫者，使尊法、信法、守法、用法、护法成为全体人民的共同追求"〔1〕。只有法治国家、法治政府、法治社会都建成了，我们才能说在960万平方公里的华夏大地上全面建成了法治中国。

1999年，"中华人民共和国实行依法治国，建设社会主义法治国家"这一治国方略和奋斗目标被庄严载入宪法，成为依法治国的里程碑。党的十八大以后，习近平总书记就明确提出了"法治中国"的命题和建设"法治中国"的历史任务。2013年11月，党的十八届三中全会在《中共中央关于全面深化改革若干重大问题的决定》中提出"要推进法治中国建设"，并将之上升为党中央的正式决定。2014年10月，党的十八届四中全会进一步向全党和全国各族人民发出"向着建设法治中国不断前进""为建设法治中国而奋斗"的号召，并要求"全党同志必须更加自觉地坚持依法治国、更加扎实地推进依法治国，努力实现国家各项工作法治化，向着建设法治中国不断前进"。

"法治中国"这一概念的提出，是中共在法治理论上的重大创新，也是对新时代中国法治建设的科学定位，是一个在中国特色社会主义法治理论体系和话语体系中的统领性概念。作为一个概念、命题乃至口号，如果说"法治国家"源于"法制国家"，是"法制国家"的"升级版"，那么"法治中国"

---

〔1〕 习近平：《加快建设社会主义法治国家》（2014年10月23日），载《求是》2015年第1期。

则源于"法治国家"，是"法治国家"的进一步升华。"法治中国"比"法治国家"的内涵更加丰富和深刻，表述更加生动，意义更为重大。建设"法治中国"，不仅要建设"法治国家"，还要建设法治社会、法治政府；不仅要推进依法治国，还要推进依法执政、依法行政；不仅要推进法治硬实力建设，还要推进法治软实力建设，弘扬社会主义法治精神，建设社会主义法治文化，培育社会主义法治理念。从"法治国家"到"法治中国"的转型，意味着我国法治建设从理论到实战的发展与深化，对于实现"中国梦"特别是"法治梦"具有重要的现实意义和深远的历史意义。

4. 从"依法治国"向"全面依法治国"的发展

党的十五大将"依法治国"作为党领导人民治理国家的基本方略，党的十八大则进一步提出了"全面推进依法治国"的主张和要求。党的十八届四中全会以"全面推进依法治国"为主题，对新时代的法治建设作出了全面、全新部署。党的十八届四中全会后，习近平提出了内涵更为丰富、表述更为强调的"全面依法治国"概念。党的十九大报告则再进一步，把"全面依法治国"作为新时代坚持和发展中国特色社会主义的基本方略之一。从"依法治国"到"全面推进依法治国"再到"全面依法治国"，这一在概念和命题上的不断发展和升华，表明中共依法治国的思路越来越清晰、越来越精准。2014年10月，党的十八届四中全会通过了《决定》，对新时代社会主义法治建设作出了战略部署。党的十八届四中全会以后，"全面依法治国"作为"四个全面"之一，与"全面建成小康社会、全面深化改革、全面从严治党"一起，成为"四个全面"的标准概念，标志着我国法治建设进入到一个历史的新起点。

5. 从"法律体系"到"法治体系"的升华

继党的十四大提出建设社会主义市场经济法律体系之后，党的十五大进一步提出到2010年形成中国特色社会主义法律体系。2011年3月10日，在第十一届全国人民代表大会第四次会议上，全国人大常委会工作报告庄严宣告中国特色社会主义法律体系已经形成。法律体系形成之后，法治建设如何推进？这是摆在全党和全国人民面前的重大课题。在中国特色社会主义法律体系已经形成的基础上，习近平进一步提出了建设中国特色社会主义法治体系的要求。党的十八届四中全会则正式将"建设中国特色社会主义法治体系，建设社会主义法治国家"作为全面推进依法治国的总目标、总抓手。从"法律体系"到"法治体系"的升华，是中共在对法治建设规律的认识上取得重大进步的体现。

6. 从"法律之治"向"良法善治"的进步

从 1978 年至 1997 年间，我国法制建设的基本方针是"有法可依、有法必依、执法必严、违法必究"，其中的"法"，仅具有形式法治上的意义，主要是指"法律之治"意义的"法"。党的十八大提出"科学立法、严格执法、公正司法、全民守法"的法治建设新"十六字方针"，从理论和实践上都向形式法治与实质法治的结合前进了一大步。党的十八大明确提出"法律是治国之重器，良法是善治之前提"。习近平强调指出："人民群众对立法的期盼，已经不是有没有，而是好不好、管用不管用、能不能解决实际问题；不是什么法都能治国，不是什么法都能治好国；越是强调法治，越是要提高立法质量。"[1]"我们要加强重要领域立法，确保国家发展、重大改革于法有据，把发展改革决策同立法决策更好结合起来。要坚持问题导向，提高立法的针对性、及时性、系统性、可操作性，发挥立法引领和推动作用。要抓住提高立法质量这个关键，深入推进科学立法、民主立法，完善立法体制和程序，努力使每一项立法都符合宪法精神、反映人民意愿、得到人民拥护。"[2]这些论断揭示了社会主义法治的价值要义，明确倡导良法善治。党的十九大报告进一步提出"以良法促进发展、保障善治"，这是对新时代中国特色社会主义法治作为形式法治与实质法治相统一的法治模式的精准定位。中国法治不仅应当是形式上的法律之治，更应当是实质上的良法之治。所谓良法，就是反映人民意志、尊重保障人权、维护公平正义、促进和谐稳定、保障改革发展、引领社会风尚的法律，就是体现民意民智、符合客观规律、便于遵守和执行的法律。良法善治的理论和实践超越了工具主义法治和形式主义法治的局限，是现代法治理论的重大创新，也是我国法治建设从理论到实践的重要进步。从"法律之治"到"良法善治"的一个突出表现，就是从法律体系到法治体系、从义务本位到权利本位的飞跃。

---

〔1〕 习近平：《在十八届中央政治局第四次集体学习时的讲话》（2013 年 2 月 23 日）。
〔2〕 习近平：《在庆祝全国人民代表大会成立 60 周年大会上的讲话》（2014 年 9 月 5 日）。

7. 从"法制建设"向"法治改革"的提升

从1978年到21世纪第一个10年，在法治领域，总的提法是法制建设，而且总体上也是按照"建设"来规划部署的。《决定》指出："全面推进依法治国是一个系统工程，是国家治理领域一场广泛而深刻的革命，需要付出长期艰苦努力。"[1]习近平在党的十九大报告中强调："全面依法治国是国家治理的一场深刻革命。"全面依法治国是一场广泛而深刻的革命，必须推进法治领域的全面改革，坚决破除一切妨碍依法执政、依法治国、依法行政、依法治军、依法办事的体制机制弊端和思想观念障碍。党的十八大以来，以习近平同志为核心的党中央始终把全面依法治国提到前所未有的战略高度，法治中国建设作为现阶段和今后长远历史时期的一项战略任务加以强力推进，党和国家采取各项积极举措坚定不移地推进法治领域的改革和发展。党的十八届三中全会出台了20多项重大法治改革举措，党的十八届四中全会出台了190项重大法治改革举措，其中许多涉及利益关系调整和权力格局变动的法治改革举措。针对立法不良、有法不依、执法不严、司法不公、监督疲软、权力腐败、人权保障不力等突出问题，党中央以改革思维和改革方式，在大力推进法治建设的同时，采取强有力的法治改革措施尽量予以解决。实践充分证明，法治改革是加快推进法治中国建设的强大动力和必由之路。

8. 从提出法制建设基本方针到确立全面依法治国基本方略

改革开放初期，党的十一届三中全会把社会主义法制建设作为党和国家坚定不移的基本方针。党的十五大在社会主义法制基本方针的基础上提出依法治国基本方略。党的十八大之后，习近平提出全面依法治国新理念新思想新战略，把全面依法治国放在"四个全面"总体战略布局之中统筹安排，强调努力做到"四个全面"相辅相成、相互促进、相得益彰。从提出法制建设基本方针到确立全面依法治国基本方略，显现出中国法治理论和实践发生了深刻变化。"方针"一般是指一定的方向和目标，是具有全局意义和长远目标的指导思想，但比较抽象，如党在社会主义建设时期的路线方针、对敌斗争方针等。"方略"则一般是指具有统领性、战略性、高层性的方式、方法和策

---

〔1〕《中共中央关于全面推进依法治国若干重大问题的决定》（2014年10月23日）。

略，如文献中常提到的"建国方略""治国方略""基本方略"等。如果说"方针"是远景规划和奋斗目标，那么"方略"则是实现规划和目标的重要举措和基本抓手。把"方针"具体化为"方略"，就使得法治中国建设有了举措和抓手，从而促进法治中国从理想走向现实，从抽象变为具体。党的十八届四中全会是中国共产党执政历史上首次以法治为主题的中央全会，全会通过的《决定》，标志着中国法治在不断探索和积淀的基础上快速跨入新的历史阶段，站在了新的历史起点。

9. 修宪确立习近平新时代中国特色社会主义思想在国家政治和社会生活中的指导地位

2018 年 3 月 11 日，第十三届全国人大第一次会议通过了《中华人民共和国宪法修正案》（第 32～52 条），这是对现行宪法第五次修改。新修正案确立了科学发展观、习近平新时代中国特色社会主义思想在国家政治和社会生活中的指导地位，明确规定中国共产党的领导是中国特色社会主义最本质的属性，对国家主席任期作出新的规定，提出物质文明、政治文明、精神文明、社会文明、生态文明协调发展，把我国建设成为富强民主文明和谐美丽的社会主义现代化强国，对国家监察制度作出明确规定等等。这次修宪是中国特色社会主义进入新时代的首次修宪，对于坚持和发展中国特色社会主义、建设社会主义现代化强国具有重大的现实意义和深远的历史意义。

10. 拓展中国特色社会主义法治道路

新中国成立之初，中共就积极探索符合中国实际的社会主义法治建设道路。进入改革开放新时期之后，中共成功地开启了中国特色社会主义法治道路，并对这条道路的科学内涵作出了初步概括。中国特色社会主义法治道路是管总的，我国法治建设的成就，归结起来就是开辟了中国特色社会主义法治道路这一条。党的十八大以来，以习近平同志为核心的党中央在全面推进依法治国及法治中国建设的伟大实践中，进一步拓展了中国特色社会主义法治道路，使中国特色社会主义法治道路的内涵更加清晰、方向更加明确、自信更加坚定。党的十八届四中全会《决定》将中国特色社会主义法治道路核心内容凝练为"三个要义"：坚持党的领导；坚持中国特色社会主义制度；贯彻中国特色社会主义法治理论。党的十八届四中全会《决定》进一步具体地提出坚持中国特色社会主义法治道路、建设中国特色社会主义法治体系和法治国家的五条原则：坚持中国共产党的领导；坚持人民主体地位；坚持法律面前人人平等；坚持依法治国和以德治国相结合；坚持从中国实际出发。在中央全面依法治国委员会第一次会议上，习近平进一步提出全面依法治国必须牢牢把握"十个坚持"，丰富、深化和拓展了中国特色社会主义法治道路的理论。这"十个坚持"是：坚持加强党对依法治国的领导；坚持人民主体地位；坚持中国特色社会主义法治道路；坚持建设中国特色社会主义法治体系；坚持依法治国、依法执政、依法行政共同推进，法治国家、法治政府、法治社会一体建设；坚持依宪治国、依宪执政；坚持全面推进科学立法、严格执法、公正司法、全民守法；坚持处理好全面依法治国的辩证关系；坚持建设德才兼备的高素质法治工作队伍；坚持抓住领导干部这个"关键少数"。

　　11. 形成习近平全面依法治国新理念新思想新战略

　　没有正确的法治理论，就没有正确的法治实践。新中国法治建设伟大成就之一是创立了中国特色社会主义法治理论。早在新民主主义革命时期，中共就把马克思列宁主义法治理论与根据地和解放区新民主主义法制建设的实际相结合，为新民主主义法制建设提供理论指导，创立了毛泽东法律思想。在社会主义革命和建设时期，在社会主义法制建设实践中，毛泽东法律思想得到进一步丰富和发展。改革开放以来，在推进中国特色社会主义法治建设新的实践中，中共深入推进马克思主义法治思想与中国法治建设实际相结合，继承和发展毛泽东法律思想，创立了具有中国特色、体现法治发展规律、适应改革开放和社会主义现代化建设需要的法治理论，即中国特色社会主义法治理论。党的十八大以来，以习近平同志为核心的党中央在全面依法治国、建设法治中国新的伟大实践中，创造性地发展了中国特色社会主义法治理论，形成了具有鲜明时代特征的习近平全面依法治国新理念新思想新战略，集中体现了中共在法治领域的实践创新、制度创新和理论创新。习近平全面依法治国新理念新思想新战略全面阐述了法治的本质、法治的普遍规律、现代法治的一般原理及社会主义法治的本质特征、内在要求、价值功能、基本原则、发展方向、遵循道路等一系列重大问题，深刻回答了如何在新时代坚持和实践全面依法治国基本方略、建设法治中国的重大战略战术问题，成为党和人民处理新时代法治问题的基本立场、观点和方法，为全面依法治国、建设法治中国提供了科学的理论指导和根本的行动指南。

12. 完善中国特色社会主义法律体系

1978 年 12 月，党的十一届三中全会提出：为了保障人民民主，必须加强社会主义法制，使民主制度化、法律化，使这种制度和法律具有稳定性、连续性和权威性。1997 年，党的十五大在确立依法治国基本方略的同时，提出到 2010 年形成中国特色社会主义法律体系。2011 年 3 月 10 日，在十一届全国人大四次会议上，时任全国人大常委会委员长的吴邦国庄严宣布：一个立足中国国情和实际、适应改革开放和社会主义现代化建设需要、集中体现党和人民意志的，以宪法为统帅，以宪法相关法、民商法等多个法律部门的法律为主干，由法律、行政法规、地方性法规等多个层次的法律规范构成的中国特色社会主义法律体系已经形成，包括 1 部宪法、236 部法律、690 多件行政法规、8500 多件地方性法规，国家经济建设、政治建设、文化建设、社会建设以及生态文明建设的各个方面均实现有法可依。中国特色社会主义法律体系的形成，是我国依法治国、建设社会主义法治国家历史进程的重要里程碑。党的十八大以来，我国大力推进立法体制改革，不断提高立法质量，加快重点领域立法，坚持立改废释并举，制定了一批新的法律，修改了大部分法律，使中国特色社会主义法律体系更加完善。截至 2019年 8 月，我国现行的法律已达 274 部。中国特色社会主义法律体系的形成、完善和发展，是我国依法治国、建设社会主义法治国家取得伟大成就的重要体现。

13. 提出"建设中国特色社会主义法治体系"的总目标和总抓手

1997 年，党的十五大在党和国家的历史上首次提出"依法治国、建设社会主义法治国家"。2007 年，党的十七大提出"全面落实依法治国基本方略，加快建设社会主义法治国家"。2012 年，党的十八大进一步提出"全面推进依法治国"的战略决策。党的十八大之后，习近平总书记又进一步提出"全面依法治国""建设法治中国"。在实践中，要全面推进依法治国、全面依法治国、建设法治中国必须要有一个总揽全局、牵引各方的总目标、总抓手。在深入调研的基础上，习近平提出"建设中国特色社会主义法治体系"作为总目标和总抓手，并写入了党的十八届四中全会《决定》。建设中国特色社会主义法治体系，既明确了全面依法治国的性质和方向，又突出了全面推进依法治国的纲领和重点任务。2014 年 10 月召开的党的十八届四中全会通过的《决定》，是中国社会主义法治建设史上第一部就法治建设的根本性、全局性、长远性和前瞻性问题作出全面部署的纲领性文献。《决定》提出"建设中国特色社会主义法治体系、建设社会主义法治国家"，这既是全面依法治国的总目标，又是全面依法治国的总抓手。《决定》明确提出"法治体系"的概念和"建设中国特色社会主义法治体系"的命题，具有重大的理论创新、制度创新和实践创新意义。全面依法治国，涉及立法、执法、司法、守法、法治监督、法治保障、法学教育、法学研究等多个方面，需要一个法治思想丰富的统领性概念。"中国特色社会主义法治体系"就是这样一个统领性概念。党的十八届四中全会以来，中国特色社会主义法治体系建设取得以下一系列的重大成就：一是法律规范体系更加完备；二是法治实施体系更加高效；三是宪法实施卓有成效；四是法治监督体系更加严密；五是法治保障体系更加有力；六是党内法规体系更加完善。

14. 颁布实施民法典

2020 年 5 月 28 日，十三届全国人大三次会议审议通过了《中华人民共和国民法典》，这是新中国成立以来第一部以"法典"命名的法律，是新时代我国社会主义法治建设的重大成果，具有鲜明的中国特色、实践特色和时代特色。5 月 29 日，习近平总书记在十九届中央政治局第二十次集体学习时发表讲话，对民法典制定的重要意义做了精辟、全面、深刻的阐述，强调"民法典在中国特色社会主义法律体系中具有重要地位，是一部固根本、稳预期、利长远的基础性法律，对推进全面依法治国、加快建设社会主义法治国家，对发展社会主义市场经济、巩固社会主义基本经济制度，对坚持以人民为中心的发展思想、依法维护人民权益、推动我国人权事业发展，对推进国家治理体系和治理能力现代化，都具有重大意义"；强调"充分认识颁布实施民法典的重大意义，推动民法典实施，以更好推进全面依法治国、建设社会主义法治国家，更好保障人民权益"。[1]民法典是"基础性法律"，可以从四个方面来理解：第一，在整个社会主义法律体系中，民法典是一部基础性的

---

〔1〕　习近平：《充分认识颁布实施民法典重大意义　依法更好保障人民合法权益》，载《求是》2020 年第 12 期。

法律；第二，在民事领域的立法中，民法典处于基础性、统帅性的地位；第三，民法典是市场经济的基本法；第四，民法典是行政执法和司法的基本遵循。

我国民事法律制定实施是党在多个历史时期带领和领导广大人民群众不断努力、不懈奋斗的结果。"在我国革命、建设、改革各个历史时期，我们党都高度重视民事法律制定实施。革命战争年代，我们党在中央苏区、陕甘宁边区等局部地区就制定实施了涉及土地、婚姻、劳动、财经等方面的法律。新中国成立后，我国相继制定实施了婚姻法、土地改革法等重要法律和有关户籍、工商业、合作社、城市房屋、合同等方面的一批法令。我们党还于1954年、1962年、1979年、2001年四次启动制定和编纂民法典相关工作，但由于条件所限没有完成。改革开放以来，我国民事商事法制建设步伐不断加快，先后制定或修订了中外合资经营企业法、婚姻法、经济合同法、商标法、专利法、涉外经济合同法、继承法、民法通则、土地管理法、企业破产法、外资企业法、技术合同法、中外合作经营企业法、著作权法、收养法、公司法、担保法、保险法、票据法、拍卖法、合伙企业法、证券法、合同法、农村土地承包法、物权法、侵权责任法等一大批民事商事法律，为编纂民法典奠定了基础、积累了经验。党的十八大以来，我们顺应实践发展要求和人民群众期待，把编纂民法典摆上重要日程。党的十八届四中全会作出关于全面推进依法治国若干重大问题的决定，其中对编纂民法典作出部署。"[1]之后，习近平总书记亲自主持三次中央政治局常委会会议，分别审议民法总则、民法典各分编、民法典三个草案。在各方面共同努力下，经过五年多工作，民法典终于颁布实施，实现了几代人的夙愿。

民法典共7编1260条、10万多字，包括总则、物权、合同、人格权、婚姻家庭、继承和侵权责任，是围绕民事权利的确认和保护的中心构建起来的严谨的逻辑体系，是我国法律体系中条文最多、体量最大、编章结构最复杂的一部法律。民法典系统整合了新中国成立70多年来长期实践形成的民事法律规范，汲取了中华民族5000多年优秀法律文化，借鉴了人类法治文明建设

---

〔1〕 习近平：《充分认识颁布实施民法典重大意义 依法更好保障人民合法权益》，载《求是》2020年第12期。

有益成果，是一部体现我国社会主义性质、符合人民利益和愿望、顺应时代发展要求的法典，是一部体现对生命健康、财产安全、交易便利、生活幸福、人格尊严等各方面权利平等保护的法典，是一部具有鲜明中国特色、实践特色、时代特色的法典。我国民法典中国特色、实践特色和时代特色的具体体现在以下几个方面。[1]

首先，民法典充分反映了维护基本经济制度，弘扬社会主义核心价值观的需要。民法典维护基本经济制度，促进公有制与市场经济的有机结合。物权编规定了社会主义基本经济制度，宣示整个物权编维护基本经济制度，着力于促进公有制和市场经济的有机结合。

其次，民法典有效地协调了改革和立法的关系。物权编为适应农村三权分置的改革需要，规定了土地经营权。例如，《民法典》第341条规定，流转期限为5年以上的土地经营权，自流转合同生效时设立。当事人可以向登记机构申请土地经营权登记；未经登记，不得对抗善意第三人。这就使土地经营权在符合法定条件时成为长期稳定的财产权。

再次，民法典弘扬社会主义核心价值观。《民法典》第1条把弘扬社会主义核心价值观作为民法典制定的目的之一规定下来。民法典吸取了5000年中华法律文化，社会主义核心价值观在整个民法典里都得到了全面的彰显和体现。民法典重视家庭和睦、弘扬家庭美德，重视家庭文明建设，中华民族的传统美德就是敬老爱幼、重视家庭和睦和社会和谐。民法典倡导互助互爱、守望相助，强化诚实守信，这就弘扬了中华民族传统美德。

最后，民法典体现了以人为本的精神，弘扬了人文关怀价值。这主要体现在：第一，民法典强化了对人格权的保护。人格权独立成编，落实党的十九大关于保护人格权的要求，强化对人格尊严的维护，体现了宪法保护人格尊严的价值。第二，确立未成年人利益最大化的原则。《民法典》第1098条在收养人的条件中增加规定了"无不利于被收养人健康成长的违法犯罪记录"这一要求，目的也在于强化对未成年人的保护。第三，强化对弱势群体的保护与关爱。为实现实质正义和实质平等的要求，民法典强化了对弱势群体

---

[1] 参见王利明：《民法典的中国特色实践特色时代特色》，载《光明日报》2020年8月21日。

的保护与关爱。《民法典》合同编中有关强制缔约、格式条款的规则，均是在考虑相关主体缔约能力不足的基础上，通过强制性规定实现合同的实质正义。

习近平总书记明确提出，实施好民法典，重点要做好以下工作：第一，加强民法典重大意义的宣传教育；第二，加强民事立法相关工作；第三，加强民法典执法司法活动；第四，加强民法典普法工作；第五，加强我国民事法律制度理论研究。民法典的生命力在于实施。习近平总书记强调：必须让民法典走到群众身边、走进群众心里。我们必须准确理解、把握好民法典，把严格遵循民法典作为行政决策、行政管理、行政监督的重要标尺，衡量我们是不是做到了依法行政、司法公正。只有全面实施好、落实好民法典，我们才能够全面推进依法治国，真正实现人民群众对于良法善治的美好期待。

（四）踏上法治中国建设的新征程

2017年10月，习近平总书记在中国共产党第十九次全国代表大会上的报告指出："经过长期努力，中国特色社会主义进入了新时代，这是我国发展新的历史方位。"党的十九大描绘了建设中国特色社会主义法治体系、建设社会主义法治国家的宏伟蓝图，一个充满生机活力、令人更加向往的全面依法治国新时代，正向我们渐行渐近。依法治国基本方略与依法执政基本方式的有机结合，表明中共治国理政已达到了新的高度和新的境界，中国由此进入全面依法治国的新时代。

1. 党的十九大提出法治建设新的目标和要求

党的十九大报告作出"中国特色社会主义进入了新时代"的重大判断具有划时代的里程碑意义。十九大之后，法治中国建设踏上了新征程。党的十九大报告作出"中国特色社会主义进入了新时代"的重大政治判断，不仅明确了我国发展新的历史方位，也明确了全面推进依法治国、建设法治中国新的历史方位，指明了全面依法治国的战略发展方向和实践发展方略，对深化依法治国实践提出了一系列新任务、新要求，对法治建设提出了新的目标和要求。党的十九大报告在总结五年工作成果时，在"民主法治建设迈出重大步伐"部分提到，要"积极发展社会主义民主政治，推进全面依法治国，党的领导、人民当家作主、依法治国有机统一的制度建设全面加强，党的领导体制机制不断完善，社会主义民主不断发展，党内民主更加广泛，社会主义协商民主全面展开，爱国统一战线巩固发展，民族宗教工作创新推进。科学立法、严格执法、公正司法、全民守法深入推进，法治国家、法治政府、法治社会建设相互促进，中国特色社会主义法治体系日益完善，全社会法治观念明显增强。国家监察体制改革试点取得实效，行政体制改革、司法体制改革、权力运行制约和监督体系建设有效实施"。这就形成了"经济、政治、思想、文化、社会、民生、全面从严治党"七大基础中的政治基础与法治基础。

党的十九大报告确立了中国特色社会主义新时代法治建设的历史方位、思想理论基础、战略构想、实践策略、文化支撑，强调夯实中国特色社会主义新时代法治建设的社会基础，指明了新时代法治建设的方向，展现了新时代法治建设的全球视野，进一步明确了新时代法治建设的新形象，是中国特色社会主义新时代法治建设的行动纲领。新时代的"新"体现在哪里？"新"在中华民族的伟大复兴，"新"在建成包括实现法治中国目标和要求在内的社会主义现代化强国。党的十九大报告对新时代法治建设提出的目标和要求非常具体，就是"坚持法治国家、法治政府、法治社会一体建设"，具体实践方式就是"科学立法、严格执法、公正司法、全民守法全面推行"。

面对新的社会矛盾和社会问题，新时代要求依法治国，要求科学立法、严格执法、公正司法、全民守法，要求通过推进全面依法治国，实现法治国家、法治政府、法治社会相互促进，使中国特色社会主义法治体系日益完善，全社会法治观念明显增强。随着国家监察体制改革试点取得实效，行政体制改革、司法体制改革、权力运行制约和监督体系建设有效实施，这些要求必将逐步得到实现。

党的十九大报告指出，"我国社会主要矛盾已经转化为人民日益增长的美好生活需要和不平衡不充分的发展之间的矛盾"。判断一个社会是不是法治社会的标准，就是看一个国家权力之间能否相互制约，以及是否在全社会形成一个公正的法律秩序。实现全面依法治国，人民充满期待，工作任务繁重。随着中国特色社会主义法治建设进入新时代，人民对美好生活的需要日益广泛，既对物质文化生活提出了更高要求，也对民主法治、公平正义、安全环境等多个方面提出了更高要求，所以我们可以把社会矛盾变化的实质理解为从物质性的需求，上升到对生活品质和制度性的需求，而全面依法治国正是保障人民合法权益的制度性需求，是在国家治理上的一场深刻革命。

2. 党的十九大具体提出一个时段、两个阶段的法治建设目标

2017年10月18日，中国共产党第十九次全国代表大会隆重开幕，中共中央总书记习近平代表第十八届中央委员会向党的十九大作报告，简要描绘了建设中国特色社会主义法治体系、建设社会主义法治国家的宏伟蓝图。习近平在报告中宣告，经过长期努力，中国特色社会主义进入了新时代，这是我国发展新的历史方位。党的十九大报告提出新时代中国特色社会主义思想的命题，其主要内容是"八个明确"[1]。党的十九大重申推进全面依法治国总目标是建设中国特色社会主义法治体系、建设社会主义法治国家，进一步明确和丰富了全面依法治国的精神和内涵，开启了新时代法治中国建设的新征程。

党的十九大把坚持全面依法治国上升为新时代坚持和发展中国特色社会主义的基本方略，并明确了从现在到2020年、从2020年到2035年、从2035年到21世纪中叶一个时段、两个阶段的法治建设目标，为依法治国和法治中国建设指明了前进方向、基本任务、实践路径。对于法治建设意义非常重大

---

〔1〕"八个明确"，是习近平总书记2017年10月18日在十九大报告中提出的理论，这一理论回答了新时代要坚持和发展什么样的中国特色社会主义的问题。"八个明确"的内容是：新时代中国特色社会主义思想，明确坚持和发展中国特色社会主义，总任务是实现社会主义现代化和中华民族伟大复兴，在全面建成小康社会的基础上，分两步走在本世纪中叶建成富强民主文明和谐美丽的社会主义现代化强国；明确新时代我国社会主要矛盾是人民日益增长的美好生活需要和不平衡不充分的发展之间的矛盾，必须坚持以人民为中心的发展思想，不断促进人的全面发展、全体人民共同富裕；明确中国特色社会主义事业总体布局是"五位一体"、战略布局是"四个全面"，强调坚定道路自信、理论自信、制度自信、文化自信；明确全面深化改革总目标是完善和发展中国特色社会主义制度、推进国家治理体系和治理能力现代化；明确全面推进依法治国总目标是建设中国特色社会主义法治体系、建设社会主义法治国家；明确党在新时代的强军目标是建设一支听党指挥、能打胜仗、作风优良的人民军队，把人民军队建设成为世界一流军队；明确中国特色大国外交要推动构建新型国际关系，推动构建人类命运共同体；明确中国特色社会主义最本质的特征是中国共产党领导，中国特色社会主义制度的最大优势是中国共产党领导，党是最高政治领导力量，提出新时代党的建设总要求，突出政治建设在党的建设中的重要地位。

的理论创新和实践创新，就是党的十九大把坚持全面依法治国上升为新时代坚持和发展中国特色社会主义的基本方略。1997年，党的十五大首次把依法治国确立为党领导人民治理国家的基本方略，党的十八大把法治明确为治国理政的基本方式，党的十九大进一步把坚持全面依法治国上升为新时代坚持和发展中国特色社会主义的基本方略，从国家治理的局部性方略到坚持和发展中国特色社会主义的全局性方略，凸显了法治在"五位一体"总体布局和"四个全面"战略布局中的地位，提升了法治在推进国家治理现代化和建设社会主义现代化强国中的基础性、支撑性、引领性作用。

　　按照党的十九大报告提出的设想，到2035年我国将基本实现社会主义现代化。到那时，人民平等参与、平等发展权利得到充分保障，法治国家、法治政府、法治社会基本建成，各方面制度更加完善，国家治理体系和治理能力现代化基本实现。这就要求：到2035年时，法治中国建设的各项战略任务和重大改革举措必须顺利完成；经济建设、政治建设、文化建设、社会建设、生态文明建设全面纳入法治轨道。这意味着：在基本实现社会主义现代化的时候，一整套更加完善的制度体系基本形成；中国特色社会主义法治道路建设、法治理论建设、法治体系建设、法治文化建设达到预定目标；国家治理体系和治理能力现代化基本实现；基本建成法治国家、法治政府、法治社会；基本建成法治中国。

　　党的十九大报告提出，从2035年到本世纪中叶，在基本实现现代化的基础上，再奋斗15年，把我国建成富强民主文明和谐美丽的社会主义现代化强国。到那时，我国物质文明、政治文明、精神文明、社会文明、生态文明将全面提升，实现国家治理体系和治理能力现代化。这里虽然没有直接提及法治中国建设方面的目标，但政治文明建设必然包括法治建设。法治建设是现代政治文明的重要内容，从属于政治文明范畴。政治文明的核心是制度文明，法治国家既是各种政治制度的载体，又是各种政治制度的集中体现。因此，法治中国建设意味着制度文明建设，是社会主义政治文明发展不可或缺的重要组成部分。同时，由于法治现代化也是国家治理体系和治理能力现代化的重要内容和基本标志，因此到本世纪中叶实现国家治理体系和治理能力现代化，必然包括建成法治国家、法治政府和法治社会等在内的法治现代化。

法治中国建设应与"两步走"战略[1]安排相协调。新思想领航新时代，新时代开启新征程，新征程呼唤新实践。开启法治中国建设新征程，必须与新时代中国特色社会主义发展的战略安排相协调。党的十九大报告提出分"两步走"全面建设社会主义现代化国家。这"两步走"既是新时代中国特色社会主义发展的战略安排，也是新时代法治中国建设的时间表和路线图。

3. 十九大报告关于法治建设问题的论述

2017 年 10 月 18 日，习近平在党的十九大作了题为《决胜全面建成小康社会夺取新时代中国特色社会主义伟大胜利》的报告。党的十九大报告提出中国特色社会主义进入新时代，这不仅明确了我国发展新的历史方位，也明确了全面推进依法治国、建设社会主义法治国家新的历史方位。报告提出"全面依法治国是中国特色社会主义的本质要求和重要保障"的重大论断，将全面依法治国与中国特色社会主义的本质联系起来，意味着坚持中国特色社会主义就必须坚持全面依法治国；意味着要实现经济发展、政治清明、文化昌盛、社会公正、生态良好，必须更好发挥法治的引领和规范作用。报告将"坚持全面依法治国"确立为新时代坚持和发展中国特色社会主义的十四条基本方略之一，反映了新时代坚持和发展中国特色社会主义、全面深化改革开放的内在要求。习近平新时代中国特色社会主义思想包含一系列全面依法治国新理念新思想新战略，不仅是改革开放以来中国特色社会主义法治理论的最新成果，也是我国在推进社会主义现代化建设、实现中华民族伟大复兴的历史征途上坚定不移厉行法治、建设社会主义法治国家的思想基础和行动指南。

在党的十九大报告中，关于法治建设问题的论述包括以下六个方面：

（1）强调推进全面依法治国，必须坚定不移走中国特色社会主义法治道路。简单地说，就是坚持党的领导、中国特色社会主义制度和中国特色社会

---

[1] 中共十九大报告指出，我国社会主义现代化建设从 2020 年到本世纪中叶可以分两个阶段来安排：第一个阶段，从 2020 年到 2035 年，在全面建成小康社会的基础上，再奋斗 15 年，基本实现社会主义现代化。第二个阶段，从 2035 年到本世纪中叶，在基本实现现代化的基础上，再奋斗 15 年，把我国建成富强民主文明和谐美丽的社会主义现代化强国。新时代"两步走"战略清晰、具体地规划出未来中国社会主义现代化建设蓝图，明确了全党和全国人民的奋斗目标和主要任务；同时，也向世界表明，中国共产党人在社会主义现代化建设上是薪火相传、继往开来的。这个"两步走"对新时代中国特色社会主义发展作出了战略安排，为实现我国现代化建设提供了坚强政治保证，彰显了中国共产党的战略谋划和使命担当。

主义法治理论。这三个方面实质上是中国特色社会主义法治道路的核心要义，决定中国特色社会主义法治体系的制度属性和前进方向。

（2）重申全面依法治国是国家治理的一场深刻革命和中国特色社会主义的本质要求和重要保障，必须坚持厉行法治，推进科学立法、严格执法、公正司法、全民守法。建设社会主义法治国家是实现国家治理体系和治理能力现代化的必然要求，也是全面深化改革的必然要求，有利于在法治轨道上推进国家治理体系和治理能力现代化，有利于在全面深化改革总体框架内推进全面依法治国各项工作，有利于在法治轨道上不断深化改革。

（3）明确和重申推进全面依法治国的总抓手。党的十九大报告提出完善以宪法为核心的中国特色社会主义法律体系，建设中国特色社会主义法治体系。推进全面依法治国涉及很多方面，在实际工作中必须有一个总揽全局、牵引各方的总抓手，这个总抓手就是建设中国特色社会主义法治体系，包括形成完备的法律规范体系、高效的法治实施体系、严密的法治监督体系、有力的法治保障体系，形成完善的党内法规体系。

（4）明确了全面依法治国的工作布局和加强党的领导以及完善立法、执法、司法制度和推进全民守法的重点任务。要求坚持依法治国、依法执政、依法行政共同推进；坚持法治国家、法治政府、法治社会一体建设；坚持依法治国和以德治国相结合，依法治国和依规治党有机统一。党的十八大以来，我国法治建设迈出重大步伐，但全面依法治国任务依然繁重。党的十九大报告提出深化依法治国实践，成立中央全面依法治国领导小组，这是在更大范围和更高层次上加强了对法治中国建设的统一领导。

（5）要求加强宪法实施和监督、推进合宪性审查工作。强调一切组织和个人要以宪法为根本活动准则，并负有维护宪法尊严、保障宪法实施的职责；完善全国人大及其常委会宪法监督制度，加强备案审查制度和能力建设，把所有规范性文件纳入备案审查范围，依法撤销和纠正违宪违法的规范性文件。"宪法法律至上"强调的是"依法治国首先是依宪治国，依法执政首先是依宪执政"，而依宪治国在实质上和现实中，就是要坚持"党的领导、人民民主与依法治国"三者的有机统一。

（6）依法推进国家监察体制改革。在我国的权力结构中，长期存在着对依法履行公职人员的监督权力不够集中，难以形成合力等问题。党的十九大报告提出，深化国家监察体制改革，将试点工作在全国推开，组建国家、省、市、县监察委员会，同党的纪律检查机关合署办公，实现对所有行使公权力的公职人员监察全覆盖。按党的十九大报告的要求，全面推开监察体制改革后，应制定《国家监察法》，规定行使监察权应遵循的原则，明确监察对象的范围、对调查"宽打窄用"（调查手段要宽、调查决策要严）的要求，依法赋予监察委员会的监督、调查、处置职权以及监委会可采取的谈话、讯问、询问、查询、冻结、调取、查封、扣押、搜查、勘验检查、鉴定、留置等12项相关措施，用"留置"措施取代"两规"措施。

党的十九大报告涉及法治中国建设的论述具有以下一系列的"亮点"：

（1）科学立法、严格执法、公正司法、全民守法深入推进，法治国家、法治政府、法治社会建设相互促进，中国特色社会主义法治体系日益完善，全社会法治观念明显增强。

（2）全面准确贯彻"一国两制"方针，牢牢掌握宪法和基本法赋予的中央对香港、澳门全面管治权，深化内地和港澳地区交流合作，保持香港、澳门繁荣稳定。

（3）反腐败斗争压倒性态势已经形成并巩固发展。

（4）明确全面推进依法治国总目标是建设中国特色社会主义法治体系、建设社会主义法治国家。

（5）全面依法治国是中国特色社会主义的本质要求和重要保障。

（6）从2020年到2035年，在全面建成小康社会的基础上，再奋斗15年，基本实现社会主义现代化。到那时，我国经济实力、科技实力将大幅跃升，跻身创新型国家前列；人民平等参与、平等发展权利得到充分保障，法治国家、法治政府、法治社会基本建成。

（7）加强农村基层基础工作，健全自治、法治、德治相结合的乡村治理体系。

（8）加强党的集中统一领导，支持人大、政府、政协和法院、检察院依法依章程履行职能、开展工作、发挥作用，这两个方面是统一的。

（9）发挥人大及其常委会在立法工作中的主导作用。

（10）成立中央全面依法治国领导小组，加强对法治中国建设的统一领导。

（11）绝不允许以言代法、以权压法、逐利违法、徇私枉法。

（12）加快社会治安防控体系建设，依法打击和惩治黄赌毒黑拐骗等违法犯罪活动，保护人民人身权、财产权、人格权。

（13）要支持特别行政区政府和行政长官依法施政、积极作为，团结带领香港、澳门各界人士齐心协力谋发展、促和谐，保障和改善民生，有序推进民主，维护社会稳定，履行维护国家主权、安全、发展利益的宪制责任。

（14）要坚持无禁区、全覆盖、零容忍，坚持重遏制、强高压、长震慑，坚持受贿行贿一起查，坚决防止党内形成利益集团。

（15）推进反腐败国家立法，建设覆盖纪检监察系统的检举举报平台。

（16）制定国家监察法，依法赋予监察委员会职责权限和调查手段，用留置取代"两规"措施。

4. 成立中央全面依法治国领导小组，加强对法治中国建设的统一领导

在法治中国建设的进程中，如何进一步明确和践行真正的"民主的集中制"，如何不违背人民的意愿和对人民承诺并坚决维护人民的权利和自由，坚定不移地走向法治，全面推进依法治国，实现法治梦，并进而实现中国梦，是中国共产党作为执政党所面临的重大机遇和挑战。

"必须有利于党的集中统一领导"是全面依法治国的政治前提。党的十九大报告指出："全面依法治国是国家治理的一场深刻革命，必须坚持厉行法治，推进科学立法、严格执法、公正司法、全民守法。成立中央全面依法治国领导小组，加强对法治中国建设的统一领导。"党的十八届四中全会提出全面推进依法治国的总目标和重大任务以后，我国的依法治国之路又迈出了关键性的一步。"法治国家""法治政府""法治社会""依宪执政""依法执政"等新概念、新观点的提出，说明我国依法治国的目标已经非常具体和明确。有了具体和明确的目标，如何落实全面依法治国就是突出的问题。建设法治国家和法治社会，只有法律条文还不够，还有必要设立全面依法治国领导小组，从组织机制上把全面依法治国落到实处。设立领导小组就是对全面依法治国最大的组织保障。这一决定回应了当下社会对司法公正的呼唤，有助于用法律保护老百姓的权益，也是我国走向国家治理现代化重要的机制保障。

2018 年 2 月，根据党的十九大报告和党的十九届三中全会决定，中共成立了中央全面依法治国委员会，习近平总书记亲自担任中央全面依法治国委员会主任。2018 年 8 月 24 日，中央全面依法治国委员会举行了第一次会议。

党中央决定成立中央全面依法治国委员会，是贯彻落实党的十九大精神、加强党对全面依法治国集中统一领导的需要，是研究解决依法治国重大事项重大问题、协调推进中国特色社会主义法治体系和社会主义法治国家建设的需要，是推动实现"两个一百年"奋斗目标、为实现中华民族伟大复兴中国梦提供法治保障的需要。

5. 党的十九届四中全会提出"坚持和完善中国特色社会主义法治体系，提高党依法治国、依法执政能力"

2019 年 10 月 31 日，党的十九届四中全会通过的《中共中央关于坚持和完善中国特色社会主义制度推进国家治理体系和治理能力现代化若干重大问题的决定》，提出了"坚持和完善中国特色社会主义法治体系，提高党依法治国、依法执政能力"的要求："建设中国特色社会主义法治体系、建设社会主义法治国家是坚持和发展中国特色社会主义的内在要求。必须坚定不移走中国特色社会主义法治道路，全面推进依法治国，坚持依法治国、依法执政、依法行政共同推进，坚持法治国家、法治政府、法治社会一体建设，加快形成完备的法律规范体系、高效的法治实施体系、严密的法治监督体系、有力的法治保障体系，加快形成完善的党内法规体系，全面推进科学立法、严格执法、公正司法、全民守法，推进法治中国建设。"并进一步提出"健全保证宪法全面实施的体制机制""完善立法体制机制""健全社会公平正义法治保障制度""加强对法律实施的监督"等一系列要求。

"健全保证宪法全面实施的体制机制"强调：依法治国首先要坚持依宪治国，依法执政首先要坚持依宪执政。加强宪法实施和监督，落实宪法解释程序机制，推进合宪性审查工作，加强备案审查制度和能力建设，依法撤销和纠正违宪违法的规范性文件。坚持宪法法律至上，健全法律面前人人平等保障机制，维护国家法制统一、尊严、权威，一切违反宪法法律的行为都必须予以追究。

"完善立法体制机制"强调：坚持科学立法、民主立法、依法立法，完善党委领导、人大主导、政府依托、各方参与的立法工作格局，立改废释并举，不断提高立法质量和效率。完善以宪法为核心的中国特色社会主义法律体系，加强重要领域立法，加快我国法域外适用的法律体系建设，以良法保障善治。

"健全社会公平正义法治保障制度"强调：坚持法治建设为了人民、依靠人民，加强人权法治保障，保证人民依法享有广泛的权利和自由、承担应尽的义务，引导全体人民做社会主义法治的忠实崇尚者、自觉遵守者、坚定捍卫者。坚持有法必依、执法必严、违法必究，严格规范公正文明执法，规范执法自由裁量权，加大关系群众切身利益的重点领域执法力度。深化司法体制综合配套改革，完善审判制度、检察制度，全面落实司法责任制，完善律师制度，加强对司法活动的监督，确保司法公正高效权威，努力让人民群众在每一个司法案件中感受到公平正义。

"加强对法律实施的监督"强调：保证行政权、监察权、审判权、检察权得到依法正确行使，保证公民、法人和其他组织合法权益得到切实保障，坚决排除对执法司法活动的干预。拓展公益诉讼案件范围。加大对严重违法行为处罚力度，实行惩罚性赔偿制度，严格刑事责任追究。加大全民普法工作力度，增强全民法治观念，完善公共法律服务体系，夯实依法治国群众基础。各级党和国家机关以及领导干部要带头尊法学法守法用法，提高运用法治思维和法治方式深化改革、推动发展、化解矛盾、维护稳定、应对风险的能力。

6. 法治中国建设以习近平新时代中国特色社会主义思想为指导

习近平新时代中国特色社会主义思想从理论和实践结合上系统回答了新时代坚持和发展什么样的中国特色社会主义、怎样坚持和发展中国特色社会主义这个重大时代课题。这一重要思想不仅是我们一以贯之坚持和发展中国特色社会主义、全面建设社会主义现代化国家的指导思想，也是新时代全面推进依法治国、建设中国特色社会主义法治体系、建设社会主义法治国家、开启法治中国建设新征程的根本指导思想。

法治中国建设以习近平新时代中国特色社会主义思想为指导。习近平新时代中国特色社会主义思想内涵十分丰富，其中"八个明确"是最重要、最核心的内容。习近平新时代中国特色社会主义思想明确全面推进依法治国总目标是建设中国特色社会主义法治体系、建设社会主义法治国家，这个明确与其他七个明确之间有机统一，为其他七个明确提供法治保障。同时，其他七个明确也从不同角度、不同方面对法治中国建设提出了新要求。因此，"八个明确"是一个逻辑清晰、目标明确、主线突出、相互依存、不可分割的有机整体，我们要将全面推进依法治国总目标放在"八个明确"整体中来理解。

　　"十四个坚持"〔1〕是习近平新时代中国特色社会主义思想的重要组成部分，其中重要的一条是"坚持全面依法治国"。坚持以习近平新时代中国特色社会主义思想为指导开启法治中国建设新征程，必须完整、系统、深入地理解和贯彻"八个明确""十四个坚持"的深刻内涵和核心要义。

　　习近平新时代中国特色社会主义思想明确了全面推进依法治国总目标，是建设中国特色社会主义法治体系、建设社会主义法治国家。这表明：开启法治中国建设新征程，不是改弦更张、另搞一套，而是要一以贯之坚持和发展中国特色社会主义，一如既往坚持走中国特色社会主义法治道路。道路决定方向、决定命运。走什么样的法治道路、建设什么样的法治体系，是由一个国家的基本国情决定的，必须同推进国家治理体系和治理能力现代化的需要相适应。时代呼唤法治，人民期盼法治。法治中国建设已经踏上了新征程，必将在习近平新时代中国特色社会主义思想指导下，取得更大的成果，获得更新的成就。

---

　　〔1〕 "十四个坚持"，是习近平总书记 2017 年 10 月 18 日在党的十九大报告中提出的新时代特色社会主义理论。它回答了新时代怎样坚持和发展中国特色社会主义的问题。"十四个坚持"的内容是：坚持党对一切工作的领导；坚持以人民为中心；坚持全面深化改革；坚持新发展理念；坚持人民当家作主；坚持全面依法治国；坚持社会主义核心价值体系；坚持在发展中保障和改善民生；坚持人与自然和谐共生；坚持总体国家安全观；坚持党对人民军队的绝对领导；坚持"一国两制"和推进祖国统一；坚持推动构建人类命运共同体；坚持全面从严治党。

结束语

愿法治之光照亮中国

如果说"中华人民共和国"简称"中国",那么"中国"就应该是人民之国,共和之国。何为"共和"?"共,即国家一切权力由人民共有,国家所有大事由人民共决,国家主要资源由人民共占,国家发展成果由人民共享。和,即官吏和民众和谐相待,民族与民族和睦共处,富人与穷人和衷共济,本国与他国和平共处。"[1]如果说,法治梦是中国梦的重要组成部分,那么,中国就应该是自由之国、民主之国、人权之国、法治之国,是能够把权力关进制度的笼子里之国,是每一个公民都享有自由、人权和尊严之国,是"法律面前人人平等"之国,是能够"让人民群众在每一个司法案件中都能感受到公平正义"之国。

何时能够实现中国梦?当中国在国家层面实现了"富强、民主、文明、和谐"的价值目标之时,在社会层面达成了"自由、平等、公正、法治"的价值取向之时,在公民个人层面践行了"爱国、敬业、诚信、友善"的价值准则之时,就是中国梦实现之日。

法治梦是个什么梦?把我国建设成一个现代化的民主法治国家,就是我们梦寐以求的理想。法治的核心是限权和保民,没有法治的约束,权力就会肆无忌惮,公民就没有基本的人身安全和权利保障。获得人权需要法治,争取自由依靠法治,加强民主凭借法治。法治是照亮自由、民主、人权之光。法治侧重于维护稳定的国家秩序,同时极力保障社会的公平正义。无论自由、民主还是人权,都建构在法治的基础上。法治梦是中国梦不可或缺的组成部分。没有法治梦的实现,就没有中国梦的实现。

―――――――――――――

〔1〕 李步云:《中国法治之路》,中国社会科学出版社 2013 年版,第 88 页。

　　"自由""民主""人权""法治"是人类共同的价值追求，是现代文明的象征。"自由"是指人民享有各种行动及思想上的自由，例如言论自由、生存自由、结社自由、宗教自由等，是每一个人应有的与生俱来的神圣权利。"民主"是指拥有超越立法者和政府的最高主权的人民的"当家作主"；是保护人类自由的一系列原则和行为方式；是公民权利和自由的体制化、制度化、法律化的集中体现；是以由多数人最终决定、同时又尊重个人和少数人的权利和自由为基本原则的政治制度。"人权"是指包括生命权、自由权和追求幸福的权利等在内的人之为人固有的通常由宪法和法律确认、保护和保障的权利；是与生俱来的人之为人的资格，故有"天赋人权"之说。"法治"是指依法治国，即执政者必须严格按宪法和法律治理国家，以确保公民的权利和自由不仅不受侵犯和伤害，而且必须得到切实的保护和保障，并努力使每一个公民都能够得到公平、公正的待遇。

　　"自由""民主""人权""法治"四者相辅相成。因为有自由，人民就可以接受各种思想，提高整体文化水平，进行经济贸易，提升个人生活素质，进而促进工商业发展；因为有民主，人民就可以选举政府，由于统治者的权力来自人民，治国方针当然必须以人民的利益为依归；因为有人权，人们才可能获得真正的自由和民主，人权实现的重要标志就是人们获得自由和民主；因为有法治，自由、民主、人权的实现才有基本的保障，人民的生命、财产乃至人格尊严才不会被侵犯，人民才能过上幸福美好的生活。

　　法律是治国之重器，法治是国家治理体系和治理能力的重要依托。全面依法治国是中国特色社会主义的本质要求和重要保障，是国家治理的一场深刻革命。一个国家的繁荣和进步离不开法治的支撑；一个社会的和谐与稳定离不开法治的保障。历史的经验表明：奉法者强则国强，奉法者弱则国弱。法治是治国理政的基本方式和不可或缺的重要手段。因此，要实现中华民族伟大复兴的中国梦，必须加快建设社会主义法治国家，全面推进依法治国。法治梦与中国梦自然相通，乃中国梦固有的题中应有之义，全面推进依法治国与实现中华民族的伟大复兴紧密相连。

　　良法是善治的前提。"立善法于天下，则天下治；立善法于一国，则一国治。"目前，我国有法律260多部、行政法规700多部、地方性法规9000多部、行政规章11000多部。以宪法为核心的中国特色社会主义法律体系在我国已经形成，并必将在中国特色社会主义新时代得到进一步的完善和发展。

法律的生命力在于实施，法律的权威也在于实施。"天下之事，不难于立法，而难于法之必行。"法律是维系社会安全与秩序、调整人际利益关系的强制性规范。法律只有得到切实的实施和执行，其制定才有意义，其作用才能显现，否则就是形同虚设的一纸空文。

规范和约束公权力是建设中国特色社会主义法治体系的重点，也是全面依法治国的难点。权力不论大小，都必须受到制约和监督。如果权力不受制约和监督，就极有可能被滥用，而没有监督的权力必然导致腐败。只有严格实施法律，以权力制约和监督权力，才能使权力得到真正制约和监督。因此，必须建立全面覆盖、权威高效的监督体系。要把党内监督同国家机关监督、民主监督、司法监督、群众监督、舆论监督贯通起来，形成监督合力，加大监督责任，提高监督水平，增强监督实效，做到有权必有责、有责必担当、失责必追究。

"徒善不足以为政，徒法不足以自行。"实现法治必须建立有力的法治保障体系，全面依法治国需要有力的政治和组织保障、坚实的队伍保障和物质经费保障。如果没有一系列保障条件，法治就难以实现。法治保障体系既是法治体系的重要组成部分，又是支撑法治大厦的地基。它关乎法治各环节的有序运行，为法治总目标的实现提供不竭的力量源泉。

中国共产党对法治在国家治理中的重要作用之认识，经过了一个不断深化的过程。1997年9月，"依法治国，建设社会主义法治国家"的治国方略写进党的十五大报告。1999年3月召开的九届全国人大二次会议上，"依法治国，建设社会主义法治国家"被写入宪法，成为一项鲜明的宪法原则。2002年11月，党的十六大提出要让依法治国基本方略得到全面落实。2007年10月，党的十七大提出加快建设社会主义法治国家。2012年11月，党的十八大进一步提出全面推进依法治国，并把法治确立为治国理政的基本方式。

党的十八大提出，倡导富强、民主、文明、和谐，倡导自由、平等、公正、法治，倡导爱国、敬业、诚信、友善，积极培育和践行社会主义核心价值观。富强、民主、文明、和谐是国家层面的价值目标，自由、平等、公正、法治是社会层面的价值取向，爱国、敬业、诚信、友善是公民个人层面的价值准则。在这24个字的社会主义核心价值观中，民主的价值目标与自由、平等、公正、法治价值取向，构成了社会主义核心价值观的基本内容和实现中华民族伟大复兴中国梦的主要目标。如果说在一定意义上社会主义核心价值观蕴含着中国梦的价值追求，那么法治中国建设就必将为中国梦的实现打下坚实的基础。

党的十九大以来，以习近平同志为核心的党中央提出了全面依法治国的一系列新理念新思想新战略；确立了全面依法治国必须坚持的基本原则和道路方向，将全面依法治国纳入"四个全面"战略布局，将在推进国家治理现代化中具有基础性、支撑性和保障性作用的法治，作为治国理政的基本方式；明确了全面依法治国的总目标和重点任务，把建设中国特色社会主义法治体系、建设社会主义法治国家，作为全面推进依法治国总目标，对法治中国建设作出了全方位的工作布局。

我们坚信：在法治中国建设的历史进程中，在依法治国、依法执政、依法行政的共同推进中，在法治国家、法治政府、法治社会的一体建设中，在科学立法、严格执法、公正司法和全民守法的不断努力中，我国必将实现"建设中国特色社会主义法治体系，建设社会主义法治国家"这一全面推进依法治国的总目标；法治终将彻底战胜和取代人治；法治之光必将照亮中国。

后 记

　　本书为重庆市党内法规研究中心的研究成果，是我在完成重庆市渝北区法学会课题的基础上进一步研究的产物，也是我近三年来学习和领会习近平新时代中国特色社会主义思想的心得与收获的一个记录。中国是一个封建专制主义文化传统非常深厚的国家。在中国特色社会主义新时代，中国共产党提出全面推进依法法国，加快建设社会主义法治国家，领导人民走上中国特色社会主义法治道路，这是一个开天辟地、亘古未有的"大事件"。在建党近100年、执政70多年之际，中共提出并领导人民实施"全面依法治国"方略，做出的是一项顺应人类政治文明、法治文明的发展规律与必然趋势的"大行动"，著就的是一篇前所未有、开拓创新的"大文章"，必将对中国的未来发挥深刻的作用、产生深远的影响。作为一个法学工作者和理论研究者，学习、研究、宣传这个"大事件"、这项"大行动"、这篇"大文章"，是义不容辞的义务和无上光荣的责任。但愿这本宣传法治中国建设的小册子，能够对推进全面依法治国起到一定的哪怕是微不足道的作用。

　　感谢我国著名的法学家、中国社会科学院荣誉学部委员李步云教授欣然为本书作序；感谢时任中共重庆市渝北区委政法委书记袁光灿对本课题研究的提议、策划与鼓励；感谢中共重庆市渝北区委邓孝明副书记、区政法委唐密书记、包季伟常务副书记对本课题研究的大力支持；感谢西南政法大学党委书记樊伟教授、校长付子堂教授对本书写作的关注和关心；感谢西南政法大学马克思主义学院邓斌院长、钟曼娟书记、文学平副院长对本书出版的支持；感谢本书责任编辑对本书的严格审阅与精心修改；感谢中国政法大学彭江先生对本书出版的牵线搭桥与特别帮助；感谢上海书法家张正宜女士为本书题写书名；时任渝北区法学会工作人员张婧文、西南政法大学硕士研究生黄学伟、陈玮琦、王治明、黄明蓉、杜青青等对本课题研究做了辅助性工作，在此一并致谢！以上鼓励、支持、关心和帮助，既是本书得以写作和出版的重要原因，对我而言更是一种强有力的鞭策。这种鞭策将转化为我的理论研究动力，促使我在马克思主义理论、法学理论研究的道路上不断前行，为法治中国建设的研究与宣传再作新努力，为全面依法治国的鼓与呼再做新贡献。

钟　枢

2020 年 6 月 14 日